Ben-Alexander
Bohnke

Esoterik

Ben-Alexander
Bohnke

Esoterik

Die Welt
des Geheimen

Gondrom

Lizenzausgabe für Gondrom Verlag GmbH, Bindlach 1996

ISBN 3-8112-1418-7

Inhalt

Vorwort

Die *Esoterik* erlebt derzeit einen gewaltigen Boom. Aus kleinen Grüppchen und Zirkeln ist sie seit einigen Jahren in die breite Öffentlichkeit vorgedrungen: in die Wohnzimmer ganz normaler Bürger, in Schulklassen und selbst in kirchliche Kreise, unterstützt von einem Siegeszug durch die Medien. Immer mehr Menschen richten sich heute nach den Sternen oder befragen Geister; sie glauben an die Macht ihrer Gedanken oder sind auf der Suche nach Erleuchtung.

Zwar gab es in der breiten Masse schon immer eine gewisse Okkultgläubigkeit - und wenn auch nur als Horoskoplesen. Aber die wenigsten nahmen solchen »Aberglauben« wirklich ernst und bekannten sich auch dazu. Und vor allem die Intellektuellen hielten es mit dem Philosophen Adorno, der den Okkultismus als »die Metaphysik der dummen Kerle« verspottete.

Doch inzwischen ist die Esoterik salonfähig geworden: bei Herrn und Frau Jedermann - ohnehin in der Therapieszene bei den »Psychos« -, aber auch gerade bei den (ehemals) kritischen Intellektuellen, ganz besonders bei Feministinnen. Galt Okkultistisches früher als verstaubt, antiquiert, lächerlich, so sieht man/frau es heute vielfach als »in«, schick, sogar progressiv an - voll im Trend des Zeitgeistes.

Hier bahnt sich eine *Revolution der Esoterik* an. Seit Jahrhunderten wurde sie als *Geheimlehre* begriffen, als ein inneres Wissen, nur für Eingeweihte zugänglich und bestimmt. Dies besagt schon der Begriff »Esoterik«, der vom griechischen »eso«: innen, geheim abgeleitet ist. Aber jetzt wendet sich die esoterische Botschaft nach außen, wird *exoterisch.* Das Geheime wird aufgedeckt, die inneren Einsichten werden ge-äußert, dringen an das Licht der Öffentlichkeit.

Damit ist jetzt auch die Stunde der Veröffentlichungen gekommen. Nicht nur Funk, Film und Fernsehen betreiben eine Entschleierung des Okkulten, sondern vor allem eine Flut von Büchern versucht, die esoterischen Geheimnisse zu lüften. Doch bisher wurde diese neue Offenheit selbst nur wenig beachtet und analysiert.

Sie ist aber von größter Wichtigkeit, bedeutet einen Wendepunkt für die einstige Geheimlehre - mit allen Chancen und Risiken: der Chance, viel mehr Menschen als bisher zu erreichen und somit größeren Einfluß zu gewinnen, aber auch dem Risiko, daß so die Attraktivität des Exklusiven und Elitären abnimmt und durch die Erhellung und Durchleuchtung der Reiz des Dunklen und Geheimnisvollen schwindet. Ja, die Esoterik als - per Definition - »innere Lehre« kann durch die Öffnung ihre Identität einbüßen.

Jetzt muß es sich zeigen, muß das esoterische Wissen sich beweisen: Wuchsen im Schutz der Dunkelheit und Abgeschiedenheit kostbare Blüten heran, oder gediehen in stickiger Luftabgeschiedenheit nur Sumpfblumen, die - nun bei Licht betrachtet - ihre Armseligkeit nicht mehr verheimlichen können.

Es geht aber nicht nur um die Frage, was die neuartige Popularität für die Esoterik selbst bedeutet, sondern welche Bedeutung sie für uns alle, die Gesellschaft, hat. Die einen sehen dieses Coming out und die Expansion der Esoterik als *New Age*, als ein neues Zeitalter an, das unserer Welt eine Bewußtseinsevolution beschert, zu mehr Harmonie und Frieden führt, gerade indem man sich rückbesinnt auf die alten Weisheitslehren.

Andere befürchten umgekehrt einen Rückfall ins »finstere Mittelalter«, in Aberglauben und Unglauben, eine Flucht vor der Krise unserer modernen technologischen Zeit in den Irrationalismus. Und sogar Esoteriker warnen davor, daß die für den Eingeweihten segensreichen geheimen Kräfte in der Hand eines »Zauberlehrlings« viel Schaden anrichten könnten, für ihn selbst wie für andere.

Gerade hier, beim *Wendepunkt der Esoterik*, möchte ich ansetzen und fragen: Was ist wirklich dran an der neuen/alten Esoterik? Wieweit paßt sie noch in unser heutiges Weltbild? Wie steht sie zu den Wissenschaften? Welche Folgen wird ihre Öffnungsrevolution haben? Wohin geht ihre Entwicklung?

Die Beantwortung dieser Fragen verlangt zunächst eine genaue und gründliche Darstellung des Esoterischen. Und das ist bei einem so umfangreichen Gebiet gar nicht leicht; es fängt schon an bei dem Problem, das Verhältnis von Esoterik zu *Okkultismus, Magie, Mystik, Spiritualismus, Spiritismus, Psi, New Age* u. a. zu klären. Ich möchte in den Kapiteln 1 bis 3 vorwiegend die esoterische Theorie, ihr Weltbild verständlich machen, in den Kapiteln 4 bis 8 vor allem die Praxis von Meditation bis Geisterbeschwörung veranschaulichen und in den Kapiteln 9 bis 10 die Beziehung von Esoterik zu Medizin und Psychologie sowie zu Gesellschaft, Wissenschaft und Religion behandeln.

Mein Buch soll sowohl den *Anfänger* in Sachen Esoterik wie auch den esoterisch *Fortgeschrittenen* ansprechen, den neugierigen Skeptiker und den überzeugten Esoteriker. Das Ziel ist, einen klaren Überblick zu geben, das Labyrinth Esoterik überschaubar zu machen; einerseits das Wesen, die Grundgesetze der Geheimlehren herauszustellen und andererseits ihre Vielfalt zu schildern, und zwar von einer fairen, ausgeglichenen

Position her: nicht - wie so häufig - entweder eine naiv-unkritische Schönfärberei oder einen mit Vorurteilen gespickten Verriß, sondern ich möchte ein ganzheitliches, *neues Bild der Esoterik* vermitteln.
Es geht heute nicht mehr an, mit dem Besen der Wissenschaft und des Rationalismus alles Esoterische in die Ecke zu kehren oder unter den Teppich, wo sich dann womöglich - im Untergrund - aus einem »normalen Okkultismus« ein ungesunder und gefährlicher entwickelt. Aber wir müssen schon den Staub der Jahrhunderte aus der Esoterik herausklopfen. Wir sollten nicht Kopf und Verstand verlieren und jeden Aberglauben gleich für eine höhere Weisheit halten.

1. Eintritt in das esoterische Universum

Was ist Esoterik?

Wir hatten die Esoterik im Vorwort als *Geheimlehre* bezeichnet, denn so wird sie normalerweise definiert. Wenn auch verschiedene Gelehrte den Begriff »Esoterik« unterschiedlich vom griechischen »eso«, »esotero«, »esoteros« oder »esoterikos« ableiten, immer geht es um das Geheime, Verborgene: um geheime Rituale und Praktiken, um Geheimschriften oder Geheimgesellschaften; dabei kann »Esoterik« entweder die Lehre meinen, z. B. die Lehre von der Geisterbeschwörung, oder die Anwendung der Lehre, das Tun, z. B. das Geisterbeschwören selbst.
Auch der Begriff des *Okkultismus* besitzt eine verwandte Bedeutung, er stammt her vom lateinischen »occultus«: geheimgehalten, verborgen. Ähnlich nennt man die Esoterik eine *Arkandisziplin*, und dieser Begriff stammt her vom lateinischen »arcanus«: geheim, geheimnisvoll. Um ein Letztes zu nennen: Die Esoterik ist verbunden mit der *Mystik* und den Mysterienkulten, und in diesen Bezeichnungen verbirgt sich das griechische »mysticos« (bzw. lateinische »mysticus«) – wiederum mit der Bedeutung: geheim.
Man könnte also meinen, das Geheime und Geheimnisvolle sei der Inbegriff alles Esoterischen, aber das genügt wohl kaum als Definition. Denn dann würde sich die Esoterik ja völlig auflösen, wenn ihre Geheimnisse publik wären. Und man hat heute, wo der Prozeß der Popularisierung in vollem Gang ist, gerade umgekehrt den Eindruck, daß die esoterische Bewegung immer weiter wächst.
Die Geheimhaltung macht also noch nicht die ganze Esoterik aus, dennoch ist sie ein zentrales Element, wobei wir aber verschiedene Funktionen unterscheiden müssen. Traditionellerweise wurde immer argumentiert, das Geheimhalten diene erstens dazu, die heiligen Lehren, Kulte, Stätten usw. vor Entweihung und Entheiligung zu schützen, und zweitens um Uneingeweihte davor zu bewahren, mit für sie gefährlichen Kräften oder Geisteswesen in Kontakt zu kommen.
Daneben lassen sich aber auch viel profanere Gründe denken, warum bei den Esoterikern alles so »mysteriös« zugeht, nämlich weil sie im Laufe der Geschichte fast ständig Anfeindungen und Verfolgungen ausgesetzt waren und sich nur durch Isolation und Verschwiegenheit schützen konnten. Eine Geheimnistuerei kann aber auch dazu nützen, Privilegien und Macht zu erlangen wie zu bewahren. Wissen ist Macht, und für geheimes Wissen gilt das um so mehr.
Wenn wir davon ausgehen, daß mit dem Geheimen und Heimlichen nicht das ganze Wesen der Esoterik erfaßt ist, wie aber bestimmen wir sie dann weiter? Man kann noch einmal auf das griechische Wort »eso« zurückgreifen, das zuvorderst *innen* bedeutet, im Gegensatz zu »exo«: *außen*. Von daher hat man die Esoterik auch als *inneren Weg* bezeichnet. Soll heißen

ein Weg, auf dem wir unser eigenes Inneres, unsere Seele und unseren Geist, bilden und entwickeln, und zwar speziell mit inneren Methoden wie beispielsweise Introspektion (Innenschau), Selbstbesinnung und Meditation.

Diese Kennzeichnung der Esoterik als *Selbsterfahrung* und *Selbstentfaltung* trifft aber nur einen Teil ihrer Richtungen, und das gilt gerade heute. Da geht es vielen keineswegs nur um innere Werte, sondern sie suchen im Esoterischen gerade den äußeren Erfolg, beruflichen Aufstieg und Reichtum, wenn z. B. die Börsenkurse mittels Astrologie berechnet werden. Auch verwendet man nicht nur innere - seelisch-geistige - Methoden, sondern ebenso elektronische Gehirnmaschinen.

Falls wir die Esoterik nicht künstlich auf einen Bereich einengen wollen, müssen wir akzeptieren, daß sie ein äußerst vielschichtiges und reichhaltiges Gebiet ist, welches sich einer einfachen, eindeutigen Defitinion verweigert. Im Grunde gibt es nicht eine einheitliche Vorstellung von Esoterik, sondern eine Unzahl von verschiedenen Richtungen.

Ordnung und Abgrenzung

Versuchen wir, die unüberschaubare Vielfalt des Esoterischen etwas zu ordnen. Zunächst einmal kann man unterscheiden zwischen *theoretischer* und *praktischer* Esoterik. Die theoretische Richtung befaßt sich vor allem mit Fragen wie etwa: Was ist der Mensch? Was ist Gott? Was ist die Welt? Die sich daraus ableitende, aber im Vordergrund stehende praktische Richtung versucht, dem Menschen Hilfestellung und Rat zu bieten: bei erhabenen Zielen wie der Selbstvervollkommnung, aber auch bei banalen Alltagsproblemen wie »Soll ich meine Reise besser heute oder morgen antreten?«

Die (theoretische und praktische) Esoterik läßt sich in etwa fünf Teilgebiete untergliedern:

① *Mystik*
② *Magie*
③ *Wahrsagen*
④ *Psi*
⑤ *Spiritismus*

① Bei der Mystik (oder dem Spiritualismus), der edelsten esoterischen Disziplin, geht es darum, sein höheres Selbst zu entfalten und sich mit dem Göttlichen zu vereinen.

② Der Magier verfolgt vor allem das Ziel, Macht über jenseitige Kräfte, Geister oder andere Menschen zu gewinnen, und oft mit ganz unedlen Absichten.

③ Unter Wahrsagen (oder Divination) möchte ich Methoden wie Astrologie, Tarot und I Ging zusammenfassen, mit denen man Erkenntnis und Rat, vor allem die Zukunft betreffend, zu erlangen hofft.

④ Mit »Psi« (oder Okkultismus) bezeichnet man übernatürliche Fähigkeiten wie Hellsehen und Telepathie oder Psychokinese, d. h. die Bewegung von Gegenständen allein durch geistige Kräfte.

⑤ Unter Spiritismus kann man verschiedenste Formen des Geisterkontaktes zusammenfassen, vom Tischrücken über Channeling bis zum Hexen(un)wesen und Satanismus.

Sicherlich ist diese Einteilung relativ, es gibt Übergänge zwischen den Bereichen, und man könnte sie auch anders zusammenordnen.[1] Ebenso ist es schwierig, die Esoterik gegen andere Disziplinen abzugrenzen, denn sie steht in mehr oder weniger enger Verbindung vor allem zu Philosophie, Religion, Psychotherapie und Wissenschaft.

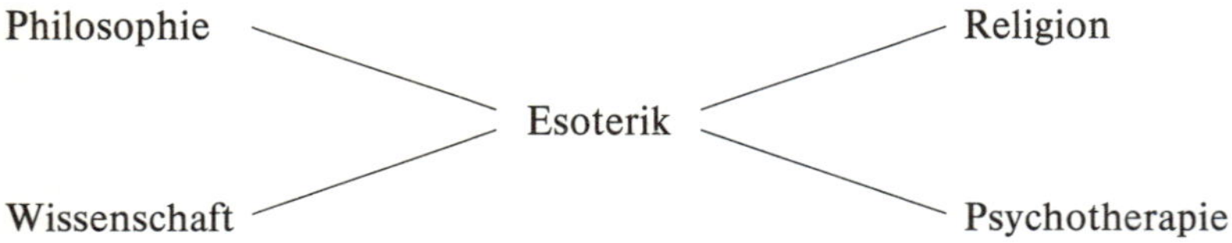

Wie die *Philosophie* fragt auch die Esoterik danach, »was die Welt im Innersten zusammenhält«. Doch während die meisten Philosophen auf ihren geschulten Verstand bauen, halten die Esoteriker dagegen, daß es mehr Dinge zwischen Himmel und Erde gibt, als wir es uns mit unserer Schulweisheit träumen lassen.

Gerade zwischen *Religion* und Esoterik sind die Grenzen fließend, um so mehr haben hier erbitterte Grabenkämpfe stattgefunden. Die christliche Kirche setzt den Glauben gegen esoterischen Aberglauben oder Unglauben, aber die Esoteriker meinen, die innere Erfahrung des Göttlichen der kirchlichen (Str)enggläubigkeit entgegenhalten zu können.

Wie die *Psychotherapie* versteht sich auch die Esoterik als eine Methode, die dem Menschen hilft, seelische Probleme zu überwinden und sich selbst zu finden. Doch während Psychologen die »negative Kindheit« als Krankheitsursache sehen, verweisen Esoteriker z. B. auf »negatives Karma«, das heißt Belastungen aus früheren Leben. Allerdings verwenden heute bereits viele Therapeuten auch esoterische Verfahren.

Das Verhältnis der Esoterik zur *Wissenschaft* ist ähnlich gespannt wie das zur Kirche. Wenn die Wissenschaftler den Esoterikern Irrationalismus ankreiden, so kontern diese mit dem Vorwurf des engstirnigen Rationalismus. Und obwohl es heute durchaus (wieder) Annäherungen zwischen diesen beiden Bereichen gibt - die Domäne der wissenschaftlichen Forscher bleibt die materielle Welt, während die esoterischen Sucher vor allem interessiert: »Wie erlangt man Erkenntnis höherer Welten?«

Geschichte der Esoterik: Von Atlantis bis in unsere Gegenwart

Genauso wie die Esoterik an sich schwierig zu umgrenzen ist, so ist es natürlich auch ihre Geschichte. Sie läßt sich nur bestimmen und verstehen im Zusammenhang mit der gesamten Geschichte, vor allem Geistesgeschichte von Philosophie, Religion etc., wovon ich allerdings (selektiv) nur so viel aufgreifen möchte, wie zum Verständnis der Esoterikentwicklung nötig ist.

Die Geschichte ist unerhört wichtig für die Esoterik, denn die meisten ihrer Methoden, wie die Astrologie, reichen Jahrhunderte oder noch weiter zurück, und man ist stolz auf diese Verwurzelung in der Vergangenheit. So betont der fachkundige Hans-Dieter Leuenberger, »daß Esoterik nicht einfach ein anderes Wort für alternativ, grün, versponnen oder gar verschwommen ist, sondern daß mit Esoterik eine jahrtausendealte geistige Tradition der Menschheit bezeichnet wird . . .«[2]

Wir finden sogar die Tendenz, einfach alle Geistesströmungen des Altertums als »esoterisch« für sich zu vereinnahmen. Eine solche »Esoterisierung« mag dadurch motiviert sein, daß alles, was im Dunkel ältester Vergangenheit ruht, für uns zum großen Teil verborgen bleibt und damit geheimnisvoll und rätselhaft wirkt. Es gibt aber auch noch einen besseren Grund, denn man kann wirklich mit gewisser Berechtigung sagen, daß ehe sich die institutionalisierte staatliche Kirche, vor allem aber ehe sich die Wissenschaft durchsetzte, eine esoterische, soll heißen archaische, magische oder mythologische Weltanschauung generell vorherrschte. Und insofern hat sich - wie wir noch sehen werden - die Verbreitung der Esoterik grundsätzlich in dem Ausmaß zurückentwickelt, wie die Kirche und später die Wissenschaft sich ausbreiteten.

Das wissenschaftliche Denken geht also (wenigstens partiell) auf ein magisches, mythisches u. ä. zurück oder war - in einem noch vorwissenschaftlichen Stadium - mit diesem identisch, genauso wie die Astronomie und Astrologie im alten Babylonien noch zusammengehörten (ähnliches gilt für Chemie und Alchemie). Aber die Wissenschaften haben sich ständig weiterentwickelt, unsere heutige Astronomie ist nicht mehr mit der vor 4000 Jahren zu vergleichen.

Dagegen blieb die Esoterik vielfach den alten Lehren verhaftet. Zwar gibt es z. B. in der Astrologie auch neue Entwicklungen, aber im wesentlichen bezieht man sich noch immer auf die Erkenntnisse der betagten babylonischen Sterndeuter. Nur bedeutet dies für die Esoteriker kein Steckenbleiben, keinen Anachronismus, sondern sie behaupten gerade, daß die »Alten« ein höheres (oder auch tieferes) Wissen als wir besaßen, daß ihre Weisheit unserem heutigen Kopfwissen weit überlegen war. Und so sei es unsere Aufgabe, die geistigen Schätze der Vergangenheit wieder auszugraben.

Ich möchte im folgenden einen Überblick geben, der sich primär auf die europäische Esoterikgeschichte konzentriert. Vieles, was in dieser Übersicht nur knapp und stark vereinfachend geschildert werden kann, wird später noch genauer beschrieben werden. Die Dimension des Geschichtlichen bringt es mit sich, daß über manche »Fakten« und Daten unterschiedliche Angaben in der Fachliteratur gemacht werden. Ich habe mich in solchen Fällen normalerweise auf eine Version festgelegt, um die Übersichtlichkeit zu wahren.[3]

Außereuropäische Traditionen - Asien, Amerika, Afrika, Australien

Die wichtigste Rolle spielt hier sicherlich der (Ferne) Osten, sprich *Asien*. Immer wieder im Verlauf der Geschichte wurde die Esoterik von östlichen Ideen befruchtet, und auch gerade heute genießt das östliche Denken bei vielen Esoterikern in der westlichen Welt den höchsten Rang. Man neigt im allgemeinen dazu, die asiatischen Religionen - nicht nur in ihrer vergangenen, sondern auch in ihrer gegenwärtigen Form - automatisch der Esoterik zuzurechnen, ganz anders als etwa das Christentum.
Als erstes möchte ich den *Hinduismus* in Indien nennen. Er ist historisch vor allem bestimmt durch die *Veden*, heilige Schriften, die etwa 1500–500 v. Chr. verfaßt wurden, aber auf ältere mündliche Überlieferungen zurückgehen. Eine besondere Bedeutung besitzt der letzte Teil der Veden, die *Upanishaden*, die in erster Linie die Erkenntnis des Selbst durch Meditation behandeln. Neben den vedischen Schriften spielen aber auch Epen eine große Rolle im Hinduismus, vor allem das *Mahabharata* mit der darin enthaltenen *Bhagavadgita*, einem Dialog des sagenhaften Krishna mit dem Krieger Arjuna. (In der Urfassung wohl aus dem 2. Jahrhundert v. Chr.) Der Hinduismus nimmt ein unfaßbares, göttliches Urprinzip an: *Brahman*. Es wurde später zu dem Gott *Brahma* (dem Weltschöpfer) personalisiert, der zusammen mit den Göttern *Vishnu* (Welterhalter) und *Shiva* (Weltzerstörer) eine Trinität bildet. Die Götter treten aber in verschiedenen Gestalten auf, Vishnu z. B. in der Bhagavadgita als göttlicher Held *Krishna*. Ebenfalls in der Zeit der Veden und danach entstanden in Indien verschiedene *Yoga*-Schulen. Yoga ist ein (mehrstufiger) Weg, zur Vereinigung mit Brahman zu gelangen. Er umfaßt weit mehr als die bei uns im Westen bekannten Körperübungen. Die berühmteste Lehrschrift sind die Yoga-*Sutras* (Lehrsätze) des indischen Weisen Patanjali (etwa 2. Jahrhundert v. Chr.)[4]

Um 560–480 v. Chr. lebte Gautama Buddha, der Begründer des *Buddhismus.* Seine Lehre kennt ursprünglich keinen Gott, sie beinhaltet »nur« einen Weg, die Welt, die als Leiden begriffen wird, zu überwinden, vor allem durch Meditation. Buddhas Worte wurden jahrhundertelang mündlich weitergegeben und erst im 1. Jahrhundert n. Chr. aufgeschrieben, in den sogenannten *Pali-Texten.*

In Verbindung zu Hinduismus wie Buddhismus steht der *Tantrismus*, kurz auch Tantra genannt. Es gibt eine Vielzahl unterschiedlicher tantrischer Schulen, die aber die Auffassung teilen, daß alles im Kosmos miteinander verbunden ist: Alles ist eins. Die sexuellen Praktiken, die naturgemäß im Westen die größte Aufmerksamkeit gefunden haben, stellen nur einen kleinen Teil des Tantra dar.

Der Buddhismus, der sich in Indien auf die Dauer nicht gegen den Hinduismus behaupten konnte, breitete sich in verschiedene Länder aus, unter anderem nach Tibet in Form des *Lamaismus*, nach Japan, wobei uns Westlern vor allem der *Zen-Buddhismus* und die Zazen-Meditation bekannt sind, und auch nach China, wo er allerdings sehr wechselhafte Zeiten erlebte.

Etwa zur gleichen Zeit wie Buddha in Indien lehrte in China Laotse (auch Lao-tzu, etwa 604–520 v. Chr.); einige Wissenschaftler bestreiten allerdings, daß er wirklich gelebt hat, und betrachten ihn als legendäre Person. Laotse gilt als Begründer des *Taoismus* und ist vor allem durch das Weisheitsbuch *Tao-te-king* bekannt. Darin wird das Tao als unbegreiflicher, rätselhafter Urgrund der Welt beschrieben oder besser umschrieben.

Schon Laotse schöpfte aus dem *I Ging*, dem »Buch der Wandlungen«, neben dem Tao-te-king die berühmteste esoterische Schrift der Chinesen. Das I Ging, als Orakel und Ratgeber verwendet, erfreut sich übrigens in den letzten Jahren bei uns steigender Beliebtheit. Man datiert es auf etwa 1000 v. Chr., aber es ist in mehreren Etappen von verschiedenen Autoren immer weiter ausgebaut worden.

Einer dieser Autoren war Konfuzius, auch Kung-fu-tse bzw. »Meister Kung« genannt; er lebte von 551 bis 479 v. Chr. Konfuzius' Lehre, die vor allem in einer Zusammenfassung klassischer chinesischer Weisheiten bestand und von seinen Nachfolgern zum *Konfuzianismus* entwickelt wurde, war weniger eine Religion als eine Moral- und Sozialphilosophie, die aber dann religiös überhöht wurde. Konfuzius forderte vom Menschen insbesondere Weisheit, Güte, Treue, Ehrfurcht und Mut - zur Bildung eines harmonischen Gemeinwesens.

Buddha, Laotse und Konfuzius, die drei wohl größten asiatischen Weisheitslehrer, lebten also im 6. Jahrhundert v. Chr. Und wie wir noch sehen werden, erwachte in dieser Zeit auch die griechische Philosophie mit Denkern wie Thales, Pythagoras und Heraklit. Ebenfalls in diesem Jahrhundert riefen bei den Juden die Propheten zur sittlichen Entscheidung

für Gott Jahwe auf, und in Persien wurde die Religion Zarathustras zur prägenden Kraft. Manche Historiker sprechen deshalb - etwas überpointiert - von einer »Achsenzeit« der Weltgeschichte, in der das Denken, die Persönlichkeitsentwicklung und die Ethik des Menschen einen Aufschwung vollzogen.
Neben Asien spielt *Amerika* die größte Rolle für die europäische Esoterik, zunächst einmal Nordamerika mit seinen Ureinwohnern, den *Indianern.* Zeitliche Einordnungen sind hier schwierig, weil uns schriftliche Quellen fehlen. Die Religion der Indianer wurde vielleicht auch deshalb oft simplifiziert, als Glaube an den »großen Manitu« und die jenseitigen »ewigen Jagdgründe«. Aber die indianische Religion ist durchaus komplex, sie umfaßt Geisterglauben, Magie und *Schamanismus.*
In den letzten Jahren, im Rahmen der New-Age-Bewegung, hat das religiöse Denken der Indianer eine neue Wertschätzung erfahren, auch durch Vortragsreisen von »Medizinmännern« wie Rolling Thunder oder Sun Bear. Denn die Indianer besitzen eine zutiefst ökologische Religion, die die Verbundenheit von Mensch und göttlicher Natur herausstellt und die daher gerade für die »zivilisierte Welt« von Bedeutung ist, in der man sich der Natur entfremdet hat und sie zu zerstören droht.
Noch anziehender für die Esoterik sind aber die geheimnisvollen alten Kulturen Mittel- und Südamerikas: vor allem die *Mayas* (Blütezeit etwa 300–900 n. Chr.) mit ihren großartigen Tempelpyramiden und einer hochstehenden Kalenderastronomie. Die Mayas besaßen ein reiches religiöses Leben mit einem bunten Götterreigen, einer umfangreichen Priesterklasse und aufwendigen religiösen Zeremonien, wobei die wahrsagenden Priester bewußtseinsverändernde Drogen eingenommen haben sollen. Besondere Verehrung genoß der Schlangengott *Kukulkan,* die »gefiederte Schlange«, von dem Erich von Däniken sogar vermutete, er sei vom Ursprung her ein Außerirdischer, ein Besucher von einem anderen Stern. Auch die mexikanischen Völker wie *Zapoteken, Tolteken* und zuletzt *Azteken* besaßen eine hochentwickelte Kultur und Religion, etwa seit dem 1. Jahrhundert, bis die christlichen Spanier im 16. Jahrhundert ihr möglichstes taten, alles »Heidnische« zu vernichten. Was die heutigen Esoteriker in ihrer Begeisterung für diese frühen »esoterischen« Kulturen aber oft übersehen, sind die exzessiven Menschenopfer, die Blutorgien, mit denen damals grausamen Göttern gehuldigt wurde.
In Südamerika ist es das Reich der *Inka,* das die Phantasie okkulter Kreise am meisten angeregt hat: große Kultbauten, Sonnenpyramiden zu Ehren des Sonnengottes; Nonnen, die das heilige Feuer hüteten und in strenger Keuschheit lebten, mußten als »Gottesbräute« ihrem Herrn dienen. Doch schon nach etwa hundert Jahren ging die Herrschaft der Inkas unter. War es der Spanier Cortés, der das Aztekenreich vernichtete, so war es der Spanier Pizarro, der 1533 den letzten Inka-König töten ließ.

Von Amerika nach *Afrika.* Die heutige Esoterik bezieht sich in ihrer Geschichte nur wenig auf Afrika, jedenfalls nicht auf Schwarzafrika (zur Bedeutung nordafrikanischer Staaten wie Ägypten kommen wir noch). Bei den afrikanischen Ureinwohnern finden sich religiöse Formen wie *Animismus*, der Glaube an die Beseeltheit von Natur und Naturkräften, also an Naturgeister und -götter; *Fetischismus*, die Anbetung eines leblosen Gegenstandes, z. B. eines Steins, dem übernatürliche Kräfte zugeschrieben werden; und *Totemismus*, die Verehrung eines Tieres oder ähnliches als Symbol einer Sippe oder Familiengruppe, wobei das Totem(-Tier) oft als übernatürlicher Ahne der Gruppe gilt.
Die religiösen Rituale sind meist mit Singen, Tanzen, Trommeln und rhythmischem Sprechen verbunden, was zu einer Trance führt. Berühmt-berüchtigt ist *Voodoo*, das sind magische, vor allem schwarzmagische Praktiken mit Schlangentänzen, Sexopfern, manchmal sogar Kannibalismus, zur Beschwörung von Geistern, Ungeheuern und Zombies. Der Voodoo-Kult entstammt allerdings Haiti und wurde durch den Sklavenhandel nach Afrika verbreitet (in der Literatur findet man aber auch die umgekehrte Version, daß er von Afrika nach Haiti gekommen sei).
Australien, der kleinste Kontinent, erfährt erst in der letzten Zeit von den Esoterikern mehr Beachtung, denn man fand heraus, daß die *Aborigines*, die Ureinwohner, ein eindrucksvoll magisch-religiöses Weltbild besaßen. Eine große Rolle in ihrer religiösen Praxis spielten die *Tjurungas*, »Seelensteine«, denen man besondere Kraft- und Schutzwirkungen zuschrieb. Sie wurden wie ein Schwirrholz verwendet, das heißt an einer Schnur herumgewirbelt, wodurch ein brummendes Geräusch entstand, das man für eine Geisterstimme hielt. Die Initiationsriten waren sehr hart, sie umfaßten Feuerproben und auch Zahnausschlagen. Die Aborigines, die bis in die Gegenwart hinein auf einer steinzeitlichen Stufe lebten, verteidigen heute so verzweifelt wie vergeblich ihre religiösen Traditionen und heiligen Orte gegen das Vordringen der Zivilisation.

Der Ursprung im Mythos – Das sagenhafte Atlantis

Wir kommen jetzt zur Geschichte der europäischen Esoterik bzw. ihrer Ursprünge. Generell läßt man die *Alte Geschichte* etwa 3000 v. Chr. beginnen, bei den frühen Hochkulturen mit ihren gewaltigen Bauwerken und der Entwicklung einer Schrift, als das mentale, geistige Stadium der Menschheit seinen Anfang genommen haben soll. Entsprechend setzt auch die Esoterik ihren Beginn in diese Zeit der alten Ägypter und Babylonier.
Aber was war vorher, in der *Vorgeschichte*? In dieser Zeit lebten die Menschen noch stärker eingebunden in eine ganzheitliche Welt, in der Profanes und Heiliges, Weltliches und Religiöses kaum voneinander unterschieden waren. Magie und Zauber wurden als integraler Bestandteil dieses Lebens

angesehen und verhalfen zur Ordnung und Orientierung, indem sie unbegreifliches Geschehen als Verhalten von Dämonen und Geistern scheinbar erklärbar, vorhersehbar und sogar kontrollierbar machten. Insofern ist eigentlich gerade diese Frühzeit mit ihrem ganzheitlichen Weltbild für die Esoterik von besonderer Bedeutung.

Nur gibt es aus dieser Epoche keine schriftlichen Quellen; zum Teil lebt sie fort in Bildern wie Höhlenmalereien und Felszeichnungen, z. B. den Tierbildern in der Höhle von Altamira in Nordspanien aus der Altsteinzeit, etwa 12 000 v. Chr. Pfeile, die auf die Tiere zielen, stehen wahrscheinlich für einen Jagdzauber; man wollte das Wild auf magische Weise schon erledigen, bevor ein wirklicher Pfeil losgeschossen wurde.

Vor allem wird die vorgeschichtliche Zeit aber mündlich überliefert – in Sagen und Mythen, die dann später niedergeschrieben wurden. Darunter gibt es nun auch solche Mythen, die davon künden, daß es vor Urzeiten schon einmal hochstehende Zivilisationen auf der Erde gab, wie manche Esoteriker spekulieren, sogar geistig und wissenschaftlich weiter entwikkelt als unsere heutige: z. B. *Lemuria*, wobei die Lemurier beschrieben werden als »vier Meter groß, hermaphroditisch, eierlegend und mit einem dritten Auge am Hinterkopf ausgestattet«, oder das unterirdische Reich *Agartha* mit seinem geheimnisvollen Zentrum Schimballah. Natürlich auch *Atlantis*, die legendäre Insel von der Größe eines Erdteils, die in einer gewaltigen Katastrophe unterging.

Urheber der Geschichte von Atlantis ist der griechische Philosoph Platon (427–347 v. Chr.), der sie allerdings aus »gutunterrichteten ägyptischen Kreisen« übernommen haben will. Bis heute bleibt umstritten, ob diese Insel je real existierte. Unzählige Theorien über ihre geographische Lage sind inzwischen aufgestellt worden. Die bekannteste besagt, daß Atlantis mit der Insel Thera (Santorin) identisch sei, die durch einen Vulkanausbruch 1470 v. Chr. verwüstet wurde; aber nach Platon soll die Katastrophe bereits 9000 Jahre vor seiner Zeit geschehen sein. Andere verlagern das Geschehen noch viel weiter in die Vergangenheit: Atlantis soll vor etwa einer Million Jahren existiert haben und vor 80 000 Jahren untergegangen sein.

Wie auch immer: Atlantis – allein der Klang dieses Namens läßt bis heute die Herzen von Esoterikern höher schlagen und beflügelt ihre Phantasien. Viele glauben, die Einwohner dieses märchenhaften Landes seien eine Art Übermenschen gewesen – mit spiritueller Weisheit und magischen Kräften, die sie allerdings zuletzt mißbrauchten, was die eigentliche Ursache für den Untergang gewesen sein soll. So ist es auch kein Wunder, daß sich bei spiritistischen Sitzungen häufig ehemalige Atlanter als weise »Geistlehrer« melden, aktuell in unseren Tagen, z. B. »Lye, der Alte aus Atlantis«, durch das Medium Julie Aspoti. Anhänger der Archäoastronautik wie Erich von Däniken halten die Atlantisbewohner sogar für uns weit überlegene (ehemalige) Außerirdische. Hierzu paßt die Spekulation, einige Atlanter hätten den Untergang ihrer Insel überlebt und seien nach Ägypten gekommen, wo sie maßgeblich den plötzlichen Aufschwung zur Hochkultur bewirkten.

Geheimnisvolle Hochkulturen des Orients (etwa ab 3000 v. Chr.)

Bleiben wir gleich bei *Ägypten*, das wohl die größte Rolle in der esoterischen Historie spielt. Fast alle Geheimlehren von der Alchemie bis zur Traumdeutung sollen hier ihren Ausgang genommen haben, was aber nicht immer der historischen Wahrheit entspricht.

Unbestreitbar ist der mächtige Priesterstand mit verschiedenen Klassen, wobei die angehenden Priester in Tempelschulen ihre Einweihung in die Mysterien erhielten. Eine besondere Bedeutung besaß dabei der Totenkult. Die Ägypter glaubten an ein körperliches Weiterleben nach dem Tod, und so gaben sie ihren einbalsamierten Toten (jedenfalls den begüterten) reiche Gaben mit auf den Weg. Im *Ägyptischen Totenbuch*, einer Sammlung von Grabinschriften, die - etwa 2350-2175 v. Chr. entstanden - zu den ältesten Texten der Menschheit gehören, werden dem Toten Ratschläge gegeben, wie er sich auf seiner Reise ins Schattenreich verhalten soll.

Im Zusammenhang mit dem Totenkult stehen auch die *Pyramiden* als Grabstätten der Pharaonen; am bekanntesten sind die drei bei Gise, vor allem die Cheopspyramide (etwa 2600 v. Chr.). Aber daß dieses rätselhafte Monument ein »simples« Grab sein sollte, schien vielen Esoterikern völlig unzumutbar, und so entwickelte sich ein reger Pyramidenmystizismus: Die Pyramide habe als Einweihungsstätte für die ägyptische Mysterienschule gedient, sie enthalte in ihren Baumaßen astronomische und mathematische Daten, z. B. die Kreiszahl »Pi«, und aus der Anatomie ihrer Gänge ließe sich der Verlauf der Weltgeschichte vorhersehen - danach hätte der letzte Weltuntergang etwa 1987 stattfinden sollen ... Einer breiteren Zustimmung erfreut sich in okkulten Kreisen die Theorie, daß jede Pyramide einfach von ihrer Form her eine besondere Kraft (Pyramid Power) ausstrahle.[5]

Übertroffen in ihrer geheimnisvollen Aura werden die Pyramiden vielleicht noch von der *Sphinx*, einem geflügelten Mensch-Löwe-Wesen. Dieses gewaltige, zwanzig Meter hohe Steinbild, fast stets nur als »die rätselhafte Sphinx« apostrophiert, soll das Geheimnis esoterischen Wissens symbolisieren und sein Wächter sein, so schrieb schon der griechische Philosoph Plutarch im 1. Jahrhundert n. Chr. Aber nach Auffassung der Ägyptologen ist die Sphinx eine symbolische Darstellung des Pharaos Chephren oder des Sonnengottes Re - manches Geheimnis erweist sich also bei nüchternem Blick als gar nicht so geheimnisvoll ...

Ägypten hat aber esoterisch noch mehr zu bieten. Hier nahm auch der

Kult der Isis, der großen Göttin, seinen Ausgang, der sich in römischer Zeit (mit gewissen Abänderungen) über das ganze Imperium verbreitete und auch Einfluß auf die christliche Vorstellung der Jungfrau Maria, der Mutter Gottes, gewonnen hat. Vor allem aber gibt es hier den Gott Thot, den Gott der Weisheit und Magie, den die Griechen später mit dem Götterboten Hermes gleichsetzten und der uns in Gestalt des legendären *Hermes Trismegistos* - als Ahnherr der hermetischen Geheimlehre - noch beschäftigen wird. Nicht zuletzt er hat dazu beigetragen, daß Alt-Ägypten für viele Esoteriker ihr »gelobtes Land« ist; vielleicht taucht es bei ihren Wiedergeburtserlebnissen deshalb so häufig als Heimat in einem früheren Leben auf.

Vielfach liest man, auch die Alchemie hätte ihren Ursprung im Land der Pharaonen: Alchemie, die Kunst der Herstellung von Gold (bzw. der Versuch dazu), die den wahren Adepten allerdings vor allem als ein Weg zur geistigen Selbstentwicklung galt. Kurt Seligmann, ein Kenner der Esoterikgeschichte, bestreitet jedoch diese Urheberschaft. Zwar seien die alten Ägypter bereits Meister der Metallbearbeitung gewesen, aber das habe noch nichts mit geistiger Alchemie zu tun gehabt, die nach seiner Auffassung zu den jüngeren magischen Disziplinen gehört und sich erst im 1. nachchristlichen Jahrhundert entwickelt hat.[6]

Ungefähr zur gleichen Zeit, als sich im Reich der Pyramiden die erste Hochkultur entfaltete, geschah dies auch in *Mesopotamien*, dem »Zweistromland« zwischen Euphrat und Tigris, wobei verschiedene Völker, Sumerer, Akkader, Assyrer u. a., mitwirkten. Im 18. Jahrhundert v. Chr. entstand hier das Reich *Babylonien* mit dem alten Babylon als Hauptstadt. Die Babylonier gelten als die eigentlichen Begründer der Astronomie wie Astrologie. Von ihnen stammen auch viele Mythen, die später andere Religionen beeinflußten, z. B. über die Schöpfung und über die Sintflut. Besondere Faszination, gerade auch in der Welt der Esoterik, hat der Mythos von Gilgamesch, einem König aus Uruk, ausgelöst - als *Gilgamensch-Epos* etwa 2000 v. Chr. auf Tontafeln geritzt. Angeblich hat Gilgamesch um 2670 v. Chr. tatsächlich gelebt, aber seine Person wurde heroisiert und mythologisiert. Das Epos berichtet über seine (vergebliche) Suche nach dem Kraut ewigen Lebens, also nach der Unsterblichkeit - ein wahrhaft esoterisches Motiv, das uns vor allem in der alchemistischen Suche nach dem Lebenselixier wiederbegegnen wird.

Auch der »Turmbau zu Babel« hat besonderes okkultistisches Interesse gefunden. Entgegen dem biblischen Bericht war der babylonische Turm keineswegs extrem hoch, er sollte nur symbolisch in den Himmel ragen, denn er symbolisierte mit seinen sieben Stufen die sieben damals bekannten Planeten, die ihrerseits wiederum mit sieben Phasen der geistigen Entwicklung des Menschen auf dem Weg zu Gott in Verbindung gebracht wurden. Andererseits war der Tempelturm quadratisch (viereckig) gebaut und entsprach damit der altsumerischen Vorstellung von einem viergeteilten Himmel. Diese Berücksichtigung »magischer Zahlen« in der Architektur zeigt, daß auch die Zahlenmystik in Babylon schon eine Rolle spielte. Übrigens erlebte der Turm wie seine Stadt seit dem 3. Jahrtausend v. Chr. verschiedene Male Zerstörung und Wiederneuaufbau. Unter Nebukadnezar (605–592 v. Chr.) fand das *Neubabylonische* Reich der *Chaldäer* zu neuer Blüte, und auch die chaldäische Astrologie, die schon Entsprechungen zwischen Planeten, Farben und Metallen kannte: Jupiter entsprach so die Farbe Weiß und das Metall Zink – Saturn die Farbe Schwarz und das Metall Blei.

Die Zeit des Alten Testaments (etwa ab 1300 v. Chr.)

Die Geschichte des *Volkes Israel* ist mit der Ägyptens wie mit der Babyloniens verbunden. Der Religionsstifter des Judentums, Moses, lebte um 1225 v. Chr. am ägyptischen Hof, wo er – jedenfalls nach esoterischer Geschichtsschreibung – die Mysterienschule der Priester durchlaufen hat, also zum »Eingeweihten« wurde. Moses soll dann Mitte des 13. Jahrhunderts den Auszug der Kinder Israels aus Ägypten, wo diese wie Sklaven lebten, geleitet haben, was allerdings historisch nicht gesichert ist. Jedenfalls heißt es, daß die Israeliten auf diese Weise mit der ägyptischen Religion und Esoterik in Berührung kamen und partiell auch als Erbe dieser Traditionen gelten können, was sich zwar kaum in ihrer offiziellen Religion zeigt, aber in der jüdischen Mystik, der *Kabbala*.

In Ägypten haben die Israeliten vielleicht auch die Verehrung des göttlichen Stiers (bzw. seiner Standbilder) kennengelernt, was von Moses »Tanz um das Goldene Kalb« genannt wurde. Nach anderer Auffassung wurde diese Götzenanbetung von den Kanaanitern übernommen, der vorisraelischen Bevölkerung Palästinas, die den Stiergott Baal verehrten – wie auch immer: Stierkulte waren ohnehin im ganzen Orient verbreitet. Jedenfalls war solches religiöse »Fremdgehen« natürlich eine schlimme Verfehlung im Judentum, das – als streng *monotheistisch* – nur den Glauben an den einen Gott Jahwe zuließ, von dem man sich überdies kein Bildnis machen durfte.[7]

Um 587 v. Chr. wurde – nach der Eroberung Jerusalems – der größte Teil des israelitischen Volkes von Nebukadnezar in die Verbannung nach Babylon verschleppt, wo sie mit chaldäischer Magie in Berührung kamen. »Trotz des hartnäckigen inneren Widerstandes waren die Juden im Exil nicht imstande, sich fremdem Einfluß zu entziehen. Viele vergaßen ihre Heimat, und nur ganz wenige blieben standhaft in ihrem Glauben. Auch die in Palästina zurückgeblieben waren, unterlagen kaum weniger den assyrisch-babylonischen Einflüssen.«[8] Und dies, obwohl die Propheten wie Jesaja (8. Jahrhundert v. Chr.), Jeremias (7. Jahrhundert v. Chr.) und Hesekiel (6. Jahrhundert v. Chr.) immer vor einem Abfall vom Glauben gewarnt hatten und man die Babylonische Gefangenschaft auch als Strafe Jehovas für solchen Abfall ansah. Als die Juden - wie man sie seit dem babylonischen Exil nennt - in ihre Heimat zurückkehrten (um 540 v. Chr.), hatten sie das Vertrauen in ihre eigene irdische Macht verloren. Sie richteten ihre Hoffnungen auf das Kommen eines Messias, eines Heilsbringers; noch mehr richteten sie ihre Erwartungen aber auf ein Leben nach dem Tod - Gottes Reich war nicht von dieser Welt.

Die Entwicklung des Judentums ist von großer Bedeutung für die gesamte (Geistes-)Geschichte, aber besonders für die esoterische. Denn aus dem Judentum entsprang das Christentum, das zur vielleicht wichtigsten geistigen, religiösen und politischen Macht wurde und das Abendland prägte. Und wenn es auch Berührungs- und Überschneidungspunkte zwischen Christentum und Esoterik gibt, so wurde das Esoterische doch von der Kirche überwiegend attackiert. Diese Auseinandersetzungen zwischen verordneter, institutionalisierter Religion und spontanem Glauben, einschließlich Volks- und Aberglauben, nehmen bereits in der jüdischen Religion ihren Anfang. Andererseits haben manche ihrer Elemente wie Messiaserwartung, Jenseitsorientierung oder Auserwähltheitsvorstellung bestimmte esoterische Richtungen (nicht alle!) deutlich beeinflußt.

Weniger bekannt ist der Einfluß des Parsismus, der Religion der *Perser*, auf das Christentum wie die Esoterik. Sein Religionsstifter Zarathustra (griech. Zoroaster) lebte etwa 600 v. Chr. in Persien; die Angaben über seine Lebensdaten gehen allerdings weit auseinander.[9] Wie schon bei älteren Religionen, z. B. der der Akkader, finden wir bei ihm einen ausgeprägten *Dualismus*: einen Gegensatz zwischen dem Guten, repräsentiert von Gott Ahura Mazda (modern Ormazd), und dem Bösen, vertreten von Ahriman, dem obersten Teufel. Aber während die früheren Lehren von einem ewigen Kampf zwischen Gut und Böse, Licht und Dunkelheit ausgingen, siegt bei Zarathustra zu guter Letzt das Gute. Der Philosoph Friedrich Nietzsche hat ihm, der »wahrhafter sei als sonst ein Denker«, mit seinem berühmten Buch »Also sprach Zarathustra« ein Denkmal gesetzt.

Antike - Okkultes bei den alten Griechen (etwa 800-400 v. Chr.)

Natürlich beginnt die Geschichte der Griechen nicht erst um 800 v. Chr., aber doch ihre Blüte und die Entwicklung zur Großmacht. Aus ihrer »Vorgeschichte« sind für die Esoterik besonders interessant: der mythische Kampf um Troja (etwa im 3. Jahrtausend v. Chr.), den der Dichter Homer um 750 v. Chr. in seinem Epos »Ilias« beschrieb, sowie die minoische Kultur (im 2. Jahrtausend v. Chr.), benannt nach König Minos, der in Knossos auf Kreta das vielleicht berühmteste Ungeheuer der griechischen Mythologie in einem Labyrinth gefangenhielt, den Minotauros, ein Wesen mit Menschenleib und Stierkopf.

Zurück zur griechischen Klassik und ihrer Religion und Magie. Eine große Rolle spielte das Wahrsagen von Propheten und Sehern, die beispielsweise aus dem Vogelflug die Zukunft erkennen wollten, vor allem aber mit Hilfe von Orakeln. Das berühmteste war das *Orakel von Delphi* im Tempel des Gottes Apoll, wo man der in Trance befindlichen Tempelpriesterin Pythia Fragen stellen konnte, auf die sie - leider recht vieldeutige - Antworten gab.
Ganz anders der Kult um *Dionysos*, den Gott des Weines, zu dessen Ehren man ausufernde Orgien mit »Wein, Weib und Gesang« feierte. Ähnlich der *Orphismus*, eine religiöse Strömung, die sich auf den legendären Sänger Orpheus bezieht, der in die Unterwelt, den Hades, hinabstieg, um seine Frau zu retten. Auch in den *Eleusischen Mysterien* steht das intensive religiöse Erleben im Vordergrund. In einer der Erdgöttin Demeter geweihten Einweihungsstätte in der Stadt Eleusis durchliefen die Aspiranten verschiedene, teilweise erschreckende magische Zeremonien, wonach sie sich wie neugeboren fühlten und auf ein glückliches Leben nach dem Tod hoffen konnten. Die ganze Religiosität der Griechen war verbunden mit dem Glauben an eine Hierarchie von Göttern, an der Spitze der Himmelsherrscher Zeus. Die Götter, die auf dem Berg Olymp wohnen sollten, waren sehr menschenähnlich - einschließlich menschlicher Schwächen wie Neid und Eifersucht -, aber sie waren unsterblich.
Auch die Philosophen glaubten an das Magisch-Mystische. Bekannt ist dies von Pythagoras (etwa 580-500 v. Chr.), immerhin ein ausgezeichneter Mathematiker, berühmt durch den »Satz des Pythagoras«, der allerdings kaum von ihm selbst stammt. Er vertrat die Lehre, Zahlen seien die Prinzipien der Welt, in den Zahlenverhältnissen (Proportionen) spiegele sich die Harmonie des Kosmos. Nach dieser Zahlenmystik tönen die Himmelskörper in bestimmten Intervallen, wodurch sich eine »Sphärenmusik« ergäbe. Pythagoras soll aber auch die vielleicht erste Geheimgesellschaft gegründet haben, den Pythagoreischen Bund.
Der große Denker Platon (427-347 v. Chr.) hat mit seiner Ideenlehre die Philosophie, aber noch mehr die Esoterik bis heute beeinflußt; er lehrt den Vorrang der Ideen als geistige Wesenheiten gegenüber der Welt unserer Sinne. Was man in Philosophielexika kaum liest ist, daß Platon auch an okkulte Lehren wie die Astrologie glaubte. Seligmann geht sogar so weit zu behaupten: »Alle Philosophen des Altertums glaubten an die Wirklichkeit der Magie. Auch Heraklit, Thales, Pindar, Xenophon und Sokrates vermochten sich ihrem Bannkreis nicht zu entziehen.«
Selbst wenn man diese Aussage als übertrieben kritisiert, es bleibt die Frage: Wie paßt dieser »Okkultismus« selbst der weisen Philosophen zum offiziellen Bild des griechischen Athen als Geburtsstätte des logisch-rationalen Denkens und der abendländischen Wissenschaft? Wir müssen eben zwei Seiten des griechischen Wesens unterscheiden: das *Apollinische*

(nach dem Gott Apollon), die vernünftige, geordnete, harmonische Seite, und das *Dionysische* (nach dem Gott Dionysos), den irrationalen, dunklen, chaotischen Gegenpol. Im griechischen Geist waren diese Pole beide besonders ausgeprägt, aber sie spielen generell in der menschlichen Seele und gerade auch in der Esoterik eine wesentliche Rolle.
Teilweise, aber keineswegs ausschließlich übernahmen die Griechen dionysische Ideen und Praktiken aus dem Osten. Nach Leuenberger sind sie sogar neben den Juden die Erben der ägyptischen Geheimlehren: »Während am Südufer des Mittelmeeres das ägyptische Reich langsam ins Dunkel der Geschichte sank, erstrahlte an seinem nördlichen Ufer Griechenland zu seiner höchsten Blüte. Das griechische Volk war denn auch dazu auserwählt, aus den Händen des ermattenden Ägypten die Mysterien entgegenzunehmen, um sie für die kommende Epoche zu hüten und zu bewahren.« Und Leuenberger betont, daß sowohl Platon wie Pythagoras auf Reisen nach Ägypten in die Geheimlehren eingeweiht wurden. Sicher ist, daß die Griechen mit vielen Völkern in Kontakt standen und offen waren für fremde Kulturen und Religionen, dennoch aber ihre kulturelle Eigenständigkeit bewahrten. Gerade deshalb sagt man ja, daß die griechische Klassik die Basis schuf für die europäische Hochkultur der folgenden Jahrhunderte.

Hellenismus - Von den Griechen zu den Römern (etwa 400 v. Chr. bis 0)

Unter Alexander dem Großen (356-323 v. Chr.) breitete sich der griechische Geist seinerseits immer weiter aus, man spricht vom Zeitalter des *Hellenismus*, dem ersten Zeitalter abendländischer Weltherrschaft, als die griechische Kultur zur Weltkultur wurde - wenn auch das frühere Zentrum, Athen, stark an Einfluß verloren hatte. 332 v. Chr. gründete Alexander die Stadt Alexandria (oder Alexandrien) in Ägypten. Sie wurde zum Mittelpunkt der Begegnung und Durchdringung von Abendland und Morgenland und Ausgangspunkt vieler esoterischer Strömungen. Ein berühmter Sohn dieser Stadt ist Ptolemäus (etwa 100-180 n. Chr.), der Begründer des (geozentrischen) Ptolemäischen Weltbildes mit der Erde als Himmelszentrum, der aber nicht nur Astronom, sondern auch Astrologe war.
Etwa ab 500 v. Chr. begann die Ausbreitung Roms zur Weltmacht. Erst verliefen die Entwicklungen in Griechenland und Italien weitgehend parallel; als es schließlich zur Konfrontation kam, wurde Griechenland besiegt und (um 150 v. Chr.) Rom einverleibt. Zwar erlebte es zeitweilig noch bis Ende des 2. Jahrhunderts n. Chr. eine äußere Blüte, aber politisch blieb es ohne Bedeutung. In seiner Endzeit wurde das Land von orientalischen religiös-mystischen Strömungen überflutet, als Reaktion auf den Zusammenbruch des Staates, aber wohl auch auf die Verdrängung

der eigenen Religion durch eine zunehmend aufklärerisch-rationale Philosophie, die sich in sophistischen Spitzfindigkeiten erging.
So wurde Rom zum Erbe der Griechen: »Die in Griechenland glanzvoll eröffnete abendländische Antike erlebt durch den Aufstieg des römischen Stadtstaates am Tiber einen zweiten Höhepunkt . . .«
»Römischer Geist und römische Kultur wachsen über ihre nationalen Schranken zur Menschheitskultur auf und treten . . . das Erbe der griechischen Klassik und Humanität an.«[10] Wenn das auch etwas pathetisch übertrieben klingt, der kulturelle, vor allem aber politisch-militärische Erfolg der Römer ist nicht zu bestreiten. Doch ihre Religion war nie gleichermaßen einflußreich: Ursprünglich ein nüchterner Glaube ohne Tempel und Gottesbilder, wurden später die eigenen Götter wie Jupiter, Mars und Quirinus durch fremde, besonders griechische Götter ergänzt bzw. mit diesen identifiziert.
Diese Auffrischung verhinderte aber nicht eine Religionskrise, die primär wie in Griechenland durch die (von dort importierte) philosophische Aufklärung entstand. Gebildete Römer wie der Philosoph Seneca (4 v. bis 65 n. Chr.) fanden zwar Trost in der Philosophie, vor allem im *Stoizismus*, der eine »stoische Ruhe«, eine Gelassenheit gegenüber den Wirrnissen des Lebens predigte. Aber das Volk konnte solches nicht befriedigen. Zwar nahm seit Einführung des Kaisertums (ab 27 v. Chr.) der *Herrscherkult* immer stärker religiöse Züge an, z. B. ließ sich Kaiser Commodus (161–192) als Gott verehren, doch diese Staatsreligion mit ihren zur Form erstarrten Zeremonien erfüllte nicht die Heilswünsche der Menschen.
Das ist ein wichtiger Grund dafür, warum Magie und Astrologie in Rom Hochkonjunktur hatten und für viele Wahrsager ein gutes Geschäft bedeuteten. Allerdings war das so eine Sache mit dem Okkultismus in Rom: zeitweilig wurde er geduldet, dann wieder verfolgt, je nachdem auch, ob man ihn für staatsgefährdend hielt. Überhaupt betrieben die Herrscher eine Doppelmoral: Öffentlich kritisierten sie die Magie, aber privat betrieben sie sie selbst, z. B. um so die Pläne ihrer Gegner zu erfahren. Was den Mächtigen und Weisen ziemt, schickt sich eben noch lange nicht fürs gemeine Volk.

Spätantike - Römer, Christen, Magier (etwa 0–500 n. Chr.)

In dieser Zeit entstand das Christentum. Jesus wurde etwa vier (oder sieben) Jahre vor der Zeitrechnung geboren. Ab 28/29 führte er ein Wanderleben als Lehrer und Wunderheiler in Palästina, etwa im Jahre 30 wurde er gekreuzigt; unmittelbar danach entstanden die ersten Gemeinden der frühen Christen. Manche Esoteriker sehen Jesus als einen der Ihren, einen Meister, der in Indien, Tibet oder Ägypten seine Einweihung erhielt und esoterische Lehren wie die von der Wiedergeburt vertrat.[11]
Das Christentum war eigentlich kein Problem für die Römer, denn die wa-

ren sehr tolerant in religiösen Dingen. »Hätten sich die Christen damit begnügt, ihren neuen Gott zu verehren, niemand hätte ihnen deswegen ein Haar gekrümmt. Im römischen Pantheon hatten schon viele fremde Götter gastliche Aufnahme gefunden, und man hätte dort auch für Christus ein Plätzchen übrig gehabt.«[12] Aber die Christen erhoben einen Monopolanspruch und lehnten den Kaiserkult als heidnisch ab. So kommt es schließlich (im 3. Jahrhundert) zur systematischen Christenverfolgung.
Doch getragen von der Missionstätigkeit vor allem des Paulus, hatte das Christentum inzwischen einige Verbreitung gefunden. Hinzu kam, daß das Römische Reich seine Kräfte gegen vermehrte Angriffe von außen konzentrieren mußte. Rom stand allerdings schon immer in kriegerischer Auseinandersetzung mit anderen Völkern. Um ein esoterisch bedeutsames Beispiel zu nennen: die *Kelten*, Hauptstamm der Gallier, die Cäsar – Asterix und Obelix zum Trotz – schon fünfzig Jahre v. Chr. unterworfen hatte. Die Kelten besaßen eine reiche Mythologie und Religion mit vielen weiblichen Gottheiten. Ihre religiösen Riten feierten sie – von den sogenannten *Druiden*, den Priestern, geleitet – meist auf heiligen Hainen oder an großen Megalithbauten. Anders als in manchen Esoterikbüchern zu lesen ist, stammen diese Monumentalbauten aber nicht von den Kelten selbst, sondern aus vorkeltischer Zeit, der berühmte Steinring von Stonehenge in Großbritannien etwa aus der Zeit 1500 v. Chr.
Auch mit den *Germanen* hatten die Römer schon lange Probleme. Deren religiös-magische Bräuche – ihre Kenntnis verdanken wir übrigens vor allem den Römern – sind zu umfangreich, um hier mit ein paar Worten beschrieben zu werden. Ihr oberster Gott war Wotan (oder Odin), der das achtbeinige Totenpferd Sleipnir ritt. Neben der *Runen-Magie* der Germanen erfreut sich ihre Mythologie bei manchen heutigen Esoterikern großer Beliebtheit, wobei allerdings die Gefahr einer rassistischen »Germanentümelei« besteht.
Zurück in die Vergangenheit. Im 4. Jahrhundert wurde es für Rom immer schwieriger, sich der Germanen zu erwehren, vor allem nachdem mit dem Einfall der Hunnen in Europa (375) die eigentliche Völkerwanderung begann. Kaiser Konstantin I. (285–337) sorgt so mit dem *Toleranzedikt* von 313 für Ruhe in der Auseinandersetzung mit den Christen, er ließ sich sogar selbst in seinem Todesjahr noch taufen. Unter Theodosius I. wurde das Christentum 391 Staatsreligion, und er verbot alle heidnischen Kulte.
Das Christentum hatte sich aber nicht nur gegen den Kaiserkult durchzusetzen, sondern es gab eine Vielzahl vor allem orientalisch geprägter Kulte, denen viele Menschen anhingen. Die wichtigsten:

○ *Mithras-Kult:* Mithras ist der persische Gott des Lichts, der unermüdliche Gegner alles Bösen. Der Mithras-Glaube kam mit den römischen Soldaten etwa 50 v. Chr. ins Reich und hatte sich Ende des 1. Jahrhunderts

n. Chr. fest eingebürgert. Da auch in ihm eine Art Taufe und Abendmahl bekannt sind, ist eine Beeinflussung des Christentums möglich.

○ *Manichäismus:* Während der Mithras-Kult relativ bald wieder unterging, erreichte eine andere persische Religionsströmung eine mehr als tausendjährige Geschichte. Der Manichäismus, begründet von dem Perser Mani (etwa 216–276), der zarathustrisches, buddhistisches und christliches Gedankengut miteinander verband.

○ *Gnosis:* Mit »Gnosis« bezeichnet man einmal allgemein die mystische Seite einer Religion, zum anderen eine vielschichtige Strömung, die ihren Ausgang in Alexandrien nahm und im 2. Jahrhundert ihren Höhepunkt erlebte. Wie Mithras- und Mani-Kult von Zarathustra beeinflußt, lehrt die Gnosis einen strengen Dualismus von Gut und Böse. Die Welt, die Materie, gilt als schlecht, deswegen kann sie nicht von dem guten Gott geschaffen sein, sondern nur von einem niederen Wesen (manche Gnostiker halten sogar den Gott des Alten Testaments als Schöpfer der Welt für schlecht).
Obwohl es neben kirchenkritischen Gnostikern wie Basilides und Valentinus auch kirchlich-gläubige gab, z. B. Clemens von Alexandrien, wurde die gnostische Bewegung insgesamt vom Christentum abgelehnt. Der früheste Gnostiker, Simon Magus (15–53), wird in der Apostelgeschichte als Zauberer und Widersacher des Petrus vorgeführt. Die Gnosis war vor allem deshalb für das Christentum bedrohlich, weil sie weniger den kirchlich eingebundenen Glauben lehrt, sondern die eigene Gotteserfahrung bzw. Gotteserkenntnis, sei es durch Askese oder Ekstase.

○ *Neuplatonismus.* Begründet von dem sagenhaften Sakkas (etwa 175 bis 242) und Plotin (205–270), verbindet der Neuplatonismus vor allem die Philosophie Platons mit östlichem Gedankengut, teilweise unter Einbeziehung christlicher Gedanken, wie beim Kirchenlehrer Augustinus, teilweise mit Frontstellung gegen das Christentum (Porphyrius, Iamblichos). Seine Lehre von der Emanation (lateinisch »Ausfluß«) besagt das Hervorgehen aller Dinge aus dem vollkommenen, göttlichen Einen, wobei eine Stufenordnung des Seins beschrieben wird - ein Modell, das die spätere Esoterik stark beeinflußte. Auch den Neuplatonismus hat die Kirche weitgehend abgelehnt, dennoch flossen manche seiner Ideen, z. B. von Dionysius Aeropagita, in ihre Lehre ein.
Mithras-Kult, Manichäismus, Gnosis und Neuplatonismus, sie alle griffen Ideen aus der morgenländischen Welt auf, und überhaupt war dies eine Zeit des *Orientalismus.* Auch die berühmten hermetischen Schriften wurden wohl im 3. Jahrhundert niedergeschrieben. Und die Alchemie erlebte - ganz besonders durch Zosimos von Panopolis - eine frühe Blüte.

Doch das Christentum setzt sich allmählich gegen alle östlich orientierten religiösen Strömungen durch. Anders als die frühen Christen, die offen für Glaubensvarianten und äußere Einflüsse waren, drängt das Christentum, zur Staatsreligion geworden, auf strenge Einheitlichkeit und Abgrenzung gegen alle »Heiden«.[13] Nach verschiedenen Verboten wird 529 vom christlichen Kaiser Justinian I. auch der Neuplatonismus verboten. Man kann feststellen, daß gegen 500 n. Chr. alle außerchristlichen Kulte im Römischen Reich vernichtet oder in den Untergrund abgedrängt waren. Aber die christliche Vereinheitlichung kann dennoch nicht die Einheit des Reichs sichern. 395 kommt es zur Teilung in das weströmische Imperium und das oströmische: Byzanz. Während Westrom 476 von dem Germanen Odoaker zerschlagen wird, bleibt das Byzantinische Reich bis ins 15. Jahrhundert bestehen. Das Christentum wird gerne als Hüterin des Erbes der griechisch-römischen Antike bezeichnet, als die vor allem im Orientalismus unterzugehen drohte. Aus esoterischer Sicht unterdrückte die Kirche damit aber wertvolle alte Weisheitslehren, und zwar so radikal, daß diese für etwa 700 Jahre nicht mehr ans Licht der Öffentlichkeit traten, was ihre Entwicklung zu Geheimlehren natürlich begünstigte.

Mittelalter - Harte Zeiten für Okkultisten (etwa 500-1200)

Mit dem Mittelalter begann also weitgehend eine Durststrecke für die Esoterik, wenn es auch Ausnahmen gab, die Astrologie z. B. teils geduldet wurde und vor allem in unteren Volksschichten heidnische und magische Bräuche wie Beschwörungen oder Zauberformeln im geheimen weiter praktiziert wurden. Überhaupt war der christliche Glaube nicht beim ganzen Volk populär, aber man bekannte sich öffentlich dazu. Denn war es früher gefährlich gewesen, ein Christ zu sein, so jetzt, kein Christ zu sein. Auch die meisten Herrscher und Kirchenleute zweifelten nicht an der Wirksamkeit von Magie und Zauber, auch sie waren abergläubisch. Nur galten solche Praktiken als Einmischung in die göttlichen Regeln, als Teufelswerk, und waren deshalb verboten bzw. waren religiöse Bräuche, die ihren magischen Ursprung oder ihre magische Verwandtschaft (wie z. B. die Wandlung von Brot und Wein in Leib und Blut Christi beim Abendmahl) nicht verleugnen konnten, nur dann erlaubt, wenn sie im kirchlichen Rahmen stattfanden und damit als gottgewollt galten.

Nach dem Sieg über die Esoterik konzentrierte sich die Kirche auf die Auseinandersetzung mit den politischen Machthabern, Kaisern und Königen, wobei sie ebenfalls Erfolg hatte. Erst im 12. Jahrhundert traten esoterische Gruppierungen wieder stärker an die Öffentlichkeit, vor allem die *Katharer* (griechisch »die Reinen«) und die *Albigenser* (mit Hauptsitz in der Stadt Albi).[14] Sie knüpften an frühere Strömungen wie Gnosis und Manichäismus an und lehrten wie diese einen krassen Dualismus: zwischen einem guten Gott, der die geistige Welt geschaffen hat, und einem

bösen Gott oder gar Teufel als Schöpfer der materiellen Welt. Zur Überwindung der Fleischlichkeit gingen sie meist den Weg strenger Askese.
Ende des 12. Jahrhunderts entstanden - wahrscheinlich im Zusammenhang mit dem Gedankengut der Katharer - die berühmten *Grals*-Dichtungen, vor allem die von Chrétien de Troyes (um 1180) und von Wolfram von Eschenbach (um 1200). Der Gral wird der Sage nach mal als die Schale angesehen, in die das Blut von Jesus floß, als er am Kreuz mit einer Lanze verletzt wurde, mal auch als der Kelch vom letzten Abendmahl. Bei Wolfram von Eschenbach ist der Gral dagegen ein heiliger Stein, den zu suchen sich der Ritter Parzival aufmacht. Jedenfalls hat der Mythos vom Gral bzw. das Symbol des Grals (ähnlich wie die heilige Lanze, mit der Jesus in die Seite gestochen sein soll) eine enorme Bedeutung in der westlichen Esoterik gewonnen.
Aber nicht nur im Inneren erwuchsen der Kirche neue Widersacher, sondern auch im Äußeren. Mit dem Propheten Mohammed (570-632) entstand eine neue Weltreligion, der *Islam*. Der Islam ist noch strenger monotheistisch als das Christentum: Er lehrt, daß es nur einen Gott - Allah - gibt, und lehnt die christliche Trinitätslehre ab. Für die Esoterik ist vor allem die islamische Mystik, der *Sufismus*, von Bedeutung, der die totale Hingabe und Liebe zu Allah fordert. Der Islam setzte sich bald in ganz Arabien durch, und unter seinem Zeichen begann die mohammedanische Eroberung halb Europas. Wenn die Kirche auch in einer Hinsicht hiervon profitierte - viele griechische Texte, auch des von ihr so verehrten Aristoteles, wurden nämlich zunächst ins Arabische übersetzt und erst von dort in die Kirchensprache Latein übertragen. Insgesamt erwuchs dem Christentum hier eine große Herausforderung.
Die schlimmste war die mohammedanische Eroberung Palästinas, des Heiligen Landes. Die römisch-christliche Kirche - ohnehin belastet durch das endgültige Schisma mit der byzantinischen Kirche im Jahre 1054 - startete einen ersten *Kreuzzug* (1096-1099), vorrangig um ihren Gläubigen die christlichen Pilgerstätten wieder zugänglich zu machen. Kurz danach (1118) wurde von dem Edelmann Hugo von Payen und mehreren Kreuzfahrern der *Orden der Tempelritter* gegründet, dessen Aufgabe es war, Pilger vor jedweden Überfällen zu schützen. Tatsächlich konnte Jerusalem durch den Kreuzzug zurückerobert werden, 1187 jedoch war es schon wieder von den »Muselmanen« besetzt.

Spätmittelalter - Wechselbad für die Esoterik (etwa 1200-1450)

Mit ihren äußeren Gegnern, den Mohammedanern, konnte die christliche Kirche nicht fertig werden: Mehrere weitere Kreuzzüge blieben ohne dauerhaften Erfolg, und 1291 fiel mit Akka der letzte Stützpunkt in Palästina, der »Heilige Krieg« war verloren. Um so mehr wandte sich die Kirche ihren inneren Gegnern zu, den Katharern. Nach deren Lehre

waren der Mensch, die Welt und damit auch die Kirche letztlich teuflischen Ursprungs - eine für die Kirchenherren untragbare Provokation. So wurden die Katharer in den sogenannten *Albigenserkriegen* (1209-1229) grausam bekämpft. Um 1250 waren sie fast völlig vernichtet.
Aber auch die Tempelritter, kurz Templer, die der Kirche treu gedient hatten, gerieten Anfang des 14. Jahrhunderts unter deren Beschuß. Nachdem die Kreuzzüge vorbei waren, hatten die Templer ihre ursprüngliche Aufgabe, die Pilger bei der Wallfahrt zu beschützen, verloren. Statt dessen wurden sie vor allem in Frankreich im sozialen und wirtschaftlichen Bereich tätig und gewannen immer mehr Einfluß, Macht und Reichtum, wodurch sie zur Bedrohung für die etablierten Machthaber, König und Papst, wurden.
1307 wurden alle Tempelritter in Frankreich verhaftet. Man warf ihnen vor, einen geheimnisvollen Kopf mit krausem, schwarzem Haar - *Baphomet* genannt - zu verehren (angeblich ein Symbol für den Teufel). Sie würden - so warf man ihnen vor - die Leiber verstorbener Ordensmitglieder braten, Kruzifixe bespucken, homosexuelle Orgien feiern und anderes mehr. Viele Templer wurden auf Scheiterhaufen verbrannt; 1312 löste Papst Klemens V. den Templerorden gänzlich auf. Etliche Vorwürfe waren sicherlich ungerechtfertigt. Offensichtlich huldigten die Templer einem Mysterienkult, vielleicht entwickelt durch die Begegnung mit dem Islam, der östlich-gnostisches Gedankengut übernommen hatte. Genau wird sich das aber kaum mehr herausfinden lassen, denn trotz Folter nahmen die Templer die meisten ihrer Geheimnisse mit ins Grab. Dies hat ihnen innerhalb der Esoterik ein nur um so größeres Interesse beschert und zu vielerlei Spekulationen geführt, auch über bis heute verborgene Schätze.
Aus der Bekämpfung der Katharer entstand im 12. Jahrhundert die *Inquisition*, ein geistliches Gericht zur Verfolgung und Bestrafung von »Häretikern« (Ketzern), das 1232 zur päpstlichen Institution wurde. Nachdem die Inquisition die letzten Reste der Katharer-Bewegung weitgehend vernichtet hatte, richteten sie ihren Zorn auf die sogenannten *Hexen*, denen man teilweise katharisches Gedankengut unterschob. Zwar begannen die Hexenverfolgungen schon Anfang des 13. Jahrhunderts, aber erst um 1320 wurde die Inquisition offiziell auf das Hexenwesen ausgedehnt; der Höhepunkt des »Hexenwahns« lag allerdings später, im 16./17. Jahrhundert. Als Hexen (bzw. Hexer) wurden Frauen, aber auch Männer verfolgt, denen man vorwarf, bösen Zauber gegen Menschen und Tiere zu betreiben und sich mit dem Teufel zu verbünden. Besonders im 13. Jahrhundert spielte der Satan im Denken der Menschen eine große Rolle, und man war von seiner »Leibhaftigkeit« überzeugt.
Dies alles genügt sicher, um vom »finsteren Mittelalter« zu sprechen. Und dennoch war dies nicht nur eine dunkle Zeitepoche. Die Kirche hatte - gerade nach Niederschlagung von Albigensern und anderen Sekten - das

Zepter weitgehend fest in der Hand; es gab eine relativ einheitliche und geschlossene christliche Weltanschauung und Weltordnung, und darum gewährte sie der Philosophie wieder einen größeren Spielraum, obgleich vornehmlich als »Magd der Theologie«, betrieben von kirchlichen Gelehrten in Form einer Schulphilosophie (*Scholastik*).

Aber auch die Ketten der Esoterik wurden gelockert. Die Theologen durften, ja sollten die Magie studieren, um sie zu beurteilen, vor allem um das Böse zu erkennen, damit man es besser bekämpfen könne. Sie sollten nur keine Magie betreiben. Aber es war natürlich unmöglich, das Okkulte zu erforschen, ohne es dabei wenigstens partiell zu praktizieren.

Als größter Gelehrter des Mittelalters gilt der »doctor universalis« Albertus Magnus (etwa 1200–1280). Albert, Dominikaner, erst 1931 heiliggesprochen, wird in Philosophie- und Theologiebüchern immer nur als bedeutender christlicher Philosoph beschrieben, aber er war durchaus auch den okkulten »Wissenschaften« gegenüber aufgeschlossen, in einem Ausmaß, daß er in der Esoterik schon Albertus Magus (Albert der Magier) anstatt Albertus Magnus (Albert der Große) genannt wurde. Dieser Universalgelehrte hielt eine *natürliche Magie*, die etwa besondere Kräfte von Steinen und Edelsteinen nutzte, für gut, er verurteilte nur die schwarzen Künste, die dem Bösen dienten. Auch sein Schüler Thomas von Aquin (1225–1274), der wichtigste Kirchenphilosoph, der eine scharfe Grenze zwischen Wissen und Glauben zog und sie dennoch versöhnte, soll z. B. an die Astrologie geglaubt haben. Von ihm ist der bekannte Satz überliefert: »Die Sterne zwingen nicht, sie machen nur geneigt.«

Viel eindeutiger wandte sich Roger Bacon (1214–1294) der okkulten Welt zu. Dabei gilt Bacon als der erste Naturforscher des Mittelalters, der Erfahrung, Experiment und Mathematik als Säulen der Wissenschaft beschrieb und neben anderen Entdeckungen wahrscheinlich »das (Schieß-) Pulver erfunden« hat. Das hinderte ihn aber nicht daran, sich zugleich mystischen und magischen, astrologischen und alchemistischen Studien zu widmen; so forschte er z. B. nach dem *Stein der Weisen* und dem *Lebenselixier.* Damit überschritt der Franziskaner Bacon aber die Grenze des Erlaubten; man warf ihm Zauberei vor und kerkerte ihn ein.

So mancher »Zauberer« wurde seinerzeit auch von der Inquisition verfolgt, und wer ihr entging, dem drohte gemäß christlicher Auffassung nach dem Tod die gerechte Strafe. Der Dichter Dante (1265–1321) zeichnete in seiner berühmten »Göttlichen Komödie« ein visionäres Bild von Himmel, Fegefeuer und Hölle. Albertus Magnus »sieht« er im Himmel, aber die zeitgenössischen Magier Michael Scotus und Guido Bonatti müssen laut seinen Versen in der Hölle büßen. Allerdings blieb auch Dante selbst wegen neuplatonistischer Gedanken theologische Kritik nicht erspart.

In diesen Jahren erwuchs eine andere Bewegung zu neuer Blüte, die ebenfalls in Konflikt mit der Kirche kommen mußte: die *Mystik.* Sie zielt

darauf ab, Gott oder Christus unmittelbar in sich zu erfahren und sich in absoluter Liebe mit ihm zu vereinigen. Zwar ging es hier um eine christliche Mystik, aber sie besaß doch eine gefährliche Nähe zu alten gnostisch-heidnischen Praktiken. Ebenfalls bestand eine Verwandtschaft mit der zeitgenössischen *Armutsbewegung* des Franz von Assisi (1182–1226), welche aber viel stärker als die Mystik von der Kirche integriert wurde.
Als Begründer der Mystik im Mittelalter wird oft Bernhard von Clairvaux (1091–1153) genannt, der an Gedankengut des Kirchenvaters Augustinus anknüpfte. Der berühmteste mittelalterliche Mystiker ist aber Meister Eckehart (um 1260–1327), er bemühte sich um eine Verbindung von Mystik und Theologie. Dennoch wurden 28 Thesen Eckeharts nach seinem Tod durch eine päpstliche Bulle verurteilt. Bekannt sind auch die Eckehart-Schüler Heinrich Seuse und Johannes Tauler sowie der etwa hundert Jahre später lebende Thomas a Kempis (1380–1471), dessen Büchlein »Von der Nachfolge Christi« bis heute als das verbreitetste christliche Andachtsbuch gilt. Aber die Mystik war nicht reine Domäne der Männer, sondern daneben gab es Mystikerinnen wie Hildegard von Bingen (1098–1179), Mechthild von Magdeburg (1212–1285), im 14. Jahrhundert Katharina von Siena und andere. Überhaupt herrschte bei vielen Nonnen eine schwärmerische Christusliebe, wobei teilweise aber körperliche Zustände (wie Zuckungen und ähnliches) auftraten, die heute zuweilen als hysterische Pseudo-Mystik kritisiert werden.
Spielte sich auch die Mystik insgesamt noch im kirchlichen Rahmen ab, so tat sich doch ebenfalls im rein esoterischen Bereich manches Neue:

- Die Alchemie nahm einen zweiten Anlauf. Sie war mit den Arabern, als die Ägypten eroberten, nach Spanien gekommen und breitete sich jetzt in Europa aus.
- Das Buch *Sohar*, die wichtigste Schrift der jüdischen Geheimlehre Kabbala, wurde um 1280 niedergeschrieben, vermutlich von dem Spanier Moses de Léon.
- Im 13./14. Jahrhundert lassen sich auch erstmals *Tarot*-Karten in Europa nachweisen, deren genauer Ursprung ungewiß ist.
- Außerdem entstanden die sogenannten *Grimoires*, Sammlungen von Zaubersprüchen und Geisterbeschwörungen; das bekannteste Grimoire ist »Der Schlüssel Salomos«, wohl aus dem 12./13. Jahrhundert – erstaunlicherweise erst 1559 von der Inquisition verboten.

Renaissance – Zwischen Humanismus und Hexenwahn (etwa 1450–1600)

»Renaissance« bedeutet Wiedergeburt, gemeint ist die *Wiedergeburt der Geisteswelt der Antike*, aber nicht als bloße Nachahmung, sondern als Neuformung im Geist der eigenen Zeit. Der Hauptauslöser hierfür war die Eroberung des Byzantinischen (oströmischen) Reiches 1453 durch die mohammedanischen Türken. Viele Gelehrte flohen nach Westeuropa; sie kannten die alten griechischen Philosophen noch im Original und brachten auch diese Originaltexte mit, so daß im Westen ein erweitertes und vor allem unverfälschtes Bild der Antike möglich wurde, was zu einer Wiederbelebung des griechischen Geistes führte.

Mit der Renaissance beginnt die *Neuzeit.* Sie markiert den Übergang vom Mittelalter zur Neuzeit. Änderungen der Weltanschauung - des Gottes-, Menschen- und Naturbildes - bahnen sich an. Im Zuge des *Humanismus* steht der individuelle Mensch - das Ideal des umfassend gebildeten Bürgers - im Vordergrund, nicht mehr die Ständegesellschaft. Der Horizont weitet sich: Hatte schon Marco Polo (1254–1324) den Gesichtskreis seiner Zeitgenossen durch Reiseberichte, vor allem aus dem geheimnisvollen China, erweitert, entdeckt jetzt Kolumbus (1492) den neuen Kontinent Amerika, und mehrere Weltumseglungen beweisen, daß die Welt keine Scheibe ist. Die Macht der Kirche nahm ab, die Einheit von Glauben und Vernunft wurde brüchig, und die (Natur-)Wissenschaften breiteten sich weiter aus.

Kopernikus (1473–1543) begründete das *Kopernikanische Weltbild*, wonach sich die Erde um die Sonne dreht - und nicht umgekehrt; Francis Bacon (1561–1626) entwickelte die wissenschaftliche Methode der *Induktion*: von einzelnen Beobachtungen zu allgemeinen Aussagen vorstoßen; Galilei (1564–1642) entdeckte - neben vielem anderen - die Fallgesetze und Kepler (1571–1630) die Gesetze der Planetenbewegungen. Aber die neuen Methoden - Beobachtung und Experiment statt Berufung auf (theologische) Autoritäten - und noch mehr die Ergebnisse dieser Erfahrungswissenschaft mißfielen der Kirche sehr. Der Naturforscher Giordano Bruno wurde 1600 in Rom verbrannt; Galilei, der das heliozentrische Weltmodell des Kopernikus vertrat (»... und sie bewegt sich doch«), konnte sich nur durch Widerruf vor dem Scheiterhaufen retten.

Die Naturwissenschaft war gewissermaßen die neue Ketzerei. Allerdings kann man deswegen nicht von einer Ablösung des alten Ketzertums wie Magie und Zauber sprechen. Denn parallel mit dem Aufstieg der wissenschaftlichen Forschung erlebte auch die Esoterik einen neuen Aufschwung. Ja, viele der neuen Wissenschaftler waren zugleich Esoteriker (was aber gerne verschwiegen wird). Beispielsweise bekannte sich Bruno zum Pantheismus, der Identifizierung von Gott und Weltall; ähnlich vertrat Kepler eine mystische Naturphilosophie; und selbst der revolutionäre Astronom Kopernikus soll wie sein Kollege Galilei an Astrologie geglaubt haben.

Aber da sind andere Zeitgenossen, die für die Esoterik noch wichtiger wurden, einmal Vertreter der neu erblühenden christlichen Mystik wie Therese von Avila (1512–1582) und ihr Beichtvater Johannes vom Kreuz (1542–1591), der größte spanische Mystiker; auch Jakob Böhme (1575 bis

1624), der eine Verschmelzung von Mystik und Naturphilosophie anstrebte und dessen dunkle, aber tiefe Gedanken großen Einfluß auf viele Nachfolger ausübten. Nur kurz nennen möchte ich Nikolaus von Kues (1401–1464), einen Vorläufer der Renaissance, der den für die Esoterik wesentlichen Gedanken vom Zusammenfallen der Gegensätze im Absoluten lehrte, den berühmten Alchemisten Basilius Valentinus, der im 15. Jahrhundert lebte (allerdings historisch kaum greifbar), und den ebenfalls historisch nicht genau bestimmbaren Dr. Faust (um 1500), der Goethe als Vorbild für seine Dichtung diente.

Da ist aber vor allem Paracelsus (1493–1541), der eigentlich den Namen Theophrastus Bombastus von Hohenheim trug und »der wie kein anderer die Esoterik jener Epoche verkörperte«.[15] Paracelsus, der als arrogant und streitlustig verschrien war, ist hauptsächlich als Arzt und Naturheilkundler bekannt, er lehrte schon das Zusammenwirken von Körper, Seele und Geist bei Krankheit und Gesundheit. Er reformierte aber auch die Alchemie: Sie soll nicht mehr Materie in Gold wandeln, sondern sie nur »reinigen«. Darüber hinaus war er allem Okkulten gegenüber aufgeschlossen. Das gilt auch für Agrippa von Nettesheim (1486–1535), der mit seinem bedeutenden Buch »Über die okkulte Philosophie« den Begriff des *Okkultismus* prägte. Eine weitere schillernde Figur ist Nostradamus (1503–1566), der sagenumwobene Seher, der in seinen berühmten Vierzeilern angeblich bis zum Jahr 3797 reichende Geschichtsprophezeiungen gab, wenngleich in symbolischer Verschlüsselung.

Überhaupt brachte diese Zeit auch eine Renaissance esoterischen Geistes. Die hermetischen Schriften wurden wiederentdeckt und ins Lateinische übersetzt, Gnosis und Neuplatonismus erlebten einen Neuaufschwung, und die Geheimlehre der Kabbala fand großes Interesse. Aber es formierten sich jetzt erstmals auch außerkirchliche Kritiker der Esoteriklehren, vor allem der Alchemie. Sie beschimpften den Okkultismus nicht als ketzerisch, sondern sie hielten ihn einfach für Unsinn oder Betrug und machten sich über die Dummheit derer lustig, die daran glaubten – Sebastian Brant etwa in seinem »Narrenschiff«. Ja, aus dem esoterischen Lager selbst kamen Angriffe. Ausgerechnet der Verfasser der »Okkulten Philosophie«, Agrippa von Nettesheim, erklärte die Alchemie zur Tollheit und wandte sich wieder dem strengen Kirchenglauben zu. Oft wurde allerdings auch nur die eine esoterische Disziplin verspottet, während man an die andere um so unkritischer glaubte, z. B. attackierte der Philosoph Pico della Mirandola die Astrologie, schwor aber auf die Kabbala.

Und die Kirche? Sie ging mit den Esoterikern toleranter um als noch im Mittelalter. Allerdings hatte sie auch genug mit ihrer eigenen Krise zu tun. Schon 1378–1417 gab es ein *Schisma*, bei dem erst zwei, dann sogar drei Päpste rivalisierten. Vielfältige Mißstände – wie vor allem der *Ablaßhandel*, die Sündenfreigabe gegen Geld – führten dann 1517 mit dem The-

senanschlag von Martin Luther (1483-1546) zur *Reformation* und Kirchenspaltung; dabei spielten auch andere, politische Gründe eine Rolle, worauf ich hier aber nicht eingehen kann. Luther folgten die Reformatoren Zwingli und Calvin, es kam zur Abspaltung der englischen anglikanischen Kirche, neue Sekten wie die »Wiedertäufer« entstanden.
Und dennoch bekämpfte der Klerus Magie und Zauber weiterhin, jetzt konzentriert auf die Hexen, die als Sündenbock für jegliches Unglück, Mißernte oder ähnliches herhalten mußten. Die Verfolgung zur Zeit der »fortschrittlichen Renaissance« übertraf die im »dunklen Mittelalter« sogar bei weitem. Grausige Berühmtheit erreichte das Buch *Hexenhammer* (1487 zum ersten Mal erschienen) der Inquisitoren Institoris und Sprenger, mit schauerlichen Schilderungen der Folter von Hexen.

Barock - Protestanten, Katholiken, Esoteriker (etwa 1600-1700)
Die katholische Kirche setzte sich mit der *Gegenreformation* gegen die Reformation zur Wehr. Sie begann schon Mitte des 16. Jahrhunderts und wurde zum großen Teil durch den *Jesuitenorden* getragen, 1543 von Ignatius von Loyola gegründet, dessen Exerzitien, »geistliche Übungen«, auch in der Esoterik Spuren hinterließen. Die Gegenreformation dauerte etwa bis Mitte des 17. Jahrhunderts und endete im *Dreißigjährigen Krieg* (1618-1648).
Dieser kirchlich-politischen Verschärfung entsprach eine Zuspitzung der Hexenverfolgung zu einem Höhepunkt. Die geringste, lächerlichste Denunziation genügte, um einen Menschen der Inquisition zu überantworten, die durch Folterung Geständnisse aus ihm herauspreßte und ihn dann verbrannte. (Allerdings gab es auch in protestantischen Ländern Hexenverfolgungen, die hatten die Reformer von den Katholiken übernommen.)
Hier zeigt sich nochmals ein Zyklus, den wir durchgängig in der Geschichte beobachten können, ein Wechsel von Angriff und Schonung im Verhalten der Kirche gegenüber der Esoterik. Dem liegt wohl folgende Dynamik zugrunde:

1. Die Kirche unterdrückt die Esoterik radikal.
2. Die Esoterik liegt am Boden.
3. Die Kirche läßt im Kampf nach.
4. Die Esoterik wird stärker.

Und dann geht es wieder mit der ersten Phase los - ein Kreislauf. Und im Barock überwog eben wieder die Bekämpfung alles Esoterischen, das in der Renaissance angeschwollen war.
Dem entspricht in Philosophie und Wissenschaft ein Zeitalter des *Rationalismus*. Man setzte weniger auf die Empirie - Beobachtung und Experiment -, sondern primär (wenn auch nicht ausschließlich) auf den ratio-

nalen Verstand, dessen Erkenntnisse sich leichter mit den kirchlichen Dogmen in Übereinstimmung bringen ließen; typisch waren sogenannte Gottesbeweise, in denen die Existenz Gottes aus seinem Begriff oder seiner Idee abgeleitet wurde.

Als die beiden wichtigsten Denker dieser Zeit werden oft der Philosoph René Descartes (1596–1650) und der Physiker Isaak Newton (1643–1727) genannt.

Descartes begründete eine strenge Trennung von Geist und Materie, Seele und Körper. Newton entwickelte die Mechanik, die Lehre von der Bewegung physikalischer Körper durch äußere Kräfte. Ihre Arbeiten initiierten ein *mechanistisches Weltbild*, in dem die Welt insgesamt und selbst Lebewesen wie Maschinen betrachtet werden. Dieses Weltbild gilt zwar einerseits als große Revolution, die erst Naturbeherrschung und Technik möglich machte, zugleich sieht man es heute aber auch als eine tragische Fehlentwicklung. Gerade von der modernen Esoterik, von der New-Age-Bewegung, wird das »kartesianisch-newtonsche« Weltmodell kritisiert, als Ursache für einen Verlust von esoterisch-ganzheitlichem Denken, ja überhaupt von Spiritualität und Religiosität.

Wenn auch auf längere Sicht der Mechanismus wirklich zu einem spirituellen Schwund beigetragen hat, dies nun genau an Descartes und Newton - als Sündenböcken - festzumachen, ist doch etwas ungerecht. Beide bezogen Gott durchaus in ihre Lehren ein, dennoch war Descartes mit Veröffentlichungen sehr vorsichtig, um nicht bei der Kirche anzuecken. Newton beschäftigte sich sogar - ungeachtet seines Mechanismus - mit Astrologie, Alchemie, Prophetie und ähnlichem.

Trotz des für die Esoterik also eher ungünstigen Klimas entwickelte sich im 17. Jahrhundert eine spirituelle Bewegung, die größten Einfluß gewinnen sollte: die *Rosenkreuzer*. Ihr Ursprung ist allerdings sehr mysteriös - wie es zu einer Geheimgesellschaft paßt. Zwischen 1614 und 1616 erschienen drei Schriften über einen Orden, der angeblich im 14. Jahrhundert von einem Christianus Rosencreutz gegründet worden war. Diese Schriften stammten wahrscheinlich von dem schwäbischen Theologen Andreae (1586–1654), und der Orden samt dem Herrn Rosencreutz waren nur seine Erfindung.[16]

Das wußte nur damals niemand. Und die Ideen, die mit der Rosenkreuzer-Gesellschaft verbunden waren, vor allem die Idee einer »allgemeinen und Generalreformation der ganzen weiten Welt« (obgleich von Andreae wohl ironisch gemeint), fanden großen Anklang, denn viele Menschen sehnten sich nach einer grundsätzlichen Erneuerung des Lebens und Denkens, die auch weit über die Lutherische Reformation hinausging. So suchte man nach den Rosenkreuzern, konnte sie aber nicht finden. Das führte bei manchen Suchern zu enttäuschtem Rückzug, andere gründeten dagegen selbst Rosenkreuzer-Gruppen.

Aufklärung - Irrationalismus im Vernunft-Zeitalter (etwa 1700-1850)

Die *Aufklärung* im 18. Jahrhundert nennt man oft das »Zeitalter der Vernunft«. Denn der wissenschaftliche Geist setzte sich immer weiter durch. Einmal - in Fortführung der Renaissance - die *empirische* Forschung durch Beobachtung und Experiment (vor allem im Empirismus des David Hume), zum zweiten, wie mehr im Barock vorgeprägt, das *logisch-rationale* Philosophieren (z. B. bei dem Deutschen Christian Wolff). Einerseits bedeutete diese Verwissenschaftlichung eine wichtige Weiterentwicklung, andererseits breitete sich so - unter Führung der mechanischen Physik - der Mechanismus immer stärker aus.

Aber die Aufklärung implizierte neben dem wissenschaftlichen auch einen kulturellen Wandel. Den Renaissancehumanismus wieder aufgreifend, wurden die Individualität und Selbstbestimmung des Menschen zum Programm. Man war optimistisch, glaubte an einen permanenten gesellschaftlichen Fortschritt wie an die individuelle Entwicklung, wobei der Mensch seiner Natur nach als gut, nicht mehr als sündig galt. In der - allerdings völlig entartenden - *Französischen Revolution* (1789) wurden »Freiheit, Gleichheit und Brüderlichkeit« gefordert. Dagegen verlor die Kirche an Ansehen und Macht. Am schärfsten kritisierte sie der französische Aufklärer Voltaire.

Man könnte meinen (und so wird es zuweilen auch geschildert), daß die Esoterik in diesem »vernünftigen Zeitalter« kaum Chancen besaß. Aber eher das Gegenteil war der Fall. Wohl als Ausgleich für den Verlust an Kirchenglauben, den die Wissenschaft nicht ersetzen konnte, blühte der Aberglaube; es wurden eifrig Geister beschworen, man studierte die Kabbala - aus der sich als neue Richtung der *Chassidismus* bildete -, und die Alchemie erlebte eine späte Blüte.

Auch in der Medizin tat sich allerhand Okkultes. Samuel Hahnemann (1755-1843) begründete die *Homöopathie*, die heute von vielen als esoterische Heilmethode eingeordnet wird. Eine bedeutendere Gestalt in der damaligen »Okkult-Szene« war aber Franz Anton Mesmer (1734-1815). Er behauptete, es gäbe eine magnetische Ausstrahlung von Lebewesen, den *animalischen Magnetismus*. Und als »Magnetiseur«, durch Übertragung des Magnetismus, heilte er viele Patienten; später wurde dieser »Mesmerismus« allerdings durch Suggestion erklärt.

Von noch größerem Einfluß als Mesmer war Emanuel Swedenborg (1688-1772), ein Hellseher und Prophet, der seine mystischen Visionen angeblich dem direkten Kontakt mit Engeln und Geistern verdankte. Swedenborg beeinflußte viele spätere Esoteriker sowie Geheimgesellschaften. Selbst der große Aufklärungsphilosoph Immanuel Kant widmete ihm eine Schrift: »Träume eines Geistersehers«. Kant kritisiert zwar den Phantasmus Swedenborgs, gibt aber zu, daß er sich manche von dessen Voraussagen nicht erklären kann.

Es ist dies aber auch die Zeit von okkultistischen Abenteurern, Reisenden in Sachen Esoterik. Da wäre der (selbsternannte) Graf Cagliostro (1743–1795), ein magisches Multitalent, das als Heiler und Zaubertrankbrauer, Alchemist und Wahrsager zur Kultfigur an europäischen Höfen wurde. Übertroffen wurde er wohl noch vom Comte de Saint-Germain (etwa 1710–1780), einer der geheimnisvollsten Figuren der Esoterikgeschichte. Saint-Germain soll nämlich Unsterblichkeit besitzen und über Jahrhunderte immer wieder gesehen worden sein. Als begnadeter Alchemist hat er angeblich das Lebenselixier gefunden und zugleich den »Stein der Weisen«, der unedle Materie in Gold verwandelt, womit man sich seinen enormen Reichtum erklärte. Sehr viel irdischer war da Casanova (1725–1798), der nicht nur schöne Frauen betörte, sondern mit alchemistischen Taschenspielertricks manchen Edelmann hereinlegte. In dieser Zeit wurden auch zunehmend Geheimgesellschaften gegründet, z. B. 1776 der *Illuminaten*-Orden von Adam Weishaupt - kein eigentlich esoterisch-mystischer Orden, sondern es ging ihm, fußend auf Gedankengut von Voltaire, primär um die Bekämpfung der Jesuiten. An erster Stelle sind aber die *Freimaurer* zu nennen, obwohl auch sie insofern untypisch, da keine strenge Geheimhaltung besteht; allerdings spielen mystische Einweihungsriten und Symbole eine große Rolle. Die Freimaurer streb(t)en nach geistiger Vertiefung, sittlicher Veredelung und echter Menschlich- wie Brüderlichkeit. Die erste Loge wurde 1717 in London gegründet (»Loge« bezeichnet einmal den Zusammenschluß, zum anderen den Versammlungsraum). Daneben gab es alle möglichen zwischen Kirche und Esoterik angesiedelten Sekten, teilweise schon im 16./17. Jahrhundert entstanden, wie Puritaner und Quäker, Pietisten und Independenten, die hier nur aufgezählt werden können.

Wenn die Kirche auch toleranter gegenüber dem Esoterischen geworden war, so erlaubte sie keineswegs alles, und wenn sie auch an Macht verloren hatte, so setzte sie ihre Verfolgungen doch fort, oft in Zusammenarbeit mit dem Staat, dem Geheimbünde ebenfalls suspekt waren. 1784 verbot ein bayerisches Dekret die Illuminaten und ebenso die Freimaurer, die sich überhaupt immer wieder vielfältigen Angriffen ausgesetzt sahen, und dies obwohl ihnen viele Prominente wie Lessing, Schiller, Mozart (»Die Zauberflöte«), aber auch Feldmarschall Blücher und Friedrich II. angehörten. Graf Cagliostro, ebenfalls Freimaurer, wurde noch 1789 in das Gefängnis der Inquisition geworfen; zwar entging er dem Scheiterhaufen, aber er blieb den Rest seines Lebens in Haft.

Obwohl also Rationalismus und Mechanismus im »Zeitalter der Aufklärung« keineswegs alleine herrschten, dominierten sie doch - gerade in den höheren und gebildeten Kreisen - und mündeten schließlich größtenteils in Nüchternheit und Vernünftelei. Hatte die Kirche Esoterisches als Unglauben verurteilt, so wurde es jetzt von der Wissenschaft - aus einer

Vernunftgläubigkeit heraus - als irrationaler Aberglauben kritisiert. Das führte aber zu einer Gegenbewegung: der *Romantik.* Sie ist in Deutschland eng mit der Philosophie des *Deutschen Idealismus* verbunden, jedoch auch mit esoterischem Denken. Man kann die Romantik als eine auf Phantasie und Gefühl basierende Weltauffassung charakterisieren, in der Gemütstiefe und Innerlichkeit sowie das Geheimnisvolle und »Zauberhafte« die Hauptrolle spielten; der Deutsche Idealismus stellte den Geist - den subjektiven, objektiven oder absoluten Geist - als die primäre Wirklichkeit dar.

Der romantische Protest gegen die Aufklärung kündigte sich schon mit Rousseau (1712-1778) an, dessen Kulturkritik in dem berühmten »Zurück zur Natur« gipfelte, soll heißen: zurück zur unverfälschten Menschlichkeit. Ende des 18. Jahrhunderts führte der Idealismus von Fichte über Schleiermacher, Schlegel und andere zu Schelling (1775-1854), dessen Identitätsphilosophie die Identität von Idealem und Realem im Absoluten lehrte. Hegel (1770-1831) beschrieb die Geschichte als Bewußtwerdungsprozeß des Geistes, was in enger Verwandtschaft zur esoterischen Evolutionstheorie steht. Schopenhauer (1788-1860) schrieb von der »Welt als Wille und Vorstellung«, ein Titel, den auch ein Magier formuliert haben könnte.

In der Romantik gab es einen fließenden Übergang zwischen Philosophie und Dichtung. Der Dichterphilosoph Novalis postulierte in seinem »magischen Idealismus« das Gleichgewicht der Gegensätze; sein Symbol der »blauen Blume« wurde zum Sinnbild der Romantik. Goethe (1749-1832) war (zeitweilig) Mitglied der Freimaurer, Illuminaten und angeblich auch der Rosenkreuzer. Mit seinem »Faust«, der auf der Suche nach dem, »was die Welt im Innersten zusammenhält«, sogar den Geist Mephisto beschwört, legte er ein wahrhaft esoterisches Werk vor. Es sei hier noch der aus einer anderen Tradition stammende Dichter, Maler und Mystiker William Blake (1757-1827) genannt, der davon schrieb, das Universum in einem Sandkorn und die Ewigkeit in einer Stunde zu erkennen. Auch bei Vertretern der *phantastischen Literatur* wie E. T. A. Hoffmann (1776-1822) und Edgar Allan Poe (1809-1849) finden wir Einflüsse von Okkultismus und Magie.

Moderne - Esoterik als Fluchtziel im Umbruch? (etwa 1850-1950)

Was sich in der Aufklärungszeit vorprägt, der Gegensatz zwischen Rationalismus und Romantizismus, das wird im Zeitalter der Moderne noch krasser - und vor allem pluralistischer, es wird immer schwieriger, die vielfältigen Strömungen und Gruppierungen bestimmten umfassenden Richtungen zuzuordnen.

In dieser Epoche kommt es zu gewaltigen Veränderungen, zu einem immensen Fortschritt, aber auch zu verheerenden Krisen und Erschütterungen der Menschheit, die den Optimismus der Aufklärung brüchig werden lassen. So nahmen die Wissenschaften einen unerhörten Aufschwung, aber dies führte auch zu einer Infragestellung des bisherigen mechanistischen Weltbildes, vor allem durch Einsteins *Relativitätstheorie* (1905/1916) und durch die *Quantentheorie* (etwa seit 1900). Die breite Öffentlichkeit erschütterte aber weniger dieser Umsturz in der Physik als vielmehr die biologische Revolution durch Charles Darwins (1809–1882) *Evolutionstheorie*, das neue beschämende Menschenbild, wonach »der Mensch vom Affen abstamme«.

Mit der Wissenschaft nahm auch die Technik einen enormen Aufschwung. Im Zuge der *industriellen Revolution* – in England etwa ab 1800, in Deutschland ab 1850 – veränderten sich Lebens- und Arbeitsverhältnisse vieler Menschen radikal. Dadurch entstanden neue soziale Probleme. Der Philosoph Karl Marx (1818–1883) kritisierte die Ausbeutung der Arbeiter im kapitalistischen Staat und forderte eine kommunistische »Diktatur des Proletariats«. Sein *dialektischer Materialismus* ist absolut atheistisch, in ihm haben weder Kirchliches noch Esoterisches Platz. Die schlimmsten Erschütterungen erlebte diese Zeitepoche aber im Ersten Weltkrieg (1914–1918) und schließlich mit dem deutschen Faschismus, dem von ihm begangenen Völkermord an den Juden und dem von ihm 1939 angezettelten Zweiten Weltkrieg – bis hin zur Zerstörung Hiroschimas 1945 kurz vor Kriegsende durch den ersten Atombombenabwurf, als Wissenschaft und Technik endgültig ihre Unschuld verloren.

In diesen hundert Jahren mit ihrer zunehmenden Verwissenschaftlichung und Technisierung bei gleichzeitigem Schwund des kirchlichen Einflusses und mit ihren großen Umwälzungen finden sich wiederum viele sinnsuchende Rückgriffe auf Esoterisches. In der Philosophie seien genannt: Friedrich Nietzsche (1844–1900), der in seiner irrationalistischen, dionysischen Botschaft die radikale Befreiung von der christlichen Tradition forderte und den Übermenschen ausrief, ein Thema, das einem immer wieder auch in der Esoterik begegnet. Henri Bergson (1859–1941) lehrte in seiner »Lebensphilosophie«, daß sich das Leben nicht mechanistisch auf Materie zurückführen lasse, daß es überhaupt nicht begrifflich, sondern nur intuitiv zu erfassen sei. Vor allem aber Pierre Teilhard de Chardin (1881–1955), Philosoph, Jesuit und Anthropologe, entwarf ein grandioses Modell der Evolution des gesamten Kosmos zu Gott hin. Während ihm das in Kirchenkreisen viel Kritik einbrachte, wird er von der New-Age-Bewegung heute als eine der größten geistigen Autoritäten verehrt.

In der Psychologie führte der schottische Arzt James Braid (1795–1860) die *Hypnose* ein, durch die sich übersinnliche Fähigkeiten steigern lassen. Sigmund Freud (1856–1939) erforschte das *Unbewußte*, stand aber dem Okkulten skeptisch gegenüber. Ganz anders sein Schüler C. G. Jung (1875–1961), er beschäftigte sich mit Alchemie, Tarot, I Ging und vielem mehr und gilt bis heute als der psychologische Hauptgewährsmann der Esoterik; aber auch die Freud-Schüler W. Reich (»Orgon-Energie«) und O. Rank (»Geburtstrauma«) beeinflußten esoterisches Denken. Außerdem wurde erstmals erfolgreich versucht, okkulte Phänomene wie Hellsehen oder Voraussehen wissenschaftlich zu untersuchen. Die Deutschen Hans Driesch (1867–1941), Max Dressoir (1867–1947) und andere begründeten die *Parapsychologie*, die versucht, Okkultes innerhalb der Wissenschaft zu erklären, was aber sowohl bei Anhängern wie Gegnern der Esoterik auf Skepsis stieß. Aber nicht nur die Wissenschaft, auch die Literatur nahm sich verstärkt der esoterischen Thematik an. Hermann Hesse (1877–1962) schrieb in Romanen wie »Siddharta« über die mystische Entwicklung zur Erleuchtung, Aldous Huxley (1894–1963) über Bewußtseinserweiterung durch Drogen; bei Autoren wie Huysmans und Lovecraft wurde das Okkulte stark mit Horrorelementen gemischt. Der schwedische Dramatiker August Strindberg, aber vor allem der Österreicher Gustav Meyrink (1868–1932) bezogen besonders das Magische mit ein.

Wie sich auch in der Literatur zeigt, gewann zu dieser Zeit das östliche Denken einen immer größeren Einfluß auf die Esoterik – aber nicht wie früher der *Nahe* Osten, das alte Ägypten und Mesopotamien, sondern der *Ferne* Osten, allen voran Indien und China, mit Geistesströmungen wie Buddhismus, Hinduismus und Taoismus. Und zeitgenössische östliche Meister fanden im Westen, speziell in den USA, viele Anhänger, so Ramakrishna (1836–1886) und sein Schüler Vivekananda, Yogananda, ein Yoga-Propagandist, außerdem Krishnamurti (1895–1986) und Sri Aurobindo (1872–1950), dessen Anhänger die »Yoga-Stadt« Auroville gründeten.

Mit dem esoterischen Aufschwung Mitte des 19. Jahrhunderts erlebte ganz besonders der *Spiritismus* – der Kontakt mit den »Geistern« verstorbener Menschen – einen großen Boom, und zwar vor allem über sogenannte *Medien*, die in Trance mit Geistern Verbindung aufnehmen und dann deren Botschaften – mit veränderter Stimme – verkünden, »automatisch« schreiben bzw. malen oder ähnliche Phänomene produzieren. Einige bekannte Medien waren (alle zwischen 1854 und 1863 geboren): Florence Cook, Elisabeth d'Espérance, Eusapia Palladino und Daniel Douglas Home. Spiritistische Sitzungen (»Seancen«) wurden nicht nur von »normalen« Menschen besucht, die etwas über ihre verstorbenen Verwandten erfahren wollten, sondern auch von Prominenten. Beispielsweise ließen sich sowohl der Schriftsteller Thomas Mann wie sein Kollege Sir Arthur Conan Doyle, immerhin Erfinder des skeptischen Detektivs Sherlock Holmes, von spiritistischen Darbietungen beeindrucken.

Über den Spiritismus hinaus gab es aber in vielen Ländern berühmte und berüchtigte Sensitive. Der Amerikaner Edgar Cayce (1877–1945) erregte

Aufsehen, weil er - ohne medizinische Bildung - in Trance Krankheitsdiagnosen stellte und Heilmittel verschrieb. Von dem französischen Alchemisten Fullcanelli (1877-1932) hieß es, er habe wie seinerzeit Graf Saint-Germain den alchemistischen Schlüssel zur ewigen Jugend gefunden. Die Deutsche Therese Neumann von Konnersreuth (1898-1962) wurde verehrt und angefeindet wegen ihrer *Stigmatisation*, das heißt dem Auftreten der Wundmale Christi. Der Russe Rasputin (1846-1916) machte Karriere als Hellseher, Heiler und Hausfreund am Zarenhof; er wurde ermordet.

Neben diesen etwas obskuren Zeitgenossen gab es noch bedeutendere Persönlichkeiten, die bis heute die Esoterik mitprägen: in Frankreich Eliphas Lévi, eigentlich Alphose-Louis Constant (1810-1875). Er schrieb zahlreiche Bücher, die zu den Klassikern der Okkultliteratur gehören - wie die »Geschichte der Magie« -, und entdeckte wichtige Verbindungen zwischen Kabbala und Tarot. In England war Aleister Crowley (1875-1947) »wohl der berühmteste - und berüchtigste - Okkultist des 20. Jahrhunderts«.[17]

Crowley, der sich als Wiedergeburt von Lévi ausgab, mischte in verschiedenen Geheimgesellschaften mit; in dem »Buch des Gesetzes« bezeichnet er sich als Herrn des neuen Zeitalters. In Rußland war es Helena Petrowna Blavatsky (1831-1891), die auf vielen Reisen Kontakt mit allen möglichen, vor allem indischen Mysterienlehren erhielt und deren Buch »Die Geheimlehre« (1888) zu den wichtigsten Werken der Esoterik zählt und gleichgestellt wird mit der Smaragdtafel des Hermes.[18] In Deutschland schließlich war es Rudolf Steiner (1861-1925), der ein esoterisches System entwickelte, das die Verbindung zur Wissenschaft suchte und in vielfältiger Hinsicht Anregungen gegeben hat: in der Medizin (z. B. Misteltherapie), in der Pädagogik (Waldorfschulen), in der Landwirtschaft (biologisch-dynamischer Anbau) und anderes.

In dieser Zeit wurden aber auch sehr viele *Geheimgesellschaften* gegründet, die meist in der Tradition von *Gnosis* und *Neuplatonismus* wie auch in asiatischen Religionen wurzelten, um nur die wichtigsten zu nennen:

① *Theosophische Gesellschaft (TG)*

Sie wurde 1875 von Helena Blavatsky zusammen mit Henry S. Olcott und William Q. Judge in New York gegründet. Nach ihrer Lehre ist die Welt eine Einheit, die sich aber stufenförmig von der Materie zu immer feineren geistigen Ebenen entfaltet, wobei an oberster Stelle das göttliche Urprinzip steht. Der TG gehörten bedeutende Esoteriker(innen) an: Alice Ann Bailey, Rudolf Steiner, der Generalsekretär der deutschen Sektion der TG wurde, und Franz Hartmann (1838-1912), der später eine eigenständige »Deutsche Theosophische Gesellschaft« ins Leben rief. 1882 wurde der Hauptsitz der TG von New York nach Adyar in Indien verlegt, und auch die geistige Ausrichtung der Gesellschaft orientierte sich immer mehr an indischem Gedankengut. 1910 erklärten die damaligen Führer der TG, Annie Besant und Charles W. Leadbeater, den derzeit fünfzehnjährigen Jungen Krishnamurti zum kommenden neuen Weltenlehrer - wogegen sich Krishnamurti später zur Wehr setzte. Dieser Schritt veranlaßte Steiner zur Trennung von dieser Bewegung.

② *Anthroposophische Gesellschaft (AG)*
Sie wurde von Rudolf Steiner 1913 gegründet und betont gegenüber der östlichen Orientierung der TG stärker die abendländisch-westlichen Wurzeln, wie Steiner überhaupt meinte, man könnte sich am besten innerhalb der esoterischen Tradition der eigenen Kultur spirituell entfalten. Auch die AG blieb von Abspaltungen und Richtungsstreitigkeiten nicht verschont.

③ *Arkan-Schule*
In Amerika separierte sich Alice Bailey (1880–1949) von der TG. Nachdem sie spiritistischen Kontakt zu einem tibetanischen »Geistlehrer« gefunden hatte und dessen Botschaften verkündete, wurde sie zur unliebsamen Konkurrentin für Annie Besant. So gründete sie 1920 die »Theosophical Association«, später in Arkan-Schule umbenannt, wo vor allem durch Fernlehrbriefe spiritueller Unterrichtung gegeben wurde. Alice Bailey glaubte, daß die Wiederkunft Christi - als Lehrer für das neue Zeitalter des Wassermanns - unmittelbar bevorstände; sie hat die heutige New-Age-Bewegung stark beeinflußt.

④ *Golden Dawn/Hermetischer Orden der goldenen Dämmerung (GD)*
Der Golden Dawn wurde etwa 1888 von McGregor Mathers (1854–1918), Dr. Wynn Westcott (1848–1925) und anderen gegründet. »Zu den besonderen Zielen des Ordens gehörte auch die Aufnahme von Kontakten zu den Großen Meistern der Weißen Loge . . .«[19], keine real existierende Gesellschaft, sondern eine geistige Vereinigung einiger vollkommener Eingeweihter. Der Orden zog viele bekannte Okkultisten an, so auch Crowley. Der versuchte, sich selbst an die Spitze zu setzen, wobei es zu einem magischen Kampf mit Mathers kam. Crowley mußte den GD verlassen, aber als Mathers immer selbstherrlicher wurde, löste sich der Orden 1901 auf.

⑤ *Argentinum Astrum/Silberner Stern (AA)*
Nach dem Rausschmiß gründete Crowley 1904 seinen eigenen Orden: Argentinum Astrum (oder Astrum Argenteum), in dem die Selbsteinweihung gelehrt wurde. Der AA hatte aber wie auch andere Geheimbünde Crowleys keinen großen Erfolg.

⑥ *Ordo Templis Orientis (OTO)*

Der »Orientalische Templer Orden« wurde 1896 von dem Deutschen Karl Kellner geheim initiiert, später von Theodor Reuß, einem Landsmann, neu gegründet. Neben allen möglichen mystisch-magischen Praktiken stand die Erweckung der Sexualenergie im Vordergrund. Weniger bekannt ist, daß auch Steiner zeitweilig dem OTO angehörte. Kaum verwundern kann dagegen, daß Crowley Mitglied des Ordens wurde, 1922 übernahm er sogar die Führung.

⑦ *Institut zur harmonischen Entwicklung des Menschen*

Nicht recht in diese Reihe paßt das esoterische Institut, das Georg Iwanowitsch Gurdjieff (1873–1949) in Frankreich eröffnete, denn man kann hier kaum von einer Geheimgesellschaft sprechen. Gurdjieff ging es vor allem darum, den Menschen zum »Aufwachen« zu bringen: daß er alles ganz bewußt zur Kenntnis nehme, und zwar ohne es zu bewerten, wie ein unparteiischer Zeuge. Auch die Gurdjieff-Schüler John G. Bennet (1897–1974) und Peter D. Ouspensky (1878–1947) veröffentlichten wichtige esoterische Schriften.

⑧ *Rosenkreuzer (RK)*

Zwischen 1850 und 1950 bildeten sich verschiedene Rosenkreuzer-Gesellschaften. Nach Max Heindel beinhaltet die Rosenkreuzlehre »eine Synthesis von Religion, Wissenschaft und Philosophie . . . im engen Zusammenhang mit den Mysterien und den Wahrheiten des Lebens von den frühesten Zeiten bis zur Gegenwart«. Nicht jeder Rosenkreuzer bezieht sich dabei auf den legendären Christianus Rosencreutz. Die wichtigsten neugegründeten Rosenkreuzer-Gruppen waren:

○ *Societas Rosicruciana in Anglia (SRIA)*

Diese »Rosenkreuzer-Gesellschaft in England« wurde 1865 von Dr. R. Wentworth Little gegründet, sie ist die älteste heute noch existierende RK-Gemeinschaft.

○ *Rosenkreuzer-Gemeinschaft (Heindel-Bewegung)*

Max Heindel, ein ehemaliges Mitglied der TG, gründete 1909 in Seattle (USA) diese RK-Gesellschaft, die in Amerika den Namen »Rosicrucian Fellowship« trägt.

○ *Lectorium Rosicrucianum (LR)*

Nachdem sich in Holland Mitglieder von dem dortigen Zweig der Rosenkreuzer-Gemeinschaft abspalteten, rief Jan van Rijckenborgh diese neue RK-Verbindung ins Leben.

○ *Antiquus Mysticus Ordo Rosae Crucis (AMORC)*

Dieser »Alte mystische Orden vom Rosenkreuz«, 1915 von Spencer Lewis konstituiert, ist in Deutschland wohl am bekanntesten.

Am Ende der hier zu betrachtenden Epoche steht das NS-Regime in

Deutschland. Das Verhältnis der Nazis zur Esoterik war zwiespältig und ist bis heute nicht eindeutig geklärt. Den Mittelpunkt bildete die von dem NS-Ideologen Karl Haushofer 1923 gegründete *Thule-Gesellschaft,* die - in einer pervertierten Esoterik des arisch-germanischen »Übermenschen« - rassistisch-nationalistische Lehren pflegte. Rudolf Heß, Heinrich Himmler und auch Adolf Hitler werden okkulte oder magische Interessen und Praktiken nachgesagt.
Auf der anderen Seite haben wir das Verbot von Geheimgesellschaften durch die Nazis und die Ermordung des Hellsehers Jan Erik Hanussen 1933 durch ein SA-Kommando, obwohl er früher Berater von NS-Größen war. Offensichtlich bejahten manche Naziführer durchaus okkultistische Methoden, aber nur für ihre Zwecke; magische Konkurrenz schien ihnen gefährlich, wie wir das schon öfter in der Geschichte gesehen haben.

Gegenwart (etwa ab 1950) - Pluralismus: Alles ist erlaubt

Wie unsere - auch *postmodern* genannte - Jetztzeit überhaupt durch Pluralität, geistige und kulturelle Vielfalt geprägt ist, so auch die Esoterik. Viele verschiedene Richtungen existieren nebeneinander, alte wurden wiederbelebt, neue sind hinzugekommen.
Eine Wiedererweckung erlebte z. B. das Hexenwesen; die »neuen Hexen«, wie die Amerikanerin Starhawk, oft feministisch bewegt, knüpfen an die Tradition der »weisen Frauen« an und verehren die »große Göttin«.
Der Spiritismus sackte zwar - trotz bekannter Medien wie Arthur Ford (1897-1971) und Eileen Garrett (1893-1970) - zunächst einmal ab, erreicht aber seit einigen Jahren einen neuen Höhepunkt: einmal als *Channeling,* dem Kontakt mit Meistergeistern, wie er besonders durch die Bücher der Schauspielerin Shirley MacLaine (»Zwischenleben« und andere) bekannt wurde, aber auch als *Tisch- und Gläserrücken* von Jugendlichen, ja Kindern, was große Besorgnis ausgelöst hat.
Den stärksten Zulauf erlebte das Esoterische wohl bei jungen Erwachsenen. Hier gab es eine Renaissance östlicher Philosophie und Religion, wie Hinduismus und Buddhismus - viele lernten z. B. Zen-Meditation. Besondere Renner wurden auch Schamanismus und indianische Mystik. Die *Transzendentale Meditation* des Maharishi Yogi in den sechziger und die *Sannyas*-Bewegung Bhagwans in den siebziger und achtziger Jahren zogen viele gerade intellektuelle junge Menschen an. Bei dieser »neuen Religiosität« müssen auch die sogenannten *Jugendsekten* wie die Moon-Sekte oder »Die Kinder Gottes« genannt werden, bei denen die Gefahr besteht, daß statt der erhofften seelischen Entfaltung letztlich nur Gehirnwäsche und wirtschaftliche Ausbeutung erfolgen.
Auch viele alte Geheimgesellschaften existieren noch, z. B. der OTO, heute unter - allerdings umstrittener - Führung von Kenneth Grant (geb. 1924), einem geistigen Erben von Crowley. Aber es bildeten sich auch

neue Gruppen bzw. erlangten erst jetzt volle Durchschlagskraft, z. B. die *Fraternitas Saturni,* eine sexual-magische Geheimloge, schon 1926 in Berlin gegründet unter dem Großmeister »Gregor A. Gregorius«, alias Eugen Grosche (1888–1964), die erst nach 1945 richtig auflebte. Zu welch gefährlichen Entwicklungen es in Geheimgesellschaften respektive Sekten kommen kann, zeigte einmal die Mordserie durch die Gruppe von Charles Manson (1971) und der Massen(selbst)mord in der Volkstempel-Sekte des Jim Jones (1978).

Die Esoterik begann aber auch seit etwa zwanzig Jahren mit zunehmender Tendenz in der breiteren Öffentlichkeit eine Rolle zu spielen. Zwar pilgerte der Normalbürger nicht wie erleuchtungsuchende Jugendliche nach Poona oder schloß sich nicht wie ein eingefleischter Esoteriker einem Geheimbund an, aber die Begeisterung vieler Menschen - vor allem Frauen - für Astrologie führte zu einer wahren Astro-Welle. Auch das Legen von Tarotkarten wurde über die eigentliche spirituelle Szene hinaus ein Hit. *Parapsychische Phänomene* wie Spuk, Hellsehen und vieles mehr faszinierten die Öffentlichkeit, und ein Okkult-Medienrummel sorgte dafür, daß wirklich jedermann mit diesen Psi-Phänomenen konfrontiert wurde; vielleicht das größte Aufsehen erregte in Deutschland der »Löffelbieger« Uri Geller (geb. 1946), über dessen Redlichkeit - Psi-Meister oder Betrüger - sich bis heute die Geister scheiden.

Raymond Moodys 1975 erschienener Bericht über »Das Leben nach dem Tod« - über die Erfahrungen wiederbelebter Menschen - und viele Nachfolgebücher wurden Bestseller. Große Aufmerksamkeit fand auch die *Geistheilung,* das Heilen mit geistigen oder jenseitigen Kräften, das in erster Linie durch den Engländer Harry Edwards und seine Massenveranstaltungen bekannt wurde. Den vielleicht größten Erfolg erlebte aber das *Positive Denken,* der Versuch, mit Gedankenkraft Unglück »wegzudenken« und Glück herbeizuzwingen, das zuvorderst mit dem 1981 verstorbenen Joseph Murphy verbunden ist. Generell verstärkte sich der in der Esoterik schon immer gegebene *Personenkult.* Wenn auch Meister und Schriftsteller wie der Theosoph und OTO-Mitglied Herbert Fritsche (1911–1960) oder Professor Hans Sterneder nach wie vor nur in kleineren Kreisen bekannt und verehrt sind, Esoteriker wie Hans Endres (Sohn des Esoterikers Franz Carl Endres), Kurt Tepperwein, der unzählige Suggestionskassetten besprochen hat, vor allem aber der Reinkarnationsspezialist Thorwald Dethlefsen wurden bei einem größeren Publikum populär.

Auch die Verbindung von Esoterik und Literatur erfuhr im 20. Jahrhundert eine neue Blüte, nämlich in der *Fantasy-Literatur,* modernen Märchen, die mit Namen wie J. R. R. Tolkien (1892–1973) - »Der Herr der Ringe« -, Marion Zimmer Bradley (»Die Nebel von Avalon« und andere), Michael Ende (»Die unendliche Geschichte«) verbunden sind. Das wirklich Innovative in der neuen, modernen Esoterik ist aber die Verbindung mit Elektronik. Das fängt an bei der *Tonbandstimmen-Forschung,* wo sich angeblich Geisterstimmen auf Tonbändern zu Wort melden; inzwischen zeigen sich die zeitgemäßen Geister sogar auf Videokassetten oder geben ihre Botschaften über den Computer ab - *Transkommunikation* nennt man das. Hier ist aber auch an die Computererstellung von Horoskopen zu denken oder an die *Kirlian-Fotografie,* die angeblich die Aura, das (geistige) Strahlungsenergiefeld, sichtbar macht.

Im Zusammenhang mit all diesem, aber als wichtigstes Phänomen ist die *New-Age-Bewegung* zu sehen. Sie entwickelte sich aus den amerikanischen Beatniks der fünfziger und der Hippies der sechziger über den Psychoboom der siebziger Jahre zu einer umfangreichen Strömung, die allerdings über Esoterisches hinaus auch eine Friedenspolitik, eine ökologische Wirtschaft und eine ganzheitliche Wissenschaft fordert. Bekannte Namen sind hier: David Spangler, früherer Leiter der New-Age-Kommune Findhorn; der Physiker Fritjof Capra, Autor der »Wendezeit«; die Journalistin Marilyn Ferguson, deren Buch »Die sanfte Verschwörung« eine Art Bibel der New Ager ist; die Heilerin Chris Griscom und viele andere mehr. Genauer beschreibe ich die New-Age-Geschichte in meinem Buch »Die schöne Illusion der Wassermänner«.

Im 20. Jahrhundert hat sich auch das Verhältnis der Esoterik zu anderen Kulturträgern gewandelt, ist komplizierter geworden. Nachdem sich Esoterik und Psychologie zeitweilig doch eher negativ gegenüberstanden, ist mit der *Transpersonalen Psychologie* von Maslow, Tart, Grof, Wilber und anderen eine neue Brücke geschlagen worden. Mehr Psychologen als früher verwenden in der Psychotherapie auch esoterische Methoden, während andere das allerdings weiterhin als unseriös ablehnen - trotz des Vorbildes einer Persönlichkeit wie Graf Dürckheim.

Damit ist schon das Problem Esoterik gegen Wissenschaft angesprochen. In der Psychologie hat es hier durch die Ausweitung der *Parapsychologie,* verbunden mit Forschern wie dem Amerikaner Joseph B. Rhine (1895-1980), dem Holländer Wilhelm Tenhaeff und dem Deutschen Hans Bender, der bei uns den ersten Universitätslehrstuhl für Parapsychologie innehatte, Annäherungen gegeben; Annäherung aber auch in anderen Wissenschaften, selbst der »harten« Physik, weil manche esoterische Theorien sich immer mehr wissenschaftlich orientieren, andererseits die Naturwissenschaften immer weniger materialistisch, immer mehr »esoterisch« werden. Das darf nicht darüber hinwegtäuschen, daß es immer noch krasse Unterschiede zwischen Okkultismus und Wissenschaft gibt.

Und die Kirche, der Hauptwidersacher der Esoterik? Sicher hat sich das Verhältnis im Vergleich zum Mittelalter entkrampft, allein schon weil die Kirche nicht mehr so mächtig ist und die Esoterik - nach mancher Durststrecke - an Einfluß wieder zugenommen hat. Außerdem versuchen etliche Esoteriker, das Christentum stärker miteinzubeziehen, provozieren es nicht mehr derart wie etwa noch Aleister Crowley. Und die Kirche hat von der Esoterik gelernt, daß sie wieder mehr Angebote zur direkten spirituellen Erfahrung bieten muß. Dennoch blieb ein starker Gegensatz, was sich gerade an den Auseinandersetzungen über das New Age wieder gezeigt hat.

Überblick über die Geheimlehren

Abschließend zum 1. Kapitel bringe ich eine übersichtliche Liste der wichtigsten esoterischen Lehren und besonders der Praktiken, wie wir sie größtenteils in der Geschichtsdarstellung schon kurz kennengelernt haben, wie wir sie aber vor allem im Späteren genau und ausführlich erforschen werden.

① *Mystik* (Vereinigung mit dem göttlichen Selbst)

- *Ekstase:* Trance, Rausch, Tanz, Naturerleben, Tantra.
- *Askese:* Körperbeherrschung, Atemkontrolle, Sinnesabtötung, Fasten, Isolation, Geißelung, Yoga.
- *Meditationsformen:* Zen, Achtsamkeitsmeditation (Satipatthana), Einsichtsmeditation (Vipassana); Atem- und Bewegungs-, Bild- und Lichtmeditation und anderes.
- *Therapien:* Reinkarnationstherapie, Evolutionstherapie, Rebirthing, Holotropes Atmen, Psychosynthese.
- *Erfahrungen:* Gipfelerlebnisse (Peak-experiences), Sterbe- und Jenseitserlebnisse (Near-death-experiences), außerkörperliche Erfahrungen (Out-of-body-experiences).
- *Künstliche Mystik:* Psychodelische Drogen wie LSD, DMT, Meskalin; Meditationsmaschinen und Hirnwellen-Biofeedback; Hemi-Synch-Musikkassetten zur Gehirnsynchronisation.
- *Erleuchtungserfahrung:* Satori, Samadhi, Moksha.

② *Magie* (Macht durch übersinnliche Kräfte)

- *Ähnlichkeits- und Kontaktzauber (sympathetische Magie).*
- *Aktivierung eigener Kräfte:* Sexualität, Schlangenkraft (Kundalini), Wunsch, Wille, Vorstellung, Konzentration, Gedanke (positives Denken) und Hypnosekraft.
- *Nutzung fremder Energien von:* Edelsteinen und Kristallen, Zauberstäben, Amuletten und Talismanen, Pyramiden, Kraftorten; außerdem Abwehrzauber gegen schädliche Energien wie Erdstrahlen.
- *Sprach- und Symbolmagie:* Zaubersprüche, magische Worte und Zahlen, Zauberzeichen wie Pentagramm und Hexagramm.

- *Künstliche Kräfte:* Aufputschende Drogen wie Amphetamin, Speed, Kokain; Suggestions- und Subliminalkassetten.
- *Weiße Magie/Heilmagie:* Heilsuggestionen, Geistheilung und ähnliches.

③ *Wahrsagen* (Überirdische Erkenntnis und Vorhersage)

- *Astrologie:* Geburtsastrologie, Stundenastrologie, astrologische Terminberatung, Mundanastrologie und andere.
- *Symbolsysteme:* Tarot, Runen, I Ging und Geomantie, Namen und Zahlen bzw. Würfel oder Dominosteine.
- *»Körperlesen«:* Chiromantie (Handlesen), Graphologie (Schriftlesen), Physiognomik (Gesichtlesen).
- *Seelisch-körperliche Prozesse:* Traumdeutung, Biorhythmusberechnung.
- *Essensbereich:* Wahrsagen aus Kaffeesatz, Teeblättern bzw. Teetassen.
- *Tierisches:* Vogelflug, Bewegung von Mäusen, Eingeweideschau.
- *Erde:* Deutung von Wasser, Feuer, Wind, Donner und Blitz.
- *Künstliche Hilfsmittel:* Kristallkugel, Spiegel, Pendel, Rute.

④ *Psi* (Paranormale Wahrnehmungen und Bewegungen)

- *Telepathie:* Gedankenübertragung, Gedankenlesen, Mentalsuggestion bzw. Fernhypnose (und Schutz gegen dergleichen).
- *Hellsehen:* Inneres Sehen von »Unsichtbarem«, Aura- und Chakralesen, Hellhören und Hellfühlen, Psychometrie, Pendeln und Rutengehen (Radiästhesie).
- *Präkognition:* Voraussehen oder Zukunftsschau, Prophetie, Orakel, Vision oder »zweites Gesicht«, Vorahnung und Vorwarnung (Prämonition), »Déjà-vu«-Erlebnisse.
- *Psychokinese:* Gezielte paraphysikalische Veränderungen wie Löffelverbiegen und ähnliches, Levitation (Schweben), »Gedankenfotografie«, Materialisation und Entmaterialisation.
- *Spuk:* Spontane paraphysikalische Veränderungen wie selbständiges An- und Ausgehen von Licht und elektrischen Geräten, Zerplatzen von Birnen und Gläsern, Herunterfallen und Durch-die-Luft-Fliegen von Gegenständen, Schritt- und Klopfgeräusche und vieles andere mehr.

⑤ *Spiritismus* (Kontakt mit Geistern und überirdischen Wesen)

- *Transkommunikation:* Äußerungen von Geistwesen über materielle Prozesse wie Tisch- und Glasrücken; als Stimmen auf Tonband, im Radio oder am Telefon (Transaudio); im Fernsehen oder auf Video (Transvideo) oder über Computer (Transtext).

- *Mediumismus/Channeling:* Äußerungen von Geistwesen über sensitive Personen, Medien oder »Channels«: Durchsagen, automatisches Schreiben oder Malen und andere Effekte.
- *Geisterbeschwörung durch Magier, Hexen oder Schamanen:* Erscheinung des Geistes (Apparition). Andererseits magische Abwehr von »Monstern« wie Zombies oder Vampire.
- *Satanismus:* Anbetung und Verehrung des Teufels auf schwarzen Messen oder auf dem Hexensabbat mit Sexorgien, sadomasochistischen Ritualen, Blutopfern und ähnlichem.
- *Archäoastronautik/Ufologie:* Der Glaube an frühere oder heutige Ufos bzw. außerirdische Besucher und der (oft telepathische) Kontakt zu diesen (feinstofflichen oder geistigen) Wesen.

2. Mensch, Gott und die Welt in der Esoterik

Nachdem wir einen Überblick über die Geschichte und die wichtigsten Gebiete der Esoterik gewonnen haben, möchte ich jetzt ihr Welt-, Gottes- und Menschenbild beschreiben. Dabei können nur die verbreitetsten grundsätzlichen Auffassungen und kaum die Einzelunterschiede der verschiedenen Richtungen geschildert werden.
Im Mittelpunkt der esoterischen Weltanschauung steht der *Idealismus* (oder Spiritualismus), mit dem sie sich gegen den noch immer vorherrschenden *Materialismus* wendet. Graphisch läßt sich der Unterschied wie folgt darstellen:

Materialismus: Materie → Geist
Idealismus: Geist → Materie

Für den Materialisten ist das Stoffliche das Primäre, Geist gilt nur als eine Art »Ausfluß«, eine Funktion besonders komplexer, hochentwickelter Materie, unabhängig von der er nicht existieren kann. Für den Idealisten ist es genau umgekehrt. Der Geist ist primär, er schafft die Materie, insofern gibt es auch Geistiges ohne stofflichen Träger.
Entsprechend unterscheiden die Esoteriker zwischen einer geistigen, ideellen und einer materiellen Welt. Dabei bewertet man die *Geist-Welt* als hochstehend und edel, die *Stoff-Welt* dagegen häufig als niedrig, manchmal sogar als sündig und böse – die Materie gilt eben als der »gefallene Geist«. Die beiden Welten sollen sich vor allem durch folgende Eigenschaften unterscheiden:

Geistige Welt	*Materielle Welt*[1]
Einheit	Vielheit
Wesen	Erscheinung
Unräumlichkeit	Räumlichkeit
Zeitlosigkeit	Zeitlichkeit
Ewigkeit	Vergänglichkeit
Konstanz	Veränderung
Ursache	Wirkung
Zweck	Mittel
Absolutheit	Relativität
Sein	Schein

Moderne Esoteriker bezeichnen die geistige Welt, in der Raum und Zeit aufgehoben sind, auch als (höherdimensionalen) *Hyperraum,* die materielle, raumzeitliche Welt als *Normalraum.*
Dabei finden sich aber auch ganz alte Vorstellungen, wonach die Materie in vier *Elemente* unterteilt ist: *Feuer, Wasser, Luft* und *Erde* (im übertragenen Sinn stehen diese Elemente allerdings auch für geistige Qualitäten).

Später kam als fünftes Element noch der *Äther* hinzu. Etwas abweichend davon kennt die indische Philosophie die fünf Elemente Feuer, Wasser, Wind, Erde, Äther und die chinesische Philosophie Feuer, Wasser, Erde, Holz, Erz; dagegen findet sich im Weisheitsbuch »I Ging« die Achtteilung Himmel, Erde, Donner, Wasser, Berg, Wind, Feuer und See.
Einige esoterische Richtungen sehen die geistige und stoffliche Welt als strikt getrennt an, sie vertreten einen *Dualismus,* die Zweiheit von Geist und Materie und damit auch von Gut und Böse, wie wir es unter anderen schon bei den Gnostikern der frühchristlichen Zeit kennengelernt haben. Andere behaupten, daß ein Übergang zwischen Ideellem und Stofflichem besteht; man kann demgemäß unterscheiden in:

1. geistig (unstofflich),
2. feinstofflich (Zwischenstufe zwischen Geist und Materie),
3. materiell (grobstofflich).

Dies wird aber normalerweise so verstanden, daß der Geist verschiedene Verdichtungsstufen annehmen kann: *unstofflich, feinstofflich* und *grobstofflich.* Materie ist dann nur verdichteter Geist, und somit wird eine eigenständige materielle Welt zur Illusion. Eine solche Auffassung, die die *Einheit* der Welt - hier als Geist - betont, nennt man *Monismus.*

Materie, Geist und Energie

Manche Esoteriker bestimmen den Geist als eine *Energie* oder sehen Energie sogar als ein noch fundamentaleres Prinzip an, das sowohl Geist wie Materie zugrunde liegt. Ausgehend davon, daß alles Seiende in irgendeiner Weise belebt ist, wird häufig eine universelle *Lebensenergie* postuliert, deren Einheitlichkeit nur durch verschiedene Namen verborgen ist. So sollen die folgenden Begriffe (nahezu) dieselbe Energie bezeichnen:[2]

- *Bei Völkern bzw. Religionen:* Prana (Indien/Hinduismus), Ch'i (China/Taoismus), Ki (Japan/Buddhismus), Gi (Korea), Tummo (Tibet), Huna (Hawaii), Ka (Ägypten), Ruh (Arabien), Cheim (Israel/Judentum), Heiliger Geist/Charisma (Christentum).

- *Bei den alten Griechen:* Apeiron (Anaximander), Zentralfeuer (Pythagoras), Ewiges Feuer (Heraklit), Enormon (Hippokrates), Energeia (Aristoteles), Pneuma (Galen).

- *Bei Esoterikern und Philosophen der Neuzeit:* Munia (Paracelsus), Spiritus (R. Fludd), Ektoplasma (C. Richet), Elan vital (H. Bergson),

Entelechie (H. Driesch), Animalischer Magnetismus (A. Mesmer), Od-Kraft (K. v. Reichenbach), Orgon (W. Reich), Astrallicht (H. P. Blavatsky), Lebensäther (R. Steiner).

○ *Bei modernen Wissenschaftlern:* Antischwerkraftelektronen (A. Einstein), Formative Energie (P. Kammerer), Vitaler Magnetismus (C. Littlefield), Dielektrische biokosmische Energie (O. Brunler), L-Felder (H. Burr), Anamorphois (L. v. Bertalanffy), Paraelektrizität (A. Worrall) und andere.

Mit Sicherheit ist es spekulativ und teilweise einfach falsch, alle diese Begriffe einander zuzuordnen, ja gleichzusetzen. Das widerlegt aber noch nicht, daß es eine einheitliche Energie gibt. Und die Esoteriker beschreiben diese als *Schwingung, Welle* oder *(Aus-)Strahlung.* Alles soll aus der einen Energie bestehen: ein pulsierendes, oszillierendes Universum. Dabei geht man von folgendem aus: Je schneller die Wellen (je höher ihre Frequenz) und je kleiner ihr Ausschlag (je geringer ihre Amplitude), desto größer ist nicht nur die Energie, sondern desto geistiger ist etwas auch.

① geistig

② feinstofflich

③ materiell

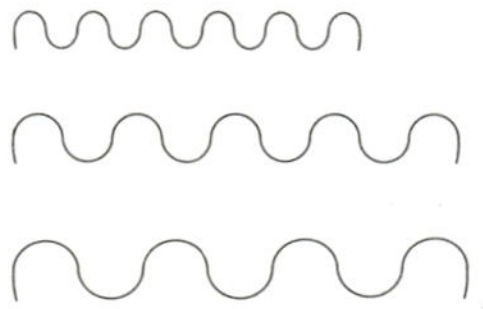

Das läßt sich dann weiter differenzieren. Im Grunde sind so beliebig viele Stufen zu unterscheiden, von grobmateriell über immer feinstofflicher bis zu völlig immateriell.

Grundsätzlich ist diesem Modell vorzuwerfen, daß es einseitig ist. Denn in der Physik werden bis heute zwei komplementäre Modelle gleichberechtigt verwendet: neben dem *Wellen-Modell* (Energie) auch ein *Teilchen-Modell* (Materie). Die Dinge lassen sich nicht nur als Energiewellen (kontinuierlich), sondern ebenso als Materieteilchen (diskontinuierlich) auffassen; übrigens muß sich Energie auch nicht als Welle darstellen, es gibt viele andere Formen.

Besondere Schwierigkeiten bereitet aber die esoterische Vorstellung, je höher die Frequenz und damit auch die Energie einer Welle sei, desto mehr Geist beinhalte sie. Das würde z. B. bei den elektromagnetischen Wellen bedeuten, daß Röntgenstrahlen geistiger als Lichtwellen sind, diese geistiger als Radar, der geistiger als Rundfunkwellen, wobei UKW geistiger wäre als die Mittelwelle. Die Redakteure von einem Mittelwellensender werden sich bedanken! Auch bei *Gehirnwellen* stoßen wir auf Probleme: Denn gerade in der Meditation, wenn der Mensch doch mit hohen geistigen Ebenen Kontakt aufnimmt, sind seine Hirnwellen sehr langsam (Alpha- oder Thetawellen), während er z. B. beim Sehen eines »geistlosen« Krimis schnellere - »geistigere« - Hirnschwingungen (Betawellen) aufweist.

Die sieben Stufen der Welt

Trotz der prinzipiell unendlich vielen Abstufungen des Seins - je nach der Frequenz der Schwingung bzw. der »Feinheit« der Energie - wird üblicherweise nur eine kleine Anzahl von Ebenen unterschieden, wobei die Esoteriker bestimmte Zahlen mit besonderer Bedeutung bevorzugen. Häufig findet man etwa eine *Dreiteilung,* denn die Drei gilt als heilige Zahl, Symbol von Vollkommenheit, ja Göttlichkeit (Dreifaltigkeit). Wir haben schon die Dreistufung: Geist - Feinstofflichkeit - Materie kennengelernt. Andere Dreiteilungen ergeben sich, wenn Gott und Geist unterschieden werden oder man den Menschen als Zwischenglied von Geist und Materie (bzw. Natur), denen er beiden angehört, gesondert berücksichtigt:

①	Gott	Geist	Geist
②	Geist	Mensch	Mensch
③	Materie	Materie	Natur

Es läßt sich unschwer erkennen, daß man durch Kombination dieser Modelle auf Vier- bzw. Fünfteilungen usw. kommen kann, erst recht, wenn man den Bereich Materie/Natur weiter unterteilt, z. B. in tierisch - pflanzlich - mineralisch.

Am häufigsten finden wir aber eine *Siebenerhierarchie,* denn die Sieben gilt als die magische Zahl an sich und besitzt wohl die größte Bedeutung in der Zahlensymbolik. Nur sind diese Hierarchien keineswegs völlig dekkungsgleich, allein in der Theosophie gibt es etliche unterschiedliche Ansätze, aber auch schon in der Antike (etwa in bezug auf die damals bekannten sieben Planeten) sowie im östlichen Denken taucht die Sieben auf. Ich möchte ein Modell verwenden, das eine Synthese aus verschiedenen anderen Modellen darstellt, um eine möglichst große Verständlichkeit und Plausibilität zu erreichen. In den nachfolgenden Erläuterungen wird auf Unterschiede in anderen Ansätzen hingewiesen.[3]

Ebene	Anderer Begriff	Sphäre	Indische Philosophie
① *göttlich*	absolut, nirvanisch	göttliche Einheit oder Leere	Brahman, Paraatman
② *universal*	kosmisch, buddhisch	universaler Geist	Maha-Buddhi (Alaya)
③ *kausal*	spirituell	spiritueller, höherer Geist	Mahat (Arupa-Ebene)
④ *mental*	rational	rationaler Geist, Gedanken	Mahat (Rupa-Ebene)
⑤ *astral*	emotional	Gefühle, Triebe	Kama-Loka
⑥ *ätherisch*	bioplasmisch	Äther	(kosmisches) Linga-sharira
⑦ *physisch*	irdisch	Materie, Stoff	(kosmisches) Sthula-sharira

① *göttlich*

Dies ist die Ebene des göttlichen Nichts – als Urgrund alles Seienden – bzw. der göttlichen All-Einheit, des »Urlichts«. Manche Esoteriker, z. B. C. W. Leadbeater, geben über dieser nirvanischen Ebene noch zwei weitere an: die paranirvanische (Adi) und die mahaparanirvanische (Anupadaka); aber dann wird »nirvanisch« anders definiert als hier.

② *universal*

Hier geht es um den Geist des Universums, des Kosmos.

③ *kausal*

Gemeint ist der höhere Geist, Spiritualität oder kurz Spirit. Der wird manchmal mit Intuition gleichgesetzt, die man aber besser der Astral-Emotional-Ebene zuordnet.

④ *mental*

Die mentale Stufe umfaßt den intellektuellen Geist, den Verstand bzw. die Gedanken. Aus Sicht der meisten Esoteriker existieren Gedanken eben auch als objektive Realitäten, unabhängig davon, ob sie von einem Menschen gedacht werden.

⑤ *astral*

Zwischen mental und astral werden öfter, z. B. bei H. P. Blavatsky, noch ein oder zwei energetische Ebenen genannt, nämlich *Kosmisches Kama,* die universelle Willenskraft, und *Kosmischer Jiva,* die kosmische Vitalität. Es sei hier daran erinnert, daß man ja alle Stufen als

Energie auffassen kann, die nach oben immer feiner oder - wie man auch sagt - immer höherdimensional wird. Die Astralebene oder das Astrallicht ist die wichtigste feinstoffliche Ebene.

⑥ *ätherisch*
Der Äther des Okkultismus ist eine höhere Form der Stofflichkeit, nicht gleichzusetzen mit dem Äther als rein materieller Grundsubstanz, wie ihn die Physik früher einmal annahm. Die ätherische Ebene wird oft mit der universalen Lebensenergie in Verbindung gebracht. In vielen okkulten Systemen wird sie allerdings nicht als eigenständige Stufe aufgeführt, sondern mit der Astralebene gleichgesetzt (bzw. verwechselt) oder aber der physischen Ebene angegliedert.

⑦ *physisch*
Dies ist die unterste, irdische Ebene, die eigentlich materielle, grobstoffliche Dimension.

Die Ausführungen dürften deutlich gemacht haben, daß die Behauptung genau sieben fundamentaler Prinzipien der Welt recht willkürlich ist. Zwar finden wir viele Systeme mit sieben Weltprinzipien, aber da diese sich keineswegs vollständig entsprechen, kommt man bei Berücksichtigung aller genannten Stufen schnell auf neun, elf oder noch mehr Prinzipien.

Gott auf dem Gipfel

Wir haben eben festgestellt, daß die oberste Ebene des Seins als göttlich angesehen wird. Aber wie sich dieses Göttliche genauer bestimmen läßt, darüber gibt es sehr verschiedene Auffassungen in der Esoterik. Traditionellerweise wurde häufiger von einem bzw. vielen *personalen* Göttern ausgegangen, die einen ausgeprägten - häufig sehr menschlichen - Charakter besaßen, aber unsterblich waren. In der heutigen Esoterik wird ein persönlicher Gott, also z. B. auch ein Gottvater wie im Christentum, nur wenig vertreten. Eher glaubt man an eine überpersönliche Gottheit oder vor allem an ein gänzlich *apersonales* göttliches Prinzip. Aber welches? Hier gibt es zwei Grundpositionen: Einmal wird das Göttliche als höchster Geist oder größte Kraft mit Eigenschaften wie allwissend oder allmächtig beschrieben, was man in der okkulten Tradition einem *»männlichen« Prinzip (Yang)* zuordnet; auf der anderen Seite werden dem Göttlichen Merkmale wie reine Liebe oder Allgüte nachgesagt, die einem *»weiblichen« Prinzip (Yin)* entsprechen. Gerade die neuen feministischen »Hexen« betonen die Weiblichkeit der »großen Göttin«. In jedem Fall steht Gott hier aber nur für *einen Pol,* den männlichen oder weiblichen, nur für eine bestimmte als positiv bewertete Seite des Seins.
Diese Denkweise hat bei vielen Kritik hervorgerufen. Sie meinen, das

Göttliche muß alles Seiende umfassen, ist mit dem Kosmos identisch, Gott ist die Welt - eine Haltung, die *Pantheismus* genannt wird - bzw. Gott steht für die *Ganzheit der Pole,* die harmonische Verbindung von männlichem Pol (Yang) und weiblichem Pol (Yin), ja für die *Er-gänzung* aller Gegensätze.[4] Diese Sicht beinhaltet aber vor allem folgende zwei Probleme: Erstens verliert der Gottesbegriff jede eigenständige Bedeutung, wenn wir ihn mit »Welt« gleichsetzen, das impliziert sogar einen »höflichen Atheismus« (Schopenhauer). Zweitens muß ein solcher totaler Gott auch alles Negative und Böse, Haß und Feindschaft beinhalten, was für viele Esoteriker unvorstellbar ist.

Eine Lösung für dieses Problem wäre, das Göttliche nicht als Ganzheit (oder Allheit) zu verstehen, sondern als *Einheit,* als Ursprung und Urgrund; die All-Einheit, die allem zugrunde liegt. Diese Einheit ist *transpolar,* d. h., sie steht über (bzw. hinter) den Polen, jenseits aller Gegensätze wie männlich (Yang) - weiblich (Yin). Beispielsweise sind Gut und Böse im Göttlichen noch gar nicht unterschieden, die Gegensätze sind noch gar nicht vorhanden. Diese Auffassung läßt sich *Panentheismus* nennen, das heißt, die Welt ruht im göttlichen Urgrund, aber das Göttliche reicht über die Welt hinaus, es ist dann sowohl *immanent* wie *transzendent.* Wenn wir Gott in dieser Weise als transpolare Einheit bestimmen, dann ist er zugleich auch eine (transpolare) *Leere* über den Polen, ein göttliches *Nichts.* Denn wir können ja über eine Einheit jenseits aller Polarität gar nichts aussagen bzw. nur Widersprüchliches: Gott ist beispielsweise weder gut noch böse, oder er ist zugleich gut und böse. Mit unserem Denken und unserer Logik, die selbst polar sind, kommen wir hier nicht weiter; auch Einheit - Leere sind für unser Denken ein Gegensatz, fallen aber transpolar zusammen.[5]

Zählen wir die eben beschriebenen Gottesvorstellungen noch einmal auf, veranschaulicht durch Symbole aus dem Taoismus. Gott ist:

Yin (z. B. höchste Liebe)

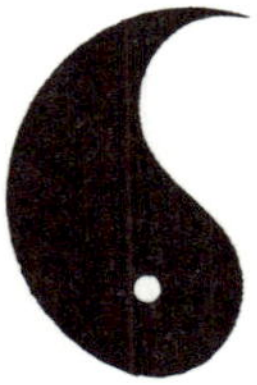

Yang (z. B. höchster Geist)

Ganzheit von Yin und Yang
(z. B. Liebe + Geist)

Einheit über Yin und Yang bzw.
Leere hinter Yin und Yang
(z. B. jenseits von Liebe und Geist)

Die Theorie von der überpolaren göttlichen Einheit, die zugleich keine und alle Eigenschaften besitzt, wird heute von vielen Esoterikern favorisiert. Sie findet sich aber bereits im Konzept des *Tao,* über das der weise Laotse schreibt:[6]

»Halte danach Ausschau - du siehst es nicht;
horche darauf - du hörst es nicht;
fasse danach - du ergreifst es nicht;
begegne ihm - du siehst kein Gesicht;
folge ihm - du siehst keinen Rücken;
aufgehend ins Helle - ohne Licht;
sich bergend im Dunkeln - ohne Nacht;
gestaltlose Form - zeichenloses Bild -
Ursprung: Tao.«

Versuchen wir, dieses eigentlich unvorstellbare, alle Gegensätze verschmelzende Tao doch etwas greifbarer zu machen, indem wir es innerhalb des esoterischen Energiemodells deuten. Danach ist ja alles Seiende schwingende Energie, und das Göttliche, das Absolute, ist die höchste, feinste Energie, was bedeutet, daß es durch die schnellsten Wellen, die Wellen mit der höchsten Frequenz repräsentiert wird. Traditionellerweise soll das absolute Göttliche sich aber gerade umgekehrt durch vollständige Ruhe, Unveränderlichkeit, Invarianz auszeichnen. Läßt sich das zusammenbringen? Oder noch krasser: Schwingung ist polar, sie ist Bewegung zwischen zwei Polen, dem Wellen-Gipfel und dem Wellen-Tal. Das göttliche Tao soll aber doch transpolar sein. Läßt sich das verbinden?
Die Lösung des Energiemodells lautet: Etwas, das unendlich schnell schwingt, befindet sich quasi in einem Ruhezustand. Ähnliches erleben

wir ja schon in unserer normalen Wahrnehmung, daß etwa die Speichen eines sich sehr schnell bewegenden Rades uns wie unbewegt vorkommen. So soll die »göttliche Welle«, die unendlich schnell zwischen den Polen Wellen-Gipfel und Wellen-Tal hin- und herschwingt, diese Pole überschreiten, transzendieren. Itzhak Bentov, der vielleicht profilierteste Vertreter dieses Modells, erläutert:

> »Mit zunehmender Frequenz wird die Ausschlagweite der Welle (. . .) geringer. Anders ausgedrückt: *Die Ruhepunkte rücken einander näher.* Nun stelle man sich einmal eine Welle von so hoher Frequenz vor, daß die Ruhepunkte einander schließlich überlagern und die Sinuswelle sich in eine Gerade verwandelt. Damit wäre ein Zustand unendlicher Ruhe erreicht, das Absolute.«[7]

Das hört sich recht plausibel an. Entsprechend vollmundig klingt Bentovs Fazit: »Das Absolute ist somit ein Zustand, in dem *Gegensätze in Einklang kommen* und verschmelzen. *Bewegung und Ruhe werden eins.*« Aber auch diese Sicht ist nur eins von vielen möglichen Modellen, ein Modell, das zudem physikalische und philosophische Probleme aufwirft, die wir hier aber nicht näher verfolgen können.

Das Wesen Gottes und die Kabbala

Wenn Gott die Einheit alles Seienden sein soll, dann muß er sicher auch selbst einheitlich sein. Aber über lange Zeit dominierte der *Polytheismus,* der Glaube an viele verschiedene Götter (wenn auch die Theorie eines generellen *Ur-Monotheismus* diskutiert wird), beispielsweise bei Griechen und Römern. Später, etwa in der Gnosis, wurde überwiegend die Auffassung vertreten, daß zwar viele Götter existieren, diese aber letztlich Formen eines einzigen göttlichen Geistes sind. Auch im monotheistischen Christentum haben wir eine göttliche Dreiheit von Vater, Sohn und Heiligem Geist, die aber eben eine *Dreieinigkeit* bilden. Im Hinduismus findet sich ebenfalls ein Trio: Brahma, der Schöpfer; Vishnu, der Erhalter; und Shiva, der Zerstörer. Auch diese bilden eine Einheit, trotz ihrer Gegensätzlichkeit und trotz dem »destruktiven« Gott Shiva - denn nur durch Zerstörung, Tod, Auflösung des Alten kann Neues entstehen, kann eine Evolution, eine Höherentwicklung, stattfinden.
Größere Bedeutung hat in der Esoterik aber das Gottesbild der *Kabbala.* Die Kabbala ist eine jüdische Textsammlung mit Geheimlehren von vorwiegend anonymen Verfassern, die seit dem 16. Jahrhundert auch viele nichtjüdische Esoteriker stark beeinflußt hat, in unserem Jahrhundert z. B. Eliphas Lévi und Aleister Crowley.

In der berühmtesten Schrift der Kabbala, dem *Buch Sohar,* »Buch des Glanzes«, wird das Sein in zehn Zahlen bzw. Kategorien oder Sphären eingeteilt, die *Sephirot* genannt werden (Plural von Sephira oder Sefira). Sie sind zu verstehen als *Emanationen,* Ausstrahlungen, Offenbarungen des letztlich verborgen bleibenden Gottes *En-Sof.* Insofern bietet die Kabbala ein Modell Gottes und der Welt sowie des Menschen (primär allerdings des noch im Göttlichen ruhenden Urmenschen Adam Kadmon). Daß genau zehn Emanationen angenommen werden, erklärt sich wohl durch pythagoräischen Einfluß, denn Pythagoras galten die Zahlen Eins bis Zehn als Grundstrukturen des Seins. Man hat die zehn Emanationen in Form eines sogenannten *Lebensbaumes* geordnet:[8]

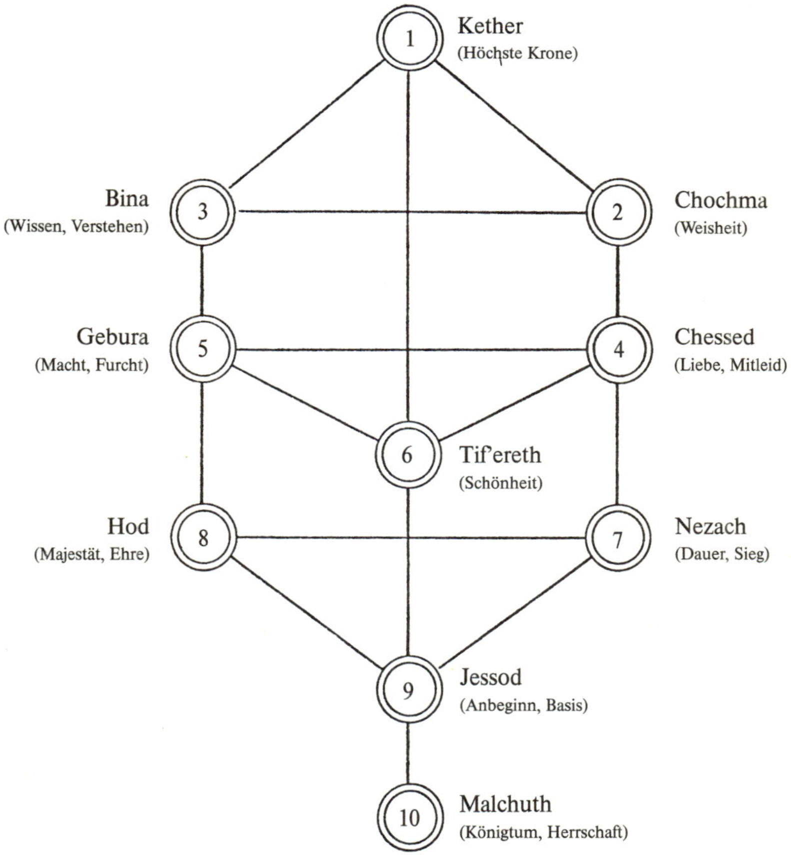

Die Emanationen auf der linken Seite beinhalten das negative, »weibliche« Prinzip (–), die auf der rechten Seite das positive, »männliche« Prinzip (+), und die in der Mitte beinhalten die Ganzheit oder Einheit beider Prinzipien (+/–) entsprechend der Verbindung von Yin und Yang im Taoismus.

① *Kether (+/–)*
Die höchste Krone (Gottes): die erste Emanation, in der Mitte des Lebensbaumes, jenseits der Polarität von »männlich« und »weiblich«.

② *Chochma (+)*
Die Weisheit (Gottes): das männliche Urprinzip, der »große Vater«, auch als theoretische Vernunft oder Logos charakterisiert. Es wird dabei als aktive, dynamische Kraft verstanden, als »Schöpfungswort«, das hinter jeder Erscheinung oder Tat steht - wie überhaupt in der Esoterik schöpferischer Geist und Zeugungskraft meist gleichgesetzt werden.

③ *Bina (–)*
Wissen, Verstehen, Einsicht (Gottes): das weibliche Urprinzip, die »große Mutter«. Bina ist das passive Verstehen im Gegensatz zur aktiven Weisheit (Chochma). Es ist überhaupt das Passive, Formbare, Gefügige, gleichsam das leblose Wasser, aus dem, wenn es durch den Lebensfunken befruchtet wird, alles Leben entsteht, der Schoß von Mutter Erde. Alle weiteren Emanationen gelten als Verbindungen von Chochma und Bina (nicht nur die in der Mitte des Lebensbaums dargestellten, sondern auch die anderen).

④ *Chessed/Gedula (+)*
Liebe, Mitleid, Gnade (Gottes): die ordnende, heilende Kraft; der freundliche, gütige Vater, der das Menschenkind beschützt und auf den rechten Weg weist.

⑤ *Gebura/Dim (–)*
Stärke, Härte, aber auch Gerechtigkeit: die - strafende und richtende - Macht Gottes; die strenge, unnachgiebige Mutter, die ihr Kind in Zucht nimmt und bestraft. Es ist dies auch die zerstörerische Kraft, der Haß, den der Magier beschwört, wenn er seine Gegner angreifen will.

⑥ *Tif'ereth/Rachamim (+/–)*
Schönheit oder besser Harmonie (Gottes): Tif'ereth steht im Lebensbaum zwischen Chessed (4) und Gebura (5), und es bedeutet den Ausgleich zwischen ihnen, zwischen Liebe und Strenge, die harmonisierende Barmherzigkeit.

⑦ *Nezach (+)*
Dauer, Geduld und Sieg (Gottes): die alles überdauernden und besiegenden mächtigen Kräfte der Natur, wie animalische Triebe, Instinkte und Sinne.

⑧ *Hod (–)*
Majestät, Ruhm, Pracht (Gottes): Es ist nicht ganz leicht zu verstehen, daß dieser Bereich mit dem Denken in Verbindung gebracht wird, vor allem mit Intellekt und Logik; man kann das zu erklären versuchen durch die Erhabenheit großartiger Erkenntnisse, die Kunstfertigkeit von Gedankengebäuden (im Gegensatz zur Schlichtheit des Natürlichen im Nezach).

⑨ *Jessod (+/–)*
Anbeginn, Basis, Fundament (Gottes): Jessod, in der Mitte des Lebensbaumes, zeigt wiederum eine Ganzheit von männlichem und weiblichem Pol. Es wird als die magische Kraft des Selbst verstanden, die sich aus der Verbindung von Triebkräften (Nezach) und geistigen Kräften (Hod) ergibt. Wenn man einmal davon ausgeht, daß die 10. Emanation (Malchuth) häufig als Zusammenfassung aller anderen angesehen wird, so ist Jessod die letzte Stufe bzw. umgekehrt die erste, die Basis (wozu paßt, daß man es auch als die [bi]sexuelle Ebene bestimmt).

⑩ *Malchuth (+/–)*
Königtum, Herrschaft, Reich (Gottes): Dies ist die Sphäre der Erde bzw. des Universums, damit der gesamte Herrschaftsbereich Gottes. Es ist die physische Realität, der die Stufe des niederen Unbewußten entspricht. Darüber hinaus gilt Malchuth wie gesagt aber auch als Zusammenfassung. Ganz konkret wird Malchuth in der Kabbala als das mythische Urbild der Gemeinde Israel verstanden.

Die Emanationen 1 bis 3 faßt man auch als *Vernunftreich* zusammen, 4 bis 6 als *Gefühlsreich* (oder Seelenreich) und 7 bis 9 als *Naturreich.* In der okkultistischen Literatur werden nun die verschiedensten Entsprechungen zur Kabbala angegeben; so hat man Kether, Chochma und Bina mit den hinduistischen Göttern Brahma, Vishnu und Shiva gleichgesetzt, was aber bestehende Unterschiede verwischt; auch die genannten Entsprechungen mit griechischen und römischen Göttern - etwa von Kether mit Zeus oder Jupiter - sind fragwürdig. Die Sephirot werden außerdem in Verbindung gebracht mit menschlichen Fähigkeiten, Erkenntnisformen, Tugenden, Körperteilen, den Zehn Geboten und anderem.[9] Auf Entsprechungen zu Tarot und Astrologie werden wir noch zu sprechen kommen. Wenn von *positivem männlichen* und *negativem weiblichen* Prinzip gesprochen wird, so darf das nicht einfach mit den biologischen Geschlechtern, mit Mann und Frau gleichgestellt werden. Häufig geschieht das in der Esoterik aber dennoch, und sei es nur unterschwellig; dies läuft meist darauf hinaus, daß den Frauen - gemäß dem weiblichen Prinzip - eher negativ bewertete Eigenschaften wie Passivität zugesprochen werden, passend zum traditionellen Frauenbild. In der Kabbala wird das weibliche Prinzip teilweise durch »typische« Merkmale wie eben Formbarkeit, Gefügigkeit und ähnliches charakterisiert, aber auch durch »atypische«, eigentlich »männliche« (nach anderen Systemen), wie logisches Denken.

Die Ebenen des Menschen: Von Astralleib, Aura und Chakras

Wir haben bisher über die Ebenen der Welt, Gottes und indirekt auch schon des Menschen gesprochen und wollen uns jetzt diese genauer vornehmen. Parallel zur polaren Zweiteilung der Welt in *Geist - Materie* unterscheidet man beim Menschen *Seele - Körper.* Aber auch bei ihm begnügt man sich nicht damit, sondern gibt weitere Unter- und Zwischenstufen an.

Bekannt ist die klassische Dreiteilung von *Geist - Seele - Körper.* Sie wirft aber das Problem auf, daß bei »Geist« nicht klarliegt, ob damit der rationale Geist (Verstand) oder der *über*rationale Geist (Spiritualität) gemeint ist. Wenn man beide Geistformen getrennt aufzählt und die Seele im Sinne von Gefühl (oder Gemüt) deutet, bietet sich folgende heute populäre Vierteilung an: *Spirit - Verstand - Gefühl - Körper.*

Wir hatten auch schon ein anderes Vierermodell, das der Elemente, kennengelernt: nämlich Feuer, Wasser, Luft und Erde. Diese beziehen sich zwar zunächst auf die Materie, aber übertragen lassen sie sich auch auf den Menschen anwenden; so ordnet man die klassischen vier Temperamente den Elementen zu: Feuer - *cholerisch,* Wasser - *phlegmatisch,* Luft - *sanguinisch* und Erde - *melancholisch.* Nun ist das zunächst nur eine *horizontale* Einteilung, d. h., sie besagt nicht, daß die vier Elemente (bzw. Temperamente) eine höhere oder tiefere Stufe in einer Rangordnung einnehmen. Man kann sie sich aber auch *vertikal* geordnet vorstellen, und dann ergibt sich entsprechend zum oben angeführten Stufenmodell:[10]

① Spirit - Luft
② Verstand - Feuer
③ Gefühl - Wasser
④ Körper - Erde

Wie bei der Welt werden aber auch beim Menschen am häufigsten sieben Ebenen angegeben. Ich will diese Stufen genau parallel zu den Stufen der Welt beschreiben (vgl. S. 58) - wie auch üblich. Andere Autoren differenzieren allerdings, z. B. weil sie als oberste Ebenen der Welt zwei rein göttliche Sphären angeben, die für den Menschen (jedenfalls den heutigen) unerreichbar bleiben. In meinem Modell synthetisiere ich wieder Angaben verschiedener Esoteriker: von A. Besant, F. Hartmann, R. Steiner, M. Heindel, K. Spiesberger, aber auch östlicher Lehrer wie Bhagwan Shree Rajneesh.[11]

Ebenen/ »Körper«	Indische Philosophie	Stufe des Selbst	Anderer Begriff
① Göttlich	Atma(n)	göttliches Selbst	göttlicher Funken
② Universal-Körper	Buddhi	kosmisches Selbst	universale Seele
③ Kausal-Körper	Buddhi-Manas	spirituelles Selbst	Über-Selbst, Spirit(ualität)
④ Mental-Körper	Kama-Manas	rationales Selbst	persönliches Ich, Verstand
⑤ Astral-Körper	Kama-Rupa	emotionales Selbst	Gemüt
⑥ Äther-Körper	Linga-sharira	vitales Selbst	Doppelleib
⑦ Physischer Körper	Sthula-sharira	physisches Selbst	irdischer Leib

Bevor wir die einzelnen Stufen besprechen, noch eine Vorbemerkung. Immer wieder führt zur Verwirrung, daß man in der Esoterik alle Stufen (außer der ersten) auch »Körper« nennt, z. B. Astral-Körper. Machen wir uns noch einmal klar: Als Grundmodell wird überwiegend vertreten, daß es eine einheitliche (Geist-)Energie gibt, die sich von oben nach unten immer weiter »vergröbert« und verdichtet. Die oberste Stufe ist »reiner Geist«, die unterste Materie bzw. Körper. Die dazwischenliegenden Ebenen nennt man *feinstofflich* bzw. *feinkörperlich.* Aber sie würden besser *»fein«energetisch* oder *»fein«geistig* genannt, denn die idealistische Esoterik versteht sie doch als (mehr oder weniger stark) verdichteten Geist und nicht - materialistisch - als verdünnten Stoff oder verfeinerten Körper. Man spräche also besser z. B. von Astral-Energie anstatt von Astral-Körper.[12]

① Göttlich
Das Göttliche im Menschen, *Atman,* der mit *Brahman* eins ist, die Geistseele. Manche Esoteriker benutzen sogar auf dieser höchsten Ebene den Begriff »Körper«, z. B. »Urlicht-Körper«, aber das ist absurd, da diese Ebene ja reiner Geist sein soll.

② Universal-Körper
Auch Seeligkeits-Körper, die kosmische Seele im Menschen.

③ Kausal-Körper
Bei Ken Wilber wird abweichend mit kausal die höchste (bei ihm die neunte) Ebene bezeichnet. Häufig wird die mentale Ebene (Manas) in zwei Unterstufen eingeteilt; die höhere der beiden Unterstufen (Buddhi-Manas) bezeichnet man als die kausale, auch Ursachen-Leib oder Karana-sharira genannt, gemeint ist die spirituelle Seele. Die bisher genannten drei »Körper« sollen unsterblich sein, die folgenden vier dagegen sterblich, wenn Mental- und Astral-Körper auch zunächst den Tod überdauern.

④ Mental-Körper
Die Verstandesseele des Menschen; die niedere Unterstufe der mentalen Ebene (Kama-Manas). Das Ich, das Ego, mit dem wir uns (zu Unrecht) am stärksten identifizieren.

⑤ Astral-Körper
Auch Astralleib, Begierdenleib, Seelenleib oder Sukhma-sharira - bzw. die Gefühlsseele oder »tierische Seele«, denn auf der Astral-Ebene wird oft nicht dazwischen differenziert.

⑥ Äther-Körper
Auch Ätherleib, Lebensleib, Doppelleib, die »Vitalseele«. Der Äther-Körper gilt als eine Art Doppelgänger, als genaues Abbild des physischen Körpers, den er vorbildet und erhält (deswegen auch »Bildekräfteleib« genannt). Zuweilen werden Astral- und Äther-Körper nicht voneinander abgegrenzt (so wird auch der Astral-Körper als »Doppelgänger« bezeichnet), was zu Verwirrungen führen kann. Zwischen dem ätherischen und astralen Körper soll sich die sogenannte *Silberschnur* befinden, die beim Tod zerrissen wird.

⑦ Physischer Körper
Auch Dichter-Körper oder Rupa, der materielle Leib.

Die Abbildung auf Seite 69 veranschaulicht die sieben Körper (in Wirklichkeit soll aber nur der physische Körper sichtbar sein und eine genaue räumliche Gestalt besitzen).
Wie läßt sich die *Aura* in das Modell der sieben Ebenen einordnen? Mit Aura meint man im Okkultismus das Strahlungsenergiefeld, den Lichtkranz, die leuchtende Sphäre, die den Körper umhüllt. Nach der Kabbala ist die Aura Bestandteil des Astral-Körpers, noch häufiger wird sie aber mit dem Äther-Körper assoziiert. Im Grunde muß man wohl davon ausgehen, daß es entsprechend den sieben Stufen auch eine siebenfache Aura gibt, daß eben jede Stufe ihre Aura, nämlich Ausstrahlung besitzt.

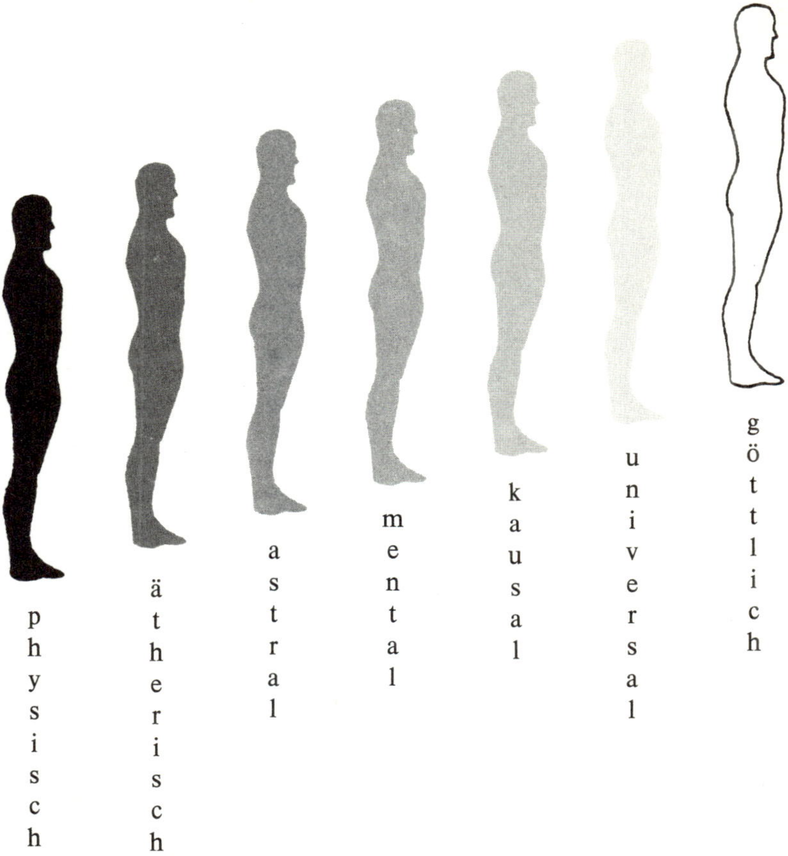

Obwohl die Aura primär als fast farbloses Licht bestimmt wird, kann sie sich auch in (sieben) verschiedenen Farben zeigen, vor allem in einem sprühenden, funkelnden Farbenwechsel. Diese Energiehülle ist normalerweise unsichtbar, aber hellsichtige Menschen sollen sie sehen können, zumindest die Äther- und Astral-Aura. Und sie vermögen angeblich aus den Farben der Strahlungen den Charakter, die momentane Stimmungslage, die Gesundheit und anderes zu erkennen, was man *Aura-Lesen* nennt. Obwohl sich also die Aura normalerweise nicht sehen läßt, wollen wir sie uns doch durch eine Abbildung (Seite 70) veranschaulichen.

In jüngerer Zeit wurde die sogenannte *Kirlian-Fotografie* als technische Sichtbarmachung der Aura präsentiert (und wenn auch nur der isolierten Aura von Hand oder Fuß). Es geht dabei um eine von dem sowjetischen Ingenieur Semjon D. Kirlian entwickelte Hochfrequenzfotografie, die »eine Coronaabstrahlung eines auf die Fotoplatte gelegten Gegenstandes

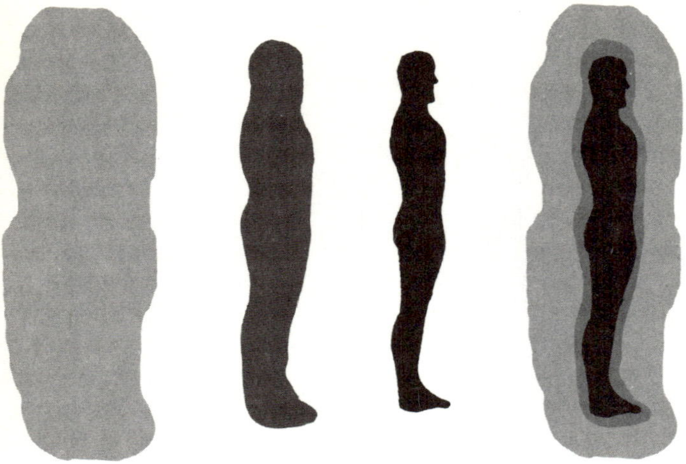

13

astrale Aura | ätherische Aura | physischer Körper | zusammen

sichtbar macht. Technisch gesehen handelt es sich um eine kalte Elektronenemission, die auf der entwickelten Fotoplatte die Konturen des Gegenstandes als Strahlenkranz sichtbar werden läßt.«[14] In den letzten Jahren wurde aber in der Esoterik immer mehr angezweifelt, daß sich auf diese Weise wirklich die Aura darstellen läßt, unter anderem weil auch Kirlian-Fotos von »toter Materie« solche Lichtkränze zeigen.

Die Chakren - Energietunnel zum Kosmos

Neben dem oben beschriebenen allgemeinen Modell der sieben Ebenen des Menschen gibt es noch ein spezielles Modell, das ebenfalls von sieben Stufen ausgeht, den sieben *Chakras* oder *Chakren.* Ein Chakra (wörtlich: Rad, kreisender Kraft-Wirbel) ist ein feinstoffliches Energiezentrum, ein spirituelles Nervenzentrum. Die verschiedenen Chakren liegen hintereinander auf einer horizontalen zentralen Achse - entsprechend zur Wirbelsäule des physischen Körpers. Als ihre Hauptfunktion gilt, positive Energie aufzunehmen, umzuverteilen und negative Energie abzugeben, und zwar soll die Energie durch ein System von Kanälen (»Nadis«) fließen, die mit den Meridianen, den Energiebahnen der Akupunkturpunkte, identisch sind. Vor allem im indischen Yoga wird gelehrt, die *Kundalini*-Energie, die »Schlangenkraft«, vom untersten Chakra aus zu immer höheren Chakras zu leiten. Wenn manchmal auch insgesamt dreizehn oder noch mehr - teilweise geheime - Chakras angegeben werden, so geht man doch überwiegend von sieben »Energiewirbeln« aus.
Obwohl die Chakren alle im Äther-Körper lokalisiert werden, entsprechen

15

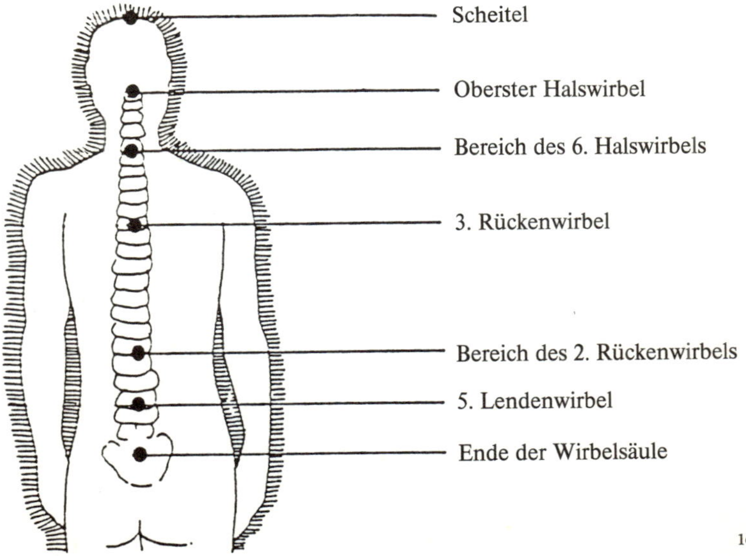
Scheitel
Oberster Halswirbel
Bereich des 6. Halswirbels
3. Rückenwirbel
Bereich des 2. Rückenwirbels
5. Lendenwirbel
Ende der Wirbelsäule

16

sie doch den sieben verschiedenen Körpern bzw. Ebenen, wobei aber keine vollständige 1:1-Zuordnung möglich ist. Die Chakren werden überdies mit vielen anderen Bereichen in Verbindung gebracht, z. B. mit körperlichen Drüsen (und deren Funktionen) und mit Farben, wie die Übersicht auf Seite 73 zeigt.[17]

Leben, Bewußtsein, Seele, Persönlichkeit

Wir wenden uns jetzt noch einmal den Stufen des Seins zu und fragen, inwieweit sie für den Esoteriker *belebt, bewußt* und *beseelt* sind.
Wir finden in der Esoterik einmal die Auffassung, daß die unterste physische Stufe an sich unbelebt ist, »tote Materie«, und daß erst durch ein Vitalprinzip, den Lebensfunken *Prana,* aus der leblosen Materie Lebewesen werden. Auf der anderen Seite gibt es die Auffassung, alles Existierende sei lebendig, z. B. auch Steine oder Berge, eine Anschauung, die man *Animatismus* (oder Dynamismus) nennt.
Eine besondere Rolle spielt hier die sogenannte *Gaia-Hypothese* von Lovelock und Margulis, nach der unser Planet Erde als Ganzes ein Lebewesen ist mit eigenem Stoffwechsel, eigener Atmung usw.; der New Ager Peter Russell hat dabei - fragwürdigerweise - die Menschheit als Gehirn der Erde bezeichnet. Noch krasser und noch spekulativer wird behauptet, der Kosmos selbst, das ganze Universum, sei ein lebender Organismus. Während man sich also nicht darüber einig ist, ob alles belebt ist, so doch weitgehend darüber, daß alles *bewußt* ist, allerdings in ganz unterschiedlichem Ausmaß. Da ja auch die unterste materielle Ebene letztlich vergröberter Geist sein soll, besitzt schon sie ein rudimentäres Bewußtsein (bzw. Unterbewußtsein). Und je höher die Stufenleiter geht - Pflanzen, Tiere, Vormenschen usw. -, desto höher soll der Bewußtseinsgrad sein.
Wenn diese Allbewußtheitstheorie auch nicht als bewiesen angesehen werden kann, so gibt es doch interessante Untersuchungen hierzu, vor allem über »Pflanzenbewußtsein«. Cleve Backster maß mit einem Polygraphen (Lügendetektor), der Erregungszustände angibt, Reaktionen von Pflanzen, die beschädigt wurden. Die Gewächse reagierten angeblich telepathisch bereits dann, wenn er nur daran dachte, sie zu »verletzen«.
Von vielen Esoterikern wird aber erst dem Menschen ein reflexives Bewußtsein zugesprochen, eine Bewußtheit des Bewußtseins bzw. seiner selbst, ein *Selbst-Bewußtsein.* Und erst er soll imstande sein, ein höheres Überbewußtsein zu entfalten, vielleicht sogar das höchste, göttliche Bewußtsein, das der Einheit und der Leere. Nach dieser Sicht ist nur der Mensch *beseelt,* nämlich Träger eines *persönlichen Bewußtseins,* einer Persönlichkeit. Dabei wird die Seele - entsprechend alten Lehren - auch heute oft noch als ein »Hauch« vorgestellt, der Odem, der göttliche Atem, die beseelende Kraft,

Name	Sanskrit-Name	Sitz	Wirbelsäule	Drüse	Farbe	Bedeutung	Entsprechende Energie-Ebene
① Scheitel-Chakra (Kronen-C.)	Sahasrara	Schädelplatte	Scheitel	Hypophyse	Violett (Kristall)	Nirvana Transzendenz Einheit	göttlich/ universal
② Stirn-Chakra (3. Auge)	Anja	zwischen den Augenbrauen	oberster Halswirbel	Zirbeldrüse	Indigo	Erkenntnis Verklärung Psi-Kräfte	kausal (mental)
③ Kehlkopf-Chakra (Hals-C.)	Vishudda (Vinudha)	über der Kehle	6. Halswirbel	Schilddrüse	Blau	Kontakt Sprache Kreativität	mental
④ Herz-Chakra	Anahata	über dem Herzen	3. Rückenwirbel	Thymusdrüse	Grün (Goldgelb)	Liebe Seelisches Zentrum	astral (höher)
⑤ Nabel-Chakra (Magen-C.)	Manipura (Manipuraka)	über dem Sonnengeflecht	2. Rückenwirbel	Bauchspeicheldrüse	Gelb	Emotionen Ausgleich Unbewußtes	astral (niedriger)
⑥ Milz-Chakra	(Swadhistana)	über der Milz	5. Lendenwirbel	Nebennieren	Orange	Leibesmitte (Hara) Lebenskraft	ätherisch
⑦ Wurzel-Chakra (Sexual-C.)	Muladhara	über dem Steißbein	Wirbelsäulenbasis	Keimdrüsen	Rot	Sexualität Kundalini Körperbasis	physisch

die eingehaucht wird. Daneben gibt es aber im Okkultismus auch den Glauben, daß alles Existierende beseelt sei, über eine Persönlichkeit, einen Geist bzw. Dämon verfüge - eine bei Naturvölkern verbreitete Weltanschauung, die man *Animismus* (oder Dämonismus) nennt.
So finden wir bei manchen Esoterikern eine bunte Vielfalt von *Elementar- und Naturgeistern,* auch *Devas* genannt. Schon Paracelsus unterschied nach der Lehre von den vier Elementen: 1. Elementargeister des Feuers: Salamander, 2. des Wassers: Undinen und Meerjungfrauen, 3. der Luft: Sylphen und 4. der Erde: Gnomen und Kobolde. Aber darüber hinaus werden alle möglichen Baum-, Fluß- oder Berggeister, Feld-, Wald- und Wiesengeister und natürlich Tiergeister beschrieben, außerdem überirdische Wesen wie Feen, Elfen, Nymphen, Nereiden, Zwerge und viele andere mehr.
Sogar dem Planeten Erde, ja der Welt wird eine *»Weltseele«* (Anima mundi) zugesprochen. Ähnlich wird ein Weltgedächtnis angenommen, die *Akasha-Chronik,* in der alle Ereignisse der Weltgeschichte aufgezeichnet und für den Hellsichtigen zu lesen sind. Die Akasha-Chronik (Akasha bedeutet Raum, Äther) wird allerdings überwiegend der ätherischen oder astralen und nicht einer höheren geistigen Sphäre zugeordnet.
Wir haben uns bisher mit dem Bewußtsein körperlicher Wesen befaßt, also mit Geist, der an Materie gebunden auftritt. Gemäß dem Idealismus der Esoterik kann das Geistige aber ebenfalls unabhängig vom Stofflichen existieren (bzw. gibt es feinstoffliche Zwischenbereiche). Und wenn die Esoterik auch Geist, Energie, Kraft usw. in apersonaler Form kennt, so wird doch überwiegend personalisiert: nicht *Geist,* sondern *Geister.* Wir wollen hier vier Stufen unterscheiden: *normale Geister, Geistlehrer, Engel* und *Götter* bzw. Gott. Auf normale Geister, Seelen Verstorbener und ähnliches wollen wir erst später genauer eingehen.
Kommen wir also zu den *Geistlehrern.* Das sind geistig hochstehende Wesenheiten, Meister (Mahatmas), die feinstofflich oder völlig körperlos existieren und weise Botschaften an die Menschen richten, besonders an in Trance befindliche Medien. In der Theosophie, vor allem von Alice Bailey, werden sieben (!) *Strahlen* unterschieden, denen sieben Meister entsprechen:

Strahl	Bedeutung	Meister
1.	Kraft, Wille, Macht	Morya
2.	Bewußtsein, Liebe, Weisheit	Kut Humi/Djwhal Khul
3.	Aktivität, Anpassung	Jupiter (oder der Venezianer)
4.	Harmonie, Schönheit, Schwingung	Serapis
5.	Geistestätigkeit, Wissenschaft	Hilarion
6.	Hingabe, Idealismus	Jesus (oder Nada)
7.	Magie, Beschwörung, Gesetz	Rakoczi

Engel (von griechisch angelos: Bote) sind unsterbliche geistige Wesen, zwischen Gott und Mensch angesiedelt, die in körperlicher Gestalt (seit griechischer Zeit geflügelt dargestellt) als Boten Gottes zu den Menschen kommen können. Sie tauchen - in ganz verschiedener Form und Anzahl - in vielen Religionen und Geheimlehren auf.

Im Christentum werden sieben - den sieben Himmeln zugeordnete - *Erzengel* unterschieden (in Klammern stehen esoterische Entsprechungen): Michael (Süden, Feuer), Gabriel (Westen, Wasser), Raphael (Osten, Luft), Uriel (Norden, Erde); weniger wichtig sind Jophiel, Zadkiel und Samael.

Erzengel sind aber nur die zweitunterste Kategorie in einer Engelshierarchie, die der einflußreiche Neuplatoniker Dionysius Areopagita im 5. Jahrhundert aufstellte. Die Spitze besetzen bei ihm die *Seraphim,* die Gottes Thron umstehen, und die *Cherubim,* die Wächter am Paradies. Man kann dem System von Dionysius eine parallele Geisterordnung von Rudolf Steiner gegenüberstellen:

1. Seraphim - Seraphim/Wärmegeister
2. Cherubim - Geister der Harmonien
3. Throne - Geister des Willens
4. Herrschaften - Geister der Weisheit
5. Fürstentümer - Geister der Bewegung
6. Mächte - Geister der Form
7. Kräfte - Geister der Persönlichkeit
8. Erzengel - Feuergeister
9. Engel - Söhne des Zwielichts oder des Lebens

Für viele Esoteriker gibt es aber nicht nur gute Geister, zu denen sie z. B. auch ihren persönlichen *Schutzengel* zählen, sondern auch böse Geister, Dämonen und »gefallene Engel«. Auch Satan, der Teufel, war ehemals ein Engel (Samael); er wollte aber gottgleich sein und bekämpfte Gott, zur Strafe wurde er dafür aus dem Himmel verstoßen.

Die geistige (feinstoffliche) Welt wird also in der Esoterik gerne als Reich persönlicher, ja allzu menschlicher Geister angesehen. Dennoch wird Gott - auf der obersten Stufe - von den meisten heutigen Esoterikern apersonal verstanden, als das Göttliche, ein höchster Geist, eine höchste Energie oder ähnliches, aber nicht ein Gottvater, ein Gottessohn oder eine Göttinnenmutter.

Abschließend eine Übersicht (Seite 76), welche die zentrale Ordnung des esoterischen Weltbildes stark vereinfacht zusammenfaßt.

Die Evolution des Seins

Wir haben uns bisher mit den Ebenen, der Struktur des Seins auseinandergesetzt. Ein zentrales Thema für die Esoterik ist aber auch die Entstehung und Entwicklung der Welt, Gottes und des Menschen. Über den Ursprung des Kosmos gibt es zwei Grundmodelle:

1. Am Anfang steht die göttliche (oder noch vor-göttliche) *Leere,* das Nichts, das Chaos, aus dem die Einheit geboren wird. Man beschreibt das auch in Zahlen: Aus 0 wird 1.

2. Am Anfang steht die göttliche *Einheit* (1). Dabei wird oft von einem Ur-Ei gesprochen, aber das muß symbolisch aufgefaßt werden, denn für die Esoterik ist die Ureinheit rein geistig. Die Einheit wird meist als Entsprechung der Leere verstanden, beide bezeichnet man als »Tao« oder »Brahman«.

Wie auch immer: Aus der 1 (Einheit) soll dann die 2 (Zweiheit) entstanden sein, z. B. die Polarität von Yin und Yang, und daraus die 3 (Dreiheit), als Synthese von 1 und 2, wobei diese Verbindung oft wie ein sexueller Zeugungsakt angesehen wird. Auch die Dreiheit gilt als göttlich (Dreieinigkeit), denn wäre Gott nur Einheit, könnte er nicht die Welt in ihrer Vielheit schaffen. Aus der 3 soll dann aber die 4 und letztlich die Vielfalt aller Dinge hervorgegangen sein. Ein ähnliches Modell bietet die Kabbala, denn deren Ebenen lassen sich - wie auch bei den anderen Stufenmodellen - nicht nur als statische Seinsstufen, sondern auch als dynamische Entwicklungsphasen verstehen. Jedenfalls wird die ganze Weltgeschichte primär als Entwicklung des göttlichen Geistes, als »Geistesgeschichte« aufgefaßt, ähnlich wie in der Philosophie des Deutschen Idealismus, vor allem Hegels. Dabei können wir vereinfachend folgende Phasen unterscheiden:

- *Anfang*
  Nur der göttliche Geist, als Einheit, existiert (sei er bewußt oder unbewußt).

- *Involution* (Ein-faltung, Ein-wicklung)[18]
  Der göttliche Geist gebiert aus sich die Welt in ihrer Polarität, ja Vielfalt. Dies ist keine eigentliche Schöpfung, sondern eine Emanation, ein Sichverströmen. Der Prozeß verläuft über mehrere Abwärtsschritte, zuletzt entsteht die Materie, Gott materialisiert sich. Dabei faltet (oder wickelt) er sich in die Welt ein. Manche Esoteriker sagen, daß Gott erst durch diese Involution, durch den »Fall in die Materie«, sein Bewußtsein verliert.

Unterteilung in: 2 Stufen	3 Stufen	7 Stufen	Schwingungen	Irdische Wesen	Ebenen des Menschen	Geistige Wesen
reiner Geist	unstofflich	1 göttlich			Atman	Das Göttliche
		2 universal		Erleuchteter Mensch	Universale Seele	Engel
		3 kausal		Spiritueller Mensch	Höheres Selbst	Geist-lehrer
	feinstofflich (zwischen Geist und Materie)	4 mental		»Normaler« Mensch	Ich, Ver-stand	Normal-geister
		5 astral		Tier	Gefühl, Trieb	Tier-geister
		6 ätherisch		Pflanze	Lebens-energie	Pflanzen-geister
reine Materie	grobstofflich	7 physisch		Elemente, (Luft, Feuer, Wasser, Erde)	Körper	Elementar-geister

- *Evolution* (Aus-faltung/Ent-faltung, Aus-wicklung/Ent-wicklung)
  Dies ist der umgekehrte Prozeß: Der Gottes-Geist ent-faltet sich, er faltet sich wieder aus der Welt aus, in mehreren Stufen. Die zuerst entstandenen materiellen Gebilde sind fast unbewußt; aber allmählich formen sich immer komplexere und damit immer bewußtere Gebilde und Organismen, bis hin zum Menschen. Der vermag ein so hohes Bewußtsein zu erlangen, daß Gott sich darin seiner selbst (wieder) bewußt werden und sich somit »auswickeln«, befreien kann.

- *Ende*
  Der Endpunkt, auf den die Evolution teleologisch hinzielt, ist die Auflösung der materiellen Welt, ja über die Entmaterialisierung hinaus die vollständige Vergeistigung alles Seienden. Gott ist zu sich zurückgekehrt, ist (wieder) der über-bewußte Geist. Und alle Dinge sind erneut in der vollkommenen Einheit aufgegangen oder bilden zumindest eine All-Einheit.

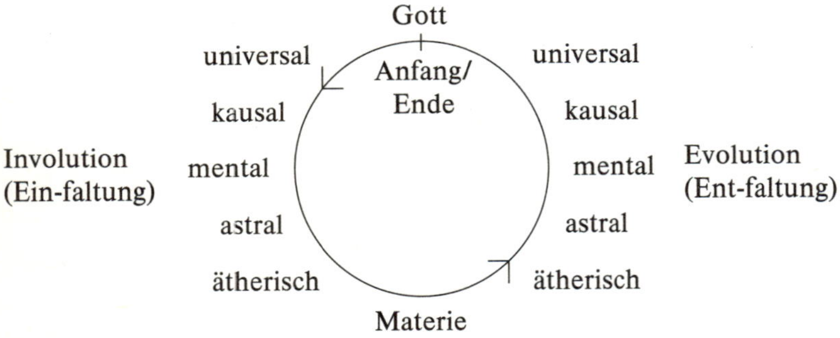

Welchen Sinn hat diese Entwicklung? Aus esoterischer Sicht lassen sich hauptsächlich zwei Antworten unterscheiden:
A) Gott ist am Anfang *unbewußt,* denn es gibt nichts, in dem er sich spiegeln und erkennen könnte. Die Entwicklung dient dazu, den göttlichen Geist bzw. das Universum – als seinen »Spiegel« – immer bewußter werden zu lassen, bis zur totalen (Über-)Bewußtheit. Hier ist also mehr an eine lineare Entwicklung gedacht, die auf ein Endziel zusteuert.
B) Gott ist schon am Anfang vollkommen *bewußt.* Das Verlieren und Wiederfinden seines Bewußtseins, das Materialisieren und Entmaterialisieren, das Sichausdrücken in der Welt und Sich-wieder-Zurückziehen ist einfach ein göttliches Spiel, im Hinduismus *Lila* genannt. Hier steht der Zyklus im Vordergrund; die Gesamtentwicklung ist ein sich immer wieder vollziehender Wechsel von Involution und Evolution.

Die Entwicklung der Menschheit

Wie wir schon gesehen haben, hängt die Entwicklung der Menschheit eng mit der Gottes zusammen (zur individuellen Selbstentfaltung kommen wir später). Bei der Entstehung des Menschen müssen wir grundsätzlich zwei Stufen unterscheiden. Die meisten Esoteriker gehen davon aus, daß der Mensch zunächst als geistiges Wesen entstanden ist und erst später in körperlicher Form oder daß sein höchstes geistiges Selbst überhaupt schon immer existiert hat sowie überhaupt erst die geistige und dann die feinstofflichen Welten entstanden sein sollen, ehe das Geistige sich in der Materie verkörperte.

Was den realen Ursprung des Menschen als irdisches Wesen betrifft, so werden alle möglichen spekulativen Auffassungen vertreten. Von Helena Blavatsky stammt die Theorie der *Wurzelrassen.* Derzufolge lebt heute die fünfte Wurzelrasse, die Arier, welche den spirituellen Aufstieg der Menschheit vollenden sollen. Vor uns waren die Anlantier dran und davor die Lemurer, während die erste Wurzelrasse nur einen Astralleib besaß, also noch vor-materiell existierte. Ähnlich zweifelhaft ist die These, daß die Menschen ursprünglich von einem anderen Planeten stammen oder sich durch Paarung mit Außerirdischen aus ihrem Affensein erhoben.

Fundierter sind da die Ausführungen des Evolutionsexperten Ken Wilber. Er unterscheidet zunächst drei Phasen: die *prä-personale, personale* und *trans-personale.* Das Prä-Personale umfaßt die vormenschliche (anorganische, pflanzliche, tierische) Periode und die Zeit des Menschen, insofern er noch - ohne ausgebildetes Ich und rationalen Verstand - eingebettet in die Natur lebte. Mit »personal« meint Wilber die Phase, als der Mensch seine Persönlichkeit, sein Ich, und seinen Intellekt entfaltete, »vom Baum der Erkenntnis aß«, durch diesen »Sündenfall« aber aus dem »Paradies« vertrieben wurde. Die personale Phase führte letztlich zur Entstehung von Wissenschaft, Technik und Zivilisation. In der trans-personalen (trans bedeutet über hinaus) Epoche sollen die Menschen ihre begrenzte Persönlichkeit bzw. ihre Ratio transzendieren, überschreiten.

In seinem Buch »Halbzeit der Evolution« hat Wilber diese Phasen auch datiert, wobei er die prä-personale menschliche Stufe - in Anlehnung an den Anthropologen Jean Gebser - in drei Unterstufen weiter differenziert:

①	prä-personal:	6 000 000- 2 500 v. Chr.
	- archaisch:	6 000 000-200 000
	- magisch:	200 000- 10 000
	- mythisch:	10 000- 2 500
②	personal:	2 500-Gegenwart
③	trans-personal:	Gegenwart-Zukunft

Nach Wilber hat die Menschheit somit an vorderer Front, in den Industriestaaten, die personale oder mentale Ebene erreicht und steht am Übergang zur trans-personalen bzw. trans-mentalen Ebene, am Anfang des spirituellen Wegs. Auf ihm soll sie immer vergeistigter werden, ihr Bewußtsein immer mehr erweitern, so daß die - eigene wie göttliche - Entwicklung schließlich zum (vorläufigen) Abschluß kommt: Gott erkennt sich im Menschen und wird sich so seiner selbst (wieder) bewußt. Andererseits erkennt der Mensch Gott in sich bzw. sich selbst in seinem Innersten als göttlich. Damit vollzieht sich die *Wiedervereinigung von Gott und Mensch.*

Allerdings gibt es neben dem Modell, daß Involution und Evolution ganz parallel - mit gleichen Phasen - verlaufen, auch die Vorstellung, daß die Involution mit einem Schritt, durch Gottes Materialisierung geschieht und nur die Evolution bestimmte (prä-personale, personale und trans-personale) Phasen durchläuft.

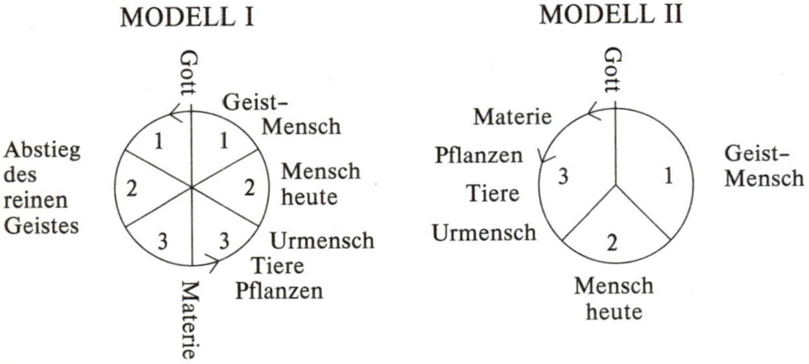

1 = trans-personal, 2 = personal, 3 = prä-personal

Gott --------> (Involution) Materie --------> (Evolution) Gott

Der wesentliche Unterschied zwischen diesen Modellen besteht vor allem darin: Im *ersten Modell* (vgl. auch S. 78) war mit dem Ende der Involution, nämlich der Entstehung der Materie, die größte Gottesferne erreicht - im Kreis steht die Materie also Gott diametral gegenüber. Die danach beginnende Evolution führt somit von Beginn an immer näher an Gott heran: Der heutige Mensch hat die »Halbzeit der Evolution« (Wilber) erreicht, er kann nur in einer Vorwärtsentwicklung (im Kreisbogen) sinnvoll zu Gott gelangen. Dagegen steht im *zweiten Modell* der Mensch von heute, mit seiner rational-technischen Orientierung, in weitester Entfernung zu

Gott. Der Urmensch bzw. die Natur waren also dem Göttlichen noch näher, die Evolution führte erst einmal weiter von Gott weg. Insofern sind heute - nach halbem Weg - prinzipiell zwei gleich lange Wege denkbar: der Weg zurück, »Zurück zur Natur«, oder der Weg weiter nach vorne bzw. aufwärts.[19]

Diese Aufwärtsentwicklung führt aber zunächst nicht dazu, daß die jeweils niedere Stufe unbedingt verschwindet. Mit der Entwicklung der Tiere wurden somit die Pflanzen nicht ausgelöscht, und die Entwicklung des Menschen beendete nicht die Existenz der Tiere. Die Evolution geht also nicht *exklusiv* voran: prä-personal → personal → trans-personal, sondern *inklusiv:* prä-personal → prä-personal + personal → prä-personal + personal + trans-personal. Die meisten Esoteriker meinen allerdings, daß am Ende der Evolution sich doch alle niederen Stufen aufgelöst haben und nur noch reiner Geist existiert.[20]

Wir haben uns bisher mit vorwiegend *vertikalen* Modellen beschäftigt, einer Entwicklung, eines Auf- oder Abstiegs. Es gibt aber auch mehr *horizontale* Modelle, die weniger einen Fortschritt als einfach eine Veränderung beschreiben, wobei diese *zyklisch* aufgefaßt wird, beispielsweise die Theorie eines *Wechsels zwischen Yin und Yang:* Nach einer Zeit, die durch das »männliche Prinzip« Yang bestimmt ist, soll eine kommen, die durch das »weibliche Prinzip« Yin bestimmt ist, durch Harmonie und Frieden, dann dominiert wieder Yang usw.

Noch wichtiger ist aber die Auffassung von *astrologischen Zeitaltern.* Man nimmt dabei ein *Weltenjahr* von etwa 25 000 Jahren an: So lange dauert es, bis sich die gedankliche Verlängerung der Erdachse - bedingt durch deren Verschiebung (Präzession) - einmal (rückwärts) durch den gesamten Tierkreis bewegt. Ein zwölftel Weltenjahr entspricht einem Weltenmonat, und der ergibt ein astrologisches Zeitalter, welches etwa 2000 Jahre dauert, so lange, bis sich der »Frühlingspunkt«, die Tag-und-Nacht-Gleiche, ein Tierkreiszeichen weiterbewegt. Wir befinden uns derzeit im Übergang vom Fischezeitalter ins Wassermannzeitalter. Und obwohl letztlich alle Sternzeichen ihre positiven wie negativen Seiten haben, erwarten viele dennoch mit Bestimmtheit vom Übergang ins neue Zeitalter, ins *New Age,* eine positive Wende.

Die vergangenen Zeitalter werden von Esoterikern oft in etwa folgender esoterischer Weise interpretiert:[21]

etwa 10 000–8000	Löwe (kreativ, schöpferisch) Erste künstlerische Werke: Fels- und Höhlenmalereien
etwa 8000–6000	Krebs (häuslich, seßhaft) Übergang vom Nomadenleben (Jäger und Sammler) zu festen Siedlungen (Ackerbau)

etwa 6000–4000	Zwillinge (intellektuell, kommunikativ) Erfindung des Rads, der Schrift und anderes
etwa 4000–2000	Stier (bewahrend, beständig) Bau von überdauernden Tempeln und Pyramiden, z. B. in Ägypten (vgl. auch Stiergötter)
etwa 2000– 0	Widder (kämpferisch, tatkräftig) Entstehung von Weltreichen, z. B. des Römischen Reiches
etwa 0–2000	Fisch (religiös, aufopfernd) Aufkommen und Verbreitung des Christentums (vgl. auch: Der Fisch als christliches Symbol)
etwa 2000–4000	Wassermann (idealistisch, fortschrittlich) Ein Neues Zeitalter, mit mehr Spiritualität und mehr Brüderlichkeit

Eine anschauliche Darstellung eines vollständigen Weltenjahres gibt die nachfolgende Abbildung.[22] Sie umfaßt den Zyklus vom Beginn des letzten Zeitalters der Jungfrau - 13 800 v. Chr. - bis zum Beginn des nächsten Jungfrauzeitalters - 12 100 n. Chr. Die Gradzahlen am inneren Kreis und die Jahreszahlen *am* äußeren Kreis geben den Übergang des Frühlingspunktes von einem Tierkreiszeichen ins nächste an (also den Anfang eines neuen Zeitalters); die Zahlen *im* äußeren Kreis zeigen die Dauer der Durchwanderung des jeweiligen Tierkreiszeichens. Diese Zahlenangaben weichen teilweise von den oben gegebenen ab, weil in dieser Darstellung - genauerweise - berücksichtigt wird, daß das Durchwandern der Sternbilder und damit auch die Zeitalter in der Regel unterschiedlich lange dauern.
Es gibt auch Modelle, wonach die lineargeschichtliche Entwicklung mit einem kreisförmig-zyklischen Verlauf kombiniert wird, in Form einer *Spirale:* »daß durchaus eine Wiederholung stattfindet, daß jedoch das, was wiederholt wird, auf einer immer höheren und umfassenderen Stufe Wirklichkeit annimmt.«
Halten wir abschließend zu den esoterischen Entwicklungstheorien und überhaupt zum esoterischen Welt-, Gott- und Menschenbild fest: Es gibt viele verschiedene, auch gegensätzliche Ansätze. Die meisten sind spekulativ oder stehen sogar in klarem Widerspruch zur Wissenschaft, etwa zur wissenschaftlichen Evolutionstheorie.

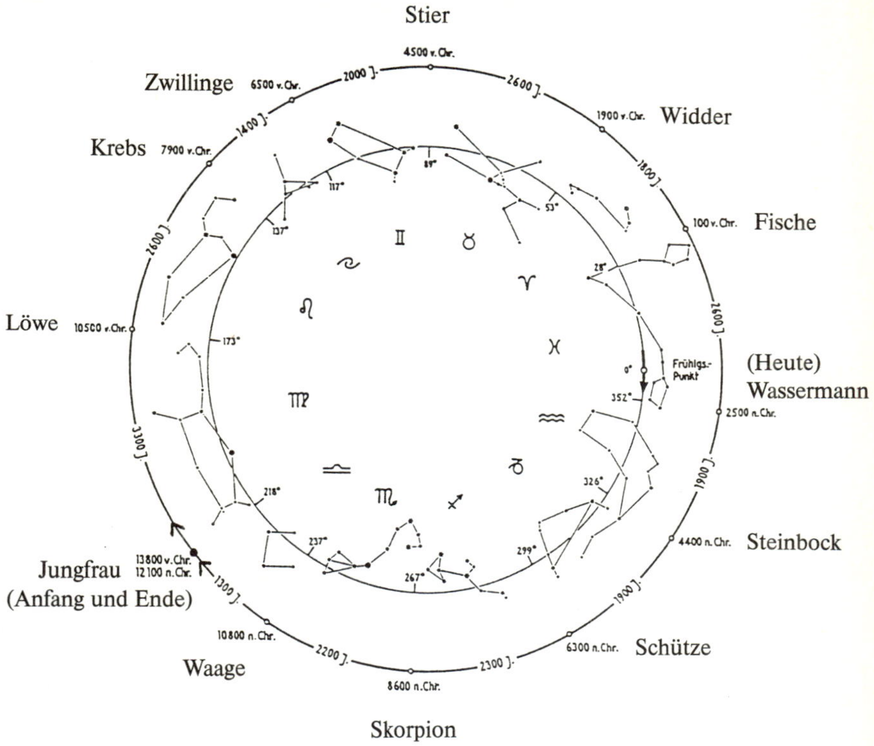
Stier
4500 v.Chr.
Zwillinge 6500 v.Chr.
Widder 1900 v.Chr.
Krebs 7900 v.Chr.
Fische 100 v.Chr.
Löwe 10500 v.Chr.
Frühlgs.-Punkt
(Heute) Wassermann
2500 n.Chr.
Steinbock 4400 n.Chr.
Jungfrau 13800 v.Chr. 12100 n.Chr.
(Anfang und Ende)
10800 n.Chr.
Waage
Schütze 6300 n.Chr.
8600 n.Chr.
Skorpion

3. Gegensatz und Ähnlichkeit – Die Smaragdtafel des Hermes

Wir haben schon von Hermes Trismegistos gehört und den berühmten nach ihm benannten *hermetischen* Schriften; ja man nennt die gesamte Esoterik auch *Hermetik.* Doch wer war dieser Hermes Trismegistos?

Hermes — Thot

Hermes Trismegistos

Hermes war ein griechischer Gott mit vielfältigen Funktionen: Götterbote, aber auch Gott des Windes, der Redekunst, der Diebe und anderer. Vor allem fiel ihm jedoch die Rolle zu, die Seelen der Toten durch die Unterwelt, den Hades, zu geleiten. Die griechischen Kolonisten in Ägypten setzten ihren Gott Hermes mit dem ägyptischen *Thot* gleich, dem Gott der Magie, der Weisheit und der Schrift, Schreiber im Gerichtssaal der Unterwelt. Thot-Hermes wurde dann im Volksglauben vermenschlicht, zu *Hermes Trismegistos,* das heißt der »dreimal größte Hermes«, einem mythischen König und Gelehrten, von dem es ursprünglich hieß, er habe 3226 Jahre regiert und 36 525 Bücher geschrieben.
In der Antike ist dann nur noch von »bescheidenen« 42 Büchern die Rede. Und auf uns Heutige sind davon noch viel weniger überkommen, wobei auch umstritten ist, was genau zum *Corpus hermeticum* hinzuzurechnen ist. Meistens werden siebzehn bzw. achtzehn (nichtzusammenhängende) Traktate in griechischer Schrift genannt, offensichtlich von unterschiedlichen Autoren, etwa aus dem 2./3. Jahrhundert. Die Schriften behandeln Magie, Astrologie und insbesondere die Einweihung: Der Erleuchtung suchende Schüler stellt Fragen, und Hermes bzw. Poimandres, der »Geist der höchsten Macht«, beantworten sie. Die Texte sind typisch für das griechisch-orientalische, gnostisch-hellenistische Denken der Zeit.[1] Seligmann verweist auf ihre Verwandtschaft mit der Bibel, und so sollen sie auch bei Kirchenvätern wie Augustinus anerkannt gewesen sein.
Die berühmteste hermetische Schrift ist die sogenannte *Smaragdtafel* (Tabula smaragdina). Der Legende nach soll diese smaragdene Tafel, auf die Hermes Trismegistos die Quintessenz seiner Weisheit geschrieben habe, sich in den Händen seiner Mumie gefunden haben, und zwar in der großen Pyramide von Gise. Nach einer anderen Überlieferung fand Alexander der Große Hermes' Grab und die Tafel an der Stelle, wo er die Stadt Alexandria errichtete.
Historisch ist die Existenz der Smaragdtafel nicht beweisbar, es gibt nur Abschriften von ihr. Im Abendland wurde sie im 13. Jahrhundert in einer lateinischen Übersetzung bekannt, wohl aus dem Umkreis von Albertus Magnus; es werden aber ältere arabische, syrische oder phönizische Fassungen angegeben. Aufgrund seiner Bedeutung möchte ich den Text (von

dem es allerdings unterschiedliche deutsche Übersetzungen, mit zwölf oder dreizehn Sätzen, gibt) vollständig wiedergeben:

1. Wahr, ohne Lüge, sicher und vollkommen wahrhaftig (ist):
2. Was unten ist, ist wie das, was oben ist, und was oben ist, ist wie das, was unten ist, um die Wunder des Einen zu vollbringen. (Quod est inferius, est sicut id quod est superius, et quod est superius, est sicut id quod est inferius, ad perpetranda miracula rei unius.)
3. Und wie alle Dinge aus Einem gewesen und gekommen sind durch die Meditation des Einen, so sind alle Dinge von diesem Einen durch Anpassung geboren.
4. Sein Vater ist die Sonne, seine Mutter ist der Mond; der Wind hat es in seinem Schoß getragen; seine Ernährerin ist die Erde.
5. Der Vater von allem Grundwillen der ganzen Welt ist hier.
6. Seine Kraft ist vollständig, wenn sie in die Erde umgewandelt sein wird.
7. Du wirst die Erde vom Feuer trennen, das Feine vom Groben, sanft, mit großer Geschicklichkeit.
8. (Der Grundwille) steigt von der Erde auf zum Himmel, und er steigt wieder herab zur Erde, und er empfängt die Kraft der oberen und unteren Dinge. Auf diese Weise wirst du den Ruhm der ganzen Welt erlangen. Darum wird alle Dunkelheit vor dir fliehen.
9. Dies ist die starke Kraft aller Kraft: denn sie wird alles Feine besiegen und alles Feste durchdringen.
10. So ist die Welt erschaffen worden.
11. Daher wird es wunderbare Angleichungen geben, deren Art und Weise sich hier findet.
12. Darum bin ich Hermes Trismegistos genannt worden, weil ich die drei Teile der Philosophie der ganzen Welt besitze.
13. Erfüllt ist, was ich von dem Wirken der Sonne gesagt habe.[2]

Die Bedeutung der Smaragdtafel kann gar nicht hoch genug eingeschätzt werden. Nach Gruber/Fassberg gilt sie »als Grundtext der gesamten abendländischen Esoterik«. Leuenberger schreibt: »Wer den Text der smaragdenen Tafel begriffen hat, hat auch das Universum begriffen.« Und Dethlefsen betont, in ihr sei »alles Wissen zusammengefaßt, das dem Menschen jemals zugänglich ist«. Die enorme Faszination über die hermetische Lehre, der *Hermetismus,* der seit dem Spätmittelalter bis zur Gegenwart die Esoterik - und insbesondere die Theosophie - beflügelt, basiert vor allem auf dieser legendären Tafel.
Leider nur sind die meisten Aussagen der hermetischen Tafel eher dunkel und schwer verständlich. Man hat sie aber oft in folgender Weise interpretiert und zusammengefaßt:[3]

Ⓐ »Wie oben, so unten.«
Ⓑ Alles in der Welt ist polar.
Ⓒ Zwischen den Polen herrscht ein Kraftfluß, der ein Neues, ein Drittes entstehen läßt.
Ⓓ Alles im Kosmos läuft zyklisch, rhythmisch ab und untersteht dem Gesetz der Balance und Ausgewogenheit.

Man kann die Aussage Ⓐ als Gesetz der *Entsprechung* (oder *Analogie*) bezeichnen, die Aussagen Ⓑ bis Ⓓ als Gesetze des *Gegensatzes* (oder der *Polarität*). Entsprechung und Gegensatz spielen eine entscheidende Rolle in Okkultismus, Magie usw. Wir wollen uns zunächst mit dem Gegensatz genauer befassen.

Polarität: Die Lehre vom Gegensatz - Yin und Yang

Polarität bedeutet, daß zwei Dinge, Eigenschaften oder Begriffe, sich einerseits ausschließen, andererseits aber *er-gänzen,* ein Ganzes bilden, also z. B. »warm« und »kalt«, die erst zusammen die »Temperatur« ausmachen. Insofern läßt sich *Polarität* von *Dualismus* unterscheiden, wo es zwar auch eine Zweiheit gibt, z. B. von Gott und Teufel, die aber nicht zusammen als Ganzheit verstanden werden. Wir wollen jetzt die Polaritätsgesetze näher untersuchen, die der Smaragdtafel, aber auch andere, ebenfalls häufig genannte.

① *»Alles in der Welt ist polar.«*
Das soll heißen, alles zeigt sich in zweifacher Form, mit positivem und negativem Pol, z. B.: hell - dunkel, groß - klein, warm - kalt; aber auch Geist - Materie, Seele - Körper, Natur - Technik und vieles mehr.
Häufig wird von einem Hauptgegensatz ausgegangen, der allen anderen Gegensätzen zugrunde liegen soll, der Polarität zwischen einem *weiblichen Prinzip* und einem *männlichen Prinzip.* Vergleichbar spricht man von Bhakti - Jnana, Ida - Pingala, dionysisch - apollinisch und anderem, vor allem aber von Yin - Yang, was aus dem Taoismus stammt. Genauer werden diese Prinzipien etwa durch folgende Begriffe bestimmt bzw. verkörpert:[4]

allgemein		konkret	
Yin	*Yang*	*Yin*	*Yang*
sanft	hart	Gefühl	Verstand
bindend	trennend	Natur	Technik
empfangend	schöpferisch	Erde	Himmel
passiv	aktiv	Osten	Westen

Die Behauptung einer vollständigen Polarität in der Welt ist aber nicht haltbar. Beispielsweise gibt es für die Farbe Blau keinen (klaren) Gegensatz, denn was nicht blau ist, kann ja rot, gelb, grün oder anders sein. (Man kann hier allenfalls von *Mehrpolarität* sprechen, aber in der Esoterik meint man stets *Bi-* oder *Zweipolarität.*) Auch scheinbar eindeutige Gegensätze wie warm - kalt lassen sich relativieren, etwa durch Aufspaltung in heiß - warm - lau - kühl - kalt.

Noch viel problematischer als bei *Eigenschaften* (wie eben Farben) ist es jedoch, *Dingen* oder *Personen* einen direkten Gegensatz zuzusprechen. Was bitte soll der Gegenpol von Petersilie, Uhr, Badewanne, Nelke, von Albert Einstein oder von Hermes Trismegistos sein? Die Esoteriker geben immer nur einige Lieblingsbeispiele an, vor allem *Sonne - Mond,* die ganz plausibel klingen, allerdings auch angreifbar sind.

Schon gar nicht haltbar ist, daß sich alles bzw. jeder beliebige Gegensatz auf einen Grundgegensatz Yin - Yang zurückführen läßt. Es fängt schon damit an, daß dem Begriff »Yin« und ähnlich auch »Yang« ganz unterschiedliche, ja widersprüchliche Merkmale zugeordnet werden (wie ich ausführlich in meinem Buch »Die schöne Illusion der Wassermänner« gezeigt habe). Aber auch davon abgesehen: Was sollen Gegensätze wie früh - spät, reich - arm, hungrig - satt oder sauber - dreckig mit sanftem Yin und hartem Yang zu tun haben?

Es gibt hier aber noch ein anderes Problem, nämlich daß - bewußt oder unterschwellig - das »weibliche« Prinzip Yin von vielen Esoterikern real mit der Frau gleichgesetzt wird und das »männliche« Prinzip Yang mit dem Mann. So bestimmt man(n) - wie schon erwähnt - das Wesen der Frau einseitig als passiv, empfangend, natur- und erdhaft, das Wesen des Mannes umgekehrt als aktiv-schöpferisch und ähnliches. Andere Esoteriker postulieren allerdings den ganzheitlichen, *androgynen* Menschen, der (als Mann wie als Frau) Yin und Yang ausgewogen in sich verbindet.

Sehr kompliziert ist die *Bewertung* dieser beiden Prinzipien. In der New-Age-Bewegung wird oft das sanfte Yin höher eingeschätzt, in der klassischen Esoterik dagegen das geistige Yang. Oder es wird die Gleichwertigkeit von Yin und Yang betont, die beide positive wie negative Seiten besäßen. Mancher strenge Spiritualist lehnt aber sowohl Yin wie Yang als negativ ab, da er die Polarität grundsätzlich als weltlich und damit schlecht, sogar »sündig« attackiert - das Positive, Gute ist für ihn nur die überweltliche, transpolare Einheit, was uns zum nächsten Punkt führt.

② *»Hinter den Polen gibt es eine transpolare Einheit.«*

Dethlefsen und Dahlke schreiben: »Hinter der Polarität, die wir als Mensch vorfinden, steht Einheit, jenes alles umfassende Eine, in dem die *Gegensätze* noch ununterschieden ruhen.«[5] Diese Einheit wird als das Göttliche aufgefaßt. Nicht alle Esoteriker glauben aber an eine solche Einheit, sondern nur die Monisten, während die Dualisten eine fundamentale Zweiheit der Welt annehmen (wir haben uns ja bei der Behandlung des Gottesbildes schon näher damit befaßt).

Die Einheit jenseits der Polarität kann man vermuten, vielleicht subjektiv erfahren, aber kaum je beweisen, im Grunde nicht einmal beschreiben. So ist es schon fragwürdig, wenn man sie wie Dethlefsen und Dahlke bestimmt als »in ewiger Ruhe«, »ohne Form und ohne Aktivität« oder - wie dies häufig geschieht - als (Ur-)Licht, denn das Licht ist in die Polarität einbezogen, gilt nämlich als Yang (manche Esoteriker unterscheiden allerdings zwischen normalem und transzendentem Licht[6]). Die überpolare Einheit, das Tao, läßt sich letztlich überhaupt nicht bestimmen, vielleicht darf man noch nicht einmal das über es aussagen ... Am ehesten symbolisch darstellen läßt es sich durch einen leeren Kreis.

③ »Zwischen den Polen herrscht ein Kraftfluß, der ein Neues, ein Drittes entstehen läßt.«

Dieses Gesetz stammt wieder aus der (Auslegung der) Smaragdtafel. Leuenberger veranschaulicht es mit folgendem Beispiel: Durch die Gegensatzverbindung von Mann und Frau, durch den sexuellen Kraftfluß zwischen ihnen, entsteht als Drittes: ein Kind. Aber dieses »Gesetz« gilt keineswegs uneingeschränkt, zunächst müssen wir hier zwei Arten von Polarität unterscheiden:

a) zwischen *Eigenschaften* wie z. B. schwer und leicht. Solche Eigenschaften bilden nur unterschiedliche Ausprägungen auf einer Begriffsdimension - im Beispiel der Dimension Gewicht. Zwischen Gegensätzen wie schwer - leicht, groß - klein, warm - kalt fließt keine Kraft, und sie lassen sich auch nicht konkret miteinander verbinden (zwar kann zwischen einem schweren und einem leichten Körper ein Energiefluß bestehen, aber das hat nichts mit dem begrifflichen Gegensatz zwischen den Eigenschaften schwer und leicht zu tun).

b) zwischen *»Dingen«* wie z. B. Mann und Frau. Zwischen diesen kann eine Energie fließen, und sie können auch real bzw. räumlich eine Verbindung eingehen, wie das gerade die Alchemie beschäftigt hat. Dabei gibt es jedoch nicht nur die Möglichkeit, daß ein Neues, Drittes entsteht, sondern es sind auch andere Ergebnisse denkbar:

$1 + 1 \rightarrow 0$ Gemeint ist, daß sich zwei Gegensätze aufheben, sich quasi wie bei einer »Verpuffung« gegenseitig auslöschen, so daß nur Leere (0) bleibt.

$1 + 1 \rightarrow 1$ Hier bilden zwei gegensätzliche Dinge eine neue Einheit (1), wobei sie selbst untergehen; ähnlich wie sich chemisch zwei Stoffe zu einem neuen »vereinigen« können, in dem sie selbst nicht mehr nachweisbar sind.

1 + 1 → 2 Hier verbinden sich zwei polare Dinge zu einer Ganzheit, aber einer Zweiheit (2), nicht zu einer Einheit. Beispielsweise bilden ein Mann und eine Frau ein Paar, existieren aber auch weiterhin als Individuen.

1 + 1 → 3 Dies ist also der Fall aus der Smaragdtafel: Zwei Pole verbinden sich, bleiben selbst erhalten und erzeugen ein Drittes. Man kann diese Dreiheit (3) als eine Dreieinheit auffassen, z. B.: Mann + Frau → Mann + Frau + Kind = Familie. Die dreieinige Familie geht dann als Ganzes neue Verbindungen ein usw.

④ *»Alles im Kosmos besitzt seinem Wesen nach ein Gleichgewicht der Gegensätze«*

Dieses Gesetz besagt z. B.: Jedem Menschen, Mann oder Frau, ist eine Gleichverteilung von Yin und Yang angemessen. Man spricht auch von *Androgynie,* wonach jemand gleichviel weibliche und männliche Energie besitzt, also etwa 50:50. Zwar kann man leicht aufzeigen, daß die meisten Menschen sich nicht gemäß dieser Yin-Yang-Harmonie verhalten (sondern zu stark im Yang oder im Yin leben), aber das Gesetz impliziert strenggenommen auch nur, das entspräche der *wahren* Natur und Bestimmung des Menschen, von der er jedoch häufig abweiche.

Obwohl obiges Gesetz in der Esoterik immer wieder als grundlegend genannt wird, werden auch andere, ihm widersprechende Behauptungen aufgestellt (wobei man oft wohl den Widerspruch gar nicht klar erkennt). So wird behauptet, daß Dinge oder Wesen nur durch einen Pol vollständig bestimmt sind, etwa die Frau allein durch das »weibliche« Prinzip Yin. Oder daß es zumindest unterschiedliche Verteilungen gibt: Für die Frau soll z. B. ein Yin-Yang-Verhältnis von 70:30 Harmonie bedeuten, für den Mann umgekehrt von 30:70. Gegen all diese Modelle kann man einwenden, daß vielleicht jeder Mensch eine ihm *individuell* entsprechende Yin-Yang-Mischung hat oder sich in unterschiedlichen Mischungen verwirklichen kann.

⑤ »Alles im Kosmos läuft zyklisch, rhythmisch ab und untersteht dem Gesetz der Balance und Ausgewogenheit.«

Diese Aussage entstammt wieder der Tabula smaragdina, wir können sie als Untergesetz von ④ deuten. Dazu muß man sich klarmachen, daß ein *Gleichgewicht* zweierlei bedeuten kann:

a) *Mitte:* Hier sind Yin und Yang *gleichzeitig* in gleichem Ausmaß (etwa 50:50) verwirklicht, sie bilden eine - goldene - Mitte.

b) *Zyklus:* Hier vollzieht sich *nacheinander* ein Ausgleich von Yin und Yang. Sie wechseln sich in ihrer (Vor-)Herrschaft ab, mal ist Yin oben, mal Yang, ein pulsierender Rhythmus.

Das zyklische, dynamische Modell der Gegensatzharmonisierung ist verbreiteter, wir finden es nicht nur in der Smaragdtafel, sondern auch im Taoismus. Dabei wird die Auffassung vertreten, daß die Pole sich jeweils bis zum Extrem steigern, bis es - am Wendepunkt - zur Umkehrentwicklung kommt. Diese Dynamik symbolisiert auch das bekannte Tai Gi.[7]

Man bezieht sich mit dem Zyklusmodell auf natürliche Rhythmen wie Sommer - Winter, Tag - Nacht, Flut - Ebbe, Wachsein - Schlafen, Einatmen - Ausatmen und viele andere mehr. Aber das sind eben gar nicht strenge Gegensätze: So können wir etwa die »Polarität« Sommer - Winter auflösen in Frühjahr - Sommer - Herbst - Winter.
Außerdem entspricht nicht allen Gegensätzen ein zyklischer, periodischer Ausgleich. Das Ideal des androgynen Menschen besagt ja nicht, daß der abwechselnd »yinig« und »yangig« ist, zart und hart, emotional und rational, sondern er soll beides *zugleich* - harmonisch ausgewogen - verwirklichen (wenn auch mal die Yin- oder Yang-Seite im Vordergrund stehen kann). Aber wie wir schon gesehen haben: Die These, daß Gegensätze sich immer ausgleichen, gilt einfach nicht generell, weder für einen zyklischen Ausgleich noch für die Bildung einer Mitte.

Analogie: Die Lehre von der Ähnlichkeit - Wie oben, so unten

Nach der Polarität wenden wir uns jetzt der *Analogie* zu; man spricht auch von *Ähnlichkeit, Gleichartigkeit, Entsprechung* oder auch *Affinität, Resonanz* und *Sympathie.* Dabei bezieht man sich meistens auf den zweiten Satz der Hermes-Tafel, der »Wie oben, so unten« abgekürzt wird und als das vielleicht wichtigste Gesetz der Esoterik gilt.
»Wie oben, so unten« besagt gleichsam »Wie im Himmel, so auf Erden«. Es wird eine Entsprechung von Makrokosmos und Mikrokosmos ausgesagt, das heißt insbesondere von Universum und Mensch bzw. von Gott und Mensch, der Mensch als Ebenbild Gottes (imago dei).[8]
Da es hier um eine Analogie zwischen oben und unten geht, wird auch von *senkrechter Ähnlichkeit* gesprochen; diese stellt man als esoterisches Prinzip in Gegensatz zur Wissenschaft, die angeblich keine oder nur

waagerechte Ähnlichkeit kenne. Was ist hier gemeint? Senkrechte, *vertikale* Ähnlichkeit soll zwischen verschiedenen Ebenen bestehen, wobei man zwischen oben und unten viele weitere Zwischenebenen unterscheiden kann; waagerechte, *horizontale* Ähnlichkeit bezieht sich dagegen auf eine Ebene. Zur Veranschaulichung folgende Beispiele:

			Energie	*(Ur-)Prinzipien:* Lebenskraft	Wachstum
	Dinge/ Wesen:			waagerechte Ähnlichkeit	
oben	Engel	senkrechte Ähnlichkeit	Samael	Raphael	Zadkiel
	Himmelskörper		Mars	Sonne	Jupiter
	Mensch		Sternzeichen Widder	Sternzeichen Löwe	Sternzeichen Schütze
	Tier		Tiger	Löwe	Elefant
	Pflanze		Brennessel	Lavendel	Levkoje
	Stein		Rubin	Diamant	Onyx
unten	Metall		Eisen	Gold	Zinn

Also senkrechte Ähnlichkeit (auf verschiedenen Stufen) besteht so zwischen Samael, Mars, »Widder«-Mensch, Tiger, Brennessel, Rubin und Eisen, weil sie alle das Urprinzip Energie beinhalten. Waagerechte Ähnlichkeit (auf einer Stufe) besteht zwischen Tiger, Löwe und Elefant, weil sie alle Tiere sind. Die waagerechte Ähnlichkeit ist allerdings immer relativ: Auch die Maus ist dem Tiger insofern ähnlich, als sie beide Tiere sind. Aber Tiger und Löwe sind sich eben ähnlicher, weil sie beide zu den Raubtieren und Wildkatzen gehören.

Übrigens besteht kein besonderer geheimnisvoller Unterschied zwischen diesen beiden Arten von Entsprechung. Die vertikale Ähnlichkeit bezieht sich vereinfacht gesagt auf eine (wesentliche) *gemeinsame Eigenschaft*. So kommen nach esoterischer Lehre Tiger wie Brennessel die Eigenschaft Energie zu, sie *haben* Energie. Die horizontale Ähnlichkeit bezieht sich dagegen auf den *Art- oder Gattungsbegriff*, das heißt die Gesamtbestimmung, z. B. Tiger und Löwe *sind* beide Raubtiere.

Seit frühesten Zeiten werden in der Esoterik umfangreiche vertikale Entsprechungen angegeben, z. B. in Astrologie und Magie (wozu wir noch kommen). Die modernen Esoteriker Dahlke und Klein sprechen sogar von einem »senkrechten Weltbild«, und sie geben in ihrem gleichnamigen Buch für zwölf Urprinzipien - gemäß den zwölf Sternbildern - über hundert (!) Entsprechungen an.

Aus Entsprechungen werden Schlußverfahren hergeleitet. Da z. B. der Mars und der Tiger beide unter das Urprinzip Energie fallen, soll man aus dem Verhalten des Mars auf das des Tigers schließen können (und umge-

kehrt) oder etwa aus Eigenschaften der Brennessel auf solche des Eisens. Derartige *Analogieschlüsse* können zwar zutreffen, aber sie besitzen keine logische und allgemeine Gültigkeit.
Anders als behauptet, kennt auch die Wissenschaft durchaus das »senkrechte Denken«, etwa wenn sie das *Urprinzip* Ordnung oder Struktur auf die verschiedensten Ebenen anwendet: physikalische, biologische, psychische, soziale und geistige Strukturen. Nur bemühen sich die Wissenschaftler um nachweisbare Ähnlichkeiten, während im Okkultismus oft willkürliche, widersprüchliche und auf veraltetem Wissen beruhende Entsprechungen angegeben werden.
Andererseits beschränkt sich auch die Esoterik nicht auf das senkrechte »Wie oben, so unten« bzw. »Wie unten, so oben« (was ja gleichermaßen gilt), sondern schließt auch: »Wie innen, so außen, »Wie vorne, so hinten«, »Wie rechts, so links« usw. Wichtig ist auch der Schluß »Wie das Ganze, so der Teil«, oft formuliert als: »Das Ganze ist in jedem Teil enthalten«, beispielsweise »Das Universum ist in jedem Sandkörnchen enthalten«. Letztlich wird eine Analogie alles Seienden angenommen (analogia entis), alles ist ähnlich - oder noch krasser: *Alles ist eins.*
Veranschaulichen wir uns die Entsprechungslehre noch einmal an einem klassischen Beispiel, den schon genannten *vier Elementen:* Feuer, Wasser, Luft, Erde. Ich nenne hier nur die wichtigsten Entsprechungen, wie sie von verschiedenen Denkern bzw. Autoren aufgeführt werden. Zwar zei-

		Feuer	Wasser	Luft	Erde
Geistwelt	① Erzengel	Michael	Gabriel	Raphael	Uriel
	② Naturgeister	Salamander	Undinen	Sylphen	Gnomen
Mensch	③ Strukturen	Verstand	Gefühl	Geist	Körper
	④ Temperamente	Choleriker	Phlegmatiker	Sanguiniker	Melancholiker
	⑤ Funktionen	Wollen	Wissen	Wagen	Schweigen
	⑥ Sinne	Sehen	Hören	Berühren	Riechen
Natur	⑦ Jahreszeiten	Sommer	Winter	Frühling	Herbst
	⑧ Himmelsrichtungen	Süden	Norden	Osten	Westen
	⑨ Aggregatzustände	elektrisch	flüssig	gasförmig	fest
	⑩ Qualität	warm (blütig)	kalt (blütig)	leicht (blütig)	schwer (blütig)

gen sich teilweise plausible Zuordnungen, aber auch viele Ungereimtheiten und Widersprüche, nur ein Fall: Der cholerische Charakter (Feuer) paßt nicht besonders gut zum Verstand (der Verstandesmensch gilt eher als beherrscht), noch weniger allerdings zur Spiritualität, die von anderen Esoterikern mit dem Feuer in Analogie gesetzt wird.

Ähnlichkeit, Kausalität und Zufall

Das Prinzip der Ähnlichkeit dient dem Esoteriker auch dazu, das gemeinsame Auftreten, die *Koinzidenz* von Ereignissen zu erklären. Damit grenzt er sich gegen die Wissenschaft ab, die das Zusammentreffen von Ereignissen durch *Kausalität* erklärt oder als *Zufall* bezeichnet. Aus Sicht der Esoterik gibt es aber keine Zufälle, und die Kausalität spielt bestenfalls eine untergeordnete Rolle: Das mechanistische Ursache-Wirkung-Denken erfasse nur oberflächliche Beziehungen, dagegen ließen sich mit dem Ähnlichkeitsansatz die wesentlichen und tiefen Verbindungen zwischen Sachverhalten verstehen.[9]

Hier ist allerdings auf einen Widerspruch in der Esoterik hinzuweisen. Denn andererseits weist sie - bewußt oder unbeabsichtigt - der kausalen Verursachung doch eine große Bedeutung zu. Besagt doch schon ihr idealistisches Grundpostulat, daß der Geist die Materie (ursächlich) hervorbringt.

Außerdem gilt die »kausale Ebene« als dritthöchste Geistebene. Auch wird das zentrale Gesetz des *Karma* häufig als reines Kausalgesetz verstanden: »*Weil* du in früheren Leben gute (oder schlechte) Taten vollbracht hast, *darum* erntest du jetzt Glück (oder Unglück).« Aber generell gilt: Ähnlichkeits- und Kausalitätsprinzip lassen sich durchaus miteinander verbinden.

Um das zu klären, müssen wir (kurz) erläutern, was Kausalität eigentlich ist. Im Standardfall spielen dabei folgende Kriterien eine Rolle:

1. *Ursache:* Ein Objekt (Sender) überträgt eine Kraft oder ähnliches auf ein anderes Objekt (Empfänger): Ein Fußballspieler tritt gegen einen Ball.
2. *Kraft:* Es wird eine Kraft, Energie übertragen (»Trittenergie«) oder Materie oder Information.
3. *Raum:* Die Übertragung erfolgt durch die Dimension des Raums.
4. *Zeitfolge:* Die Ursache geht der Wirkung zeitlich voraus, erst erfolgt der Tritt, danach fliegt der Ball davon.
5. *Gesetz:* Eine gleiche Ursache löst immer eine gleiche Wirkung aus, gemäß einem allgemeinen Gesetz, zum Beispiel Bewegungsgesetz.
6. *Wirkung:* Die Wirkung bedeutet eben den Schlußpunkt des Kausalprozesses: Der Ball fliegt weg.

Wichtig ist festzuhalten, daß im wissenschaftlichen Verständnis von Kausalität keine Ähnlichkeit zwischen Ursache und Wirkung bestehen muß. Von *Zufall* spricht man im Gegensatz zur Kausalität (vereinfachend) dann, wenn zwar ein Ereignis B (Ball rollt weg) auf ein Ereignis A (Fußballspieler tritt) erfolgt, aber kein Einfluß von A auf B erfolgte, keine Kraft übertragen wurde (der Spieler trat daneben, der Ball rollte aus anderen Gründen weg). Oder aber, wenn es kein immergültiges Gesetz gibt; z. B. fliegt der Ball in 50 Prozent der Fälle nach einem Tritt weg, in den anderen 50 Prozent bleibt er aber liegen; man kann also nur aussagen, daß er sich mit einer bestimmten *Wahrscheinlichkeit* fortbewegt, jedoch nicht sicher.
Die Esoteriker behaupten nun, daß ein Ereignis ein *ähnliches* anderes hervorbringen kann, und zwar weder zufällig noch kausal, beispielsweise: Ich denke gerade daran, nach langer Zeit einen alten Freund anzurufen; einen Moment später klingelt das Telefon, und er ist dran. Für den Okkultisten ist das kein Zufall, sondern mein geplanter Anruf hat den entsprechenden Anruf des Freundes ausgelöst. Es soll aber auch keine Kausalität vorliegen, weil hier keine bekannte Kraft räumlich übertragen wurde, sondern gemäß einem Gesetz »Gleiches erzeugt Gleiches« (bzw. »Ähnliches erzeugt Ähnliches«) habe mein Verhalten ein ähnliches Freundesverhalten ausgelöst.
Sind Zufall und Kausalität mit dieser Argumentation wirklich schon schachmatt gesetzt? Kaum. Wissenschaftlich ließe sich dieses merkwürdige Übereintreffen des Aneinanderdenkens der Freunde ungerührt auch als zufällig einschätzen, vor allem, weil hier ja kein allgemeines Gesetz herrscht, nicht die Regel, sondern die Ausnahme. Zigmal denken wir daran, jemanden anzurufen, ohne daß der gleich bei uns anruft.
Solche Koinzidenz kann man aber ebenso im Rahmen eines *erweiterten Kausalmodells* erklären:

○ *Ähnlichkeitskausalität:* Entscheidend für eine Kausalverbindung ist, *daß eine Ursache eine Wirkung auslöst,* alle anderen Bestimmungen sind weniger wichtig. Es mag sein, daß Ereignisse eine noch unbekannte »Ähnlichkeitsenergie« ausstrahlen, die eben ähnliche, parallele Ereignisse verursacht. Gerade bei dem Beispiel mit dem Denken an den Freund könnte man sich eine Gedankenkraft vorstellen, die sich im Raum verbreitet und gleichartige Wirkungen auslöst, eine spezielle Form von Telepathie, von Gedankenübertragung.
Schwieriger kausal zu erklären ist allerdings das Phänomen der *Synchronizität,* wie der Psychologe C. G. Jung es genannt hat, das heißt, zwei ähnliche Ereignisse treten *genau im gleichen Moment* auf. Hier läßt sich nicht mehr sagen, daß ein Geschehen (als Ursache) dem anderen (als Wirkung) zeitlich vorausgeht und seine Ähnlichkeitsenergie durch den Raum transportiert, sondern man müßte einen Hyperraum postulieren,

durch den sich eine überirdische Energie ohne Zeitverlust übertragen läßt. Oder man müßte von einer nichtlinearen Wechselkausalität ausgehen, daß sich zwei gleichsinnige Ereignisse wechselseitig erzeugen, was aber im weitesten Sinne auch noch kausal genannt werden könnte.

○ *Verborgene Kausalität:* Das Zusammentreffen zweier Vorfälle muß aber gar nicht so kompliziert sein. Nehmen wir als Beispiel: Die Polizei und die Ambulanz fahren beide gleichzeitig zu einer Kreuzung. Zwischen diesen beiden Fahrten besteht keine direkte Kausalverbindung: Weder fährt die Polizei, weil die Ambulanz fährt, noch kommt die Ambulanz, weil die Polizei kommt. Und dennoch liegt ein Kausalzusammenhang vor, denn beide eilen herbei, weil ein Unfall geschehen ist, zu dem sie gerufen wurden. Es gibt also eine gemeinsame Ursache, die uns (zunächst) verborgen bleiben kann - so erklärt sich die Parallelität der Geschehnisse.

○ *Logische Kausalität:* Gibt es überhaupt eine (nichtzufällige) Entsprechung von Ereignissen, bei der nicht doch eine erweiterte Form von Kausalität eine Rolle spielt? Das läßt sich bis heute nicht mit einem klaren Ja oder Nein beantworten. In der Mikrophysik gibt es interessante Experimente, nach denen sich zwei Teilchen anscheinend nur deshalb parallel verhalten, weil sie eine *Ganzheit* bilden, ohne daß irgendwelche kausalen Wechselwirkungen zwischen ihnen ablaufen.
Aber selbst wenn es eine solche akausale Koinzidenz gibt - Kausalität ist sicher in unserem Denken und Sprechen nicht verzichtbar. Wir brauchen einfach Kausalwörter wie »weil«, »da«, »daher« und ähnliche, mit denen wir Kausalbegründungen - übrigens in vielen verschiedenen Varianten - vollziehen. Auch ein esoterischer Gegner des Ursache-Wirkung-Denkens kann sich dem nicht entziehen. Er muß doch argumentieren: Es gibt keine Kausalität, *weil* ...

Polarität oder Analogie - Was beherrscht die Welt?

Wir haben uns mit Polarität (Gegensätzlichkeit) und Analogie (Ähnlichkeit) auseinandergesetzt, denen beiden eine bedeutende Rolle im esoterischen Denken zukommt. Aber offensichtlich sind diese beiden Konzepte sehr unterschiedlich, man kann sogar sagen, daß das Gegensatzmodell und das Ähnlichkeitsmodell selbst gegensätzlich zueinander stehen. Bei dem einen *wider-sprechen* sich die Dinge, bei dem anderen *ent-sprechen* sie sich, weshalb man es auch Entsprechungsmodell nennt.[10]
Gegensatz und Entsprechung sind jedoch auch miteinander verwoben, denn das Gesetz »Wie oben, so unten« besagt, daß auf zwei gegensätzlichen Dimensionen - oben und unten - ähnliche Verhältnisse herrschen.

Dasselbe gilt für: innen - außen, vorne - hinten, hüben - drüben, hier - dort, was ja alles Gegensätze sind.

Entscheidend ist aber, daß die Gegensatz- und die Entsprechungslehre widersprüchliche Aussagen machen. Welche von den beiden hat denn recht? Gilt »Wie im Himmel (oben), so auf Erden (unten)«, müßte man erwarten: Wem es im irdischen Leben gutgeht, dem geht es auch im Jenseits bestens. Aber vom Gegensatzdenken aus müßte man vielmehr einen Ausgleich erwarten: Wem es hier unten schlechtgeht, dem soll es dafür oben um so besser gehen (wie es ähnlich auch das Christentum lehrt).

Gilt also gerade umgekehrt: »Oben, gegensätzlich wie unten«? Oder betrachten wir ein anderes Beispiel: Die Entsprechungslehre behauptet: »Wie außen, so innen.« Wenn sich ein Mensch hart verhält (außen), müßte ihm eine harte Seele, eine Hartherzigkeit (innen) entsprechen. Die Polaritätslehre könnte aber kontern: Jemand, der sich nach außen hart verhält, ist umgekehrt im Inneren weich - weicher Kern in rauher Schale. Gerade weil er eine sensible Seele besitzt, benimmt er sich - im Ausgleich - so hart, z. B. um sich zu schützen.

Welche Theorie stimmt nun? - beide oder beide nicht. Das heißt: Weder gilt ein allgemeines Gesetz, daß alles ähnlich ist, noch daß alles polar ist, sondern es gibt sowohl Gleichheit wie Gegensatz in der Welt, wir müssen immer im Einzelfall entscheiden, ob (und wie stark) sich zwei Dinge entsprechen oder widersprechen.

Ein Zweites: Wir haben in der Entsprechungslehre kennengelernt, daß ähnliche Ereignisse zusammen auftreten (kurz hintereinander oder gleichzeitig), beispielsweise: »Ein Unglück kommt selten allein.« Die Gegensatzlehre besagt aber, daß gegensätzliche Ereignisse zusammentreffen, z. B. »Glück im Unglück« haben. Nun, beides kann einfach Zufall sein. Es gibt Roulettespieler, die glauben: Wenn einige Male die gleiche Farbe, etwa Rot, gekommen ist, muß es eine *Serie* sein, und so setzen sie weiter auf Rot. Andere Spieler erwarten dagegen einen *Ausgleich* und setzen daher nach mehrfach Rot auf Schwarz. Nur, beim Roulette besteht bei jeder neuen Kugel wieder die gleiche Zufallswahrscheinlichkeit für Rot oder Schwarz (etwa 50 Prozent), unabhängig von den zuvor gekommenen Kugeln bzw. Farben.

Zwar ist das Leben kein reines Glücksspiel, hier herrschen auch (nichtzufällige) Gesetze, aber wiederum nur relative. Es heißt: »Wie man in den Wald hineinruft, so schallt es heraus.« Was etwa bedeutet: Wenn ich mich selbst freundlich verhalte, bekomme ich entsprechend freundliche Antworten. Aber wohl jeder hat schon erfahren, daß das keineswegs immer stimmt. Man kann mit Freundlichkeit einen besonders streitlustigen Mitmenschen sogar provozieren, der dann - polar - um so unfreundlicher reagiert.[11]

Die vielleicht größte Rolle spielen aber in der Esoterik das folgende Entsprechungs- und Polaritätsgesetz:

① *Gleiches zieht sich an.* - Im Volksmund gerne formuliert als: »Gleich und gleich gesellt sich gern.« Meist wird dieses Sympathiegesetz auch so verstanden, daß sich Ungleiches bzw. Unähnliches gegenseitig abstößt. Um den Rang eines Naturgesetzes zu beanspruchen, verweist man als Beleg etwa auf die Schwerkraft, wonach sich Massen gegenseitig anziehen.

② *Ungleiches zieht sich an.* - Häufig formuliert als: »Gegensätze ziehen sich an.« Was dann ebenfalls meist ergänzt wird durch: Gleiches stößt sich ab. Hier bezieht man sich am liebsten darauf, daß sich ungleiche Magnetpole (oder elektrische Ladungen) anziehen, gleiche dagegen abstoßen.
Diese beiden Gesetze widersprechen sich natürlich kraß, und sie sind beide wieder nur halb wahr. Manchmal ziehen sich gerade gegensätzliche Menschen an, manchmal finden sich die Gleichgesinnten sympathisch. Die eine Beziehung lebt von der Polarität, dem Kontrast, wo Spannung herrscht und man sich ergänzt, die andere beruht auf der Harmonie, der gemeinsamen Wellenlänge; am häufigsten mischen sich aber Ähnlichkeiten und Verschiedenheiten, Gleichheit und Gegensatz.
Das eigentliche Problem von Entsprechungs- wie Polaritätslehre ist: Hier werden Halbwahrheiten, Zufälligkeiten, veraltetes Wissen und nur sprachbedingte Ordnungen vermischt und zum allgemeingültigen Gesetz erhoben. Dabei wird vielen Esoterikern - auch weil sie sich oft unklar und schwammig ausdrücken - gar nicht bewußt, daß sie widersprüchliche Aussagen aufstellen: Mal wird im Extrem, bis zur Lächerlichkeit, die Entsprechung alles Seienden behauptet - man mag an den Kalauer denken: »Zähne sind wie Sterne, abends kommen sie raus« -, mal wird zwanghaft alles polarisiert, die ganze Welt in Männlich-Weiblich-Schubladen eingeordnet. Was not tut, ist Differenzierung und Integration: im konkreten Fall aufzuzeigen, ob und wie ausgeprägt Ähnlichkeit und/oder Polarität gegeben sind und wie sie sich ergänzen.

4. Mystik - Die Vereinigung mit dem Göttlichen

Mit »Mystik« will ich - über die engere Wortbedeutung hinaus - alle Bestrebungen des Esoterikers bezeichnen, seine Persönlichkeit zu entwikkeln, seelisch zu reifen, sich zu vervollkommnen, letztlich mit dem Göttlichen eins zu werden. Es ist dies die edelste Dimension der Esoterik, für manche die einzig wahrhaft esoterische. Man spricht auch von *Spiritualität* oder *Transzendenz.*

Dabei soll eine gewisse Verbindung bestehen zwischen der individuellen Entwicklung und dem Entwicklungsstand der eigenen Gesellschaft und Kultur oder der gesamten Menschheit. Wie wir schon erfahren haben, herrscht weitgehende Übereinstimmung, daß der Mensch in den Industriestaaten insgesamt die mittlere - personale, rationale - Evolutionsstufe erreicht hat, was vor allem von Ken Wilber betont wurde. Dies impliziert, daß auch die meisten individuellen Menschen bei uns heute auf dieser Stufe stehen, was nicht ausschließt, daß viele sich noch in der prä-personalen, emotionalen Phase befinden und manche bereits die trans-personale Ebene erreicht haben; wie es ja auch schon zu früheren Zeiten, als alle Gesellschaften noch prä-personal strukturiert waren, einzelne erleuchtete Geister gab. (Zur Kritik dieser These habe ich mich im 3. Kapitel geäußert.)

Die spirituelle Entwicklung beinhaltet einen herausragenden Schritt, die *Einweihung* oder *Initiation.* Sie bedeutet den ersten Kontakt mit der überirdischen, göttlichen Macht. Zwar ist es auch möglich, selbst diesen Schritt zu vollziehen, aber normalerweise wird das von einem *Meister,* einem Guru, eben einem (schon) Eingeweihten besorgt. Bei der Einweihung wird das wahre, göttliche Selbst des Menschen »wiedergeboren«, insofern spielt sie in fast allen Religionen eine Rolle (vgl. auch: die Taufe). Darüber hinaus geht es aber generell um eine »Reifeprüfung« zur Aufnahme in eine Gesellschaft (vgl. auch: die Initiationsriten der Naturvölker). Und deswegen ist sie in der Esoterik mit ihren Geheimgesellschaften von besonderer Bedeutung: Der Einzuweihende durchläuft in der Initiation bzw. in verschiedenen Initiationsstufen geheimnisvolle Rituale und Zeremonien - wie schon in der altägyptischen Mysterienschule - und erhält Einblick in Schriften und Lehren, die vor Außenstehenden geheimgehalten werden.

Letztes Ziel jeder Mystik ist die Einheit mit Gott. Aus Sicht der *Entsprechungslehre* kann man formulieren: Der Mensch soll dem Göttlichen immer ähnlicher werden, bis er ihm gleicht. Er ist als Abbild Gottes von diesem ursprünglich hervorgebracht, hat aber seine Göttlichkeit noch nicht entfaltet oder wieder verloren. Seine Aufgabe besteht darin, ganz dem göttlichen Bild zu entsprechen, wie ein Spiegel zu werden, in dem Gott sich widerspiegelt. »Mensch, denkst du Gott zu schaun dort oder hier auf Erden, so muß dein Herz zuvor ein reiner Spiegel werden«, dichtete der Mystiker Angelus Silesius.

Aus Sicht der *Polaritätslehre* geht es darum, durch Vereinigung der Gegensätze in sich göttlich zu werden bzw. wie Bernhard von Clairvaux es ausdrückte: »Gott als Bräutigam und die menschliche Seele als Braut vermählen sich.« Das ist die berühmte *Unio mystica,* die mystische Verschmelzung mit Gott. Der Hinduismus spricht davon, das eigene höchste Selbst - *Atman* - mit dem göttlichen Geist - *Brahman* - zu vereinigen, ja zu erkennen, daß sie im Grunde schon immer eine Einheit bildeten. Dies bedeutet, zur *Erleuchtung* zu gelangen - und damit zur Befreiung und Erlösung, zu *Satori, Samadhi, Moksha, Mukti* oder wie immer es in den verschiedenen Richtungen genannt wird.

Die Wege zu Gott

Im einzelnen werden aber sehr verschiedene Wege zu Gott beschrieben. Wir haben schon verschiedene Modelle der Dimensionen des Menschen kennengelernt. Greifen wir hier zurück auf das Dreiermodell von Ken Wilber, den wohl profiliertesten Ansatz der modernen Esoterik. Danach werden folgende *drei Entwicklungsstufen* bzw. folgende *drei Selbst* unterschieden:[1]

	Vor-Selbst	Selbst	Über-Selbst
Personalität	prä-personal (tieferes Selbst)	personal (Ich/Ego)	trans-personal (höheres Selbst)
Rationalität	prä-rational (Gefühl, Körper)	rational (Verstand)	trans-rational (Spiritualität)
Bewußtsein	prä-bewußt (Unterbewußtsein)	bewußt (Wachbewußtsein)	trans-bewußt (Überbewußtsein)
Polarität	Yin	Yang	trans-polar

Vor allem die genauere Bestimmung des transpersonalen Selbst bereitet große Schwierigkeiten (vergleichbar den Problemen, die wir schon bei der Bestimmung des Göttlichen im 2. Kapitel kennengelernt haben).
Es fängt damit an, daß man das Transpersonale oft als prinzipiell *unbeschreiblich* bzw. *unbeschreibbar* bezeichnet; es sei eben nicht nur überpersönlich und über-rational, sondern auch *über-sprachlich* und ließe sich daher nicht mit unserer Sprache erfassen, ähnlich wie das Präpersonale, das nämlich vor-sprachlich sei.
Dem steht gegenüber, daß fast alle großen Mystiker ihre Erfahrungen beschrieben oder wenigstens umschrieben haben, selbst wenn sie diese als eigentlich »unsagbar« charakterisierten. Dem steht weiter gegenüber, daß

es vor allem im Buddhismus und Hinduismus ganz exakte Definitionen mystischer Zustände und Stufen gibt, die nur oft bei uns nicht bekannt sind. Der Mystikexperte Daniel P. Brown kommt nach ausführlichen Untersuchungen zu dem Fazit, »daß westliche Annahmen über die angebliche Unaussprechbarkeit der mystischen Erfahrung unrichtig sind«.[2] In den östlichen Traditionen, die mit der transpersonalen Entwicklung am vertrautesten seien, würden solche Erfahrungen in einer Art Fachsprache beschrieben.

Wir können diesen Disput hier nicht endgültig klären. Sicherlich hängt aber die Antwort auch davon ab, welches Modell vom Transpersonalen man besitzt. Betrachten wir hier vereinfachend nur zwei Modelle im Hinblick auf ihre unterschiedliche sprachliche Faßbarkeit:

Ⓐ *Zeugen-Modell: sprachlich*
Hier wird der transpersonale Mensch als ein *Zeuge* beschrieben mit im einzelnen folgenden Eigenschaften:
○ trans-emotional: Gelassenheit und Gleichmut, jenseits von Gefühlen und Bedürfnissen, wo man die Welt unparteiisch wie ein Zeuge wahrnimmt, ohne etwas zu bewerten und zu beurteilen;
○ trans-rational: Kein Unterscheiden und Kategorisieren, keine rationale Analyse nach Gründen und Ursachen;
○ trans-personal: Überwindung der individuellen Persönlichkeit, Öffnung der Ich-Grenzen, Entfaltung des höheren Selbst.

Ⓑ *Tao-Modell: nonsprachlich*
Wie wir gesehen haben, läßt sich der »transpersonale Zeuge« sprachlich bestimmen. Anders beim Tao-Modell: Transpersonalität meint hier die Verbindung der Polaritäten - nicht zu einer Ganzheit (das ließe sich wenigstens semisprachlich erfassen), sondern zu einer Einheit, in der die Unterschiede der Pole, z. B. Yin und Yang, gänzlich aufgehoben sind. Es geht also um einen Zustand jenseits von Polarität, um ein *trans-polares* Sein. Und dieses läßt sich in der Tat sprachlich zwar benennen, aber nicht näher kennzeichnen. Denn die Sprache und ihre logische Struktur fordern, daß etwas entweder A (z. B. Yang) oder nicht A (z. B. Yin) ist; es kann nicht beides zugleich oder keins von beiden sein.

Nach diesem Exkurs für Spezialisten kehren wir zu den drei Selbst zurück, dem präpersonalen, personalen und transpersonalen. Denn keineswegs alle Esoteriker betrachten die mystische Entwicklung als transpersonal, sondern sie wird in bezug auf jedes der drei Selbst beschrieben. Insofern lassen sich zunächst einmal *drei spirituelle Wege* unterscheiden. Geht man dabei von der - mittleren - personalen Stufe aus, ergibt sich folgende Einteilung:

① *Der Weg zurück* (der präpersonale, emotionale Weg)
Manche Esoteriker sehen die Entwicklung des Menschen vom präpersonalen Yin zum personalen Yang als eine Fehlentwicklung, die ihn immer weiter von seinem wirklichen Wesen entfremdet hat. Sie fordern deshalb einen Weg zurück bzw. einen Weg nach unten: zurück in die *Vergangenheit,* ins *Yin,* ins *Unbewußte,* zu den *Gefühlen;* »zurück zur Natur«, denn man sieht das Göttliche gerade im *Natürlichen* verwirklicht. Oder sie wollen noch weiter zurück, bis zum Tao als göttlichem Ursprung allen Seins.[3]
Diese Rückorientierung in die Vergangenheit spielt in der traditionellen Esoterik keine große Rolle, meistens wollte man die »niedere« Gefühls- und Körperebene gerade überwinden. Aber in der aktuellen New-Age-Bewegung wird das Yin geradezu hofiert – und mit ihm die Frauen, die eben als Hauptvertreterinnen dieses »weiblichen Prinzips« gelten. Manche New Ager(innen) sehen dabei das Yin als den gesamten Bereich der Gefühle und Emotionen, andere verstehen darunter nur die sanften Gefühle, nur Harmonie und Liebe, im Hinduismus entspricht das dem *Bhakti*-Weg. Dabei wird das Yin so erhöht, ja spiritualisiert, daß man kaum mehr von einem »Weg zurück« sprechen kann, denn es ist fragwürdig, ob solch ein veredeltes Yin schon jemals in der Vergangenheit existierte oder nicht doch eine zukünftige Entwicklungsstufe sein müßte.

② *Der Weg nach vorne* (der personale, rationale Weg)
Hier sieht man die heute erreichte personale *Yang*-Ebene schon als den obersten Bereich an, innerhalb dessen es aber fortzuschreiten gilt. Der Mensch muß sich also hüten, wieder ins dunkle Yin zurückzufallen, sondern er soll »männliche« Tugenden wie *Verstand, Bewußtheit, Willenskraft, Gefühls- und Körperbeherrschung* immer weiter steigern, bis zur Höhe des göttlichen Geistes, der kosmischen Vernunft, dem Logos; im Hinduismus entspricht das dem *Jnana*-Pfad.

③ *Der Weg nach oben* (der transpersonale Weg)
Aus dieser Sicht gibt es über der gegenwärtigen personalen, rationalen Stufe noch eine höhere, die spirituelle. Und der Weg zu Gott führt dahin, nach oben. Ein Teil der Transpersonalisten sieht dabei das präpersonale Yin sogar näher am Göttlichen dran als das personale Yang. Doch es ist eine unbewußte Nähe zu Gott bzw. die Nähe zu dem unbewußten Gott. Mit der Entfaltung von Bewußtheit in der Yang-Phase nähern wir uns aber in einem Kreisprozeß Gott bewußt wieder an bzw. dem bewußten Gott.[4] Allerdings beginnt für die Spiritualisten die entscheidende Etappe erst mit der Spiritualität. Sie argumentieren, daß man den *rationalen* Geist nicht mit dem *spirituellen* Geist gleich-

setzen dürfe, schon gar nicht mit seinem Gipfel, dem göttlichen »Über-Geist«; daß man Verstand *(mind)* und Spiritualität *(spirit)* nicht verwechseln dürfe, wie dies so häufig geschehe. Sondern der Aufwärtsweg überschreite nicht nur Gefühl und Körper, sondern auch die individuelle Persönlichkeit (trans-personal) und die Ratio (trans-rational), er sei ein Sprung raus aus der Polarität von Yin und Yang (trans-polar), zu einem Überbewußtsein jenseits von Fühlen und Denken, zu einer Er-leuchtung durch das göttliche Urlicht.

Zur Veranschaulichung der drei Wege kann die nachfolgende schematische Darstellung helfen:

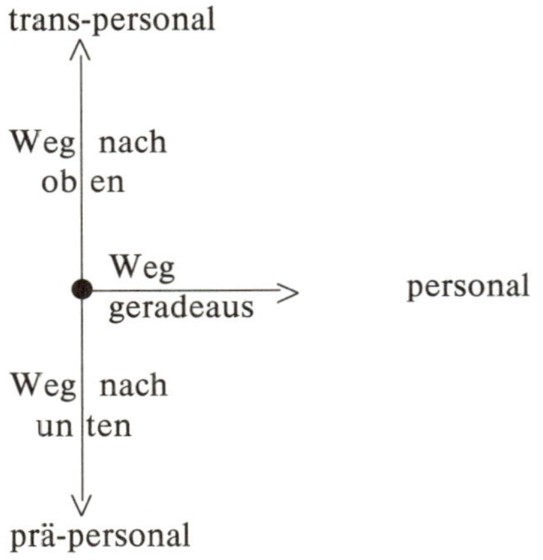

Der integrative Weg

Alle drei genannten Wege werfen verschiedene Probleme auf, von denen ich einige besonders wichtige hier kurz ansprechen möchte. Es fängt schon damit an, daß eine klare Abgrenzung der Stufen prä-personal, personal und trans-personal problematisch ist. Zunächst zeigt sich das am *Verhältnis von prä-personal und personal.* Es gibt sicher Übergänge zwischen Gefühl (Yin) und Verstand (Yang), etwa ein »Fühldenken« bzw. »Denkfühlen«. Außerdem besteht der Widerspruch, daß einmal alle Gefühle und Bedürfnisse dem Yin zugerechnet werden, das andere Mal aber nur die sanften wie Liebe und Vereinigungswunsch, während die aggressiven Impulse wie Ärger und Machthunger dem Yang zufallen. Auch sonst ist die Abgrenzung von Yin und Yang strittig. Darf man z. B. wirklich die personale Verstandesstufe mit dem Ich und mit Bewußtheit gleichsetzen, wodurch nämlich die (prä-personalen) Gefühle prinzipiell nicht zum Ich gehören sowie nicht bewußt sind?

Auch das *Verhältnis von personal und trans-personal* ist nicht eindeutig. Sicher kann man den personalen und den transpersonalen Geist nicht einfach identifizieren. Aber ist das Trans-Personale wirklich eine qualitativ höhere Ebene oder nur die Fortentwicklung der personal-rationalen Intelligenz? Vielleicht hat es ja doch seinen Sinn, daß man für beide Stufen den Begriff »Geist« verwendet.

Besonders problematisch ist das *Verhältnis von prä-personal und transpersonal.* Denn es handelt sich bei beiden um a-personale, unpersönliche Seinsweisen. Von daher machen Kritiker auch gar keinen Unterschied zwischen dem prä-personalen, noch unreifen Vor-Selbst und einem transpersonalen Über-Selbst; ein solches gibt es für sie gar nicht. Aber vor allem Ken Wilber hat vor dem »Prä-/Trans-Irrtum« gewarnt, nämlich der Gleichsetzung dieser beiden Stufen. Um die trans-personale Stufe zu erreichen, müsse man erst von der prä-personalen in die personale übergehen, sein Ich und seinen Verstand entwickeln, ehe man diese dann transzendieren könne. Man müsse erst »jemand« werden, ehe man »niemand« werden könne. Doch das letzte Wort darüber, inwieweit diese Prä- und Trans-Ebenen wirklich unabhängig voneinander sind, steht sicher noch aus.

Hier ergibt sich gleich ein weiteres Problem. Manche Esoteriker vertreten einen *exklusiven* Ansatz, das heißt, daß man immer (fast) ausschließlich auf einer Stufe lebt, erst der emotionalen, dann auf der rationalen und zum Schluß auf der spirituellen. Andere Esoteriker befürworten eine *inklusive* Entwicklung; das heißt, wenn wir z. B. von der Gefühls- zur Verstandesstufe weiterschreiten, können und sollen wir dabei nicht unsere sämtlichen Gefühle zurücklassen, sondern sie werden vom Verstand ergänzt, teils überformt. Dieser inklusive Ansatz ist sicher realistischer. Es ist ja gerade eine Problematik unserer Zeit, daß viele Menschen, vor allem Männer, sich stark auf ihr Yang, ihr rationales Ego fixieren. Sie zeigen zwar wenig Gefühle, aber haben diese keineswegs überschritten, sondern vielmehr - unverarbeitet - nur verdrängt, und gerade das führt zu Fehlentwicklungen und Fehlverhalten.

Es ist daher wichtig, Yin und Yang, das »Weibliche« und das »Männliche«, das präpersonale und das personale Selbst im angemessenen *Gleichgewicht* zu verwirklichen. Erst das macht die vielfach geforderte *Ganzheitlichkeit* des *androgynen* Menschen aus.

In einem weiteren Schritt geht es aber darum, über die Androgynie hinaus auch noch das transpersonale Selbst zu entfalten und damit alle drei Selbst nebeneinander harmonisch zu realisieren. Ich habe für das Zusammenwirken dieser drei Selbst, ihre Synthese zu einer höheren Ganzheit den Begriff *Mega-Ganzheit* bzw. *Mega-Selbst* vorgeschlagen.[5] Heute scheinen mir die Begriffe *Meta-Ganzheit* und *Meta-Selbst* noch passender.

Wie wir schon an früherer Stelle erfahren haben, gibt es im wesentlichen zwei Formen von Gleichgewicht: *Mitte* oder *Zyklus.* Mitte hieße, daß Gefühl, Verstand und Spiritualität stets gleichgewichtig vertreten wären.

Zyklus bedeutete, daß sich durch abwechselndes (Vor-)Herrschen von Gefühl, Verstand und Spiritualität ein Ausgleich bildet. Realistisch ist aber nur eine Verbindung dieser beiden Ansätze: daß man zwar einerseits ruht in einer konstanten Harmonie der drei Selbst; daß man aber andererseits zyklisch mal verstärkt seine Gefühle lebt, mal primär seinem Verstand folgt oder sich ganz von der Spiritualität leiten läßt, und zwar flexibel-dynamisch, so wie es jeweils angemessen und sinnvoll ist.[6]
Entsprechend ist ein *integrativer Weg* notwendig, ein *Meta-Weg,* der den Weg nach unten, den geradeaus und den nach oben synthetisiert und sie damit übersteigt. Wir können keinen der Wege ausschließlich beschreiten. Wir können nicht nur in die Gefühlswelt der Vergangenheit regredieren, um die seitdem vollzogene Entwicklung zurückzuspulen, wenngleich ein Kontakt zu diesem vital-emotionalen Bereich lebensnotwendig ist. Wir können auch nicht einseitig den Verstandes-Weg einschlagen, obwohl er ebenfalls großen Wert besitzt, anders als er heute im New Age oft verteufelt wird. Und vor allem können wir auch nicht isoliert den spirituellen Pfad gehen, er braucht die emotionale und rationale Unterstufe, wenn er nicht zu einem Irrweg werden soll, der in den Abgrund führen mag.

Meta-Weg bzw. Meta-Selbst

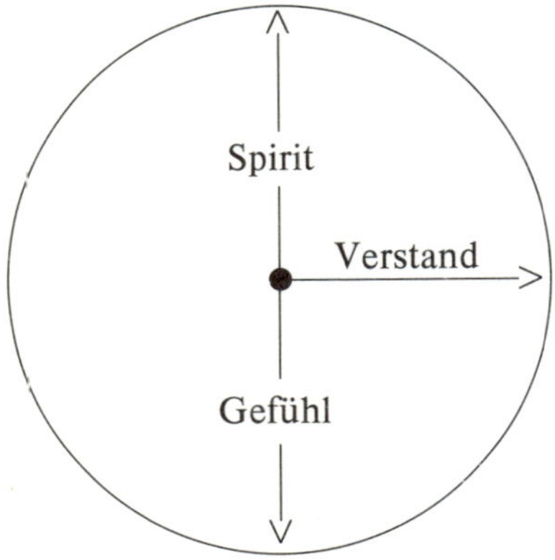

Dieses integrative Meta-Modell schließt keineswegs aus, daß auch nach Erreichen der transpersonalen Stufe die Entwicklung weitergeht, obwohl das präpersonale und das personale Selbst erhalten bleiben und sogar zyklisch dominieren. Denn erstens kann das dynamische Gleichgewicht zwischen Gefühl, Verstand und Spirit immer mehr verbessert werden, und zweitens können diese drei Selbst in sich ständig weiter entfaltet und ausgeformt werden. Man muß sich die Gesamtentwicklung hier aber eher wie eine *Spirale* vorstellen, wobei offenbleibt, ob es ein festes Endziel gibt und ob dieses je vollständig zu erreichen ist.

Die Stufenleiter der spirituellen Entwicklung

Anders als das eben von mir beschriebene integrative Entwicklungsmodell gehen die meisten esoterischen Ansätze von einer linearen Entwicklung aus, bei der man gewissermaßen eine geistige Stufenleiter immer höher klettert. Manche dieser Ansätze erfassen dabei die Gesamtentwicklung: präpersonal - personal - transpersonal, andere setzen auf der (heutigen) personalen Stufe an und beschreiben nur den (zukünftigen) transpersonalen Weg. Jedenfalls gibt es im einzelnen sehr unterschiedliche Vorstellungen, wovon ich nur einen Gegensatz hier herausgreifen möchte: »Zum einen wird die spirituelle Evolution als permanenter Vorwärts- oder Aufwärtsprozeß dargestellt, als konstantes geistiges Wachstum. Andere Richtungen betonen die Notwendigkeit von vorübergehenden ›Rückschritten‹. Man muß zunächst das personal-rationale Ich abbauen und in den präpersonalen Bereich zurückkehren, ehe man zum Transpersonalen aufsteigen kann. Zwar soll nicht (wie die Verfechter des ›Wegs zurück‹ meinen) im präpersonalen Gefühlsbereich verharrt werden, aber dieser muß zunächst von Schmerz, Angst und Haß bereinigt und damit abgeschlossen werden. So oder ähnlich lassen sich viele esoterische Forderungen und Symbole deuten: das *Stirb und werde* oder die *Wiedergeburt,* die ›mortificatio‹ in der Alchemie, die ›dunkle Nacht der Seele‹ bei Johannes vom Kreuz, die *Höllenfahrt* (descensus), die der *Himmelfahrt* (ascensus) vorauszugehen hat. Nicht umsonst spricht man in der Mystik oft vom ›Reinigungsweg‹ (Via purgativa) am Beginn.«[7]

Wir haben bisher - ausgehend vom präpersonalen, personalen und transpersonalen Selbst - von drei Evolutionsstufen gesprochen. Aber man findet durchaus auch Modelle mit mehr Stufen. Dabei können wir zunächst von den uns schon bekannten Modellen ausgehen: dem der sieben Körper, der sieben Chakren oder der zehn Sephirot der Kabbala. Denn diese lassen sich alle nicht nur - statisch - als Ebenen verstehen, sondern auch - dynamisch - als Entwicklungsphasen. In diesem Fall numeriere ich die Stufen umgekehrt, also 1) als unterste Stufe bzw. Anfangs-Phase usw., weil das den Entwicklungsverlauf anschaulicher darstellt.

Wir wollen uns aber noch einige spezielle Entwicklungssysteme ansehen. Zunächst zur *Alchemie.* Ihr geht es einmal darum, unedle Metalle in immer edlere zu verwandeln *(transmutieren),* bis hin zum Gold als edelstem Metall, oder den *Stein der Weisen* herzustellen, der es erlaubt, unedle Metalle direkt in Gold umzuwandeln. Mit diesem chemischen Prozeß soll aber in der echten, mystischen Alchemie - gemäß dem Gesetz der Entsprechung - eine geistig-seelische Veredlung des Alchemisten parallel laufen. Wie der Mystiker Meyrink es ausdrückte: Aus »Tiermenschen« sollen »Goldmenschen« werden. Nun gibt es allerdings sehr unterschiedliche alchemistische Modelle, mit drei, vier, sieben, zehn und zwölf Stu-

fen. Wir werden uns hier auf eins mit vier und eins mit sieben Stufen beschränken:
Im *
Vierermodell* der Transmutationsprozesse unterscheidet man:

1) Zerlegung
   Der (unedle) Stoff wird zunächst (nach der Auflösung in die vier Elemente) in die Urmaterie (Materia prima) zerlegt.
   Spirituell entspricht dies dem Abbau des Ego, des falschen Selbst.

2) Schwärzung *(nigredo)*
   Der Stoff wird schwarz, es folgt der »Tod« (mortificatio).
   Spirituell meint das die völlige Selbstaufgabe, das Ego, aber auch das natürliche Selbst »sterben«.

3) Weißung *(albedo)*
   Der Stoff wird weiß, er kommt in den Mond- oder Silberzustand.
   Spirituell geht es um die »Wiedergeburt«, die Geburt des höheren Selbst.

4) Rötung *(rubedo)*
   Der Stoff rötet sich, er wandelt sich zu Gold. Die Rötung verweist auf den Sonnenaufgang, den Übergang in den Sonnenzustand.
   Spirituell findet hier die Vereinigung der Gegensätze in sich und zugleich die Vereinigung mit Gott statt. Indem das Rote direkt aus dem Weißen hervorgeht, verbinden sie sich. Das Weiße (Lunare: Mond) steht dabei für das weibliche Prinzip, für die »Königin«; das Rote (Solare: Sonne) steht für das männliche Prinzip, für den »König«; diese beiden feiern in der 4)-Phase die *chymische Hochzeit* (oder »heilige Hochzeit«). Damit ist das *Große Werk* (Magnus opus oder Summum bonum) des Alchemisten abgeschlossen.

Das *Siebenermodell* beschreibt die Rangfolge vom unedelsten Metall, dem Blei, bis zum höchsten Metall, dem Gold. Spirituell könnte man es mit dem Modell der sieben Körper bzw. Geiststufen in Verbindung bringen und erhielte dann folgende Parallele:[8]

①	Blei	physisch
②	Zinn	ätherisch
③	Eisen	astral
④	Kupfer	mental
⑤	Quecksilber	kausal
⑥	Silber	universal
⑦	Gold	göttlich

Im hinduistischen *Yoga* werden acht Stufen unterschieden. Die bei uns bekannten Körperübungen machen nur eine, die 3)-Stufe dieses spirituellen Wegs aus:

① Yama – moralische Läuterung, ethische Vorbereitung
② Niyama – innere und äußere Reinigung
③ Asanas – Körperhaltungen
④ Pranayama – Beherrschung des Atems
⑤ Pratyahara – Meisterschaft über Sinne und Vorstellungen
⑥ Dharana – geistige Konzentration
⑦ Dhyana – Meditation
⑧ Samadhi – tiefste Versenkung und Vereinigung mit dem göttlichen Geist

Man kann diese Stufen allerdings auch genauer differenzieren und kommt dann auf insgesamt achtzehn Haupt- und Unterschritte.[9] Oft wird der Yoga-Weg mit dem »Achtfachen Pfad« des Buddhismus in Verbindung gebracht. Dieser Pfad gibt aber weniger Stufen der Geist-Evolution an, sondern eher gleichgeordnete Bedingungen bzw. Kennzeichen der geistigen Entwicklung - wir behandeln ihn deshalb später.
Als größter Experte für Evolutionsstufen in der Esoterik gilt der schon öfter genannte Ken Wilber. Er hat die Erleuchtungswege verschiedener Kulturen und Religionen studiert und meint, daß es eine entsprechende, kulturübergreifende, ja universale Stufenfolge gibt, wenn diese sich nicht auch völlig exakt fixieren lasse. Ken Wilber geht dabei von neun (bzw. zehn) Stufen aus, die er in sein schon beschriebenes Dreierschema: präpersonal, personal und transpersonal einordnet.[10] Wilbers Modell beschreibt primär die gesamte psychisch-geistige Entwicklung, wie sie von der Geburt an verläuft. Ich möchte hier aber ein Neunermodell vorstellen, was sich ausschließlich auf die mystische Entwicklung des erwachsenen Menschen bezieht, um einen Vergleich mit anderen esoterischen Evolutionsmodellen, vor allem dem wichtigsten der sieben »Körper«, zu ermöglichen (auf Seite 112 dargestellt).
All diese Modelle der spirituellen Entwicklungsstufen haben sicher ihren Wert, aber man darf sie nicht verabsolutieren. Vor allem ist fraglich, ob es wirklich universal-menschliche Stufen gibt und damit jeder Erleuchtungsuchende genau dieselben Phasen durchschreiten muß. Dem steht z. B. gegenüber, daß auch unterschiedliche Wege zur Erleuchtung angegeben werden, so ein Weg der Liebe *(Bhakti)* und ein Weg der Erkenntnis *(Jnana)*.
Und wenn Ken Wilbers Anliegen, ein Gesamtmodell der geistigen Entwicklung des Menschen vorzulegen, auch berechtigt ist - wir müssen hier doch zweierlei auseinanderhalten: einerseits die normale Gefühls- und

Die Stufen zur mystischen Entwicklung		Entsprechungen im 7-Körper-Modell	Entwicklungsaufgaben/Lernschritte
① präpersonal	1. somatisch	physisch	Körper gesund erhalten und trainieren. Muskuläre Verspannungen lösen.
	2. energetisch	ätherisch	Lebenskraft des Körpers aktivieren. Atmung sowie Sexualität harmonisieren.
	3. emotional	astral	Negative Gefühle bereinigen, positive stärken. Phantasie, Imagination, Intuition schulen.
② personal	4. konkret	(nieder-mental)	Einfache, konkrete Ich-Strukturen stabilisieren. Praktisches, lineares Denken ausformen.
	5. abstrakt	mental	Ich-Stärke und Ich-Komplexität steigern. Abstrakt-theoretisch-logisches Denken entfalten.
	6. systemisch	(höher-mental)	Sein Ich zum flexiblen System erweitern. Denken in ganzheitlichen Systemzusammenhängen.
③ transpersonal	7. transzendent	kausal	Beginnen, die Grenzen des Ich und die Grenzen der Rationalität zu überschreiten.
	8. archetypisch	universal	Entwicklung eines kollektiven, archetypischen Selbst und Bewußtseins.
	9. absolut	göttlich	Das höchste Selbst verschmilzt mit der göttlichen All-Einheit. Reines, kosmisches Bewußt-Sein.

Denkentwicklung, wie sie sich bei jedem gesunden Menschen (obschon mit individuellen und kulturellen Variationen) biologisch vollzieht, und die spirituelle Entwicklung, die nur von relativ wenigen Menschen und mit bestimmten Methoden realisiert wird.
Ein Letztes: Jede Schematisierung der Evolution in genau abgrenzbare und zählbare Phasen steht doch für das rational-analysierende Denken, welches in der spirituellen Entfaltung gerade transzendiert, überschritten werden soll.

Mystik in der Praxis

Wir wollen uns jetzt genauer ansehen, wie man in der Praxis die verschiedenen Entwicklungsstufen durchlaufen kann. Dabei gilt es zunächst, folgende Grundunterscheidung zu treffen:

① *Selbst-Entfaltung*
Überwiegend wird in der Esoterik die Auffassung vertreten, daß Selbst-*Entfaltung* (wortwörtlich) bedeutet, sein Selbst zu ent-falten, aus-zu-falten. Das Selbst, auch das höchste, göttliche Selbst, ist schon - fertig - in uns. Wir müssen nur die Schichten abtragen, die es zudecken, die Seele »häuten«. Meistens ist dies mit der Annahme verbunden, daß die individuelle Seele - entsprechend dem göttlichen Geist - eine Involution, eine Ein-faltung in immer niedrigere Ebenen vollzogen hat und sich durch Aus-faltung, das heißt Evolution wieder befreien muß. Daher kommen bei der Praxis der Selbstentfaltung vor allem Methoden zum Einsatz, die dazu dienen, seelischen Ballast rauszuwerfen und sich des eigentlichen Selbst bewußt zu werden.

② *Selbst-Verwirklichung*
Selbst-*Verwirklichung* kann man den Ansatz nennen, nach dem wir unser höheres Selbst erst noch formen, verwirklichen, in Wirklichkeit umsetzen müssen. Nach dieser Auffassung können wir das Göttliche nicht einfach in uns entfalten, sondern unser Selbst muß wachsen, muß sich über mehrere Ebenen bis zum Gipfel »hocharbeiten«. Und deswegen wird in diesem Modell vor allem Wert auf Methoden gelegt, mit denen wir lernen, Neues in uns aufzunehmen, neue Erfahrungen zu machen usw.
Sie erinnern sich sicher an unsere Unterscheidung: Weg nach unten, Weg geradeaus und Weg nach oben. Wir wollen jetzt die verschiedenen Methoden im Hinblick auf diese Wege ordnen.

Praxis des Wegs nach unten

Hier dominiert stark der Ansatz der Selbst*entfaltung*. Es geht darum, das tiefe, natürliche Selbst - das ist primär das gefühlshaft-körperliche Selbst - wiederzufinden, welches man in der Vergangenheit schon einmal besaß, dann aber verlor, so daß es wiederentfaltet werden muß. Dabei spielt einmal die Vorstellung von *Traumata* eine wesentliche Rolle: seelischen oder körperlichen Verletzungen bzw. Gefühlen von Schmerz und Angst, die nicht überwunden, sondern ins Unbewußte verdrängt wurden und damit zur Bildung eines unechten, »falschen Selbst« führten, welches das »wahre Selbst« unterdrückt.

Auch die Psychiatrie und medizinische Psychologie beziehen sich auf Traumata, die seelische Störungen oder Krankheiten verursachen und mittels Psychotherapie (wie mit Medikamenten) zu behandeln sind. Die esoterische Psychologie vermeidet aber weitgehend das Modell *seelischer Krankheit,* sie geht mehr von traumatischen *Wachstumsblokkaden* aus, die den geistigen Reifungsprozeß unterbinden. Oder sie sieht es gar als Wesenszug unserer (Fehl-)Entwicklung zu Ich-Verhaftung und Rationalität, daß Seele und Bewußtsein immer weiter eingeengt und fixiert wurden, was durch eine Bewußtseinserweiterung überwunden werden soll.

Und während die herkömmlichen Psychotherapien (insofern sie überhaupt die Vergangenheit berücksichtigen) sich - wie z. B. die *Psychoanalyse* - vorrangig auf die frühe Kindheit konzentrieren, beziehen esoterische Methoden auch Erfahrungen bzw. Traumata der Geburt und der vorgeburtlichen Zeit mit ein, sogar bis hin zu Zeugung und Befruchtung. So soll z. B. in der *Primärtherapie*[11] das Geburtstrauma wiedererlebt und damit überwunden werden, wodurch der Mensch eine »Wiedergeburt« seines ursprünglichen Selbst erfährt. Da solche Frühsttraumata vorwiegend körperlich gespeichert und codiert sind, und zwar in erster Linie in muskulären Verspannungen, versucht man, diesen »Muskelpanzer« oder »Körperpanzer« (wie Wilhelm Reich ihn nannte) durch Massagen oder aber Körperübungen, z. B. in der *Bioenergetik* und *Biodynamik,* zu lösen und damit die blockierten Körpererinnerungen freizusetzen.

Indem diese Form der Mystik - als *Weg des Yin* - generell auf emotionale und körperliche Befreiung setzt, kann auch die Sexualität miteinbezogen sein: Das sexuelle Erleben gilt als Inbegriff von natürlicher, tiefer und damit göttlicher Erfahrung; ja, die geschlechtliche Vereinigung wird verstanden als Entsprechung der Vereinigung von »Gott« und »Göttin«, von Yang und Yin. Es gibt sogar eine ausgesprochene *Sex-Mystik,* wo die Ekstase, der Sinnenrausch, oft verbunden mit der Einnahme von berauschenden Getränken und Drogen bei einem orgiastischen Fest, als höchster »Gottesdienst« verstanden wird, z. B. in den griechisch-römischen Kulten von Dionysos, Orpheus oder Bacchus.

Beim Wiedererleben beschränken sich viele Esoteriker aber nicht auf das jetzige Leben. In der *Reinkarnationstherapie* (Past-Life-Therapie) geht es darum, Traumata aus früheren Leben wiederzuerinnern und damit aufzulösen. So wird z. B. von einer Patientin berichtet, die seit Jahren therapieresistente Nackenbeschwerden hatte und diese erst loswurde, als sie »wiedererlebte«, daß sie während der Französischen Revolution mit der Guillotine geköpft wurde.

Wie schon gesagt, sollen aber bei diesem Prozeß nicht unbedingt Traumata, negative Erlebnisse, aufgearbeitet werden, sondern man will darüber hinaus die Tiefen des Unbewußten durchdringen. Und da begnügt man sich nicht mit dem individuellen Unbewußten, sondern erforscht auch das *kollektive Unbewußte,* wie der Psychologe C. G. Jung es genannt hat. Dort sollen sogenannte *Archetypen* beheimatet sein, Sinnbilder, Symbole, die alle Völker teilen, wie z. B. Meer, Höhle oder Wald, die sich vor allem in Märchen und Mythen zeigen. Man versucht, diese Archetypen intensiv zu erleben und zu integrieren, z. B. auf Phantasiereisen: Der Reisende versetzt sich in einen entspannten Zustand, vielleicht bei meditativer Musik, und stellt sich plastisch vor, er begebe sich auf den Meeresgrund, durchwandere eine große Höhle oder ähnliches; dabei überläßt er sich den aufsteigenden inneren Bildern, meist unter Führung eines esoterischen »Reiseleiters«.

Auf diesem Weg zurück in die Vergangenheit, als der Mensch noch wenig vom bewußten Verstand eingeengt wurde, auf dem Weg »zurück zur Natur«, wurden auch die Naturvölker »wiederentdeckt«, die noch weitgehend in der Welt der Märchen und Mythen leben, vor allem die Indianer, beispielsweise die Hopis. In Trancetänzen und durch Einnahme von Naturdrogen wollen erleuchtungsuchende Zivilisationsmenschen von schamanistischer Weisheit profitieren. Besonders die Bücher von Castaneda haben dazu geführt, daß Medizinmänner und Schamanen zu umschwärmten Kultfiguren wurden, die bei uns umfangreiche Vortragsreisen absolvieren.

Doch manchen Esoterikern geht auch das noch nicht tief genug. Sie setzen auf die *Evolutionstherapie,* bei der man versucht, die Entwicklungsstufen unserer tierischen Vorfahren nachzuerleben. Die bekannteste Persönlichkeit in der Evolutionstherapie ist Jean Houston; ich bringe zur Veranschaulichung eine Übung von ihr (ausschnittsweise):[12]

> »Zu Beginn legen Sie sich wieder auf den Bauch und rollen wie ein Fisch zwei Minuten lang hin und her. Legen Sie soviel Bewußtsein wie möglich in diese Erfahrung hinein. Langsam und bewußt entwickelt sich der Fisch zur Amphibie. Kiemen werden durch Lungen ersetzt, Gliedmaßen bilden sich aus. Sie verlassen das schwerelose Feld des Wassers und bewegen sich auf das Land zu . . . Die Amphibie fühlt sich auf dem immer trockener werdenden Land zunehmend wohler und

entwickelt sich zum Reptil ... Seien Sie jetzt diese Kreatur, die nach den Gesetzmäßigkeiten des Landes lebt, und bewegen Sie sich vorsichtig auf Armen und Beinen vorwärts. Ihr Bauch schwebt noch über dem Boden, und Sie erinnern sich an die Gewässer, die einmal Ihre Heimat waren ... Das Reptil wird nun zu einem frühen Säugetier, wenn Sie anfangen, auf allen vieren zu kriechen ... Das frühe Säugetier wird jetzt ein kleiner Affe. Er erlebt die Integration mit den vorangegangenen Stadien und schwelgt in seiner neuen Freiheit und Möglichkeit, die Umgebung zu erforschen ... Der frühe Affe nimmt an Größe und Stärke zu und entwickelt sich zum Menschenaffen ... Seien Sie sich der neuen Wahrnehmungen und der zunehmenden Fähigkeiten bewußt ... Der Menschenaffe entwickelt sich jetzt zum Urmenschen. In diesen Prozeß fließen alle Stadien, angefangen beim Fisch, ein und vereinigen sich im Urmenschen. Bewegen Sie sich jetzt wie ein Urmensch, und spüren Sie mit aller Kraft, wie diese Integration vonstatten geht ... Der Urmensch wird zum heutigen Menschen. Diesmal sind Sie allerdings ein menschliches Wesen, dessen menschliche Natur den logischen Zusammenhang mit den Entwicklungsstadien Ihres Evolutionsprozesses wesentlich besser begreift. Fisch, Amphibie, Reptil, frühes Säugetier, kleiner Affe, Menschenaffe und Urmensch sind Ihnen deshalb jetzt gegenwärtiger als je zuvor.«

Mancher Wanderer auf dem Weg zurück will nur vergangene Erfahrungen erneut durchlaufen, um sie von Traumata zu reinigen und abzuschließen, er will dann aber im Hier und Jetzt leben oder sich auf eine zukünftige Weiterentwicklung einstellen. Andere wollen wie beschrieben den Rückweg um seiner selbst willen gehen und in letzter Konsequenz wieder im Ursprung, im universalen, göttlichen Unbewußten versinken. Natürlich ergeben sich hier viele Fragen: Ist es überhaupt möglich, sich (mit dem Bewußtsein) dermaßen weit in die Vergangenheit zurückzubewegen? Und ist es sinnvoll, führt es zur gewünschten Befreiung? Dies habe ich in meinem New-Age-Buch näher diskutiert (siehe Literaturverzeichnis).

Praxis des Wegs geradeaus

Hier überwiegt der Ansatz der Selbst*verwirklichung;* das erstrebte Über-Selbst muß nicht nur »ausgefaltet«, sondern geformt, erweitert, durch Übung methodisch verwirklicht werden, und zwar auf einem *Weg des Yang,* der den eben beschriebenen Yin-Methoden entgegensteht. Wollen die »Yinler« ein Befreien von Gefühlen und sinnlichen Empfindungen, so wollen die »Yangler« gerade ein Steuern, Kontrollieren, letztlich Unterdrücken von Gefühl und Körper. Dieser Ansatz hat heute an Verbreitung und Beliebtheit eingebüßt, aber er war in der traditionellen Esoterik vielfach dominant, z. B. im Yoga.

Im Vordergrund stehen willensstärkende Methoden: Askese, Fasten, Isolation, Sinnesabtötung, Schmerzertragen usw. Selbstverständlich soll hier auch keinesfalls die Sexualität frei ausgelebt werden, sondern sie wird verdrängt, oder ihre Energie wird umgeleitet, z. B. in Denkfunktionen. Denn auch die Kontrolle der Gedanken bzw. das Trainieren der Gedankenkraft spielen in dieser Esoterikrichtung eine große Rolle. Solche Methoden zielen letztlich auf Macht und Manipulation, sie gehören daher weniger zur Mystik als zur Magie, und so werden wir sie in dem entsprechenden Kapitel genauer behandeln.

Praxis des Wegs nach oben

Hier ergänzen sich Methoden von Selbstentfaltung und -verwirklichung am besten. Es sollen Yin und Yang, Gefühls-Selbst und Verstandes-Selbst - je nach Richtung - veredelt, harmonisiert oder aber überschritten werden. »Ich hoffe nichts, ich fürchte nichts, ich bin frei« - das ist das Ideal. Natürlich beinhaltet dies auch eine Transzendenz der Körperlichkeit und damit Sexualität. Während sie beim Yin-Weg ausgelebt und beim Yang-Weg unterdrückt wird, soll sie beim Weg nach oben, beim »Trans-Weg«, ohne Unterdrückung überstiegen werden, wie das zum großen Teil beim *Tantra* geschieht.

Die Hauptmethode für den Aufwärtsweg ist die *Meditation* in ihren verschiedenen Spielarten, sie soll Körper, Gefühl und Verstand zur Ruhe bringen, so daß sich das höhere Selbst zeigen kann.

In der *Zen-Meditation* gibt es unter anderem die Methode des *Koan:* Ein Koan ist ein unlösbares Rätsel wie beispielsweise: »Was ist das Klatschen einer Hand?« Der Verstand muß an diesem Rätsel verzweifeln, er läuft sich tot und kann dadurch überschritten werden.

In der *Mantra*-Meditation, etwa der *Transzendentalen Meditation* des Maharishi Yogi, konzentriert man sich auf eine Klangsilbe wie »Om«. Dadurch wird der Geist gesammelt und zentriert. Wenn man dann schließlich auch noch diesen einen, letzten Bewußtseinsinhalt aufgibt, ist das erstrebte *reine Bewußtsein* erreicht, das heißt Bewußtheit ohne Inhalt.

Anstatt über ein Mantra kann man auch über eine Blume, ein *Mandala* (Bild) oder Symbol meditieren. Am häufigsten benutzt man aber den eigenen *Atem* bzw. das Heben und Senken der Bauchdecke beim Atmen, die »Nabelschau«. Denn der Atem ist vielfach ausgezeichnet, als Träger von Lebensenergie »Prana«, als göttlicher Odem, als Kontaktstelle zur Welt (Luft aufnehmen, Luft abgeben), aber auch als Bindeglied zwischen Bewußtsein und Unterbewußtsein, da er teils von selbst, teils gesteuert abläuft.

Meistens wird Meditation im ruhigen Sitzen betrieben, wie beim *Zazen.* Dabei gibt es zwei Formen zu unterscheiden. Entweder man bleibt ganz bewußt, wach, ja steigert sich zur *Überwachheit,* wie in der buddhistischen *Satipatthana*-Meditation - oder man versenkt sich, läßt sein Bewußtsein absinken (aber das kann man nur bedingt noch dem Weg nach oben zuordnen). Meditation vermag aber auch in der Bewegung stattfinden, wie z. B. beim *Tai Chi,* dem sogenannten »Schattenboxen«, wo man in Zeitlupentempo ganz bewußt bestimmte Bewegungsfiguren vollzieht. Der 1990 verstorbene Bhagwan, der sich zuletzt Osho nannte, führte die *Dynamische Meditation* ein. Dabei läßt man - ungewohnt für die Vorstellung von Meditation - erst in wildem Tanz, beim Schütteln, Springen oder Schreien alle Spannung aus sich raus, um danach zu Stille und Ruhe zu finden.

Ziel muß in jedem Fall bleiben, von meditativen Übungen zu einem meditativen Leben überzugehen, die meditative Haltung in den Alltag zu transformieren. Das bedeutet in erster Linie, sich selbst und die Umwelt bewußt, wach, achtsam wahrzunehmen und nicht »schlafend«, dösend, »in Gedanken« am Leben vorbeizuleben, wirklich »da«zusein, im Hier und Jetzt zu sein.

Anleitung für eine einfache Meditationsübung

1. *Voraussetzungen*
   Wenn man starke, akute seelische oder körperliche Symptome hat (wie Angstzustände oder Migräne), darf man nicht (ohne Lehrer) mit dem Meditieren beginnen.
   Außerdem sollte man nicht zu hungrig und nicht zu vollgegessen sein, nicht zu unruhig und nicht zu müde und einen möglichst stillen, ungestörten Platz aufsuchen.

2. *Haltung*
   Traditionellerweise wird der Lotossitz (mit überschlagenen Beinen) oder ein Sitzen auf dem Stuhl ohne Anlehnen empfohlen. Bei Rückenbeschwerden lehnt man sich aber besser an; es ist auch möglich, im Liegen zu meditieren, doch dabei besteht die Gefahr, daß man zu müde und dösig wird.

3. *Meditationsobjekt*
   Wie schon beschrieben, kann man sich (mit offenen Augen) auf ein äußeres Objekt konzentrieren. Normalerweise meditiert man aber über eine innere Wahrnehmung, am besten über das Heben und Senken des Bauches beim Atmen; die Augen sind dabei geschlossen oder halb geschlossen nach unten gerichtet, ohne einen Punkt zu fixieren.

4. *Prinzip*
   Nicht den Atem steuern (z. B. besonders tief atmen) wie bei Yoga-Atemübungen, sondern ihn gewähren lassen, nur ganz bewußt wahrnehmen (er wird dann von alleine ruhiger).

5. *Schwierigkeiten*
Sie werden nach kurzer Zeit feststellen, daß Sie in Gedanken abgeschweift sind. Sie kehren dann einfach ohne Hast oder Druck zur (inneren) Beobachtung der Atembewegungen zurück. Man kann die Konzentration durch Zählen der Atemzüge erleichtern. Wenn es Ihnen dennoch zu schwer fällt, sich auf das Atmen zu konzentrieren, können Sie auch einfach alles, was Ihnen in den Kopf kommt, frei ablaufen lassen, aber es wie ein Zeuge ganz bewußt registrieren, z. B.: Aha, jetzt denke ich an das; aha, jetzt erinnere ich mich an jenes usw.

6. *Erfahrungen*
Am Anfang erreicht man normalerweise nur eine gewisse Beruhigung und Entspannung. Später verstärkt sich die innere Sammlung und Stille. Im weiteren können - je nach Meditationsmethode - intensive Farb- und Lichtwahrnehmungen, aber auch »Geistererscheinungen« und ähnliches auftreten, vor denen allerdings viele Meditationslehrer warnen. Mit fortschreitender Praxis stellt sich normalerweise eine größere körperlich-seelische Harmonie ein, die sich zu einem euphorischen Glücksgefühl steigern kann. Als Höhepunkt gilt aber ein liebevolles Gefühl der Verbundenheit mit allem Seienden (»Alles ist eins«), ja noch darüber hinaus ein vollständig gelassenes und gelöstes Aufgehen im All - reines Bewußt-Sein.

7. *Störungen*
In der Meditation können auch unangenehme Erfahrungen auftreten: körperliche Unruhe, Schmerzen, Sorgen, Ängste usw. Das kann daran liegen, daß vorher verdrängte oder ignorierte Zustände aufsteigen und bewußt werden. Am besten man schaut sich diese Störungen innerlich bewußt an, läßt sie dann aber wie schwarze Wolken vorbeiziehen und kehrt zur Atemwahrnehmung zurück. Wenn man sich zu unruhig oder anders belastet fühlt, ist es besser, aus der Meditation herauszugehen. Vielleicht müssen bestimmte Gefühlskonflikte erst einmal anders verarbeitet und die Unruhe aktiv körperlich rausgelassen werden, wobei etwa die Dynamische Meditation helfen kann.

Außer der Meditation gibt es auch andere mystische Pfade. In dem esoterischen Standardwerk »Das theosophische Weltbild« nennt Beatrice Flemming sieben Wege, die zur »Unio mystica« führen:[13]

① Gnade, mit der Methode: Gebet
② Liebe, mit der Methode: liebende Anbetung
③ Pantheismus, mit der Methode: positive Suggestionen
④ Naturerleben, mit der Methode: Kontemplation
⑤ Zeremonien, mit der Methode: Symbolik
⑥ Kunst, mit der Methode: künstlerische Schöpfung und ähnliches
⑦ Theosophie, mit der Methode: »Schülerschaft«

Ohne auf die Fragwürdigkeiten dieser Gliederung einzugehen - alle diese Pfade beinhalten sicherlich auch Meditation, nämlich ein (Sich-)Loslas-

sen, Loslösen und damit Gelassenheit, Gelöstheit, was man als Inbegriff aller Meditationsformen bestimmen könnte.
Schon bei den Naturvölkern wurden psychedelische Drogen wie *Peyote* verwendet, um mystische Zustände zu erreichen oder zu vertiefen. In unserem 20. Jahrhundert kamen synthetische Drogen hinzu wie besonders *LSD* und in den letzten Jahren *Ecstasy* (Heroin und Kokain haben keine ausgesprochen psychedelische Wirkung). In dieser auf Technik und Schnelligkeit fixierten Zeit hat man zunehmend auch Maschinen eingesetzt, um mystische Erfahrungen zu intensivieren und zu beschleunigen: schon seit längeren Jahren *Biofeedback*geräte, die über ein optisches oder akustisches Signal die Gehirnwellen »zurückmelden«, und seit kurzem sogenannte *Meditationsmaschinen,* die durch Impulse wie Lichtblitze und Töne das Gehirn direkt beeinflussen, es auf eine gewünschte Wellenlänge, auf die »Erleuchtungsfrequenz« zwingen sollen.
Wie schon bei den Drogen, so ist es erst recht bei der Hirntechnologie (Brain tech) umstritten, ob man damit wirklich eine spirituelle Entwicklung begünstigen kann oder ob so nur pseudomystische Erfahrungen erreicht werden; ja ob die chemische oder elektronische Manipulation nicht dem Wesen echter Mystik gerade zuwiderläuft und eher als eine Form von fragwürdiger Magie angesehen werden muß.

Der Tod - Pforte in ein höheres Leben?

Der Tod spielt in der Mystik eine bedeutende Rolle. Nur wird oft nicht klar unterschieden zwischen dem eigentlichen, *körperlichen Tod* und einem *seelischen oder mystischen »Tod«.* Immer wieder wird in der Esoterik davon gesprochen, daß erst etwas Altes sterben müsse, ehe etwas Neues geboren werden könne. »Stirb und werde!« lautet das Motto - wie der Phönix aus der Asche neu entstehen. Wir haben uns damit ja schon mehrfach befaßt, vor allem im Zusammenhang mit der Alchemie.
Aber das mystische Sterben ist ein geistig-psychischer Prozeß, der sich im Leben vollzieht. Man will das Ego und den Verstand »abtöten«, wir sollen also unseren »Kopf verlieren«, damit unser wahres Selbst nicht mehr rational unterdrückt wird. Oder wir sollen unsere Gefühle - jedenfalls negative wie Haß und Neid - sterben lassen, um tiefste Gelassenheit zu erreichen. Zwar wird auch die »Tötung« körperlicher Triebe gefordert, aber das hat ebenfalls nichts mit einem realen körperlichen Tod zu tun, im Gegenteil wird dabei oft eine besonders blühende Gesundheit versprochen.
Ich habe mich schon kritisch mit diesen »Abtötungs«prozeduren befaßt. Sicherlich ist richtig, daß zyklisch mal ein Pol - etwa das Denken - zurücktreten muß, damit sich der andere Pol - das Fühlen - voll entfalten

kann. Und wenn ein Pol dauerhaft zu dominant ist, wir etwa ganz »kopflastig« sind, dann muß unsere Ratio einen »kleinen Tod« sterben, damit unsere Gefühle wiederaufleben können. Hier kann nämlich sogar der Fall vorliegen, daß unser rationales Ich unsere Gefühle quasi ausradiert hat, und nur indem wir den gewalttätigen Kopf ein wenig »sterben« lassen, kann der Gefühls»tod« wieder aufgehoben werden.
Wenn man aber das Ich und seine Denkfunktionen vollständig liquidiert (oder es auch nur versucht), wenn man gänzlich »den Verstand verliert«, kann das eben zu Verwirrungszuständen bis hin zur Psychose führen. Von daher ist es normalerweise richtiger, etwas Altes nicht abzutöten, um für Neues Platz zu schaffen, sondern es nur in seiner Übermacht einzuschränken und mit dem Neuen zu ergänzen, Altes und Neues zu integrieren, »sowohl - als auch« anstatt »entweder - oder«.
Wir wollen uns hier aber vor allem mit dem wirklichen, *physischen Tod* beschäftigen und welche Bedeutung ihm in der Mystik zugewiesen wird. Für den Materialisten ist mit dem Tod alles zu Ende, für ihn gibt es keine Seele, die unabhängig vom Körper (postmortal) weiterlebt. Für den Esoteriker bedeutet das Sterben dagegen zunächst nur einmal die Trennung der Seele vom Körper, die alleine weiterexistiert.
Nach der Lehre von den sieben Körpern gilt genauer: Beim Tod wird die *Silberschnur* zwischen dem ätherischen und dem astralen Körper zerrissen. »Der physische Körper geht zurück zur Erde, der ätherische ist im Normalfall aufgebraucht, das heißt, dieser Mensch hat die irdische Lebenskraft zu Ende gelebt. Bereiche über der silbernen Schnur treten die Reise ins Jenseits an.«[14] Allerdings sollen letztlich nur die drei obersten »Körper«, der kausale, universale und göttliche, unsterblich sein, der astrale und mentale werden später abgelegt.

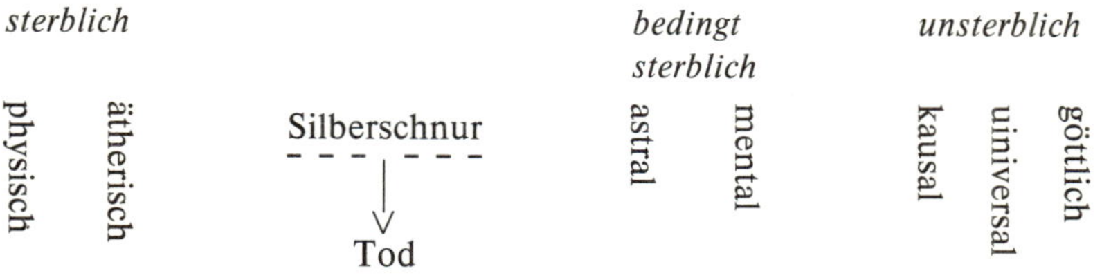

Im einzelnen finden wir wie gewohnt bei unterschiedlichen esoterischen Richtungen gegensätzliche Angaben. Teilweise heißt es, daß auch schon das mentale, personale Ich dauerhaft überlebt. Bei anderen liest man dagegen, daß nur das höchste, göttliche Selbst - Atman - unsterblich ist; wenn sich Atman aber mit der Weltseele Brahman vereinigt, so wie ein Tropfen in den Ozean fällt, und der Mensch ins Nirwana eingeht, kann man kaum noch behaupten, daß etwas von ihm erhalten bliebe. Im Buddhismus (der ursprünglichen Form) wird das Selbst generell als Illusion bestimmt, somit kann es schon gar nicht ewig existieren.

Tod und Erleuchtung

Wir haben gesehen, daß der Mystiker mit dem Begriff Tod oft einen seelischen »Tod« meint, insbesondere das Sterben des Ego. Dieser Prozeß wird mit der Erleuchtung in Beziehung gesetzt, denn durch den Ego-Tod kann das höhere, lichte Selbst er-scheinen, auf-leuchten, sich entfalten. Fragen wir nun genauer, in welcher Beziehung der körperliche Tod zum seelischen Tod und damit zur Erleuchtung sowie zur Vereinigung mit Gott steht. Hierzu werden prinzipiell vier verschiedene Antworten gegeben:

① *Der Tod ist hinreichend für Erleuchtung*

Nach dieser Auffassung gelangt der Mensch allein dadurch, daß er stirbt, zur Erleuchtung, zur Einheit mit Gott; manchmal wird allerdings die Einschränkung gemacht, das gelte nur für »gute Menschen«. Eine solche Auffassung finden wir vielfach bei den Esoterikern, die sich mit »Nah-Tod-Erfahrungen« (near-death-experiences) befassen. Das sind Erlebnisse von Menschen, die nach Unfällen oder bei schwerer Krankheit klinisch tot waren, dann aber wiederbelebt wurden. Verschiedene Forscher wie Kenneth Ring, Robert Sullivan und andere untersuchten solche Zustände; am bekanntesten wurde aber Raymond A. Moody, der mit seinem ersten Buch »Leben nach dem Tod« einen wahren Boom auslöste.
Die betroffenen Menschen berichten ziemlich einhellig von Sterbeerlebnissen in etwa folgenden Phasen:

- Sie verlassen ihren physischen Körper und schweben (mit dem Astralkörper) über ihm, sehen ihn unten liegen.
- Dann bewegt man sich durch einen Tunnel.
- Begegnung mit Lichtwesen, deren übernatürliches Licht Liebe ausstrahlt (man kann hier auch Verwandten begegnen).
- Danach Begegnung mit einem höchsten Wesen, das grenzenlose Liebe und Verständnis ausstrahlt (Gott oder Jesus).
- Das göttliche Wesen gibt einem einen Lebensrückblick, wie in einem Film, wobei man die Folgen seines Tuns erkennt.
- Widerwillige Rückkehr: Die Menschen erleben die Nähe dieses obersten Lichtwesens als unerhört beglückend, erlösend. Sie wollen dableiben, müssen aber zurück auf die Erde, ihre Zeit ist noch nicht gekommen.

Nach diesen Erfahrungen scheint es also, daß man beim reversiblen (klinischen) »Tod« direkt zu Gott gelangt, weshalb man erwarten könnte,

beim endgültigen Tod ebenfalls, und zwar für ewig, ins Göttliche aufgenommen zu werden und damit Erleuchtung zu erzielen.
Solche Berichte vom »Leben nach dem Tod« sind aber vielfach auf Skepsis und Kritik gestoßen: Man hat eingewandt, es handle sich dabei um Wunschphantasien, durch die der reale Todesschrecken abgewehrt werde, oder einfach um biochemisch bedingte Halluzinationen infolge eines erhöhten Kohlendioxidgehalts im Blut. In seinem neuesten Buch »Licht von drüben« (1989) gibt Moody auf jene und andere Einwände recht scharfsinnige Antworten. All diese können aber über das Grundproblem nicht hinwegtäuschen: Die betroffenen Menschen hatten zwar Sterbeerlebnisse, aber sie waren nicht wirklich, irreversibel tot; insofern können sie auch nichts Sicheres über den Tod und schon gar nicht über eine mögliche Existenz danach aussagen.
Von daher bleibt die Frage, ob der Tod hier nicht im Lichte anderer Erfahrungen spekulativ interpretiert (und dabei womöglich verkannt) wird. Einmal im Sinne psychischen »Sterbens« in der mystischen Entwicklung, wo eben der Untergang alter Persönlichkeitsanteile wie Haß mit der Entstehung neuer, lichter Eigenschaften wie Liebe verbunden sein kann. Vor allem ist aber an eine *Parallele Geburt - Tod* zu denken: Bei der Geburt nimmt man Abschied von dem Mutterleib, beim Tod von der »Mutter Erde«, der irdischen Existenz. Diese Parallele läßt sich in verschiedenen Stufen belegen:

Geburt	»Todeserfahrung«
Bewegung durch den Geburtskanal	Bewegung durch einen Tunnel
Das Kind kommt aus dem Dunkel des Mutterleibs ans »Licht der Welt«	Der »Tote« gelangt am Ende des Tunnels ins Licht der Überwelt
Die Geburt ist meist schmerzhaft (Geburtstrauma), ja todesbedrohlich	Der Tod ist oft schmerzhaft (Todeskampf)
Mit der Geburt beginnt eine neue, die eigentliche Existenz	Mit dem Tod beginnt eine neue, höhere Existenz

So bleibt bis heute ungeklärt: Sind die »Todeserfahrungen« vielleicht Wiedererinnerungen an die Geburt, die eben häufig das erste Erlebnis von Todesnähe bedeutet? Wird durch den Streß des Sterbens diese Urerfahrung reaktiviert, bei der sich das Ungeborene durch Wehen- und Preßdruck, Atemnot oder toxische Medikamente in tödlicher Bedrohung fühlte oder auch real war? Und glaubt, phantasiert man deshalb, es müsse nach dem Tod weitergehen, so wie es auch nach der Geburt weiterging? Sicher ist es kein Zufall, daß vor allem Esoteriker hier auch sprachlich eine Parallele ziehen, vom *Tod als Geburt in ein neues Leben* sprechen - oder von *Wiederge-*

burt, weil die Seele, befreit vom »Gefängnis« des Körpers, jetzt wieder in ihr eigentliches Sein zurückkehre.
Es sei noch erwähnt, daß nicht nur der physische Tod, sondern auch der mystische Tod bzw. die mystische Entwicklung in Verbindung zur Geburt steht. Insbesondere Stanislav Grof hat im einzelnen untersucht, welche Geburtsphasen mit welchen spirituellen Stufen korrespondieren.[15]

② *Der Tod ist notwendig für Erleuchtung*
Die erste Auffassung behauptet: Der Tod reicht aus, um erleuchtet zu werden (wenn es auch noch andere Erleuchtungswege im Leben geben mag). Die uns nun beschäftigende zweite Auffassung besagt dagegen: Das Sterben allein führt zwar noch nicht zur Erleuchtung, aber es ist eine notwendige Bedingung dafür, kurz: ohne Tod auch keine Erleuchtung.
Das kann verschiedenes meinen: Einmal - erst durch die endgültige Trennung vom Körper, eben im Tod, kann sich die Seele gänzlich mit Gott vereinigen, auch wenn sie zu Lebzeiten schon nahezu erleuchtet war. Oder - erst nach dem Tod ist es möglich, bestimmte Entwicklungsstufen zu durchlaufen, z. B. von der mentalen über die kausale und universale Stufe vollständig zur göttlichen Ebene emporzusteigen.
Hierhin gehört aber auch die Anschauung, daß wir im Prozeß des Sterbens selbst oder unmittelbar danach die Chance haben, ins *Nirwana,* ins göttliche Nichts einzugehen und damit aus dem Kreislauf der Wiedergeburten auszuscheren. In uralten Schriften wie dem *Ägyptischen Totenbuch,* vor allem jedoch dem *Tibetanischen Totenbuch* werden genaue Anweisungen gegeben, wie der »Tote« (und auch seine Angehörigen) sich zu diesem Zweck verhalten sollen. Im Mittelpunkt steht dabei: Man darf sich nicht von verführerischen oder erschreckenden Visionen blenden oder ängstigen lassen, sondern muß sie als Projektionen des eigenen Geistes erkennen und unbeirrt nach dem »klaren Licht« suchen, um sich mit ihm zu identifizieren. Gelingt das nicht, so kann man wenigstens durch richtiges Verhalten dafür sorgen, im nächsten Leben auf einer höheren Stufe, sogar als Buddha, geboren zu werden.

③ *Der Tod ist hinreichend und notwendig für Erleuchtung*
Hier werden die beiden oben genannten Auffassungen kombiniert: Man gelangt durch den Tod - und nur durch den Tod - zu Gott, es gibt keinen anderen Weg.

④ *Der Tod ist weder hinreichend noch notwendig für Erleuchtung*
Wie oben beschrieben, kann die Vorstellung von einer Wiedergeburt mit der zweiten These (»Der Tod ist notwendig«) verbunden sein. Am häufigsten stößt man aber bei der vierten These auf das Modell der Wiedergeburt oder Reinkarnation. Danach bindet sich die Seele - in einer »Seelen-

wanderung« - immer wieder an neue Körper (Wiederverkörperung). Ein Tod reicht keineswegs aus für die Erleuchtung, sondern man durchlebt viele Leben und stirbt viele Tode. Andererseits ist der Tod auch nicht notwendig, denn man kann noch im Leben - in seinem letzten Leben - erleuchtet werden. Diese Auffassung ist heute wohl am verbreitetsten in der Esoterik, und da mit ihr auch wichtige andere Theorien verbunden sind, behandeln wir sie gesondert im nächsten Punkt.

Reinkarnation, Karma und Lebenssinn

Mit der Lehre von der Wiedergeburt ist die vom *Karma* verbunden. Karma wird unterschiedlich definiert: erstens als die Summe unserer guten und schlechten Taten in früheren Leben bzw. deren Folgen im jetzigen Leben; zweitens als das entsprechende Gesetz, welches bestimmt: Aus guten Taten in früheren Leben folgt Glück und Gesundheit im jetzigen Leben sowie aus negativen Taten Unglück und Krankheit.
Der Glaube an Reinkarnation und Karma ist in vielen Religionen und Weltanschauungen verbreitet, insbesondere im Hinduismus und Buddhismus (das Wort Karma stammt aus dem Sanskrit).
Aber ihre vielen Anhänger in der heutigen Esoterik weisen darauf hin, sie zeige sich auch in Bibelworten wie etwa dem des Paulus: »Täuschet euch nicht; Gott läßt seiner nicht spotten. Denn was der Mensch sät, das wird er auch ernten.« Immer wieder liest man Argumentationen für einen Karmaglauben im frühen Christentum wie die folgende von Christmas Humphreys:[16]

> »In den ersten Jahrhunderten des Christentums war es (das Karma) ein grundlegender Glaubenssatz im Westen. Aber am Konzil von Konstantinopel im Jahre 551 n. Chr., als die Kirchenväter feststellten, die Lehre von der Wiedergeburt sei unvereinbar mit dem seltsamen Gedankensystem, das zu bilden sie im Begriff waren, beschlossen sie, daß der Glaube an die Wiedergeburt von nun an unter Kirchenbann stehen solle, und mit dieser Lehre verschwand auch das Karma, das Gesetz, das die Annahme der Wiedergeburt bedingt.«

Grundsätzlich gibt es zwei verschiedene Deutungen des Karmas:

Ⓐ die *kausale* Deutung. Danach wird das Karma als *Ursache-Wirkung-Gesetz* aufgefaßt, nach dem - rein kausal - bestimmte Handlungen bestimmte Folgen bewirken. Und zwar stoßen wir hier wieder auf das Analogie-Denken: »Gleiches bewirkt Gleiches« bzw. »Wie früher, so heute«. Positive Handlungen in früheren Leben verursachen positive

Erfahrungen im Heute, während aus negativen Handlungen negative Erfahrungen resultieren, wodurch eine ausgleichende Gerechtigkeit garantiert wird. Was man früher einem anderen angetan hat, das fällt jetzt auf einen zurück: Wie du ihm, so das Karma dir.
Wenn die Kausalität hier auch durch das Gleichheitsdenken »esoterisiert« ist - es bleibt schon merkwürdig, daß viele Esoteriker, die Kausalität (wie beschrieben) sonst meist ablehnen, hier nun ein strikt mechanisch-kausales Gesetz postulieren, nach dem das Schicksal wie eine Art Vergeltungsmaschine funktioniert. Diese Sicht ist bei anderen Esoterikern aber auch auf Kritik gestoßen, sie verstehen das Karma nicht kausal, sondern teleologisch.

ⓑ die *teleologische Deutung:* Danach ist unser Lebens-(Un)glück nicht einfach Auswirkung früherer (Un)taten, sondern das Schicksal sendet uns *Lebensaufgaben,* an denen wir uns entwickeln und reifen sollen. Hat jemand z. B. eine Krankheit, so fragt man nicht nach deren *Ursachen,* sondern nach deren *Ziel* und *Zweck,* nicht nach dem Warum, sondern dem Wozu. Die Krankheit mag etwa den Zweck haben, daß man sich mit bisher verleugneten, unbewußten Gefühlen wie Angst und Hilflosigkeit auseinandersetzt, sie bewußt verarbeitet und dadurch seelisch weiterwächst.
Nur bei dieser teleologischen (von griechisch telos: Ziel) Deutung ist es auch überzeugend möglich, die Schicksalsmacht oder den Kosmos oder Gott als ein intelligentes, zielbewußtes oder sogar persönliches Wesen zu verstehen, ein Wesen, das nicht nur unerbittlich früheres Fehlverhalten bestraft, sondern auch *Gnade* gewähren kann, wenn die Begnadigung eben für das seelisch-spirituelle Wachstum des »Sünders« besser ist - eine Auffassung, die besonders für christliche Esoteriker wesentliche Bedeutung besitzt.
Auch das Analogieprinzip, daß wir Gleiches ernten, wie wir gesät haben, läßt sich nicht nur kausal begründen, sondern ebenso durch ein zielgerichtetes Karma, nach dem Gesetz: »Gleiches wird durch Gleiches geheilt.« Hat man etwa in seinen Vorleben andere Menschen betrogen, so wird man womöglich jetzt selbst Opfer eines Betrügers: um den Schmerz des Betrogenwerdens hautnah zu erfahren, das Unrecht des Betrügens einzusehen und damit dieses Verhalten zu beenden.
Allerdings finden wir häufig auch Verbindungen von kausalem und teleologischem Karmadenken: Beispielsweise wird man einerseits krank, *weil* man in früheren Existenzen andere gekränkt hat, andererseits *damit* man durch das Kranksein lernt, anderen keine Kränkungen mehr zuzufügen.
Das teleologische oder *finale* (von lateinisch finis: das Ziel) Argumentieren spielt in der Esoterik generell - über das Karma hinaus - eine große Rolle. Man geht normalerweise weniger von vergangenen Ursachen aus, die sich in die Gegenwart auswirken, sondern von zukünftigen Zielen, auf

die sich die Gegenwart zielgerichtet hinbewegt. Nicht Ursachen bestimmen die Welt und schon gar nicht der Zufall, sondern höhere Ziele wie Weiterentwicklung, Bewußtwerdung, Aufstieg bis zur Vergöttlichung. Dabei interpretiert man äußerst spekulativ jedes Ereignis im Hinblick auf solche Ziele. Beispielsweise ist man überzeugt, daß jedes Geschehen, das einem widerfährt, einen besonderen Sinn hat, einen Wegweiser oder Katalysator für die Selbstentfaltung darstellt. Überhaupt wird spekuliert, alles hänge mit allem zusammen, weil nämlich letztlich alles auf das oberste Ziel des göttlichen Bewußtseins hinstrebe.
Besonders problematisch ist, wenn man dabei annimmt, dieser Zielpunkt sei in der Zukunft quasi schon verwirklicht, der Endpunkt der Evolution stehe fest. Denn damit wird eine vollständig determinierte Welt vorausgesetzt, nicht determiniert durch die Vergangenheit - wie im Kausaldenken -, sondern *vorherbestimmt durch die Zukunft.* Das entspricht kaum den heutigen wissenschaftlichen Erkenntnissen und gerät aber auch mit anderen, neuesoterischen Theorien des New Age in Konflikt, wonach die Evolution ein sich selbst organisierender Prozeß mit »Ende offen« ist.

Mystik - eine Bilanz

Ich habe die Mystik als höchste Form der Esoterik vorgestellt, wenn es in ihr auch sehr unterschiedlich zu bewertende Strömungen gibt. Von Kritikern wird die Mystik gerne als »Mystizismus« attackiert, gemeint ist damit eine irrationale pseudoreligiöse Gefühlsschwärmerei. Dieser Vorwurf trifft aber viele Mystiker nicht, die selbst eine solche Emotionsmystik ablehnen, ebenso wie die Beschäftigung mit »Geistern« oder das Training »höherer Kräfte«.
Ernster zu nehmen ist die Kritik, der Mystiker betreibe eine »Nabelschau«, er kreise nur um sich selbst, vor allem um die Entfaltung seines Selbst und Bewußtseins. Für etliche mystische Richtungen gilt das sicherlich, aber nicht für alle. So wird etwa im Buddhismus, im berühmten *Achtfachen Pfad,* die spirituelle Entwicklung eingebettet in eine ethisch-soziale Persönlichkeitsreifung, nur die beiden letzten Glieder des Pfades beziehen sich ganz spezifisch auf die Bewußtseinsentfaltung:[17]

1. Rechte Erkenntnis	Erkenntnis der Wahrheit vom Leiden, von der Leidensentstehung, der Leidenserlösung und dem zur Leidenserlöschung führenden Pfade.
2. Rechte Gesinnung	Entsagende, haßlose Gesinnung.
3. Rechte Rede	Vermeidung von Lüge, Zwischenträgerei, roher oder törichter Rede.
4. Rechte Tat	Vermeidung von Töten, Stehlen, Ehebruch.

5. Rechter Lebenserwerb	Vermeidung eines die anderen Wesen schädigenden Berufes.
6. Rechte Bemühung	Anstrengung, karmisch unheilsame, üble Dinge zu vermeiden oder zu überwinden und heilsame Dinge zu erwecken oder zu erhalten.
7. Rechte Achtsamkeit	Beständige Achtsamkeit auf Körper, Gefühl, Bewußtsein und die geistigen Objekte.
8. Rechte Sammlung	Geistige Sammlung, die in den »vier Vertiefungen« ihren Gipfel erreicht.

Wenn die Mystik also auch durchaus mit einer moralischen, den Mitmenschen miteinbeziehenden Entwicklung verbunden sein kann, wir werden später noch einmal fragen müssen, inwieweit sie dennoch - wie alle esoterischen Wege - stark selbstbezogen bleibt.

5. Magie – Der Wille zur Macht

»Der Ursprung des Wortes *Magie* ist nicht eindeutig geklärt, höchstwahrscheinlich stammt er vom altiranischen *magi* ab, womit man die zoroastrischen Priester und Weisen meinte, die auch die Funktionen von Sterndeutern und Orakelsehern wahrnahmen. Unsere *drei Weisen aus dem Morgenland* der Weihnachtsgeschichte, die Heiligen Drei Könige also, heißen im Englischen noch heute *die drei Magi* . . .«
So erläutert der kundige Frater V.·. D.·. den Begriff der Magie und gibt auch noch eine anschauliche Einführung:[1]

> »*Magie* - dieses uralte Wort jagt noch heute manchem Zeitgenossen einen unheiligen Schrecken ein. Wer dabei nicht gerade an Bühnenmagie und Kaninchen im Zylinder denkt, dem schwebt die Vision vom bösen alten Zauberer mit dem stechenden Blick und der Hexe mit den unsäglichen, unheilbringenden Formeln der Macht vor. In manchen Märchen gelten diese Gestalten schließlich auch als Verkörperung des Bösen. Nun, es gibt sie noch heute, nicht nur im Märchen, die Magier und Zauberinnen, die sich tagtäglich in den Schutzkreis stellen, Talismane laden und Amulette fertigen, Flüche verhängen und Liebeszauber, Dämonen beschwören und Engel anrufen, fremden Göttern huldigen und mit den Elementen Erde, Wasser, Feuer, Luft hantieren wie andere Zeitgenossen mit dem Schraubenschlüssel.«

Diese Schilderung verdeutlicht schon Unterschiede zwischen dem Magier und dem Mystiker. Wir wollen folgende Unterschiede besonders herausstellen: Der Mystiker sucht vorrangig die Hingabe an das Göttliche; zwar suchen auch viele Magier nach dem Göttlichen, aber sie wollen selbst Gott sein, mit ihrem Ego, ohne es aufzugeben. Dabei glauben sie, durch bestimmte Praktiken und Techniken mit Sicherheit dieses Ziel erlangen, ja erzwingen zu können; zwar verwendet man auch in der Mystik Methoden zur Selbstentwicklung, aber sie dienen mehr als »Absprungbretter«, sie garantieren noch nicht, daß der Sprung auf die göttliche Ebene gelingt – für manche Mystiker bleibt dies sogar von der Gnade eines persönlichen göttlichen Wesens abhängig. Schließlich ist in der Mystik die Göttlichkeit Selbstzweck bzw. geht es um die Entfaltung und Veredlung des Selbst, allerdings auch um die Befreiung von allem Leid - jedenfalls aber um überirdische Ziele; für den Magier ist das »Gott-Sein« dagegen letztlich Mittel zum Zweck, er will die göttliche Allmacht, um Macht zu haben über andere Menschen, über Geister, besondere Kräfte usw.; dabei sind seine Ziele meist sehr irdischer Natur: z. B. Reichtum, sexuelle Lust oder auch die Vernichtung von Gegnern.
Eine genaue Abgrenzung der Magie von der Mystik und anderen esoterischen Disziplinen ist allerdings schwer möglich. Oder man muß genauer unterscheiden zwischen »weißer Magie«, die der Mystik eng verwandt ist,

und »schwarzer Magie«, die sich auf böse oder wenigstens selbstsüchtige Ziele richtet; allerdings läßt sich auch diese Unterscheidung relativieren, denn wie (selbst)kritische Magier zugegeben haben: »Schwarze Magie ist immer die Magie der anderen.« Anstatt von Magiern spricht man von *Zauberern* bzw. Zauberinnen oder *Hexen* bzw. Hexern und Hexenmeistern; doch auch diese Begriffe lassen sich nicht eindeutig auf das Magische festlegen. Daß es den Magiern nicht nur um Macht, sondern im wesentlichen auch um Wissen gehen kann, zeigt das weltberühmte Zitat aus Goethes Faust:

»Drum hab' ich mich der Magie ergeben,
Ob mir durch Geistes Kraft und Mund
Nicht manch Geheimnis würde kund;
Daß ich nicht mehr, mit sauerm Schweiß,
Zu sagen brauche, was ich nicht weiß;
Daß ich erkenne, was die Welt
Im Innersten zusammenhält,
Schau alle Wirkenskraft und Samen,
Und tu nicht mehr in Worten kramen.«

Versuchen wir, etwas Ordnung in die Vielfalt magischer Tätigkeiten zu bringen, und unterscheiden vier Hauptbereiche:

① Anwendung der Ähnlichkeitsgesetze
(z. B. des Gesetzes »Wie oben, so unten«)
② Aktivierung eigener Energien
(z. B. der Kraft der Gedanken)
③ Nutzung fremder Energien
(z. B. der Pyramidenenergie)
④ Anrufung von Dämonen
(z. B. durch magische Formeln Geister beschwören)

Die ersten drei Bereiche werden wir in den nächsten Punkten genauer studieren; mit der Geisterbeschwörung will ich mich in einem gesonderten Kapitel (8.) befassen, wo alle - auch nichtmagischen - Formen des Kontakts mit Geistern systematisch untersucht werden.

Ähnlichkeits-Zauber und Kontakt-Zauber

Der Anthropologe Sir James Frazer (1854–1941) prägte in seinem berühmten Werk »Der goldene Zweig« den Begriff der *Sympathetischen Magie.* Er schreibt dazu:[2]

»Wenn wir die Grundlagen der Ideen im einzelnen untersuchen, auf welchen die Magie beruht, so sehen wir, daß diese sich in zwei Teile gliedern: einmal, daß Gleiches wieder Gleiches hervorbringt oder daß eine Wirkung ihrer Ursache gleicht; und dann, daß Dinge, die einmal in Beziehung miteinander gestanden haben, fortfahren, aus der Ferne aufeinander zu wirken, nachdem die physische Berührung aufgehoben wurde.«

Das erste Prinzip geht direkt auf das uns ja schon bestens bekannte Gesetz der Entsprechung (oder Analogie oder Ähnlichkeit) zurück, z. B. auf »Wie oben, so unten«. Nur begnügt sich der Magier nicht mit der Erkenntnis der Entsprechung, sondern er nutzt sie praktisch, versucht etwa, das Oben zu verändern, um damit analog im Unten eine Veränderung zu erreichen. Ein besonders skurriles Beispiel für einen solchen *Analogie-Zauber* bringt Cavendish: Papst Urban VIII. befürchtete, eine kommende Sonnenfinsternis (oben) könnte seinen Tod (unten) voraussagen. Mit Hilfe eines Magiers dichtete er einen Raum ab und simulierte mittels Lampen einen veränderten, für ihn astrologisch günstigen Stand der Himmelskörper, um so das Unheil abzuwenden.
Besonders bekannt ist der *Bild-Zauber,* der etwa nach dem Motto funktionieren soll: Wie das Bild, so das (abgebildete) Original. Schwarzmagier durchstoßen Bilder oder Wachsfiguren ihrer Gegner mit Nadeln, um durch die Zerstörung des Bildes zugleich den Feind zu zerstören. Man spricht hier auch von *Imitativer Magie,* weil der Magier an der Figur, an einem Modell eine Handlung nachahmt, die er dadurch entsprechend auch am Original zu vollziehen glaubt.
Die *Entsprechungs-Magie* soll ebenfalls bei *Zeichen* und *Symbolen* anwendbar sein, obwohl hier keine äußere Ähnlichkeit bestehen muß. Wenn der Magier z. B. ein Familienwappen beschädigt, meint er, damit zugleich die zugehörige Familie zu schädigen. Sogar der *Name* steht nach magischer Auffassung in Analogie zur benannten Person oder Sache. Wie Cavendish erläutert: »Eine klassische Methode, den Feind zu töten oder zu verletzen, besteht darin, seinen Namen auf ein Stück Blei, Wachs oder gebrannten Ton zu schreiben, einen passenden Fluch hinzuzufügen und diesen Gegenstand zu vergraben.« Schon die alten Ägypter glaubten, wer den Namen eines Menschen kenne, könne Macht über ihn ausüben. Man wehrte sich dagegen, indem jeweils bei der Geburt zwei Namen verliehen wurden: ein öffentlicher und der wahre Name, der geheimgehalten wurde – und nur durch die Kenntnis dieses eigentlichen Namens konnte man den Namensträger magisch manipulieren.
Das *zweite* Prinzip von Frazer beinhaltet wie gesagt, daß Dinge, die einmal in enger (räumlicher) Beziehung gestanden haben, auch dann noch aufeinander einwirken, wenn der (körperliche) Kontakt zwischen ihnen nicht

mehr besteht. So glaubt der Magier, einen Mitmenschen beeinflussen zu können, wenn er etwa Haare oder Zähne von ihm zur Verfügung hat, aber auch Kleider oder andere Gegenstände, die der Betreffende benutzt oder besessen hat. Von Crowley wird berichtet, er paßte höllisch auf, daß niemand sich seiner abgeschnittenen Haare, Nägel oder der Exkremente bemächtigte und sich auf diese Weise seiner selbst bemächtigte.
Frazer spricht hier von *Übertragungs-Magie,* deutlicher ist aber der Begriff *Kontakt-Magie (kontagiöse Magie),* der eben besagt, daß durch physischen Kontakt eine dauerhafte magische Verbindung geschaffen wird. Diese kann man ebenfalls dazu verwenden, um einen anderen Menschen zu einer bestimmten Handlung zu veranlassen oder Kontrolle über seinen Geist zu gewinnen. Gerne wird diese Methode etwa beim *Liebeszauber* angewandt. Um das Herz seiner Angebeteten zu erobern, braucht der Zauberer z. B. ein Taschentuch von ihr, das er dann mit magischen Verführungsformeln bespricht, womöglich aber auch mit seinem Urin benetzt oder ähnliches. Allerdings muß man bei dieser Kontakt-Magie sehr achtsam zu Werk gehen:

> »In einem Pamphlet aus dem Jahre 1591 . . . wird von dem Schulmeister John Fian aus Saltpans in Lothian folgendes warnendes Beispiel erzählt: Fian verliebte sich leidenschaftlich in die ältere Schwester eines seiner Schüler und überredete den Jungen, ihm drei Schamhaare von ihr zu besorgen. Als der Junge versuchte, sie seiner schlafenden Schwester auszureißen, wachte diese auf und schrie. Die Mutter kam hinzu, stellte fest, was geschehen war, nahm drei Haare vom Euter einer jungen Kuh und gab sie ihrem Sohn, der sie zu Fian brachte. Fian ›wendete seine Kunst auf sie an‹, und es dauerte nicht lange, bis die Kuh zu ihm kam. ›Sie umsprang und umtanzte ihn zur nicht geringen Verwunderung der Bewohner von Saltpans.‹«[3]

Besonders wirksam soll die *Kombination von Ähnlichkeits- und Kontaktmethode* sein - wenn man z. B. ein Modell seines Opfers mit echten Haaren oder ähnlichem von diesem schmückt, ehe man es verhext, verflucht oder verzaubert. Jedenfalls geht es bei der sympathetischen Magie um *Fern-Zauber,* der Magier wirkt aus der Ferne, ohne persönliche Berührung, auf eine Person ein - bzw. glaubt er das.

Die Kraft von Gedanken, Willen, Konzentration - und Sexualität

Der Magier kann also bestimmte Gesetze nutzen, wie etwa das der Entsprechung: Was man dem Modell, Bild oder Namen von jemandem antut, das tut man auch dem Betreffenden selbst an. Doch er will darüber hinaus besondere *Kräfte* in sich selbst erzeugen oder aktivieren. Kräfte, die ihm womöglich erlauben, sich unsichtbar zu machen, zu fliegen oder gar körperlich unsterblich zu werden - all dies wird berichtet. Überwiegend hat der Magier es aber in der Alltagspraxis mit dem Kampf gegen Feinde zu tun, einmal mit dem Angriff, so versucht er, den Gegner in ein Tier zu verwandeln, aber auch mit Verteidigung gegen magische Angriffe vor allem von anderen Zauberern. Dabei muß er in jedem Fall sehr aufmerksam agieren, denn es wird als »Gesetz der Vergeltung« genannt, daß eine Verwünschung, die wirkungslos bleibt, voll auf ihren Urheber zurückschlägt.

Um welche Kräfte geht es hier? Zunächst einmal um primär *körperliche Energien* wie die *Sexualität.* Wir haben die unterschiedliche Nutzung der Sexualkraft in verschiedenen Wegen der Mystik schon kennengelernt, bei der Magie ist es noch wieder anders: Einerseits wird die Sexenergie entfesselt - in Orgien etwa -, andererseits wird sie aber auch kanalisiert und gelenkt, um mit ihr magische Wirkungen auszuüben. Der Star unter den Magiern, Crowley, galt als sexbesessen. So verwendete er ein Parfüm, das angeblich sowohl für Frauen wie für Pferde sehr anziehend war. Es heißt, die Pferde wieherten auf der Straße hinter ihm her.

Auch die sogenannte *Kundalini-Kraft,* das »ruhende Feuer«, das seinen Sitz im niedrigsten Chakra unten an der Wirbelsäule hat, soll aktiviert werden. Der Magier versucht jedoch nicht - wie der Mystiker -, diese Kraft durch Leitung in höhere Chakras immer weiter zu verfeinern, sondern nutzt sie unmittelbar für magische Zwecke. Weiterhin wird eine magnetische Energie trainiert. Auch die Schulung des Atems spielt eine große Rolle bei der Ausbildung zum Magier. Insgesamt zielt man sowohl auf Freisetzung wie auf Beherrschung körperlicher Energien, somit auf Yin und Yang, wobei das orgiastische Ausleben oder das asketische Kontrollieren überwiegen kann.

Eine Stufe über den physischen sind die *emotionalen Kräfte* angesiedelt. In der Magie, zumindest der schwarzen, setzt man dabei vorrangig auf negative Emotionen wie Zerstörungswut und Haß. Sie werden gebündelt auf einen Gegner gerichtet, um ihn zu verletzen oder zu vernichten.

Eng verwandt mit dieser Gefühls- ist die *Wunschkraft.* Man spricht ja auch im normalen Sprachgebrauch von magischen Wünschen. Ein Buch von Andrew Osborne zu diesem Thema heißt bezeichnenderweise »Wie man sich heranzieht, was man sich wünscht«. Darin wird behauptet, daß man durch intensives Wünschen, Begehren, Sehnen das Wunschobjekt wie magnetisch anzuziehen vermag.

Von der Wunsch- zur *Willenskraft,* die schon zu den höheren Kräften zählt. Allerdings gibt es hierzu einige Verwirrung in der magischen Fachliteratur. Die meisten Autoren betonen, wie wichtig es für den Magier sei, seine Willensstärke zu schulen. Andere warnen aber davor, daß ein verkrampfter Wille keinen Erfolg zeitige, er könne sogar einen (unbewußten) Gegenwillen und damit eine Gegenkraft aktivieren, die gerade das Gegenteil des Willensziels bewirke. Besser solle man die Wunschkraft stärken - und die Vorstellungskraft.

Man spricht auch von der *Kraft der Imagination oder Visualisation.* Es geht darum, sich ein Ziel bildlich genau vorzustellen, es vor dem inneren Auge zu sehen und mit der Phantasie auszumalen. Wenn der Magier z. B. eine neue Arbeitsstelle bekommen möchte - und die heutigen Magier wenden ihre Kunst durchaus auch auf solche banalharmlosen Ziele an -, dann »visualisiert« er, anschaulich und plastisch, wie der Chef ihn freundlich begrüßt, wie er im Vorstellungsgespräch selbstsicher und überzeugend auftritt usw. - bis dahin, daß er einen Brief mit der Zusage erhält.

Solches intensive Vorstellen erfordert *Konzentrationskraft.* Diese zeigt sich im »konzentrierten Blick«, wie ja überhaupt der »starre Blick« oder gar der »böse Blick« in der Allerweltsmeinung den Magier oder Hexer auszeichnet. Und dieser übt tatsächlich oft den »zentralen Blick«, um damit seine Konzentrationsstärke zu steigern. Nachfolgend ein Auszug aus einer Übungsbeschreibung:

> »Wir befestigen in Augenhöhe ein weißes Blatt, in dessen Mitte ein tiefschwarzer Punkt von Erbsengröße eingezeichnet ist. Diesen Punkt fixieren wir - gemäß dem individuellen Sehvermögen - aus ein bis zwei Meter Entfernung. Jedenfalls muß er deutlich sichtbar sein und während der Übung bleiben. Augen wie Augenlider haben uneingeschränkt dem Willen zu gehorchen. Unstetigkeit, Zucken, Blinzeln hat zu unterbleiben ... Sagen Sie sich während des Trainings: ›Die Strahlkraft meiner Augen steigert sich mit jedem Tag von Übung zu Übung. - Mein Blick wird immer bezwingender.‹«[4]

Ist positives Denken Magie?

Als Höchstes gilt die *Kraft des Geistes,* die Macht der Gedanken. Heute ist der Glaube an diese Kraft weit über die Esoterik hinaus verbreitet, nämlich als *Positives Denken,* das einen Siegeszug durch Psycho- und Okkultszene durchlaufen hat, bis hin zum »ganz normalen« Durchschnittsbürger, der nun fast in jeder Illustrierten, Frauen- oder Rundfunkzeitschrift etwas über das »Schöner Denken« lesen kann.

Den wenigsten Anhängern des Positiv-Denkens dürfte bewußt sein, daß es sich dabei letztlich um eine magische Disziplin handelt, die sogar dem Entsprechungsgesetz gehorcht: Glückliche Gedanken führen - analog - zu Lebensglück, negative, unglückliche Gedanken dagegen zu einem unglücklichen Leben. Allerdings verwenden die bescheideneren Positiv-Denker diese Methode nur, um sich selbst - ihre Seele und ihren Körper -

mit aufbauenden Energien zu stimulieren. Der Magier glaubt dagegen an die Allmacht der Gedanken, durch die man letztlich jedes Wesen und jedes Ding auf dieser Erde beeinflussen kann.

Das um so mehr, wenn man seine Gedankenkraft durch *Hypnose* verstärkt. Nicht umsonst ist die Hypnose eine beliebte Demonstration bei den Bühnen-»Magiern«, die den echten Magiern - sehr zu deren Leidwesen - weitgehend den Rang abgelaufen haben. Auch der starre, »hypnotische Blick« paßt sehr gut in das magische Repertoire. Der echte Magier wird zwar selten Gelegenheit haben, sein Gegenüber regelrecht zu hypnotisieren, aber er versucht doch, die eigenen mentalen Energien hypnotisch aufzuladen.

Diese Kräfte lassen sich generell durch einen *veränderten Bewußtseinszustand* verstärken, durch eine Trance, sei es als *Ekstase,* ein Aus-sich-Herausgehen, sei es als *Meditation,* ein In-sich-Gehen. So sind die schöpferischen Potenzen des Unterbewußtseins, die als weit mächtiger gelten als das bewußte Ich, am besten zu aktivieren.

Falls Sie bei all diesen Magiekräften den Überblick verloren haben - eine Formel soll die wohl wichtigsten noch einmal zusammenfassen: »Wille + Imagination + magische Trance = magischer Akt.«[5]

Schon seit Urzeiten gebrauchten viele Magier aber auch äußere Hilfsmittel, um ihre magischen Energien zu stimulieren. Beispielsweise wurden *Rauschdrogen* eingenommen - bekannt ist ja das Hexengebräu -, heute verwendet man eher synthetische Drogen aus dem Chemielabor, wie das berühmt-berüchtigte *Amphetamin.*

Die modernen Zaubermeister setzen aber auch auf *Technik.* Neben den schon beschriebenen *Gehirnmaschinen* benutzen sie die weniger aufwendigen *Tonkassetten.* Es ging los mit Suggestionskassetten, auf denen eine eindringliche Stimme, untermalt von stimulierender Musik, verkündet: »Denken Sie positiv! Dann können Sie erreichen, was immer Sie wollen. Sie haben die Macht dazu.« Der ernsthafte Magier wird sich solche Kassetten selbst besprechen, für den »normalen« Möchtegern-Positiv-Denker gibt es inzwischen Kassetten für fast jedes Problem bzw. jeden Wunsch zu kaufen, von »Macht über Mitmenschen« bis zur Überwindung von Flugangst.

Vor einigen Jahren kamen dann die sogenannten *Subliminal*-Kassetten auf den Markt. Hier hört man bewußt nur sanfte Musik, Meeresrauschen und andere »Naturtöne«, in diesen Klangteppich sind aber Suggestionen eingewoben, nur so leise, daß sie allein unser Unterbewußtsein aufnehmen kann. Der Vorteil dieser Technik soll sein, daß wir die Kassetten bei fast jeder Betätigung nebenbei hören können und außerdem das kritische Wachbewußtsein nicht störend in die Selbstbeeinflussung eingreift. Die Wirkung der »Subliminals« ist aber umstritten[6] - ebenso die der neuesten *Hemi-Sync*-Kassetten. Auf diesen Bändern sind oft gar keine verbalen Botschaften mehr enthalten, sondern neben bzw. in der Musik nur akustische Signale, die das Gehirn beeinflussen, vor allem zu einer *Hemisphären-Synchronisation,* das heißt zu einer Harmonisierung der beiden Hirnhälften führen sollen.

Die eigenen magischen Kräfte kombinieren sich sehr gut mit der *Entsprechungs-* oder *Kontakt-Magie.* Wenn der Hexenmeister einen Rivalen ausschalten will und seine Kräfte (trotz äußerer Verstärkung) nicht dafür ausreichen, dann konstruiert er ein Abbild, ein Modell des Konkurrenten (etwa aus Wachs); indem er seine gebündelten Haßenergien auf dieses Modell - als *Bindeglied* - richtet, sollen seine Gefühls- oder Geisteskräfte im Verbund mit dem Entsprechungsgesetz den Gegner treffen.

Nun geht es aber in der Magie nicht immer nur um solche destruktiven Vorhaben. Die meisten Positiv-Denker zielen vielmehr auf Erfolg, Reichtum, Gesundheit, Liebesglück und ähnliches. Wenn das auch immer noch selbstbezogene Ziele sind, es gibt auch eine ausgesprochen altruistische Magie. Denn wir können etwa die *Geistheilung* ebenfalls als eine Form von - *weißer* - Magie ansehen, bei der man einen Kranken mit seiner geistigen Macht zu heilen sucht. Das kann wiederum als Fern-Magie ablaufen, als Fern-Heilung. Viele Heiler legen aber auch ihre Hände direkt auf und bestreichen erkrankte Körperstellen, um ihre Geistesenergie, ihren »Magnetismus« oder ähnliches zu übertragen. Man spricht in diesen Fällen von *Nah-Magie* oder *Nah-Zauber.*

Pyramidenkraft und Erdstrahlen, Talisman und Zauberstab

Wir haben bisher die Kräfte studiert, die der Magier aus sich selbst schöpft. Im folgenden wollen wir uns mit magisch nutzbaren *Fremdenergien* befassen. Allerdings gibt es hier Vermischungen und Übergänge: Wenn der Hexer oder die Hexe z. B. unter Drogen eine magische Tat vollbringen, dann kann dies primär durch die Kraft der Droge selbst bedingt sein (manche Schamanen glauben, daß in jeder Rauschpflanze ein Geist wohnt), oder die Droge wirkt nur als ein Katalysator, der die eigenen magischen Kräfte beflügelt.

Besonders schwierig zu unterscheiden ist das bei der höchsten, der kosmischen oder göttlichen Energie. Sie existiert einmal außerhalb von uns, aber auch in uns. Und so verstehen sich viele Geistheiler selbst als Quelle ihrer Heilkräfte; andere sehen sich - bescheidener - nur als Übermittler einer göttlichen Heilungsenergie.

Fremdenergien werden meistens als *Ausstrahlungen* bzw. *Strahlen* beschrieben. Sie können schädlich oder nützlich sein; gegen schädliche Strahlen versucht sich der Magier durch *Abwehrzauber* zu schützen, die

nützlichen Kräfte spannt er durch geeignete Methoden für seine Zwecke ein. Dabei bieten sich ihm auf allen Stufen des Seins verschiedene Energien.
Es beginnt unten, bei der Materie, bei Kristallen und Edelsteinen. Diese sollen Schwingungen aussenden, durch die man die eigene Strahlung reinigen und harmonisieren oder seine Strahlungsfrequenz erhöhen kann. Ganz konkret werden z. B. folgende Kräfte verschiedener Edelsteine angegeben:[7]

Diamant	- macht treu zu Verpflichtungen
Granat	- gibt Aufrichtigkeit des Herzens
Amethyst	- gibt Mut und Begeisterung
Jaspis	- gibt Beständigkeit und Eheglück
Saphir	- läßt begangene Fehler bereuen
Smaragd	- läßt die Zukunft wissen
Achat	- gibt Gesundheit
Rubin	- schützt vor falschen Freundschaften
Karneol	- verscheucht schlechte Gedanken
Opal	- festigt die Treue
Topas	- verhindert schlechte Träume
Türkis	- sichert Erfolg in der Liebe
Olivin	- verleiht Einfachheit und Mäßigkeit
Chrysolith	- begünstigt Verbindungen
Aquamarin	- sichert laufendes Glück

Auch die *Alchemie* ist hier zu nennen. Der Alchemist will durch bestimmte Mischungen und Bearbeitungen von Metallen den »Stein der Weisen« hervorbringen, mit dem sich jedes Metall mühelos in Gold verwandeln läßt, und außerdem ein Lebenselixier, das ihm Unsterblichkeit verleiht. Wie schon beschrieben, erstrebt man allerdings in der höheren Alchemie - gemäß dem Gesetz der Entsprechung - durch die magische Goldherstellung (unten) die mystische Veredlung, »Vergoldung« des eigenen Selbst (oben).
Auch der Erdboden bzw. Orte können nach magischer Weltsicht bestimmte Energien ausstrahlen. Als schädlich gelten dabei die sogenannten *Erdstrahlen,* auch »geopathogene Reizzonen« genannt; sie sollen unter anderem durch sich unterirdisch kreuzende Wasseradern entstehen. Der Magier versucht sich durch Schutzzauber gegen solche Strahlungen abzuschirmen, z. B. durch Antistrahlungsapparate; zwar wird deren Wirkungsweise häufig auch scheinbar wissenschaftlich erklärt, aber diese pseudowissenschaftlichen Erklärungen können den magischen Charakter dieser Schutzmaßnahmen nicht verdecken. Auch ganze Gegenden werden negativer Kräfte verdächtigt, wie das berüchtigte *Bermudadreieck,* in dem (an-

geblich) eine Unzahl von Schiffen und Flugzeugen auf Nimmerwiedersehen verschwanden. Auf der anderen Seite gibt es für den magischen Menschen aber auch »Orte der Kraft«, die heilsame Schwingungen aussenden und sich von daher besonders für Bauten eignen - eine eigene esoterische Disziplin, die *Geomantie*, untersucht solche Zusammenhänge. Auch im biologischen Bereich stößt der magisch Denkende auf vielfältige magisch nutzbare Energien: etwa die Heilkräfte von Blüten (»Bachblüten«), mit denen wir uns im 9. Kapitel noch näher befassen wollen, oder die Vitalenergien vom tierischen Körper, wie etwa Tierblut. Bei Naturvölkern herrscht(e) der Glaube, sich durch Verzehr eines Tieres dessen Lebenskraft einzuverleiben; auch der Kannibale meint, mit dem Verspeisen seines Gegners sich zugleich dessen Vitalität einzuverleiben. Die heutigen Magier gehen normalerweise weniger blutrünstig zur Sache; aber sie versuchen womöglich, durch hypnotische Methoden die Seelenkräfte eines anderen Menschen aufzusaugen - »Psychovampirismus« nennt sich das.

Im kulturellen Bereich sind es zunächst Gebäude, denen magische Energien zugeschrieben werden: etwa Tempeln, Ruinen, Steinringen wie *Stonehenge* (wobei es auch eine Rolle spielt, wenn es sich um Kultstätten handelt). Die größte Bedeutung besitzen aber zweifelsohne die Pyramiden; ihnen wird eine ganz besondere Kraft *(Pyramid power)* nachgesagt - in erster Linie zwar den großen, ägyptischen Pyramiden, vor allem der Cheopspyramide; letztlich soll aber einfach die Pyramidenform positive Strahlen aussenden, weshalb sich mancher Magier eine kleine Glaspyramide unters Bett stellt.[8]

Zum klassischen Inventar des Zauberers gehören immer der *Zauberstab* und bei der Hexe der Besen für Flugreisen. Heute stehen aber *Talismane* und *Amulette* im Vordergrund. Das sind kleine Gegenstände aus Stein, Holz, Metall oder Edelmetall, häufig als Schmuckstücke, gerne mit einer Inschrift versehen, die zur Unglücksabwehr (Amulette) oder als Glücksbringer (Talismane) dienen. Am wirkungsvollsten ist so ein Stück, wenn es extra für den Betreffenden hergestellt und genau auf seine »magischen Persönlichkeitsdaten« zugeschnitten ist, damit also dem Entsprechungsgesetz Rechnung trägt. In dem Standardwerk »Moderne Universalgeschichte der Geheimwissenschaften« wird hierzu folgendes erläutert[9]:

> »... herrscht zwischen allen Venus zugeordneten Dingen und Wesen Sympathie und ein Zusammenwirken der Kräfte. Es sind z. B. in den drei Naturreichen: Kupfer und Karneol; Myrte und Eisenkraut; Taube und Stier. Ein Mensch, der unter Venus-Einfluß steht, kann somit seine eigene Kraft durch das Tragen eines Talismans aus Kupfer und Karneol vergrößern.«

Magische Sprüche und Symbole

Am höchsten steht aber bei den Fremdenergien die Magie von Worten und von Symbolen; *Symbole* sind Bildzeichen, die eine Idee oder einen Begriff ausdrücken, und in der Esoterik haben sie normalerweise eine archetypische oder überirdische Bedeutung. Natürlich mag auch der geistige Sinngehalt eines Zeichens (über das Entsprechungsgesetz) eine Kraft ausüben, aber Worte und Symbole sollen auch selbst kraftgeladen sein.

Die wohl bekanntesten magischen Symbole sind das *Pentagramm* (Fünfstern) und das *Hexagramm* (Sechsstern); man nennt sie auch Drudenfuß und Davidstern oder kleines bzw. großes Siegel Salomos.

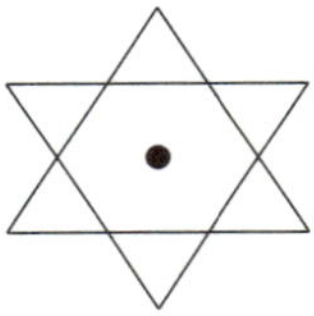

Wie der Esoterikkenner Jörg Wichmann schreibt:[10]

> »Das Pentagramm ist das Zeichen der vier Elemente unter der Herrschaft des Geistes (obere Spitze), das Zeichen des vollendeten Menschen. Auf den Kopf gestellt (Spitze nach unten, Elemente über dem Geist), gilt es als das Zeichen des Bösen und des geistigen Ungleichgewichts. Es wird in der Magie meist als Schutzsymbol eingesetzt oder um eine bestimmte Kraft an einen bestimmten Ort zu bannen ... Das Hexagramm ist das Planetensiegel, sechs Planeten an den Spitzen, die Sonne in der Mitte. Seine beiden Dreiecke bilden die Konjunktion der aktiven (Feuer) und der passiven (Wasser) Kraft.«

Vor allem das Pentagramm gilt dem Magier als kraftvolles Symbol, mit dem er etwas herbeizwingt oder bannt. Für die genaue Wirkung kommt es auf die Stellung des Zeichens an, in welcher Reihenfolge seine Seiten gezeichnet oder gezogen werden (von oben oder von unten) und ob es mit anderen Zeichen (z. B. dem Kreis) kombiniert ist; Variationen des Pentagramms sind unten abgebildet.

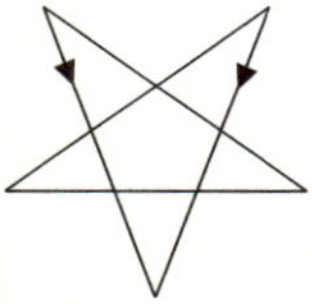

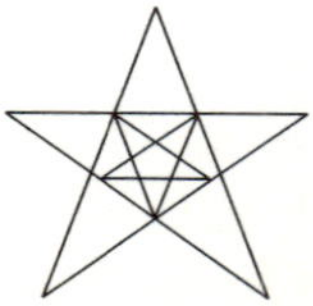

Allgemein bekannter als die magischen Symbole sind die *Zaubersprüche* oder *Zauberformeln.* Wer hat es noch nicht gehört, das »Abrakadabra«, »Simsalabim«, »Sesam, öffne dich!« usw., die auch in vielen Mythen und Märchen vorkommen. Es gibt berühmte Zauberbücher, umfangreiche Sammlungen magischer Sprüche für fast jede Gelegenheit, wie das mittelalterliche Werk »Der Schlüssel Salomos«. In neuerer Zeit hat der *Hermetische Orden der goldenen Dämmerung* das umfangreichste System von Magieformeln entwickelt.
Symbol- und Wortkraft werden häufig kombiniert. So ist das in der Magie gerne verwendete Schwert an sich schon ein kraftspendendes Symbol, das den konzentrierten, ja aggressiven Willen widerspiegelt. Für eine magische Handlung wird es aber häufig noch durch eine Zauberformel »geweiht« oder »magisch aufgeladen«, etwa durch folgende Worte:[11]

> »Ich beschwöre dich, du äußere Form dieses Instruments, bei Gott, dem allmächtigen Vater, bei der Kraft des Himmels und bei allen Sternen, die herrschen, bei der Kraft der vier Elemente, bei der aller Steine, aller Pflanzen und Tiere, bei der Kraft des Hagels und der Winde, solche Kräfte zu empfangen, daß wir durch dich das vollkommene Ziel unserer Wünsche erreichen . . .«

Magie - eine Bilanz

Die Mystik wird von den Esoterikern meist als *transpersonal* und *transrational* interpretiert, also als Überschreitung von Verstand und Ego (ob zu Recht, werden wir später noch diskutieren). Die Magie verstehen aber auch viele Esoteriker als *präpersonal* und *prärational,* damit als ein Entwicklungsstadium vor der Ausbildung von Verstand und Ego, so daß von unserer heutigen personal-rationalen Zeit aus der magische Weg einen Rückweg bedeute, sei dieser positiv oder negativ.
Richtiger ist wohl, die Magie im Übergangsbereich anzusiedeln; sie schließt das archaische und mythische Denken der vorrationalen Phase ab und leitet über in die rationale Phase, die überwiegend durch das männliche Yang-Prinzip bestimmt ist. Das zeigt sich einmal in der Dominanz der Männer in der Magie; zwar spielten und spielen auch die Frauen, die Hexen und Zauberinnen, eine nicht geringe Rolle, aber tonangebend waren und sind die männlichen Hexenmeister. Und diese erstreben kaum eine Einbettung in Natur und Gemeinschaft (wie es dem Yin-Prinzip entspräche), sondern Macht und Stärkung des eigenen Ego, was als typisch für das rationale Zeitalter gilt. Ja, manche Magier glaubten sogar, gottgleich ein Lebewesen, den *Homunkulus,* schaffen zu können, wie moderne Wissenschaftler über Menschenzüchtung durch Genmanipulation nachsinnen oder zumindest technische Robot-»Menschen« zu konstruieren suchen.

Andererseits ist die Magie aber auch noch dem Vorrationalen verhaftet. Sie ist typisch für viele Naturvölker, bei denen die Menschen beispielsweise Angst haben, fotografiert zu werden, weil der Besitzer des Fotos so Macht über sie gewinnen könne. Zwar bezieht man sich mit solchem Verhalten auf scheinbare Naturgesetze wie eben auf das Analogiegesetz, daß ein Bild mit dem abgebildeten Wesen in Wechselwirkung stände. Nur sind dies keine echten, allgemeingültigen Gesetze, sondern sie gelten nur sehr eingeschränkt unter speziellen Bedingungen.
Ähnlich sieht es mit dem Glauben an bestimmte Kräfte oder an eine Grundkraft aus, oft *Mana* genannt (der melanesischen Sprache entlehnt). Naturmenschen wie Magier streben danach, diese positive Kraft Mana für sich zu gewinnen. Ebenso einigt sie die extreme Angst vor Verletzung von *Tabus.* Ein Tabu bedeutet im magischen Sinn einen »Wechselbegriff zu Mana nur mit sozusagen negativem Vorzeichen, sofern es Personen oder Dingen eignet, die durch ihre ›Kraftladung‹ Gefahrzentren bilden, deren Berührung streng zu meiden ist«.[12] Zwar entspricht die Vorstellung von bestimmten Kräften oder auch einer einheitlichen Urkraft durchaus wissenschaftlichem Denken; aber die Wissenschaft hat andere Gesetze als wahre herausgefunden, und diese lassen sich nicht so einfach einspannen. Der Glaube an die Anwendbarkeit allmöglicher Zauber wie Wetter-Zauber, Fruchtbarkeits-Zauber, Jagd-Zauber, Schutz- und Schaden-Zauber, der *Fetischismus,* also der Glaube an die Kraft von Fetischen wie z. B. Talismanen, die als »Mana-Objekte« Glück bringen sollen, das trennt die Magie von der rational-wissenschaftlichen Weltsicht.
Aber darf man denn verschiedene Arten von Magie, vor allem die schwarze und weiße, überhaupt über einen Kamm scheren? Der bekannte Esoteriker Herbert Fritsche schreibt:[13]

> »Die schwarze Magie verheißt ihren Adepten alle Wunder der Welt, doch an ihrem Ende steht nicht Erfüllung und Vollendung, sondern der verzweifelte Ausruf *Fausts:* ›Könnt ich Magie von meinem Weg entfernen!‹ Demgegenüber ist die weiße Magie, deren vornehmste Praktiken das Gebet, die Versenkung, der reine Lebenswandel und die Verwendung der erworbenen Fähigkeiten zum Heil der Menschheit darstellen, ein Pfad des Lichtes und der Wahrheit.«

Einmal abgesehen davon, daß sich prinzipiell schwarze und weiße Magie kaum so strikt voneinander trennen lassen (wie schon anfangs erläutert). Die auch *rechtshändig* genannte weiße Magie und die auch *linkshändig* genannte schwarze Magie, die Weiß-Magier (»Brüder des Lichts«) und die Schwarz-Magier (»Brüder des Schattens«), unterscheiden sich in den Zielen und der Ethik ihres Tuns, aber sie glauben an dieselben Kräfte und Gesetze.

6. Wahrsagen - Der Blick in die Zukunft

Beim *Wahrsagen* geht es um das Erkennen von normalerweise verborgenen Wahrheiten, vor allem um die Schau in die Zukunft; man spricht auch von *Divination* oder *Mantik.*
Ähnlich wie in der Magie wirken hier zusammen:

- Gesetze, speziell das Entsprechungsgesetz: Wie sich z. B. die Sterne (oben) verhalten, so verläuft auch (unten) das Leben des Menschen.
- Eigene hellseherische bzw. prophetische Kräfte.
- Fremde Kräfte, die wie ein Orakel direkt über die Zukunft informieren können oder wie die Kristallkugel mehr als Hilfsmittel dienen.

Aber der Magier glaubt meistens daran, die Zukunft durch magische Mittel *selbst bestimmen* zu können, womöglich sogar total. Anders dagegen die Menschen, die wahrsagen oder sich von einem Wahrsager die Zukunft vorhersagen lassen: sie sind überwiegend Anhänger der Lehre, daß alles in der Welt und somit auch in ihrem Leben *vorherbestimmt* (prädestiniert) ist. Allerdings vermuten und hoffen viele doch, daß ein gewisser Spielraum bleibt, ihr Leben selbst zu gestalten, und dafür erwarten sie vom Wahrsager bzw. der Wahrsagerin vor allem konkrete Ratschläge wie zur Partner- und Berufswahl oder für kleine, banale Fragen des Alltags, zum Beispiel ob und wann sie eine Urlaubsreise antreten sollen.
Methoden wie *Astrologie* oder *Tarot* lassen sich aber nicht nur so vordergründig zur (angeblichen) Zukunftsprognose und praktischen Alltagsberatung nutzen, sondern sie können auch Auskunft geben über das tiefste, unbewußte Wesen der eigenen Person und damit zu einer echten Lebensberatung führen. So angewendet reichen sie bis in die Höhen der Mystik und zeigen über das »Erkenne dich selbst« den richtigen Lebensweg auf.
Die Vielfalt der Vorhersagemethoden ist unübersehbar; sie beginnt mit einfachen Zeichen des Volks- oder Aberglaubens.

Omen, die Glück verheißen:[1]

- Wenn Fledermäuse in der Dämmerung fliegen.
- Wenn ein Rotkehlchen ins Haus fliegt.
- Ein weißer Schmetterling.
- Ein vierblättriges Kleeblatt.
- Wenn man sich bei einem Sturm die Haare schneidet.
- Wenn man eine Kaninchenpfote trägt.
- Wenn man auf ungebügelten Laken schläft.
- Wenn man ein ungefärbtes Glas zerbricht, nur ein Spiegel darf es nicht sein.
- Wenn man einem Schornsteinfeger begegnet.

Omen, die Unglück verheißen:
- Wenn man nach Einbruch der Dunkelheit Asche ausleert.
- Wenn man einen Hut aufs Bett legt.
- Ein fünfblättriges Kleeblatt.
- Wenn man ein Hochzeitsgeschenk verschenkt.
- Wenn man unter einer Leiter durchgeht.
- Die Zahl 13, vor allem Freitag der 13.
- Wenn man mit dem linken Fuß zuerst aufsteht.
- Wenn man vor dem Geburtstag gratuliert.
- Wenn man einem Totengräber begegnet.
- Wenn man direkt nach der Trauung ein Schwein sieht.

Die Irrationalität solcher Omen beweist schon, daß sie von Land zu Land sehr unterschiedlich sein, sogar das Gegenteil bedeuten können, z. B. die schwarze Katze: Wenn sie einem Engländer über den Weg läuft, verheißt sie ihm Glück; in anderen europäischen Ländern und in den USA »bringt« sie dagegen Unglück. Die Sinnlosigkeit derartigen Aberglaubens verspottet auch die bekannte »Spruchweisheit«: *Wenn der Hahn kräht auf dem Mist, ändert sich das Wetter, oder es bleibt, wie es ist.*

Kommen wir zu den eigentlichen mantischen Künsten. Am bekanntesten sind: Sterndeutung (Astrologie), Tarot (Kartomantie), Handlesen (Chiromantie), Pendeln (Radiästhesie), Würfeln (Astragalomantie) bzw. Zahlendeutung (Arithmomantie oder Numerologie), Steinchen (oder ähnliches) werfen (Geomantie) sowie Schafgarbenstengel werfen (das chinesische I Ging) und - nicht zu vergessen - Traumdeutung (Oneiromantie); man bedient sich heute aber auch gerne wieder der germanischen Runen oder ganz modern des Biorhythmus.

Mehr oder weniger der Vergangenheit zuzurechnen ist das Wahrsagen aus: Kaffee bzw. Kaffeesatz (Kaffeedomantie) und Teeblättern bzw. Teetassen (Tasseographie), tierischen Eingeweiden (Haruspizium) oder Vogelflug (Ornithomantie), Luft (Aeromantie), Feuer (Pyromantie) und Wasser (Hydromantie), Kristall, vor allem Kristallkugel (Kristallomantie) und Glas oder Spiegel (Cataptromantie).

Es gibt aber auch noch befremdlichere Methoden der Zukunftsschau. Um nur einige aus dem großen Bereich der »tierischen Mantik« (Zoomantie) zu nennen, da wird »wahrgesagt«: aus dem Schädel eines Esels oder einer Ziege (Cephalomantie), aus dem Verhalten von Insekten (Entomomantie), aus der Farbe und Bewegung von Mäusen (Myomantie), aus dem Körnerfressen heiliger Hühner (Alektryomantie) und vieles andere Wunderliche mehr.

Letztlich kann man sogar alles aus allem vorhersagen, denn nach der Entsprechungslehre, der »*Signatura-rerum*«-Lehre, kann alles Zeichen für alles sein, alles ist ein Gleichnis für anderes. Wie Cavendish erläutert:[2]

»Alle Methoden, die sich mit scheinbar ganz zufälligen Gegebenheiten beschäftigen - der zufälligen Äußerung eines Kindes, dem Niesen oder einem Leberfleck am Körper -, gehen davon aus, daß diese Umstände eben nicht zufällig sind. Das Universum ist ein großes Ganzes. Alles, was geschieht, ist Teil des Gesamtbildes und kann dazu verwendet werden, künftige Ereignisse vorauszusagen, weil auch sie Teile des Gesamtbildes sind.«

Daß wir es hier immer mit Entsprechung bzw. Ähnlichkeit zu tun haben, bedeutet nicht, daß für den Esoteriker jegliches Geschehen immer gleich verläuft, die Zukunft so ist wie die Vergangenheit, eine *Serie* gleichartiger Ereignisse, sondern es kommt auch wieder die Gegensatzlehre zum Zug, die den *Wechsel* betont, den Umschlag von einem Pol in den anderen - bis sich schließlich Ähnlichkeit wie Gegensatz am Endpunkt der Evolution, im Tao, auflösen.
Im folgenden müssen wir uns auf einige besonders wichtige Vorhersagemethoden beschränken und können auch die nur in groben Umrissen beschreiben; für genauere Einzelheiten über Astrologie und ähnliches verweise ich auf die speziellen Bücher im Literaturverzeichnis. Auf das Zukunftssehen durch Geisterbefragung (Nekromantie) werde ich im 8. Kapitel eingehen.

Astrologie - Lügen die Sterne doch?

Das wohl bedeutendste und altehrwürdigste System der Divination, der Vorausschau, ist die Astrologie. Lange Zeit, bis zum Barock, mit der wissenschaftlichen Astronomie verbunden, wurde sie dann zu einer rein esoterischen Disziplin, die sich bis in unsere Gegenwart großer Beliebtheit erfreut, wenn die sich auch bei den meisten Menschen auf das Lesen völlig oberflächlicher Zeitungshoroskope beschränkt.
Die wirkliche Astrologie ist aber ein äußerst kompliziertes System, außerdem gibt es viele unterschiedliche Richtungen. Die »Sterndeutung« ist jedenfalls heute weniger eine intuitive Kunst, sondern mehr eine formal-rationale Wissenschaft oder eben nur Pseudowissenschaft, weil ihre Gesetze und Regeln von denen der anerkannten Wissenschaften abweichen.
Das wichtigste astrologische Gesetz ist das »Wie oben, so unten«, also »Wie im Himmel, so auf Erden«; kaum eine andere esoterische Methode demonstriert so klar dieses fundamentale Entsprechungsprinzip. Wichtig ist festzuhalten, daß die heutigen Astrologen überwiegend auf eine kausale Deutung (»*Weil* oben, so unten«) verzichten. Das Geschehen am Himmel gilt nicht als Ursache, sondern nur als Entsprechungsebene, als

Spiegel der irdischen Ereignisse. Wie Dethlefsen eindeutig formuliert: »Es gibt keine kausalen Wirkzusammenhänge zwischen den Gestirnen und verschiedenen Ebenen der Wirklichkeit.«
Man unterscheidet vor allem folgende Formen von Astrologie:[3]

① *Geburts-Astrologie*
»beschäftigt sich mit dem Leben einzelner und erstellt Horoskope für den Zeitpunkt der Geburt . . .«

- »In der *ereignisbezogenen Astrologie* geht es vor allem um die Vorhersage von Ereignissen wie Heirat, beruflicher Aufstieg oder die Geburt von Kindern.«
- »Die *allgemeine psychologische Astrologie* bemüht sich um die Erhellung der charakterlichen Eigenart und des psychologischen Potentials der Person.«

② *Astrologische Terminberatung*
»befaßt sich mit der Bestimmung des günstigsten Zeitpunkts von Unternehmungen« wie z. B. Reisen.

③ *Stunden-Astrologie*
»antwortet präzise auf konkrete Fragen. Das Horoskop wird für den Zeitpunkt berechnet, wenn der Klient die Frage stellt . . .«

④ *Mundan-Astrologie*
»bearbeitet ein weites Feld, das alle Angelegenheiten von Menschengruppen und das allgemeine Weltgeschehen einschließt.« Sie umfaßt unter anderem die *politische Astrologie* (z. B. Staats- und Völkerhoroskope), *geophysikalische Astrologie* (z. B. Wettervorhersage) und *astrologische Finanzberatung.*

⑤ *Medizinische Astrologie*
untersucht etwa die Krankheitsanfälligkeit je nach Tierkreiszeichen (dazu kommen wir noch).

Die Tierkreiszeichen

Der Tierkreis (auch Zodiak genannt) bildet ein gedachtes Band um die Erde, das der - scheinbaren - Kreisumlaufbahn entspricht, welche die Sonne in einem Jahr zurücklegt. Er ist in zwölf gleich große Abschnitte unterteilt, die *Tierkreiszeichen* oder *Sternzeichen.*
Dieses Modell geht also noch vom geozentrischen Weltbild aus, nach dem sich die Sonne um die Erde nicht bewegt (und nicht umgekehrt), aber das hat für die Einteilung letztlich keine Bedeutung. Problematischer ist, daß

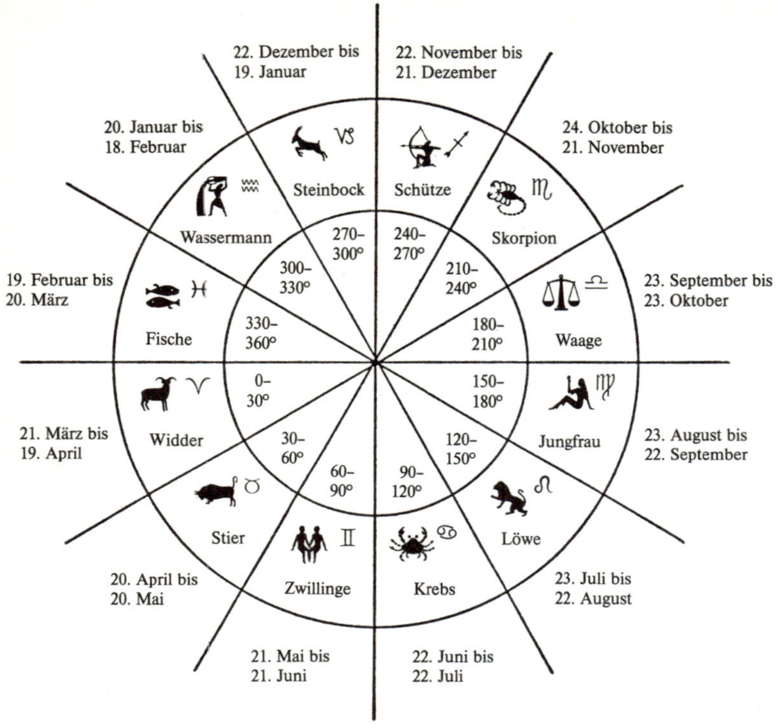

man die Sternbilder recht willkürlich bestimmte: Da wurden einige Sterne ausgewählt, andere wiederum ignoriert; z. B. werden im Sternbild Jungfrau Sterne zusammengefaßt, die 35 bis 220 Lichtjahre von der Erde entfernt sind (ein Lichtjahr: etwa neuneinhalb Billionen km). Vor allem aber stimmen die Tierkreiszeichen heute nicht mehr mit den gleichnamigen Sternbildern überein, denn die haben sich seit den Zeiten der Entstehung der Astrologie durch die Drehung der Erdachse (um etwa ein Zeichen) verschoben. Wer z. B. jetzt im Tierkreiszeichen des Widders geboren wird, dessen Sternbild ist eigentlich der Fisch bzw. schon der Wassermann.

Die Tierkreiszeichen besitzen verschiedene Funktionen in der Astrologie: als *Sonnenzeichen*, als *Aszendenten* und als *Häuser*. Das Sonnenzeichen ist das Tierkreiszeichen, in dem die Sonne (von der Erde aus gesehen) sich zu einem bestimmten Zeitpunkt, vor allem der Geburtszeit, befindet; Aszendent und Häuser werden noch erklärt.

Das Sonnenzeichen soll die *Grundstruktur der Persönlichkeit* aussagen, ihre positiven und negativen Seiten und damit auch ihre zentrale Lebens- und

Tierkreiszeichen	Polarität	Qualität (Quadruplizität)	Elemente (Triplizität)	Regierender Planet	Entsprechendes Haus	Wichtige positive Merkmale	Wichtige negative Merkmale	Zentrale[5] Lernaufgabe
1) Widder	m. (+)	kardinal	Feuer	Mars	1): Leben, Identität	mutig tatkräftig	aggressiv ichbezogen	kein Zorn!
2) Stier	w. (-)	fest	Erde	Venus	2): Besitz Werte	geduldig praktisch	besitzgierig stur	keine Gier!
3) Zwillinge	m. (+)	veränderlich	Luft	Merkur	3): Kontakte Geschwister	mitteilsam geistreich	unbeständig ruhelos	keine Oberflächlichkeit!
4) Krebs	w. (-)	kardinal	Wasser	Mond	4): Zuhause Vater	beschützend sensibel	launisch wankelmütig	kein Selbstmitleid!
5) Löwe	m. (+)	fest	Feuer	Sonne	5): Kinder Kreativität	schöpferisch selbstbewußt	angeberisch tyrannisch	kein Stolz!
6) Jungfrau	w. (-)	veränderlich	Erde	Merkur	6): Arbeit Gesundheit	scharfsinnig ordentlich	grüblerisch pedantisch	keine Skepsis!
7) Waage	m. (+)	kardinal	Luft	Venus	7): Ehe(gatte) Beziehungen	diplomatisch kooperativ	unentschlossen empfindlich	keine Unehrlichkeit!
8) Skorpion	w. (-)	fest	Wasser	Mars (1.) Pluto (2.)	8): Leidenschaft Tod	entdeckerisch intensiv	eigensinnig argwöhnisch	keine Rache!
9) Schütze	m. (+)	veränderlich	Feuer	Jupiter	9): Überzeugungen Reisen	optimistisch freimütig	übertreibend fanatisch	keine Arroganz!
10) Steinbock	w. (-)	kardinal	Erde	Saturn	10): Erfolg Ansehen	vernünftig strebsam	einengend intolerant	keine Verallgemeinerung!
11) Wassermann	m. (+)	fest	Luft	Saturn (1.) Uranus (2.)	11): Freunde Hoffnungen	menschlich idealistisch	unzuverlässig überspannt	keine Unruhe!
12) Fische	w. (-)	veränderlich	Wasser	Jupiter (1.) Neptun (2.)	12): Feinde Unbewußtes	gefühlvoll bescheiden	konfus ängstlich	keine Illusion!

Lernaufgabe. Seine Bedeutung setzt sich dabei aus verschiedenen Komponenten zusammen. Die nachfolgende Tabelle gibt einen Überblick über die verschiedenen Punkte, die dann im Text genauer erläutert werden.
Erstens spielen für die Bedeutung der zwölf Zeichen die Eigenschaften eine Rolle, die dem jeweiligen Tier (z. B. Widder), der mythischen Gestalt (z. B. Wassermann) oder dem Gegenstand (z. B. Waage) bzw. ihren Symbolen zugeschrieben werden.
Bei der *Polarität* unterscheidet man bekanntermaßen zwischen positiv (»männlich«) und negativ (»weiblich«). Nach Heidelore Kluge[6] gibt die Polarität die *Wirkrichtung* eines Zeichens an: »Zeichen mit positiver Polarität wirken von innen nach außen, Zeichen mit negativer Polarität von außen nach innen.«
Wir können aber darüber hinaus feststellen, daß die »männlichen« Zeichen eher dem Yang-Prinzip entsprechen, die »weiblichen« Zeichen eher dem Yin-Prinzip. Wie die Tabelle zeigt, stehen sechs positive sechs negativen Sonnenzeichen gegenüber. Im direkten Gegensatz stehen aber diejenigen Zeichen, die sich im Tierkreis genau gegenüberstehen (vgl. Abbildung S. 148), also z. B. Zwillinge und Schütze. Angeblich ergänzen sich Menschen solcher polaren Zeichen gut in Partnerschaften - nach der Regel: Gegensätze ziehen sich an.
Weiter unterteilt man in kardinale (oder Haupt-)Zeichen, feste (fixe) und veränderliche (flexible, variable) Zeichen. Diese Unterscheidung wird als *Qualität* oder *Quadruplizität* bezeichnet. Nach den Ausführungen von H. Kluge gibt die Qualität die *Wirkintensität* eines Zeichens an. Die verschiedenen Eigenschaften lassen sich etwa wie folgt zusammenfassen:[7]

- *Kardinale* Zeichen: »versetzen Dinge leidenschaftlich gerne in Bewegung. Sie *nutzen* ihre Fähigkeiten und mögen keine Verzögerungen.«
- *Feste* Zeichen: »bauen Dinge mit zuverlässiger Hartnäckigkeit auf. Sie *stabilisieren* Vorteile und geben nie auf.«
- *Veränderliche* Zeichen: »sind vielseitig und flexibel in jeder neuen Lage. Sie verstehen es, sich *anzupassen*, und mögen Abwechslung.«

Bestens bekannt sind uns ja bereits die *vier Elemente*: Feuer, Wasser, Luft, Erde. In der Astrologie ordnet man diesen Elementen jeweils drei Tierkreiszeichen zu, was sich *Triplizität* nennt; diese drückt nach H. Kluge die *Wirkweise* aus. Stark vereinfacht ergibt sich dann:[8]

- *Feuerzeichen* sind meist aktiv und begeisterungsfähig und strahlen Wärme aus (wenn sie nicht gerade neu entzündet werden müssen). Sie verbrauchen viel Energie.
- *Luftzeichen* sind meistens gesprächig, anregend und hellköpfig (es sei denn, es herrscht dicke Luft). Sie benötigen viel Platz.

- *Erdzeichen* sind praktisch veranlagt, realistisch, viel beschäftigt und meistens stabil (wenn kein Erdrutsch passiert). Sie brauchen Zeit.
- *Wasserzeichen* sind phantasievoll und gefühlsbetont (vorausgesetzt, daß sie nicht verduften). Sie brauchen ein abgestecktes Umfeld.

Sei ergänzend noch an folgende Entsprechungen erinnert:

Feuer (warm und trocken): *cholerisches* Temperament
Luft (warm und feucht): *sanguinisches* Temperament
Erde (kalt und trocken): *melancholisches* Temperament
Wasser (kalt und feucht): *phlegmatisches* Temperament

Außerdem wird nach astrologischer Auffassung jedes Sonnenzeichen von einem Planeten beherrscht (bzw. von zwei, einem Haupt- und einem Nebenregenten), dessen Eigenschaften auch die Eigenschaften des Sonnenzeichens mitbestimmen. Auf Planeten gehen wir im nächsten Punkt ein, später dann auf die sogenannten Häuser, die ebenfalls die Tierkreisbedeutungen beeinflussen sollen.
Abschließend ist auf Seite 152 noch eine Tabelle wichtiger *Entsprechungen* der Tierkreiszeichen zu finden, die auch deren Bedeutung weiter veranschaulichen. Einschränkend muß allerdings gesagt werden: Es werden in der Literatur ganz unterschiedliche, ja gegensätzliche Analogien angegeben, die den ohnehin fragwürdigen Wert solcher Gleichsetzungen weiter relativieren.[9] Außerdem sind häufig in einer Kategorie (z. B. Land) unsinnig viele Entsprechungen zu finden, zwischen denen kaum eine Ähnlichkeit zu erkennen ist, z. B. für Widder die Länder: Albanien, Deutschland, England, Australien, Borneo, Korea, Dänemark, Frankreich, Japan, Palästina, Schweden, Syrien und Venezuela. Ich beschränke mich in diesen Fällen auf *ein* Beispiel.

Die Planeten

In der Astrologie werden gemäß ihrem alten, geozentrischen Weltmodell alle Himmelskörper, die sich scheinbar um die Erde bewegen, als Planeten bezeichnet, also auch Sonne und Mond. Bis ins 18. Jahrhundert kannte man nur sieben »Planeten«, nämlich Sonne, Mond, Merkur, Venus, Mars, Jupiter und Saturn.
Als dann später noch drei weitere entdeckt wurden, Uran (1781), Neptun (1846) und Pluto (1930), versuchten die Astrologen, diese in ihr System zu integrieren, das ist aber bis heute nicht gänzlich gelungen, die »magische« Zahl Sieben paßt einfach besser zu vielen Entsprechungen als die Zehn. – Die Abbildung auf Seite 153 zeigt unser Sonnensystem aus astrologischer Sicht:[10]

Tierkreis-zeichen	Griech./römische Götter	Tier (z. B.)	Pflanze (z. B.)	(Halb-) Edelstein	Land (z. B.)	Stadt (z. B.)	Farbe	Glücks-zahlen
1) Widder	Athene/Minerva	Tiger	Distel	Diamant	Deutsch-land	Berlin	Rot	7/47/87
2) Stier	Aphrodite/Venus	Dackel	Rose	Smaragd	Argenti-nien	Zürich	Grün (Braun)	5/25/75
3) Zwillinge	Apollo	Affe	Maiglöck-chen	Achat	USA	London	Grau (Hellgelb)	3/13/33
4) Krebs	Hermes/Merkur	Ente	Iris	Rubin	China	Algier	Weiß (Blau)	2/12/72
5) Löwe	Zeus/Jupiter	Adler	Sonnen-blume	Sardonyx	Sizilien	Bombay	Gelb (Orange)	1/81/91
6) Jungfrau	Demeter/Ceres	Ameise	Jasmin	Saphir	Brasilien	Jerusalem	Grau (Violett)	3/23/33
7) Waage	Hephaistos/Vulkan	Pfau	Veilchen	Opal	Ägypten	Wien	Rosa (Hellblau)	5/25/35
8) Skorpion	Ares/Mars	Krokodil	Rhododen-dron	Topas	Mexiko	Tokio	Rot (Lila)	7/47/87
9) Schütze	Artemis/Diana	Elefant	Nelke	Türkis	Ungarn	Köln	Violett (Indigo)	4/14/24
10) Steinbock	Hestia/Vesta	Ziege	Stiefmütter-chen	Granat	Indien	Oxford	Schwarz (Marron)	8/18/28
11) Wasser-mann	Hera/Juno	Giraffe	Orchidee	Amethyst	Bayern	Sydney	Blau (Eisblau)	9/39/49
12) Fische	Poseidon/Neptun	Muschel	Seerose	Koralle	Island	Sevilla	Grün (Blaugrün)	4/14/24

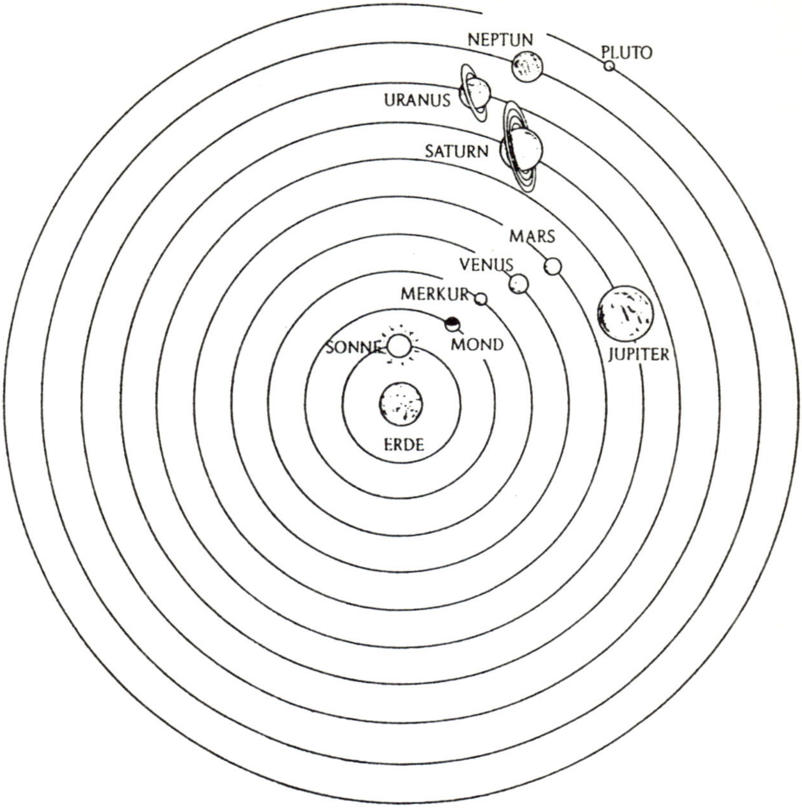

Die Planeten spielen wohl die Hauptrolle in der »Sternlesekunst«, dabei werden ihnen allerdings mehrere unterschiedliche Funktionen zugewiesen.
Zunächst stehen die Planeten für bestimmte *Strukturen der Persönlichkeit.* So soll etwa die Sonne das bewußte Ich symbolisieren, der Mond dagegen das Unbewußte-Intuitive. Doch sind sich die Astrologen dabei keineswegs einig: Für die einen zeigt der Mond unser wahres Selbst und die Sonne nur unsere äußere Fassade, für andere ist es genau umgekehrt: Die Sonne steht für das unveränderliche innere Selbst, der Mond für die sich stets wandelnden äußeren Haltungen (diese Auffassung entstand, als auch die Astrologen zur Kenntnis nehmen mußten, daß die Sonne der ruhende Mittelpunkt unseres Sonnensystems ist); eine Kompromißlösung lautet: »Im männlichen Horoskop entspricht die Sonne der äußeren und bewußten Persönlichkeit des Ratsuchenden. Der Mond symbolisiert seine *anima*, die ihm unbewußte Weiblichkeit. Im weiblichen Horoskop stellt die

Sonne dagegen den *animus*, die unbewußte Männlichkeit dar, während der Mond dem bewußten Aspekt des Wesens entspricht.«[11]

Die Planeten bedeuten aber auch je ein *allgemeines Prinzip*, das zusammenhängt mit den Eigenschaften des Gottes, nach dem sie benannt sind; dabei kann sich dieses Prinzip positiv oder negativ auswirken. Beispielsweise versinnbildlicht der Planet Mars - benannt nach dem römischen Kriegsgott - das Grundprinzip Aggression; dieses kann sich sowohl als Zerstörung zeigen wie als tatkräftige Bewältigung von Schwierigkeiten.

Darüber hinaus werden die Planeten aber als *günstige oder ungünstige Omen* bei Voraussagen gedeutet. Günstig sind Jupiter (»das große Glück«) und Venus (»das kleine Glück«), ungünstig sind Saturn (»das große Unglück«) und Mars (»das kleine Unglück«). Die heutigen Astrologen tendieren allerdings dazu, etwa den Saturn nicht mehr als Künder eines unausweichlichen Unheils, sondern einer schwierigen Lebenssituation bzw. Lernaufgabe zu interpretieren, die den Menschen zwar belastet und vollen Einsatz fordert, letztlich aber zu einem Entwicklungsschritt genutzt werden kann.

Wie den Tierkreiszeichen, so wird auch den Planeten ein *Pol* bzw. ein *»Geschlecht«* zugewiesen, wobei man sich wiederum nicht in jedem Falle einig ist und wobei außerdem Neptun, obwohl doch ein männlicher Gott, eine negative, »weibliche« Polarität zugesprochen erhält. Bei den Planeten werden ebenfalls direkte *Gegensatzpaare* genannt, vor allem Sonne - Mond, Mars - Venus, aber auch Jupiter - Saturn. Wie »die Alten« das Geschlecht der (sieben) Planeten bestimmten, zeigt sehr anschaulich die untenstehende Abbildung.[12]

Die nachfolgende Tabelle gibt eine Übersicht zu den gerade erläuterten Punkten und enthält außerdem wesentliche Entsprechungen (deren Gültigkeit jedoch wieder zu relativieren ist). Bei den Wochentagen zeigt sich

Planeten	Polarität	Grundprinzip	Seelische Struktur	Vorhersage	Götter und Göttinnen	Tiere (z. B.)	Duftstoffe (z. B.)	Metalle	Farben	Wochentage
1) Sonne	+	lebenspendend	Ich, Bewußtsein	neutral	Sonnen-Gott: Sol, Helios u. a.	Löwe	Lavendel	Gold	Gelb (Orange)	Sonntag
2) Mond	-	widerspiegelnd	Gemüt, Gefühl	günstig	Mond-Göttin: Luna, Diana u. a.	Katze	Myrrhe	Silber	Weiß (Silbern)	Montag
3) Merkur	+/–	vermittelnd	Geist, Intellekt	neutral	Gott des Handelns u. a.	Fuchs	Zimt	Quecksilber	Blau (Azur)	Mittwoch
4) Venus	-	ausgleichend	Empfinden, Liebe	günstig	Göttin der Liebe	Kaninchen	Flieder	Kupfer	Grün (Blaugrün)	Freitag
5) Mars	+	aggressiv	Tun, Aggression	ungünstig	Gott des Krieges	Wolf	Nelke	Eisen	Rot (Zinnober)	Dienstag
6) Jupiter	+	entwikkelnd	Ich-Ideal, Entfaltung	sehr günstig	Höchster aller Götter	Elefant	Moschus	Zinn	Blau (Violett)	Donnerstag
7) Saturn	+(?)	begrenzend	Über-Ich oder Kind-Ich	sehr ungünstig	Gott des Ackerbaus u. a.	Eule	Benzoe	Blei	Schwarz (Braun)	Samstag
8) Uranus	+	exzentrisch	Libido, Kreativität	ungünstig	Urvater aller Götter			Uran	Stahlblau	
9) Neptun	-	auflösend	kollektives Unbewußtes	ungünstig?	Gott des Meeres			Neptunium	Blaugrau	
10) Pluto	+	zersetzend	persönliches Unbewußtes	ungünstig?	Gott der Unterwelt			Plutonium	Schwarzrot	

die Planetenzuordnung sogar sprachlich, im Deutschen am deutlichsten beim »Mond-Tag« und »Sonne-Tag«.[13]

Die Planetenleiter zu Gott

Wir haben bisher die Planeten als grundsätzlich *gleichgeordnet* betrachtet, jeder mit Plus- und Minusseiten. Man kann sich die Planeten aber auch vertikal geordnet vorstellen, in einer *Rangfolge*. Dem liegt folgende esoterische Auffassung zugrunde: Die menschliche Seele bewegt sich bei ihrem »Fall in die Materie« durch die Planetensphären hindurch von oben bis ganz nach unten zur Erde und auf dem Rückweg, zurück zu Gott, in umgekehrter Reihenfolge wieder durch die Planetensphären - die »Himmelfahrt«.

Beschränken wir uns auf die sieben traditionellen Planeten, dann ergibt sich folgender Reiseweg bzw. folgende Entwicklungsstufen, die wir durch einige (wenn auch nicht unproblematische) Entsprechungen veranschaulichen können.

Planeten	Ebenen/ »Körper«	Chakren	Lebensstufen
① Saturn	göttlich	Scheitel	weises Greisenalter
② Jupiter	universal	Stirn	Alter
③ Mars	kausal	Kehle	Reife
④ Venus	mental	Herz	Erwachsenenalter
⑤ Merkur	astral	Nabel	Jugend
⑥ Mond	ätherisch	Milz	Kindheit
⑦ Sonne	physisch	Steißbein	frühe Kindheit

Allerdings ergeben sich hier verschiedene Komplikationen. Denn neben der oben angegebenen Ordnung der Planeten in der modernen Astrologie gibt es das viel ältere Modell der *Chaldäer*, die die Planeten nach der Geschwindigkeit ordneten, mit der sie sich - vom Standpunkt der Erde her - bewegen. Dann verschieben sich die Positionen ④ bis ⑦ wie folgt: ⑦ Mond, ⑥ Merkur, ⑤ Venus und ④ Sonne. Damit verändern sich natürlich auch die Bedeutungen der genannten Planeten als Entwicklungsstufen, z. B. ist jetzt der Mond und nicht die Sonne die »niedrigste« Stufe (was ebenfalls die Entsprechungen verändert).[14]

Außerdem wurden im alten System häufig nicht nur sieben, sondern zehn Ebenen unterschieden. Dabei bezog man sich keineswegs auf Uran, Neptun und Pluto, die waren ja noch unentdeckt, sondern der Saturn galt zwar als gottnächster Planet, aber über ihm wurden noch drei höhere Ebenen angenommen - wie im Himmelsentwurf von Dante, der von der Kabbala beeinflußt war.[15]

	Himmel		»Bewohner«	Tugenden
	①	Himmelsrose	Trinität	
	②	Kristallhimmel	Neun Engelchöre	
	③	Fixsternhimmel	Petrus, Jakobus, Johannes	Glaube, Hoffnung, Nächstenliebe
Die Planetensphären	④	Saturn	Asketen	Selbstbeherrschung
	⑤	Jupiter	Hl. Könige	Gerechtigkeit
	⑥	Mars	Hl. Krieger	Tapferkeit
	⑦	Sonne	Kirchenlehrer	Weisheit
	⑧	Venus		
	⑨	Merkur		
	⑩	Mond		

Vollends problematisch wird es aber, wenn man diese *astrologischen* Modelle der spirituellen Entwicklung mit denen der *Alchemisten* vergleicht. Die wollten das »niedrigste« Metall, das Blei, über verschiedene Stufen immer weiter veredlen bis zum »höchsten« Metall, dem Gold, und dieser chemischen Umwandlung sollte eine seelische parallel laufen, von der »bleiernen Seele« zur »goldenen Seele«. Nun entspricht aber in allen Lehren das Blei dem Saturn und das Gold der Sonne. Also verlief aus Sicht der Alchemisten der spirituelle Weg genau umgekehrt wie bei den Astrologen, nämlich vom Saturn-Zustand zum Sonnen-Zustand.[16]
Man kann diese vertikale Betrachtung einer Rangfolge auch auf die Tierkreiszeichen übertragen, vor allem je nach dem sie regierenden Planeten. So wird mal (alchemistisch) der Löwe als oberstes Zeichen interpretiert, weil ihn der Goldplanet Sonne regiert; oder der Wassermann (bzw. der Schütze) soll das oberste Zeichen sein, weil der Saturn sein Herrscher ist – was gut zu der Euphorie über das kommende Wassermannzeitalter paßt. Andere Esoteriker lehnen aber eine solche Hierarchisierung von Planeten und Tierkreiszeichen ab, sie meinen, entscheidend wäre, daß man sich mit den Inhalten und Energien aller Planeten und Zeichen auseinandersetzt; dann hat man sich zur Ganzheit entwickelt, egal bei welchem Planeten/Zeichen man anfängt und bei welchem man aufhört.

Das Geburtshoroskop

Um genauere Aussagen über einen Menschen zu machen, genügt es dem Astrologen nicht, dessen Sonnenzeichen und den regierenden Planeten zu kennen, sondern er benötigt in erster Linie ein *Geburtshoroskop* des Betreffenden. Dieser Begriff meint zum einen eine Art Himmelskarte (in Kreisform), welche die Stellung von Tierkreiszeichen und Planeten zur Geburtszeit und vom Geburtsort aus gesehen darstellt; zum zweiten ist das Geburtshoroskop die Auswertung dieser Himmelskarte nach astrologischen Richtlinien, also die Erkenntnis, die sich daraus über den »horoskopierten« Menschen gewinnen läßt. Die Erstellung eines solches Horoskops ist eine äußerst komplizierte Angelegenheit, die ich hier nicht im einzelnen beschreiben kann; es umfaßt vor allem folgende unten aufgeführte Punkte:

① *Sonnenzeichen* (wie erläutert)

② *Aszendent*
So nennt man den Schnittpunkt von Ekliptik und Osthorizont des Geburtsortes zur Geburtszeit (Ekliptik ist die scheinbare Bahn der Sonne in einem Jahr).
Oft wird aber auch das Tierkreiszeichen in diesem Punkt selbst als »Aszendent« bezeichnet, also das Zeichen, welches bei der Geburt am östlichen Horizont aufsteigt. Ihm kommt astrologisch eine fast ebenso große Bedeutung zu wie dem Sonnenzeichen. Oft wird der Aszendent als Maske (äußere Persönlichkeit) dem wahren Ich des Sonnenzeichens gegenübergestellt.

③ *Häuser*
Das Horoskop wird nicht nur in die zwölf Tierkreiszeichen eingeteilt, sondern auch in zwölf sogenannte Häuser. Diese werden ebenfalls den Sternzeichen zugeordnet; sie umfassen aber im Gegensatz zu den Sonnenzeichen nicht ein Jahr, sondern 24 Stunden, sie bestimmen sich durch die Stellung der Sonne in Relation zum Geburtsort. Der Anfang des ersten Hauses (seine »Spitze«) ist der Aszendent. Die Häuser geben verschiedene Lebensbereiche an wie Besitz, Freundschaft, Gesundheit und andere (vgl. Tabelle S. 149). Je nachdem, welcher Planet in einem Haus »steht« (z. B. Jupiter im fünften Haus), ist dieser Lebensbereich unterschiedlich ausgeprägt und glücklicher oder unglücklicher gestaltet.

④ *Planeten*
Das Geburtshoroskop erfaßt die Stellung aller Planeten in den zwölf Tierkreiszeichen und den zwölf Häusern. Aus den sich so ergebenden Kombinationen werden Aussagen abgeleitet über Eigenschaften, Begabungen und Zukunftsaussichten des Horoskopbesitzers bzw. ihm Ratschläge erteilt. Nur ein augenfälliges Beispiel: Pluto im Krebs: »Reiches Innenleben, oft lebhafte Träume und Phantasien. Kann entschieden für neue Ideen eintreten.« Und: Pluto im vierten Haus: »Möglicherweise Probleme innerhalb der Familie, kann launenhaft und aufbrausend sein.«[17] Oder: »Konzentriere dich auf die Identifizierung des Bedürfnisses nach emotionaler Sicherheit, und teile diese Erkenntnis mit anderen.«[18]

⑤ *Aspekte*
Die Astrologen interpretieren nicht nur die Stellungen der Planeten in Tierkreiszeichen und Häusern, sondern auch ihre Positionen zueinander - man spricht von Aspekten. Je nach dem Winkel zwischen zwei Planeten werden verschiedene solcher Aspekte unterschieden, von denen manche als positiv (harmonisch), andere als negativ (spannungsreich) gelten, nur die *Konjunktion* (0°) gilt als neutral. Sehr günstig ist z. B. das *Sextil* (60°), äußerst ungünstig die *Opposition* (180°).

Die genannten Punkte - wie zuletzt die Aspekte - spielen nicht nur beim Geburtshoroskop eine Rolle, sondern auch (mehr oder weniger) bei den anderen genannten astrologischen Tätigkeiten, z. B. aktuellen Voraussagen. Sei abschließend noch festgehalten, daß es neben der europäischen Astrologie (mit ihren vielen Unterströmungen) auch eine *indische* und *chinesische* Astrologie gibt, wobei die letztere völlig anders als die unsrige aufgebaut ist.

Tarot - Was sagen die Karten?

Das Tarot (oder Tarock) ist ein Set von 78 Karten, die als Vorläufer der heutigen Spielkarten gelten, jedoch vor allem zum Wahrsagen verwendet werden. Man unterteilt die Karten folgendermaßen:

① die *großen Arcana*: 22 Karten

② die *kleinen Arcana*: 56 Karten
Das sind jeweils vierzehn Karten - As, 2 bis 10, Bube, Ritter (oder Reiter), Königin (oder Dame) und König - in den vier »Farben«: Stäbe, Kelche, Schwerter und Münzen.

Die kleinen Arkanen werden den vier Elementen zugeordnet und besitzen entsprechend folgende Grundbedeutungen:

Symbol	entspricht:	Element:	Bedeutung:
Stäbe (Keulen)	Treff (Kreuz)	Feuer	Vitalität, Aktivität, Führerschaft
Kelche (Pokale)	Cœur (Herz)	Wasser	Empfänglichkeit, Erfahrung, Hingabe
Schwerter	Pik	Luft	Rationalität, Organisation, Aggression
Münzen (Pentakel)	Karo	Erde	Sinnlichkeit, Körperlichkeit, Reichtum

Die großen Arkanen überragen die kleinen weit an Wichtigkeit; jede ihrer Karten zeigt ein Bild von symbolischer, archetypischer Bedeutung (wenn es auch verschiedene Fassungen mit unterschiedlichen Abbildungen gibt). Die Grundbedeutungen der 22 Karten sind:[19]

⓪ Der Narr	Torheit, Eingebung, Verzückung, Vertrauen.
① Der Magier (Joker)	Gott, Autorität, Diplomatie, tätiges Denken. Der Befrager; alle Karten, die in der Nähe des Jokers liegen, sind für das Schicksal des Auskunftsuchenden von Bedeutung.
② Die Hohepriesterin (Päpstin)	Weisheit, Geheimnis, Sammlung. Die Befragende; diese Trumpfkarte hat dieselbe Bedeutung wie der Joker, jedoch nur für weibliche Auskunftsuchende.
③ Die Herrscherin (Kaiserin) ...	Initiative, Handeln, Liebe, Familie.
④ Der Herrscher (Kaiser)	Wille, Vernunft, Herrschaft, Vorsehung.
⑤ Der Hohepriester (Papst)	Inspiration, Führerschaft, Priestertum.
⑥ Die Liebenden (Entscheidung)	Leidenschaft, Vereinigung, Einheit, Zusammenklang.
⑦ Der Triumphwagen (Wagen)	Triumph, Schutz durch die Vorsehung, Einsicht, Unabhängigkeit.
⑧ Die Gerechtigkeit	Gerechtigkeit, Verantwortlichkeit, Gleichmaß.
⑨ Der Einsiedler (Weise)	Weisheit, Vorsicht und Klugheit, Einweihung.
⑩ Das Rad des Lebens (Glück)	Los, Schicksal, Gnade, Zeit.
⑪ Die Kraft	Stärke, Mut, Arbeit, Geduld.
⑫ Der Gehenkte (Prüfung)	Opfer, Prüfung, Disziplin, Unterwerfung.
⑬ Der Tod	Tod, Wiedergeburt, Dauer.
⑭ Die Mäßigkeit (Ausgleich) ...	Sparsamkeit, Maß, Keuschheit, Mäßigkeit.
⑮ Der Teufel	Krankheit, große Kraft, Gewaltsamkeit.
⑯ Der Turm (Zerstörung)	Verderben, Betrug, unwiderstehlicher Antrieb.
⑰ Der Stern	Hoffnung, himmlische Einflüsse, Beredsamkeit, Weg der Natur.

(18) Der Mond	Gefahr, Feinde, falsche Freunde, Verrat.
(19) Die Sonne	Heirat, Glück; Entdeckung, Erleuchtung.
(20) Das Jüngste Gericht (Gericht)	Verwandlung, Veränderung.
(21) Die Welt	Erfolg, Harmonie, Zielerreichung.

In Klammern stehen alternative Namen; in einigen Spielen bezeichnet die Karte (8) die Kraft und die Karte (11) die Gerechtigkeit.

Man kann die Tarotkarten einmal so interpretieren, daß sie gleichgeordnete Grundsituationen des Lebens zeigen *(horizontal)*. Ähnlich wie wir es in der Astrologie festgestellt haben, kann man die Karten aber auch *(vertikal)* deuten als Symbole verschiedener Entwicklungsstufen. Und zwar gilt dann, daß die Karte Nr. 21 (Welt) die niedrigste Stufe symbolisiert und die Karte Nr. 0 (Narr) die höchste.

Auch hier lassen sich verschiedene Entsprechungssysteme angeben, als wichtigste die *Kabbala* und das wiederum mit dieser verbundene *hebräische Alphabet*. Wir haben die Kabbala bereits kennengelernt als Modell der zehn Emanationen Gottes bzw. der zehn Ebenen des Seins, welche in einem »Lebensbaum« dargestellt werden (vgl. S. 63). Verbinden wir die zehn Knoten des Lebensbaumes in bestimmter Weise, so ergeben sich 22 *Pfade*. Diese entsprechen den 22 Kartenbildern des Tarots.

Die Pfade lassen sich in zweierlei Richtung verstehen: *einerseits*, ausgehend vom obersten Punkt (Kether), als Abstieg des göttlichen Geistes in die Materie, zum Menschen hin, als *Involution* (von Pfad 1 bis Pfad 22). Bei dieser Sicht ergibt sich eine Zuordnung zum hebräischen Alphabet, dessen 22 Buchstaben den 22 Schöpfungswerken der Genesis entsprechen und damit die Entstehung des ganzen Universums umfassen sollen:

21

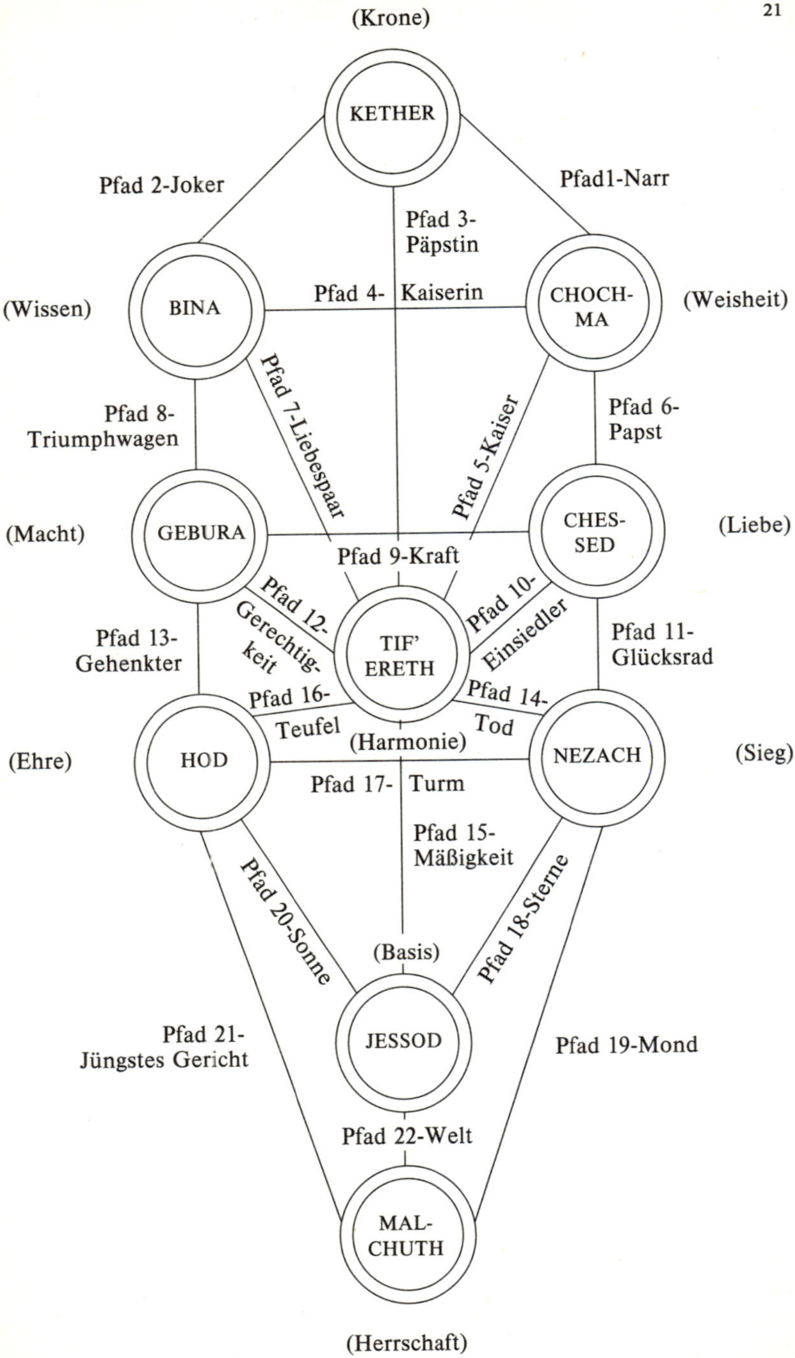
(Krone)
KETHER
Pfad 2-Joker
Pfad1-Narr
Pfad 3-
Päpstin
(Wissen)
BINA
Pfad 4-
Kaiserin
CHOCH-
MA
(Weisheit)
Pfad 7-Liebespaar
Pfad 5-Kaiser
Pfad 8-
Triumphwagen
Pfad 6-
Papst
(Macht)
GEBURA
CHES-
SED
(Liebe)
Pfad 9-Kraft
Pfad 12-
Gerechtig-
keit
Pfad 10-
Einsiedler
Pfad 13-
Gehenkter
TIF'
ERETH
Pfad 11-
Glücksrad
Pfad 16-
Teufel
Pfad 14-
Tod
(Harmonie)
(Ehre)
HOD
NEZACH
(Sieg)
Pfad 17-
Turm
Pfad 15-
Mäßigkeit
Pfad 20-Sonne
Pfad 18-Sterne
(Basis)
Pfad 21-
Jüngstes Gericht
JESSOD
Pfad 19-Mond
Pfad 22-Welt
MAL-
CHUTH
(Herrschaft)

Tarotkarte		Hebräisches Alphabet	Pfad-Nr. in der Kabbala	Pfad
⓪	Narr	Aleph	1	Kether-Chochma
①	Joker	Beth	2	Kether-Bina
②	Päpstin	Gimel	3	Kether-Tif'ereth
		usw. usw. bis		
㉑	Welt	Taw	22	Jessod-Malchuth

Andererseits können wir - ausgehend vom untersten Punkt (Malchuth) - die Pfade aber auch umgekehrt verstehen: als Aufstieg der menschlichen Seele zu Gott, als *Evolution* (von Pfad 22 bis Pfad 1). Ich muß mich hier darauf beschränken, dies anhand der letzten und der obersten Karte bzw. den entsprechenden Pfaden zu erläutern:

»Die (21. Karte) *Welt* entspricht dem 22. Pfad, der von Malchuth zur Schwelle der astralen Ebene in Jessod hinaufführt. Die Karte zeigt eine nackte Frau, die in jeder Hand einen Zauberstab hält und in einer Blumengirlande tanzt. Sie ist ein Symbol der Freude, Leichtigkeit und Befreiung, des Verlassens der irdischen Existenz und des Eintritts in eine höhere Welt.[22]

An erster Stelle der 22 Haupttrümpfe steht die 0, der *Narr*. Er ist wie ein Hofnarr in ein scheckiges Gewand gekleidet und trägt ein Bündel an einem über die Schulter gelegten Stock. Dicht vor einem Abgrund auf einem hohen Felsen jagt er unbekümmert und fröhlich einem Schmetterling nach, ohne darauf zu achten, wohin er tritt, und mit dem nächsten Schritt muß er in den Abgrund stürzen . . . Er entspricht dem ersten Pfad, der von Kether (Gott) zu den übrigen Sefiroth führt . . . Der Narr ist das Symbol für Narrheit oder Verrücktheit, doch ist es hier eine göttliche Narrheit. Luft ist das Sinnbild für ›Geist‹, und der Narr ist der Geist Gottes, der im Begriff ist, zu Beginn der Schöpfung von der Höhe des Felsens in die Tiefe des Abgrundes hinabzufallen. Der Narr ist andererseits auch der vollkommen gewordene menschliche Geist, der sich dem Einen nähert.«[23]

Das Kartenlegen

Um die Karten über die Zukunft zu befragen oder nach einem Rat für ein bestimmtes Problem, kann man sie nach verschiedenen Regeln ziehen und auslegen. Eine einfache Methode ist die Siebeneranordnung laut nachfolgender Abbildung:[24]

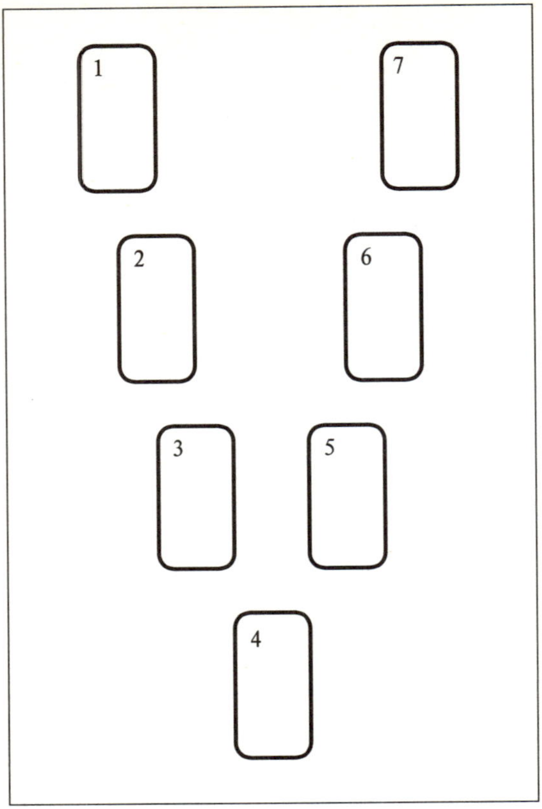

Dabei stehen die Karten für folgendes:

Nr. 1: Ausgangssituation
Nr. 2: Problem, für das man eine Lösung sucht
Nr. 3: Ansatzpunkt zur Problemlösung
Nr. 4: Handlungen, die dazu erforderlich sind
Nr. 5: Kräfte, die von außerhalb mitwirken
Nr. 6: Hoffnungen und Befürchtungen
Nr. 7: Entwicklung und möglicher Ausgang der Angelegenheit

Die Anhänger des Tarots behaupten, die Karten gäben (fast) immer die richtigen Antworten, und dies könne unmöglich Zufall sein. Das klingt zunächst plausibel, wie wir uns leicht klarmachen können. Gehen wir einmal von allen 78 Karten aus (häufig werden auch nur die 22 großen Arcana verwendet), dann gilt: Jede Karte hat grundsätzlich eine Wahrscheinlichkeit von 1 : 78, gezogen zu werden. Bei zwei Karten ergibt sich dann eine Wahrscheinlichkeit von 1 : 78 × 1 : 77, bei drei Karten 1 : 78 × 1 : 77 × 1 : 76 usw. Das heißt, bei zwei Karten gibt es schon 6006 Kombinationsmöglichkeiten, bei drei Karten 456 456 Möglichkeiten. Daß man vier bestimmte Karten zieht, dafür besteht nur noch eine Chance von 1 : 34 234 200, also eins zu über 34 Millionen.

Es scheint daher sinnlos, die »Antworten« der Karten als zufällig zu erklären. Vielmehr argumentieren die Kartenleger, hier sei eine höhere (womöglich den Karten innewohnende) Kraft am Werke. Oder aber unser Unterbewußtsein - das über weit größere Fähigkeiten als unser Bewußtsein verfüge - mische die Karten gezielt so, daß wir dann die richtigen Karten zögen.

Und dennoch ist der Zufall damit nicht widerlegt. Der Fehler in der obigen Argumentation liegt in der Annahme, daß es genau richtige Karten bzw. Antworten gäbe. Womöglich liegt es aber nur an unserer Deutungskunst, aus beliebigen Karten sinnvolle Lösungen herauszulesen. Denn die Bilder sind durchaus vieldeutig, somit gibt es auch keine genauen, verbindlichen Interpretationsregeln. Das soll nicht heißen, daß die Karten nutzlos wären, sondern sie bieten dem Unbewußten einen - allerdings weitgehend unspezifischen - Anreiz. Zwar kann unser Unbewußtes kaum das Mischen steuern, aber es wird durch die symbolischen Bilder aktiviert, sinnvolle Antworten zu suchen und mitzuteilen. Das sind deswegen nicht gleich *die* (einzigen) richtigen Antworten, denn es kann ja verschiedene Problemlösungen geben. Und es können auch falsche, ungünstige Ratschläge sein - auch das Unterbewußtsein ist nicht allwissend.

I Ging - Weissagen auf chinesisch

Ähnlicher Beliebtheit wie das Tarot erfreut sich heute in der Esoterik das *I Ging*, das (in seiner Urfassung) etwa 3000 Jahre alte chinesische Weisheits- und Wahrsagebuch, an dessen Entwicklung später auch der große Laotse und der nicht minder berühmte Konfuzius mitarbeiteten. Und ähnlich wie das Tarot spricht das I Ging archetypische Schichten an, also das kollektive Unbewußte des Menschen - nicht zufällig hat sich der Begründer der Theorie von den Archetypen, C. G. Jung, sowohl mit dem Tarot wie mit dem I Ging intensiv auseinandergesetzt und aus ihnen geschöpft.

Das I Ging (»Buch der Wandlungen«) basiert auf der *Dualität* bzw. Polarität der (zwei) Prinzipien *Yin* und *Yang*, deren Bedeutung wir schon behandelt haben:

Yang (männliches Prinzip) steht für Zeugen, Schöpfen, Führen. Yin (weibliches Prinzip) steht für Empfangen, Gebären, Folgen. Das Yang wird im I Ging durch eine durchgezogene Linie symbolisiert, das Yin durch eine unterbrochene.

Yin und Yang bzw. ihre Symbole werden nun in einem ersten Schritt zu *Dreiergruppen* kombiniert. Dabei ergeben sich logischerweise acht (zwei hoch drei) Kombinationsmöglichkeiten. Diese Kombinationen werden durch drei (durchgezogene oder unterbrochene) Linien untereinander graphisch dargestellt, den sogenannten *Trigrammen.* Ihnen weist man bestimmte Bedeutungen bzw. Eigenschaften zu, aber auch die chinesische Esoterik kennt *Entsprechungen*, etwa die Farbentsprechungen zu den Trigrammen. Über all dies informiert die Tabelle auf S. 167.
Man kann die Trigramme auch in anderer Reihenfolge ordnen als in dieser Abbildung gezeigt. Am besten läßt sich dies veranschaulichen, wenn wir sie zunächst - unserem Computerzeitalter angemessen - in *Binärcode* übersetzen. Setzen wir Yang = 1 und Yin = 0, so können wir jedes Trigramm durch drei Ziffern darstellen. Als mathematisch übliche Ordnung ergibt sich dann: 111, 110, 101, 100, 011, 010, 001, 000. Um hervorzuheben, daß sich je zwei Trigramme genau *polar* gegenüberstehen, schreibt man statt dessen: 111 (Himmel) - 000 (Erde), 110 (Wind) - 001 (Donner), 101 (Feuer) - 010 (Wasser), 100 (Berg) - 011 (See). Im Ging wird oft auch folgende Reihenfolge genannt, gemäß der Windrose: 111 (Süden), 011 (Südosten), 101 (Osten), 001 (Nordosten), 000 (Norden), 100 (Nordwesten), 010 (Westen), 110 (Südwesten), womit man wieder beim Anfang 111 angekommen wäre.
Nachdem im I Ging aus Yang ⚊ und Yin ⚋ die Trigramme geformt worden sind, wird in einem weiteren Schritt aus je zwei Trigrammen eine *Sechserkombination* gebildet, das sogenannte *Hexagramm.* Nur ein Beispiel:

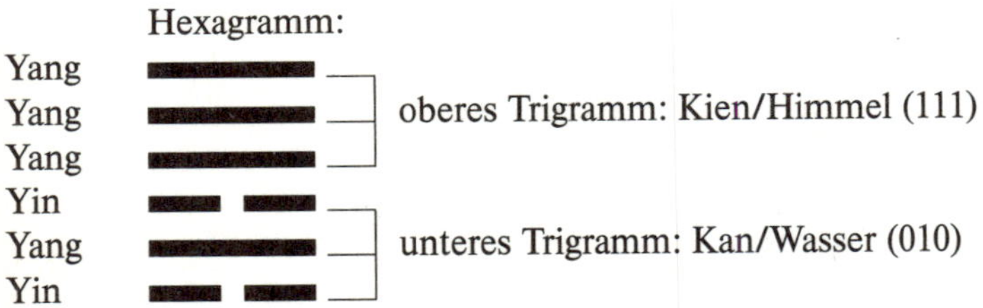

Es ist unschwer zu erkennen, daß es genau 64 solcher Hexagramme gibt, denn man kann jedes der acht Trigramme mit jedem anderen und sich selbst kombinieren, also 8×8 oder 8^2.

Trigramm	Yang/Yin	Name	Andere Schreibung	Begriff	Eigenschaften	Symbol	Familie	Farbe	Körperteil	Tier
① ☰	Yang Yang Yang	Kien	K'ien	das Schöpferische	stark, erfolgreich	Himmel	Vater	Dunkelrot	Kopf	Pferd
② ☷	Yin Yin Yin	Kun	K'uen K'ouen	das Empfangende	hingebend, treu	Erde	Mutter	Schwarz	Bauch	Kuh
③ ☳	Yin Yin Yang	Dschen	Tchen	das Erregende	bewegend, erweckend	Donner	1. Sohn	Orange	Fuß	Drache
④ ☵	Yin Yang Yin	Kan	K'an	das Abgründige	gefährlich, tiefreichend	Wasser	2. Sohn	Rot	Ohr	Schwein
⑤ ☶	Yang Yin Yin	Gen	Ken	das Beharrende	ruhend, stabil	Berg	3. Sohn	Morgenrot	Hand	Hund
⑥ ☴	Yang Yang Yin	Sun	Suen Souen	das Sanfte	durchdringend, wechselnd	Wind	1. Tochter	Weiß	Oberschenkel	Huhn
⑦ ☲	Yang Yin Yang	Li		das Verbindende	leuchtend, klar	Feuer	2. Tochter	Golden	Auge	Fasan
⑧ ☱	Yin Yang Yang	Dui	Tuei Touei	das Heitere	fröhlich, sinnlich	See	3. Tochter	Grün	Mund, Zunge	Schaf

Die nachfolgende Tabelle vermittelt eine Übersicht über diese 64 Kombinationsmöglichkeiten.[25] Die Zahlen geben die Numerierung des jeweiligen Hexagramms im Ging an. Die Bedeutung eines Hexagramms ergibt sich primär aus den Bedeutungen der beiden Trigramme, aus denen es gebildet ist, also z. B. die Bedeutung von *Sung* (6) aus der von *Kien* und *Kan*. Ich kann hier aber nicht auf die Bedeutungen der 64 Hexagramme eingehen (ohne sie in unzulässiger Weise zu verkürzen).

Oberes Trigramm / Unteres Trigramm	☰ Kiën	☳ Dschen	☵ Kan	☶ Gen	☷ Kun	☴ Sun	☲ Li	☱ Dui
Kiën ☰	Kiën 1	Da Dschuang 34	Sü 5	Da Tschu 26	Tai 11	Siau Tschu 9	Da Yu 14	Guai 43
Dschen ☳	Wu Wang 25	Dschen 51	Dschun 3	I 27	Fu 24	I 42	Schï Ho 21	Sui 17
Kan ☵	Sung 6	Hië 40	Kan 29	Mong 4	Schi 7	Huan 59	We Dsi 64	Kun 47
Gen ☶	Dun 33	Siau Go 62	Giën 39	Gen 52	Kiën 15	Dsiën 53	Lü 56	Hiën 31
Kun ☷	Pi 12	Yü 16	Bi 8	Bo 23	Kun 2	Guan 20	Dsin 35	Tsui 45
Sun ☴	Gou 44	Hong 32	Dsing 48	Gu 18	Schong 46	Sun 57	Ding 50	Da Go 28
Li ☲	Tung Jen 13	Fong 55	Gi Dsi 63	Bi 22	Ming I 36	Gia Jen 37	Li 30	Go 49
Dui ☱	Lü 10	Gui Me 54	Dsië 60	Sun 41	Lin 19	Dschung Fu 61	Kui 38	Dui 58

Das Befragen des I Ging

Will man dem I Ging eine Frage stellen, so geht man folgendermaßen vor: Ist man z. B. in seiner Partnerschaft nicht mehr zufrieden und möchte wissen, wie es um die Beziehung und ihre Zukunft bestellt ist, so läßt sich das mit dieser Methode versuchen. Wenn es einem um eine Ratsuche

geht, sollte vorher eine Selbstbesinnung und Einstimmung auf das Problem erfolgen. Außerdem darf die Frage nicht so gestellt werden, daß sie einfach mit Ja oder Nein beantwortet werden muß.
Traditionellerweise warf der Ratsuchende Schafgarbenstengel zur Ermittlung des Antworthexagramms. Heute werden meistens Münzen verwendet, wobei man auch ganz normale Geldstücke gebrauchen kann. Es wird mit drei Münzen geworfen; dabei gilt *Kopf* als Wert *3* und *Zahl* als Wert *2*.
Vor dem Werfen müssen wir noch eine Unterscheidung kennenlernen: Im I Ging wird zwischen *ruhenden* und *bewegten* Linien unterschieden. Nicht umsonst heißt es ja das »Buch der Wandlungen«. Bewegte Yang-Linien wandeln sich in Yin-Linien, und bewegte Yin-Linien wandeln sich in Yang-Linien, während ruhende Linien gleich bleiben.
So ergeben sich vier Möglichkeiten:

Wurf mit 3 Münzen	Wert	Linie	Symbol
① Kopf-Kopf-Kopf	9 (3+3+3)	bewegte Yang-Linie	(siehe Abbildung)
② Kopf-Kopf-Zahl	8 (3+3+2)	ruhende Yin-Linie	(siehe Abbildung)
③ Kopf-Zahl-Zahl	7 (3+2+2)	ruhende Yang-Linie	(siehe Abbildung)
④ Zahl-Zahl-Zahl	6 (2+2+2)	bewegte Yin-Linie	(siehe Abbildung)

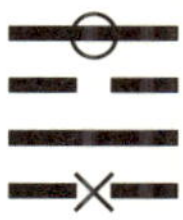

Um ein Hexagramm zu ermitteln, muß man folglich sechsmal die drei Münzen werfen. Dabei baut sich das Hexagramm von unten her auf. Die folgende Abbildung zeigt (als Beispiel) links ein geworfenes Hexagramm und rechts das zweite Hexagramm, welches sich durch Veränderung der bewegten Linien ergibt.

6. Wurf (Wert 6)
5. Wurf (Wert 7)
4. Wurf (Wert 9)
3. Wurf (Wert 9)
2. Wurf (Wert 8)
1. Wurf (Wert 7)

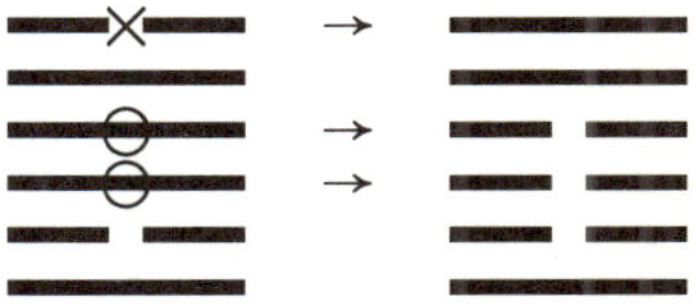

Nun gilt es, die beiden Hexagramme zu deuten im Hinblick auf das Problem (in unserem Fall die Partnerschaft). Dabei symbolisiert die erste (linke) Figur die Ausgangslage, die zweite (rechte) Figur vor allem die zu erwartende Entwicklung und Wandlung der Problemsituation. Man schlägt also beide Hexagramme in dem I-Ging-Buch nach. Je nach Ausgabe finden sich bis zu fünf Antwortabschnitte für jedes Hexagramm; in jedem Fall wird angegeben: das *Symbol* (oder Bild), die *allgemeine Bedeutung* und eine Interpretation der *sechs* Linien.
Kommen wir zurück zu unserem Beispiel. Es ist hier nicht möglich, eine

ausführliche I-Ging-Deutung zu geben (dazu schlage man in diesem Weisheitsbuch einmal selbst nach, was sicherlich lohnend ist). Ich muß mich beschränken auf einige Hinweise zum Symbol und zur allgemeinen Bedeutung.
Das erste Hexagramm hat die Nr. *49*, es heißt *Go* (oder *Ko*), übersetzt »die Umwälzung« oder »die Revolution«. Es ist zusammengesetzt aus dem oberen Trigramm Dui (der See) und dem unteren Trigramm Li (das Feuer). Das läßt sich leicht erkennen, wenn man die Tabelle auf S. 168 heranzieht. Der Grundsinn des Symbols ist: »Von Natur aus können sich der See und das Feuer nicht verbinden.«[26] Die allgemeine Bedeutung besagt darüber hinaus:

> »Ko bedeutet die Revolution, die Veränderung, den Ersatz alter Dinge durch neue . . . Das Hexagramm zeigt an, daß man sich den Situationen, die bei jeder Veränderung ablaufen, anpassen muß und daß man ihnen folgen soll . . .«[27]

Wenn man diese Aussage auf die gestellte Frage bezieht, so bietet sich die folgende Deutung an: Die Partnerschaft befindet sich im Umbruch. Der Ratsuchende darf nicht an den alten Beziehungsmustern festhalten, er muß offen sein für die Veränderungen, notfalls auch für eine Trennung.
Betrachten wir jetzt das zweite Hexagramm. Es hat die Nr. *42* und heißt *I* (oder *Yi*), was sich mit »die Zunahme« oder »die Mehrung« übersetzen läßt. Dieses Hexagramm enthält als oberes Trigramm Sun (der Wind) und als unteres Trigramm Dschen (der Donner). Von daher ergibt sich sein symbolischer Sinn: »Die Bewegung des Windes verstärkt die des Donners. Die beiden Erscheinungen steigern sich gegenseitig.«[28] Beschreiben wir auch hier wieder nur kurz die allgemeine Bedeutung:

> »Die Zunahme kündigt eine Zeit großen Reichtums an. Es ist gut, große Entscheidungen zu treffen, sich zu bewegen, etwas zu unternehmen. Selbst in einer unsicheren Lage muß man den Schritt nach vorn nicht fürchten . . .«[29]

Daraus könnte man ableiten: Wenn der Fragesteller der im Hexagramm Nr. 49 angesprochenen Umwälzung in seiner Partnerschaft nicht Widerstand leistet, sondern sie sogar aktiv fördert, wird er sich weiterentwickeln und zu neuer Zufriedenheit finden. Dabei muß er allerdings das Risiko in Kauf nehmen, daß diese (R)evolution zum Bruch mit dem Partner führt.

Zahlen - Boten von Glück und Unglück?

Oft ist zu lesen, mit dem Griechen Pythagoras (im 6. Jahrhundert v. Chr.) sei der Glaube an besondere, überirdische Eigenschaften und Kräfte von Zahlen aufgekommen; aber die *Zahlensymbolik* entstand schon sehr viel früher, etwa 2000 v. Chr., zusammen mit der Astrologie. Wie wir gesehen haben, spielen die Zahlen in der Mystik eine Rolle (Zahlen-Mystik), beispielsweise daß es genau 7 Seinsstufen gäbe, die der Mensch in 7 Entwicklungsstufen durchlaufen müsse. Wir sprachen auch schon von der Zahlen-Magie, wo z. B. eine Zauberformel dreimal gesprochen werden muß, um wirksam zu sein. Und wir werden noch erfahren, daß Zahlen auch bei der Geisterbeschwörung von Wichtigkeit sind. Hier geht es uns aber primär um das Wahrsagen aus Zahlen, was man *Numerologie* oder auch *Arithmomantie* nennt.
All diesem Zahlen-Okkultismus liegt die Vorstellung zugrunde, daß das gesamte Universum in bestimmten, und zwar harmonischen Zahlenverhältnissen oder Proportionen geordnet ist - aber auch, daß die Zahlen in genauer Entsprechung zu anderen Seinsbereichen stehen, z. B. zu den Tierkreiszeichen und Planeten.
Bevor wir uns jetzt näher auf die Bedeutung der Zahlen einlassen, sei darauf hingewiesen, daß es dabei - wie fast überall in der Esoterik - sehr unterschiedliche bis widersprüchliche Lehren gibt, die hier nicht im einzelnen differenziert werden können. Insbesondere besteht das Problem, daß eine christliche und »heidnische« Zahlensymbolik sich teils vermischt haben und teils kraß voneinander abweichende Zahlendeutungen vornehmen.
Wir können bei der Zahlen-Analyse vor allem folgende Punkte unterscheiden (eine Übersicht gibt die Tabelle auf Seite 174):

○ *Polarität (»Geschlecht«)*: Ungerade Zahlen gelten als männlich (positive Polarität), gerade Zahlen als weiblich (negative Polarität). Das wurde früher ganz wörtlich verstanden. Wenn man die Zahlen als Punkte schreibt, so besitzen die ungeraden Zahlen »einen zeugenden Mittelteil« (Plutarch) und die geraden Zahlen »eine gewisse rezeptive Öffnung« (Plutarch):

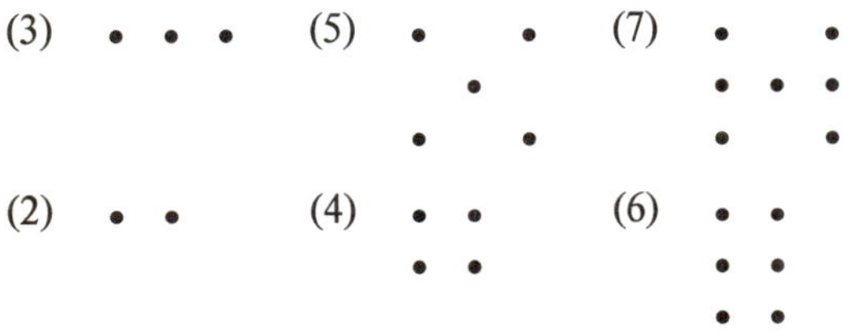

Und hier zeigt sich wieder, daß entgegen vielen Behauptungen in der Esoterik, die Aufteilung in männlichen und weiblichen Pol habe nichts mit den Geschlechtern zu tun und bedeute keine Bewertung, genau dies doch der Fall ist, denn normalerweise gelten die »männlichen« Zahlen als günstig und die »weiblichen« als ungünstig (wozu wir noch kommen).

○ Die Zahlen werden weiterhin bestimmten *Seinsstufen* zugeordnet. Dabei wird die 0 interessanterweise fast immer ausgelassen, obwohl man sie naheliegenderweise mit der (Ur-)Leere, dem (Ur-)Chaos oder auch dem Nirwana in Verbindung bringen könnte. So gilt die 1 als erste und damit göttliche Zahl, allerdings auch die 3. Denn wie der berühmte Magier Eliphas Lévi sagt:

> »Wäre Gott nur einer, dann wäre er niemals Schöpfer oder Vater. Wäre er zwei, dann gäbe es im Unendlichen einen Antagonismus oder eine Trennung, und das bedeutete auch für alle übrigen Dinge Trennung oder Tod. Deshalb ist er drei, damit er die unendliche Menge der Wesen und Zahlen aus sich selbst und nach seinem Bilde erschaffen kann.«

○ Ähnlich werden die Zahlen mit bestimmten *Charaktereigenschaften* in Verbindung gebracht, die einen Menschen auszeichnen, vor allem wenn man aus seinen Geburtsdaten seine »Persönlichkeitszahl« extrahiert.

○ Die *Zahlensymbolik* wird in der Esoterik durch viele okkulte, aber auch andere Beispiele exemplifiziert. Beispielsweise steht die 3 für die 3 Dimensionen des Raums (Länge, Breite, Höhe) oder für die 3 Zeitstufen (Vergangenheit, Gegenwart, Zukunft). Besonders ergiebig ist die (magische) 7 : 7 Seinsstufen, 7 »Körper«, 7 Chakren, 7 (Spektral-)Farben, ursprünglich 7 Planeten, 7 Planetenmetalle und -steine. Die Freimaurer kennen 7 Haupttugenden und 7 Hauptfehler des Menschen, 7 Wissenschaften und 7 Gaben des Geistes und anderes. Nach der Bibel ruhte der Schöpfer am 7. Tage, und Jesus verweilte bis zum 7. Tage im Grab. Da ist von 7 Geistern mit 7 Trompeten die Rede, 7 Lämmern und 7 Kühen, 7 fruchtbaren und 7 unfruchtbaren Jahren usw. usw. - trotzdem mag die Bedeutung der 7 für uns »ein Buch mit 7 Siegeln« bleiben.

○ Vielen Zahlen werden außerdem als günstige oder ungünstige *Omen* beim Wahrsagen angesehen: Die ur-weibliche (!) 2 gilt etwa als ungünstig. Von daher auch die 4 (2^2) und die 8 (2×2^2). Als besonders unglückverheißend gilt im Aberglauben bekanntlich die 13 (obwohl sie bei anderen Völkern als ausgesprochene Glückszahl angesehen wird). Die negative Bedeutung der 13 wird meistens daraus hergeleitet, daß der »Verräter« Judas der 13. Teilnehmer beim heiligen Abendmahl war.

○ Man kann die Zahlen auch mit *geometrischen Figuren* in Beziehung setzen. Am wichtigsten sind die Parallelen zu Sternfiguren, also 5 zu Fünfstern (Pentagramm), 6 zu Sechsstern (Hexagramm) usw. Eine gewisse Rolle spielen ebenfalls die sogenannten Platonischen Körper, die fünf regulären Polyeder: so bestehen Beziehungen 4 zu Tetraeder, 6 zu Hexaeder (Würfel), 8 zu Oktaeder usw. In letzter Zeit hat das *Enneagramm* eine Wiederentdeckung erfahren. Es beruht auf den Zahlen 1 bis 9 bzw. deren geometrischer Anordnung, wobei diese Figur für verschiedene Seiten des Menschen stehen kann, z. B. für seine emotionalen Fehlhaltungen:[30]

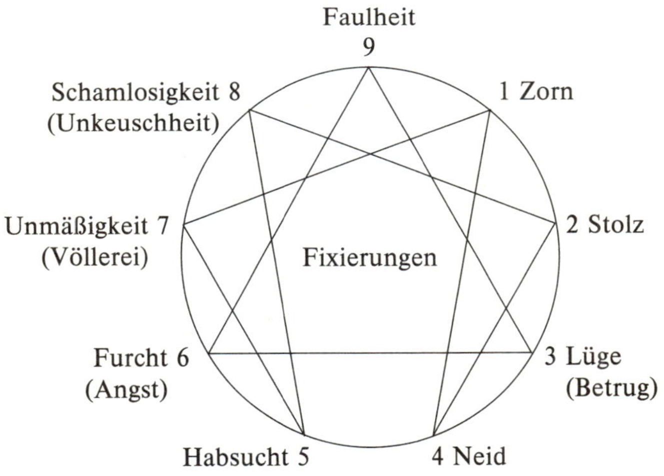

Alle die eben besprochenen Punkte umfaßt die auf der nächsten Seite stehende Tabelle.

Immer wieder hat es die Numerologen fasziniert, geheime, »magische« Eigenschaften und Gesetze der Zahlen herauszufinden. Beispielsweise gilt für die *8* folgende Gesetzmäßigkeit:

$$1 \times 8 + 1 = 9$$
$$12 \times 8 + 2 = 98$$
$$123 \times 8 + 3 = 987$$
$$1234 \times 8 + 4 = 9876$$
$$12345 \times 8 + 5 = 98765$$
$$123456 \times 8 + 6 = 987654$$
$$1234567 \times 8 + 7 = 9876543$$
$$12345678 \times 8 + 8 = 98765432$$
$$123456789 \times 8 + 9 = 987654321$$

Zahl	Ge-schlecht	Seins-Stufe	Charakter-eigenschaften	Zahlenbeispiel	Vorhersage (+ günstig - ungünstig)	Geometrische Figur
1	m	Gott, Einheit/Mann, Vater	zielstrebig, mächtig	1 Gott	+	Punkt
2	w	Teufel, Dualität/Frau, Mutter	passiv, sanft	2 Geschlechter	-	Linie
3	m	Trinität/Versöhnung der Gegensätze	geistreich, kreativ	3 Dimensionen	+	Dreieck
4	w	Materie, Erdenleben/Niederlage	praktisch, schwerfällig	4 Elemente	-	Viereck (Quadrat)
5	m	Sinnlichkeit/Männliche Sexualität	lebhaft, nervös	5 Sinne	+/-	Fünfstern (Pentagramm)
6	w	Ehe/Harmonie/Weibliche Sexualität	harmonisch, häuslich	6 Schöpfungs-tage	+	Sechsstern (Hexagramm)
7	m	Geburt - Tod/Vollkommenheit/ Magie	philosophisch, mystisch	7 Chakren	+/-	Siebenstern (Heptagramm)
8	w	Materieller Lebensbereich/ Erfolg und Leid	weltzugewandt, hartnäckig	8 Trigramme im I Ging	-	Achtstern (Oktagramm)
9	m	Spirituelle Vollendung/Magie	spirituell, hochherzig	9 Monate Schwanger-schaft	+	Neunstern (Nonagramm)
10	w	Vollkommenheit, Ganzheit/Welt		10 »Planeten«	+	
11	m	Offenbarung, Märtyrertum, Himmel		11 Treue Jünger Jesu	+/-	
12	w	Göttlichkeit/Geschlossenheit		12 Tierkreis-zeichen	+	
13	m	Unglück, schwarze Magie/ Positive Kraft		13 Teilnehmer beim Abendmahl	-	

Besonderes Interesse fanden und finden die sogenannten *magischen Zahlenquadrate;* bei ihnen ergibt jede Zahlenreihe (auch diagonal) die gleiche Summe. Jedem Planeten wurde ein solches Zahlenquadrat (*Planetensiegel* oder *Kamea* benannt) zugeschrieben, z. B.:

4	9	2
3	5	7
8	1	6

Saturn
(Summe: 15)

4	14	15	1
9	7	6	12
5	11	10	8
16	2	3	13

Jupiter
(Summe: 34)

11	24	7	20	3
4	12	25	8	16
17	5	13	21	9
10	18	1	14	22
23	6	19	2	15

Mars
(Summe: 65)

Manche Zahlendeuter gehen davon aus, daß bestimmte Zahlen in *direkter Polarität* stehen: aktive 1 - passive 2, schöpferische 3 - unschöpferische 4, lebhafte 5 - ruhige 6, mystische 7 - materielle 8.
Auf der anderen Seite werden die Zahlen in eine Rangfolge gebracht, was aber zu Problemen führt. Zwar ist es einleuchtend, die göttliche 1 an die oberste Stelle zu setzen, aber darunter (bzw. darüber) gibt es keineswegs einen geordneten Abstieg, z. B. gilt die 12 ebenfalls als Ausdruck einer gotthaften Vollkommenheit, während etwa die 4 viel niedriger bewertet wird.
Die unterschiedlichen Einstufungen der Zahlen spiegeln sich wider in unterschiedlichen Zuordnungen von *Planeten*; es finden sich unter anderen folgende Entsprechungen in der Literatur:

	A	B	C	D
1	Sonne	Pluto	Mars	
2	Mond	Neptun	Venus	
3	Jupiter	Uranus	Merkur	Saturn
4	Uranus	Saturn	Mond	Jupiter
5	Merkur	Jupiter	Sonne	Mars
6	Venus	Mars	Merkur	Sonne
7	Neptun	Sonne	Venus	Venus
8	Saturn	Venus	Mars	Merkur
9	Mars	Merkur	Jupiter	Mond
10		Mond	Saturn	

In der Esoterik werden auch bestimmte größere Zahlen analysiert und gedeutet, z. B. 22, 28, 40, 50, 60, 70, 72, 100, 108, 144, 490, 777 und andere mehr. Beschränken wir uns auf eine kurze Anmerkung zur Zahl 666, die besondere Faszination ausgelöst hat und eine Vielzahl verschiedener Deutungen erfuhr. Sie findet sich in der Bibel, in der Offenbarung des

Johannes 13, 17/18, als »Zahl des Tieres« - gemeint ist vermutlich der *Antichrist*. Der exzentrische Magier Aleister Crowley, der sich gerne selbst »das große Tier« (»the great beast«) nannte, identifizierte sich mit dieser Zahl und schrieb ein »Buch 666«.

Wahrsagen aus Zahlen

Wir haben jetzt einiges über die Bedeutungen von Zahlen erfahren, aber wie benutzt man sie konkret zum Wahrsagen? Hier gibt es verschiedene Möglichkeiten.

Zunächst können einfach bestimmte Zahlen ohne unser Zutun auftreten, z. B. eben der 13. eines Monats. Nach einer Untersuchung des Instituts für Demoskopie in Allensbach hält immerhin jeder vierte Deutsche die 13 für eine Unglückszahl, und besonders gefürchtet ist »Freitag der 13.« - obwohl statistisch an solchen Tagen nicht mehr Unfälle passieren als an »normalen« Tagen. Wie wir bereits erfahren haben, werden auch die Stellungen der Planeten zueinander (die Aspekte) als günstige oder ungünstige Omen gedeutet. Dabei spielen die Zahlen die Hauptrolle. Werden die 360° des Tierkreises durch die *negativen* Zahlen 2, 4 oder 8 geteilt, ergeben sich die unglücklichen Aspekte *Opposition*: 180°, *Quadrat*: 90° oder *Halbquadrat*: 45°; werden sie dagegen durch die positiven Zahlen 3, 6 oder 12 dividiert, entstehen die *glücklichen* Aspekte *Trigon*: 120°, *Sextil*: 60° oder *Halbsextil*: 30°.

Man kann aber nach esoterischer Meinung auch selbst bestimmte Zahlen erzeugen, um daraus die Zukunft zu lesen, z. B. durch das Ziehen von *Dominosteinen* und vor allem durch *Würfeln* (Astragalomantie). Dabei würfelt man je nach Methode mit 3 Würfeln (Zahlen: 3 bis 18), 2 (Zahlen 2 bis 12) oder 1 Würfel (Zahlen 1 bis 6), wobei die Zahlen recht uneinheitlich gedeutet werden.

Wichtiger für eine grundsätzliche Beurteilung eines Menschen und seiner Zukunft ist jedoch das *Numeroskop*, die Interpretation seiner Geburtsdaten. Dabei analysiert man einerseits, welche Zahlen wie oft vorkommen, andererseits, welche Zahlen »fehlen«, z. B. das Geburtsdatum: 14. 7. 1942. In ihm sind 1 und 4 gleich zweimal vertreten, während 3, 5, 6 und 8 fehlen, woraus der Zahlenkundige bestimmte Erkenntnisse zieht. Als wesentlichste Zahl gilt dabei die *Geburtszahl*, und die berechnet sich als *Quersumme* von Tages- , Monats- und Jahreszahl.

14	+	7	+	1+9+4+2	=	37	=	10	= 1
Tag		Monat		Jahr					

Wer am 14. 7. 1942 geboren wurde, besitzt also die Geburtszahl 1; und wie aus der Tabelle auf S. 174 zu ersehen ist, handelt es sich um eine »männliche« Zahl, die für Charaktereigenschaften wie Zielstrebigkeit, Aktivität,

Dominanz und Aggression steht. Man muß also eine »Führungspersönlichkeit« erwarten, z. B. einen erfolgreichen Unternehmer oder Politiker. Nach der esoterischen Analogielehre *entsprechen sich aber Zahlen und Buchstaben* bzw. Zahlenkombinationen und Namen. So übersetzen die Numerologen Namen in Zahlen, um dadurch Aufschluß über den Namensträger zu gewinnen - denn in der Esoterik gilt der Name ja keinesfalls als zufällig, sondern »nomen est omen«, der Name ist das Symbol der Person. Für diese Übersetzung gibt es zwei Systeme:

1	2	3	4	5	6	7	8
A	B	C	D	E	U	O	F
I	K	G	M	H	V	Z	P
Q	R	L	T	N	W		
J		S			X		
Y							

1	2	3	4	5	6	7	8	9
A	B	C	D	E	F	G	H	I
J	K	L	M	N	O	P	Q	R
S	T	U	V	W	X	Y	Z	

Wie sich auf den ersten Blick erkennen läßt, ergeben die beiden Übersetzungsschemata völlig unterschiedliche Ergebnisse, was natürlich schon die Relativität und Fragwürdigkeit dieser Übertragung von Buchstaben in Zahlen zeigt. Das *rechte*, moderne System ist einfacher und klarer. Dennoch wird häufig das ältere, *links* abgebildete Schema verwendet. Es stützt sich auf das *hebräische Alphabet*, in dem - anders als in unserem Abc - Buchstaben zugleich als Zahlen dienen. Nun haben aber nicht alle unsere Buchstaben ein Pendant im hebräischen Alphabet (und umgekehrt gilt dasselbe), so daß man zusätzlich auf das griechische Alphabet zurückgegriffen hat, in dem Buchstaben ebenfalls Zahlen bedeuten können. (Wir werden später das hebräische Zahl-Alphabet und seine Rolle in der Magie noch genauer kennenlernen.)

Durch die Umrechnung des Namens in eine Zahl (Quersummenbildung) ermittelt man die *Namenszahl*; aber es lassen sich noch darüber hinausgehende Deutungen vornehmen. Cavendish gibt ein gelungenes Beispiel einer solcher Namensanalyse anhand des Namens *Marilyn Monroe.*

M	A	R	I	L	Y	N	M	O	N	R	O	E	
4+	1+	2+	1+	3+	1+	5+	4+	7+	5+	2+	7+	5	=47=11=2

»Die für den ganzen Namen geltende Zahl (für die Gesamtcharakteristik) ist 2 - die Zahl des Ewigweiblichen. Die Zahl für die in dem Namen enthaltenden Vokale ist 3 - Genialität, künstlerische Begabung, Glanz, Charme, Glück (das innere Selbst). Die für die Konsonanten geltende

> Zahl ist 8 - Macht, Reichtum, Verstrickung in weltliche Dinge (die äußere Persönlichkeit). Nimmt man die einzelnen Buchstaben, dann erscheint die Zahl 5 am häufigsten - Wandlungsfähigkeit, Nervosität, Ruhelosigkeit, und 5 ist die für die Sexgöttin geeignetste Zahl. Ebenso häufig erscheint die 1 - Schwung, Energie, Ehrgeiz, Rücksichtslosigkeit. Als nächste Zahlen kommen die 7 (Einsamkeit und Zurückgezogenheit nach innen), die 4 (harte Arbeit, Unglück, Niederlage) und die 2 (wieder das Ewigweibliche, aber nach der Überlieferung ist die 2 die unheilschwangerste und böseste Zahl . . .). Es ist bezeichnend, daß eine 6 fehlt (Friede, geordnete Verhältnisse, Häuslichkeit). Ebenso fehlt die 8, und daraus läßt sich schließen, daß die Weltzugewandtheit . . . mehr Schein als Wirklichkeit war.«[31]

Aber der Name »Marilyn Monroe« war bekanntlich ein *Pseudonym* (eigentlich hieß sie Norma Jean Mortenson). Und das zeigt uns ein Problem. Anders als die Geburtszahl läßt sich die Namenszahl verändern. Es ist unter Okkultisten umstritten, ob ein neuer Name, z. B. Künstlername, nur eine Ergänzung, womöglich Maskierung des wahren Selbst impliziert oder ob man durch Änderung seines Namens bzw. seiner Namenszahl tatsächlich sich selbst und sein Leben positiv wandeln kann - »corriger la fortune«.

Wahrsagen - eine Bilanz

Wie ernst kann oder darf man heute die esoterischen Wahrsagemethoden noch nehmen? Offensichtlich gibt es Verfahren, die endgültig überholt sind, nur auf irrationalen Annahmen und Vorurteilen beruhen, beispielsweise die *Physiognomik*, die Deutung des Charakters und Lebenslaufs aus der (knöchernen) Form des Schädels. Dabei zog man auch Parallelen zu Tieren, pointiert: Jemand, dessen Schädel dem eines Schafes ähnelt, der ist auch ein »Schafskopf«, also dumm, stur oder ähnliches. Heute läßt sich so eine Methode einfach nicht mehr aufrechterhalten. Richtig ist dagegen, daß sich aus den Gesichtsbewegungen (Mimik) wie auch den »Bewegungsspuren« (z. B. Falten) Hinweise auf die Persönlichkeit gewinnen lassen.

Ähnlich absurd mutet es an, wenn beispielsweise Menschen mit der Geburtszahl 6 empfohlen wird, täglich ein Ei zu essen, weil dessen Zahl (5 + 1, nach dem alten System) mit der eigenen Geburtszahl übereinstimmt. Sie sollten aber nicht mehrere Eier essen, weil der Plural »Eier« die Zahl 4 besitzt, die nicht mit der Geburtszahl harmonisiert und überhaupt ungünstig ist.

Oft verbirgt sich manche Absurdität hinter einem imponierenden, komplexen System wie bei der »Königin des Wahrsagens«, der Astrologie. Es lassen sich viele wissenschaftliche Einwände gegen die Astrologie erhe-

ben, von denen einige schon genannt wurden, etwa daß die Tierkreiszeichen heute überhaupt nicht mehr mit den astronomischen Sternbildern übereinstimmen.[32] Moderne Astrologen entziehen sich solcher Kritik, indem sie behaupten, der Sternenhimmel solle gar nicht das Menschenleben kausal bestimmen, sondern nur sein Spiegel, seine Entsprechung sein, und da spielten diese astrologisch-astronomischen Differenzen keine Rolle. Nur konnte die hier gemeinte Entsprechung »Wie oben, so unten« bisher nie schlüssig bewiesen werden; und ironischerweise stützen neuere wissenschaftliche Forschungen vielmehr die alte These, daß es *kausale* Einflüsse des »Himmels« auf den individuellen Menschen gibt, konkret: daß in den unterschiedlichen Monaten (Tierkreiszeichen) unterschiedlich starke kosmische Strahlungen und ähnliches einwirken, die zwar sicherlich nicht den menschlichen Charakter determinieren, aber einen gewissen Einfluß auf die körperlich-seelische Entwicklung gewinnen können. Nun könnte man argumentieren, unabhängig von jeglicher Theorie zählt, ob sich *empirisch* die Aussagen von Astrologie, Tarot, I Ging usw. verifizieren lassen. Aber das führt auch nicht zu klaren Ergebnissen. Zwar gibt es Untersuchungen, die für die Stichhaltigkeit der Astrologie sprechen - berühmt wurden vor allem die Forschungen von dem französischen Statistiker Michel Gauquelin, der aufzeigte, daß (erfolgreiche) Ärzte überdurchschnittlich häufig im Aufgang des Mars oder Saturns geboren sind, Soldaten unter dem Jupiter, Politiker und Schauspieler unter dem Mond und ähnliches - doch andere Forscher kamen zu anderen Resultaten oder fanden überhaupt keine Zusammenhänge. Und es bleibt einfach auch das Problem, daß die astrologischen Aussagen oft so vage und vieldeutig sind, daß sie sich gar nicht genau prüfen lassen.
So muß man letztlich wohl zu diesem Schluß kommen: Überlegen sind die Wahr- und Weissagemethoden, die sich weniger als wissenschaftlich-objektiv ausgeben, sondern offen dazu bekennen, eine mehr *subjektive Deutungskunst* zu sein - wie Tarot oder I Ging. Die Karten oder Münzen kennen wohl kaum die Zukunft, aber wenn sich der Anwender ihren Symbolen und Bildern öffnet, kann dies sein Unterbewußtsein zum »Sprechen« anregen - und dieses weiß in der Tat sehr viel mehr als unser bewußtes Ich. Oft benötigt man dabei allerdings einen kompetenten »Wahrsager« oder Therapeuten, der mit seiner Menschenkenntnis dazu verhilft, die Botschaften des Unbewußten richtig zu entschlüsseln.
Für eine solche Kommunikation mit den Tiefenschichten der eigenen Seele braucht es nicht so komplizierte Systeme wie die Astrologie, die mit ihrer kaum überschaubaren Vielzahl von Deutungsfaktoren zur Verwirrung sowie zur Willkürlichkeit der Interpretation zu führen droht. Womöglich reicht ein normales Pendel, durch dessen Ausschläge unser Unterbewußtsein mit »Ja«, »Nein«, »Ich will nicht antworten« und »Ich weiß nicht« die Fragen beantwortet.

Tierkreiszeichen	Planeten	Tarot	I Ging	Numerologie	Kabbala	Alchemie/ Metalle	Alchemie/ Umwandlungen
① Widder	Mars	Kaiser	Dschen (Donner)	1	Gebura (Macht)	Stahl	Calcinatio
② Stier	Venus	Papst	Kun (Erde)	2	Nezach (Geduld)	Messing	Congelatio
③ Zwillinge	Merkur	Liebespaar	Dui (See)	3	Hod (Ehre)	Quecksilber	Fixatio
④ Krebs	Mond	Triumphwagen	Kun (Erde)	4	Jessod (Basis)	Silber	Solutio
⑤ Löwe	Sonne	Kraft	Kien (Himmel)	5	Tif'ereth (Schönheit)	Gold	Digestio
⑥ Jungfrau	Merkur	Einsiedler	Sun (Wind)	6	Hod (Ehre)	Aluminium	Distillatio

	Tierkreiszeichen	Planeten	Tarot	I Ging	Numerologie	Kabbala	Alchemie/ Metalle	Alchemie/ Umwandlungen
⑦	Waage	Venus	Gerechtigkeit	Sun (Wind)	7	Nezach (Geduld)	Kupfer	Sublimatio
⑧	Skorpion	Mars/ Pluto	Tod	Kan (Wasser)	8	Gebura (Macht)	Eisen	Separatio
⑨	Schütze	Jupiter	Mäßigkeit	Li (Feuer)	9	Chessed (Milde)	Zinn	Ceratio
⑩	Steinbock	Saturn	Teufel	Gen (Berg)	10	Bina (Wissen)	Blei	Fermentatio
⑪	Wassermann	Saturn/ Uranus	Stern	Kien (Himmel)	11	Bina (Wissen)	Nickel	Multiplicatio
⑫	Fische	Jupiter/ Neptun	Mond	Kan (Wasser)	12	Chessed (Milde)	Zink	Projectio

Abschließend (S. 180/181) noch eine Übersicht über die Entsprechungen der wichtigsten Wahrsagesysteme und außerdem von Alchemie und Kabbala, *ausgehend* von der Zwölferunterteilung des Tierkreises. Sie wissen bereits, daß es zahlreiche Ungereimtheiten und Widersprüche in solchen Entsprechungsmodellen gibt, die wir hier nicht im einzelnen aufzeigen wollen.[33]

7. Psi – Okkultismus und »sechster Sinn«

»Psi« ist keine geheimnisvolle Abkürzung, sondern einfach der dreiundzwanzigste Buchstabe des griechischen Alphabets, der oft zur Bezeichnung verschiedener Phänomene verwendet wird, die man folgendermaßen unterteilten kann:

① *Außersinnliche Wahrnehmung (ASW)*,
im Englischen: Extra Sensory Perception (ESP).
Dazu zählen vor allem:
- *Telepathie*: Gedankenlesen oder Gedankenübertragung
- *Hellsehen*: Sehen räumlich entfernter oder sonst »unsichtbarer« Gegenstände
- *Präkognition*: Zukunftsschau

② *Psychokinese* bzw. *Spuk*:
Beeinflussung und Bewegung von Gegenständen durch übersinnliche Kräfte.

Statt von *Psi* spricht man auch von *Okkultismus*, aber dieser Begriff ist so vieldeutig, wird auch für den Gesamtbereich der Esoterik verwendet, daß wir hier in erster Linie den Psi-Begriff gebrauchen wollen. Manche rechnen auch den Kontakt zu »Geistern« - den *Spiritismus* - zu den Psi-Phänomenen, ich werde diesen jedoch im nächsten Kapitel gesondert besprechen.
Die Psi-Erscheinungen sind zwar mit Magie und Wahrsagen (weniger mit Mystik) verwandt, lassen sich aber schon davon abgrenzen. Der Magier versucht gezielt, mit allen möglichen Methoden, magische Wirkungen zu erzielen, Psi wie z. B. Hellsehen tritt dagegen meist spontan auf; manchmal sind dem Hellsehenden seine Wahrnehmungen sogar unerwünscht, ein unangenehmer Zwang, der ihm auch bedrohliche innere Bilder beschert. Und beim Wahrsagen bedient man sich Verfahren wie Astrologie, Numerologie oder Tarot, während der echte »Psiler« auf solche Hilfen nicht angewiesen ist.
Das führt uns zu der Frage, ob Psi-Fähigkeiten allen Menschen zukommen. Häufig wird dies bejaht - bei den meisten Menschen in den rational-zivilisierten Gesellschaften seien nur diese intuitiven Fähigkeiten überdeckt und ungenutzt. Offensichtlich gibt es aber besondere Psi-Begabungen, sogenannte *Sensitive*, die überdurchschnittliche Psi-Kräfte besitzen oder das zumindest vorgeben; bei ihnen finden wir auch eine berufliche Nutzung der an und für sich zweckfreien Psi-Wahrnehmungen, beispielsweise als professionelle Hellseher.
Während Magie oder Wahrsagen von der Wissenschaft kaum im einzelnen untersucht wurden, weil man solchen »Aberglauben« dessen nicht für würdig hielt, bildete sich eine eigene Wissenschaft zur Erforschung von

Psi: die *Parapsychologie.* Wie der Name schon verrät, fußt sie auf der Psychologie, sie bezieht aber auch Physik, Medizin, Statistik und anderes mit ein.
Der Begriff Parapsychologie wurde 1889 von Max Dessoir, einem Berliner Psychologen und Philosophen, geprägt. Seitdem hat diese wissenschaftliche Disziplin umfangreiche Untersuchungen durchgeführt und viele bedeutende Forscherpersönlichkeiten hervorgebracht, in Deutschland unter anderen Hans Driesch und Freiherr von Schrenck-Notzing; heute ist bei uns am bekanntesten Professor Hans Bender, der an der Universität in Freiburg bis 1975 dem Lehrstuhl für Psychologie und Grenzgebiete vorstand und auch seitdem weiterhin »seine Sache« aktiv vertritt.
Die Parapsychologie hat es aber bis in unsere Gegenwart schwer, wirkliche Anerkennung zu finden. Zum einen wird sie von manchen Esoterikern angegriffen, etwa von dem prominenten Thorwald Dethlefsen:

> »Die Parapsychologie ist verlogen und feige, denn sie hat weder den Mut der rein materialistischen Wissenschaft, alle nichtmateriellen Phänomene schlicht zu negieren, noch die Bereitschaft, sich der eigenen Erkenntnis zu stellen und die Konsequenzen einzulösen. Die Parapsychologie schnuppert ständig und diskutiert über das ›Erschnupperte‹, traut sich aber niemals reinzubeißen.«[1]

Auf der anderen Seite lehnen nach wie vor viele Wissenschaftler die Parapsychologie als unseriös ab. So frohlockten ihre wohl schärfsten Gegner, der Mediziner Otto Prokop und der Jurist Wolf Wimmer, anläßlich eines für die Parapsychologie ungünstigen Gerichtsurteils:

> »Gestützt auf unsere Vorarbeiten, hat der Bundesgerichtshof in Karlsruhe am 21. 2. 1978 das berühmte ›Todesurteil über die Parapsychologie‹ verkündet, das diese Pseudowissenschaft endlich auch offiziell aus dem Kreise der Universitas scientiarum ausgestoßen hat. Klar und unmißverständlich spricht diese Entscheidung aus, was Kritiker in aller Welt einhellig festgestellt haben: daß nämlich die Ergebnisse der Parapsychologie als auf ›Aberglauben‹ oder ›Wahn‹ beruhend nicht als naturwissenschaftliche Erkenntnisse anerkannt werden können und somit ›parapsychologische Sachverständige‹ in foro ›völlig ungeeignete Beweismittel‹ sind.«[2]

Und dennoch ist die Parapsychologie auf dem Vormarsch. Denn in Zeiten, wo sich die Esoterik teilweise um wissenschaftliche Fundierung bemüht und die Wissenschaft ihr streng mechanistisches Weltbild in mancher Hinsicht aufgibt und sich anderen Wirklichkeiten öffnet, kann die Parapsychologie die entscheidende Vermittlerrolle übernehmen.

Telepathie - Von Kopf zu Kopf

Telepathie bedeutet zunächst einmal *Gedankenlesen*, das heißt, der Telepath kann angeblich wahrnehmen, was ein anderer denkt, fühlt, wünscht usw.; und zwar kann er das *außersinnlich* wahrnehmen, ohne es etwa aus den Gesichts- oder Körperbewegungen (der Körpersprache) seines Gegenübers zu erschließen. Und wenn man sich auch über die Art der telepathischen Übertragung keineswegs einig ist - sie soll von Raum und Zeit unabhängig sein -: Der Gedankenleser »liest« im Kopf des anderen ohne Zeitverzögerung, egal ob dieser anwesend oder räumlich weit entfernt ist.

So betrachtet erscheint der Telepath als der aktiv handelnde und der, dessen Seelenleben telepathisch angezapft wird, als der passive Part. Oft stellt man es aber auch genau umgekehrt dar: Der Aktive ist dann der *Sender*, der seine Gedanken und Gefühle - bewußt oder unbewußt - ausstrahlt, und der Gedankenleser ist der eher passive *Empfänger*, der diese seelischen Botschaften aufnimmt.

Von daher empfiehlt Karl Spiesberger in seinem Buch »Praktische Telepathie« auch ein unterschiedliches Training der ASW-Kraft für Sender und Empfänger. Der Sender hat vorrangig seine Konzentration, seinen Willen und seine Ausstrahlungskraft zu schulen, der Empfänger dagegen Entspannung, meditative Gedankenleere und Empfänglichkeit.[3]

Die aktive Position des Gedankensenders wird besonders deutlich bei der sogenannten *Mentalsuggestion* oder *Fernhypnose*. Hier versucht man, einen anderen Menschen außersinnlich zu hypnotisieren, ihm aus der Ferne Befehle zu schicken. Das ist natürlich gerade für Magier interessant, die darauf erpicht sind, anderen ihren Willen aufzuzwingen; als Anfangsübung wird hier geraten, einer vor einem gehenden oder sitzenden Person auf den Nacken zu starren und sie zu veranlassen, sich umzudrehen. Andererseits versucht der Magier, sich selbst tunlichst vor solcher Fernsteuerung zu schützen.

Das Senden von Gedanken verläuft aber keinesfalls immer bewußt und zielstrebig. Häufig tritt es spontan auf in Zuständen höchster Erregung: Bei Todesgefahr oder auch im Moment des Sterbens sollen Menschen in der Lage sein, Signale oder Hilferufe auszusenden. Und entsprechend sollen Angehörige diese Botschaften empfangen können, auch wenn sie sonst keine telepathischen Fähigkeiten besitzen. Das mag unbewußt im Traum geschehen: Wer kennt nicht die Geschichten einer Mutter, die von ihrem Sohn - im Moment seines Todes auf dem Schlachtfeld - einen Hilferuf empfing, von seinem Todesschrecken wachgerüttelt wurde. Vergessen werden dabei nur gerne die vielen Fälle, wo jemand vom Unglück oder Tod eines Angehörigen träumt, ohne daß dem irgend etwas passiert ist.

Weniger dramatisch verläuft die sogenannte *Gedankenübertragung*, wobei zwei Menschen (fast) gleichzeitig an das gleiche denken. Beispielsweise sagt der Partner, er würde gerne heute ins Theater gehen, und die Partnerin antwortet, in diesem Moment habe sie dasselbe gedacht. Haben hier beide gesendet und empfangen? Oder war es gar keine Telepathie? Vielleicht geht das Paar ohnehin häufig ins Theater. Es bestand also schon eine Wahrscheinlichkeit, darauf zu sprechen zu kommen, und daß dies genau zur selben Zeit geschah, war eben Zufall.
Um Telepathie zu testen, hat sich die Wissenschaft schon früh ihrer angenommen. Am bekanntesten sind die Versuche des Amerikaners Joseph Banks Rhine, der Anfang der dreißiger Jahre systematische Untersuchungen startete (später unterstützt von seiner Frau Louisa). Rhine arbeitete mit einem Kartenspiel von 25 Karten mit je fünf gleichen Kreisen, Quadraten, Kreuzen, Wellen und Sternen. Ein Sender konzentrierte sich auf bestimmte Karten, ein Empfänger versuchte, diese telepathisch wahrzunehmen.

Zum genaueren Versuchsaufbau folgende Erläuterungen: Sender und Empfänger sind durch einen undurchsichtigen Zwischenschirm getrennt (in späteren Versuchen saßen sie sogar in verschiedenen Räumen, denn normale Sinneswahrnehmungen müssen natürlich ausgeschlossen werden). Bei einem Durchgang konzentriert sich der Sender nacheinander auf jede der 25 Karten.
Man kann nun die Wahrscheinlichkeit berechnen, daß der Empfänger allein durch Raten die richtigen Karten trifft. Die Wahrscheinlichkeit, eine Karte richtig zu raten, beträgt 5/25 gleich 1/5. Demnach wären bei einem Durchlauf von 25 Karten fünf Treffer ($25 \times 1/5$ gleich 5) rein zufällig zu erwarten. Je nachdem, wie weit die tatsächliche Trefferanzahl über (oder auch unter) dieser *Zufallserwartung* liegt, läßt sich statistisch bestimmen, ob ein signifikant überzufälliges Ergebnis vorliegt, was also nicht durch Zufall zu erklären ist. In vielen Tausenden Versuchen kamen ganz normale Versuchspersonen bei Rhine auf durchschnittlich acht anstatt der zufällig zu erwartenden fünf Treffer, was er als Beweis für Telepathie ansah.

Nun sind acht von 25 möglichen Treffern noch nicht allzu eindrucksvoll. Aber auch darüber hinaus wurden die Rhineschen Experimente vielfach kritisiert. Prokop und Wimmer monieren unter anderem: Die Kontrollmaßnahmen gegen Betrug von Versuchspersonen oder auch von Versuchsleitern seien zu lax gewesen; es könnten unbewußte Verfälschungen von Versuchsergebnissen durch okkultgläubige Untersucher aufgetreten sein; bei der Anwesenheit der Versuchspersonen im selben Raum wären Wahrnehmungen durch unbewußtes Flüstern bzw. »Muskellesen« möglich. Als Hauptfehler attackieren sie aber den

»... Unsinn, ›ASW‹ mit der Wahrscheinlichkeitsrechnung beweisen zu wollen. Schon der mathematische Ansatz ist verfehlt, der annimmt, die Wahrscheinlichkeit, daß das Kartensymbol richtig genannt wird, sei 1 : 5. Denn diese Annahme unterstellt dem Menschen das gleiche Gedächtnis wie das eines Würfels, nämlich überhaupt keines. Der Mensch ist aber beim Raten nicht unabhängig vom zuvor Genannten. Bestimmte Farben (Rot) und Symbole (As, die Zahl 5) werden nach dem Gesetz der bevorzugten Reaktionen häufiger genannt als andere.«

Hellsehen - Ich sehe was, was du nicht siehst

Hellsehen bedeutet in erster Linie das »innere« Sehen von Gegenständen oder Personen, die durch den normalen Gesichtssinn nicht wahrzunehmen sind, also sich z. B. an einem anderen Ort befinden; das kann nur ein Nebenraum sein, aber auch ein anderer Kontinent. Mit Hellsehen bezeichnet man darüber hinaus generell das Sehen von etwas »Unsichtbarem«, etwa von feinkörperlichen Ebenen, der Aura, den Chakras und ähnlichem. Im weitesten Sinn steht Hellsehen für alle Formen außersinnlicher Wahrnehmung und umfaßt damit auch *Hellhören, Hellfühlen* einschließlich der Voraussage der Zukunft.

»Hellseher kommen ohne die Geräte und den Symbolismus aus, die von anderen Wahrsagern benötigt werden: Ihr Vorauswissen kommt in der Form von Wachvisionen, die aktiv und bewußt hervorgerufen werden können, wann immer es gewünscht wird.«[4]

Dennoch verwenden professionelle Hellseher meistens okkulte Gegenstände wie die berühmte *Kristallkugel.* Und um beispielsweise eine verschollene Person mit dem »inneren Auge« aufzuspüren, benutzen sie gerne ein Objekt, das der betreffenden Person gehört - wie ein Kleidungsstück, eine Brille oder bei Kindern ein Spielzeug; man spricht dann von *Psychometrie.* Auch hier kann man wieder fragen, ob solche Gegenstände nur zur Konzentrierung und Fokussierung der eigenen ASW-Kraft dienen, oder ob jedenfalls ein Kristall eigene Psi-Kräfte besitzt, deren sich der Hellseher bedient. Das führt uns zurück zu dem Streitpunkt, ob der Mensch an sich hellsichtig ist.

»Es wird allgemein angenommen, daß man die Gabe des Hellsehens entweder hat oder nicht hat. Anscheinend können manche Menschen über ihre seherischen Fähigkeiten nach Wunsch verfügen, während wir anderen keinerlei Einblick in die Zukunft haben. Doch viele Fachleute sind heute der Meinung, daß hellseherische Fähigkeiten ein weitverbreitetes menschliches Potential sind. Sie ordnen es in den gleichen mentalen Bereich ein wie die Intuition und geben zu verstehen, daß jeder es bis zu einem gewissen Grad besitzt, auch wenn es vielleicht nur latent vorhanden und noch unentdeckt ist ... Viele Hellseher behaupten, daß diese latenten Fähigkeiten aktiviert werden können. Sie empfehlen tiefe Formen der Meditation, um den Geist zu entspannen, die Einschränkungen des rationalen und materialistischen Denkens abzulegen und mit den tieferen Schichten der Psyche in Kontakt zu kommen.«[5]

Selbstverständlich fehlt es auch nicht an Kritikern, die jede Form von Hellsehen als Okkultschwindel, als Selbst- oder Fremdbetrug abtun. Besonders interessant ist in diesem Zusammenhang der Fall eines der bekanntesten Hellseher unserer Zeit, des Holländers Gérard Croiset (1910–1980). In einem Buch von J. H. Pollack über ihn heißt es:[6]

»Hollands gefeierter ›Hellsehdetektiv‹ hat in enger Zusammenarbeit mit den Polizeibehörden vieler europäischer Länder bei der Lösung rätselhafter Morde, Sexualverbrechen und Diebstähle mitgeholfen. Obwohl er niemals die Vereinigten Staaten von Amerika besucht hat, half er der amerikanischen Polizei über eine Entfernung von 4500 Kilometern durch seine außersinnliche Wahrnehmung. Mit Hilfe seines ›sechsten Sinnes‹ hat er auch verlorene Dokumente wiedergefunden und altertümliche Manuskripte sowie historische Gegenstände für Gelehrte identifiziert.«

Der vielfache Einsatz von Croiset in Kriminalfällen ist unbestreitbar, und Polizei wie Justiz sind ja nicht gerade als okkultgläubig verdächtig. Außerdem wurde der »Mann mit dem Röntgenblick« von verschiedenen führenden Parapsychologen getestet, allen voran Professor W. H. C. Tenhaeff, der über zwanzig Jahre mit ihm arbeitete. All dies kann allerdings überzeugte Psi-Gegner nicht beeindrucken. So ziehen Prokop und Wimmer folgende Bilanz über Croiset: »Seine ›Leistungen‹ haben wir ... nicht anders als die aller Hellseher, nämlich als abergläubischen Humbug würdigen müssen.«

Wünschelrutengehen

Eine besondere Spielart des Hellsehens ist das Rutengehen, der Fachausdruck dafür: *Radiästhesie.* »Wünschelrute« bedeutet soviel wie Zauberrute oder Weissagerute. Solche Ruten soll es bereits etwa 6000 v. Chr. gegeben haben, was man aus entsprechenden Höhlenbildern in der Sahara schließt. Die Wünschel- oder auch Wickerute kann verschiedene Formen haben; traditionell gebraucht man einen gegabelten Zweig, heutige Rutengänger besitzen Metallruten, darunter wahre Kunstwerke der Feinmechanik.

Die bekanntesten Rutentätigkeiten sind das Aufspüren von gefährlichen *Erdstrahlen* und *Reizzonen* sowie andererseits die Suche nach begehrten Bodenschätzen (Erze, Öl usw.), nach Wasser und nach verborgenen Schätzen. Die Esoterik vertritt jedoch das Gesetz »Alles strahlt«, das heißt, jede Substanz, jeder Stoff, jedes Metall sendet Wellen unterschiedlicher Frequenz aus. Und so kann der Radiästhesist prinzipiell auch jede Substanz orten, je nach ihrer Wellenlänge bzw. dem dadurch bedingten Grad des Rutenausschlags.

Ähnliches gilt für das mit der Rute verwandte *Pendel.* Nur wird dieses mehr im Innenraum verwendet (sitzend oder stehend), während die Wünschelrute meistens draußen – und eben als Ruten*gehen* – zum Einsatz kommt. Es wurden umfangreiche Listen aufgestellt, welche Stoffe sich in welchen Ausschlägen der Rute und vor allem des Pendels anzeigen; da werden für alle möglichen anorganischen und organischen Substanzen Grade von 0 bis 360 angegeben; ich nenne nur einige Beispiele:[7]

- Wasserstoff 0°, Gold ebenfalls 0°
- Silber ebenso wie Eidotter 45°
- Uran, Reis, Kandiszucker: alle 100°
- Regenwasser oder destilliertes Wasser 180°
- Quecksilber, Stickstoff, Quarz, Chalzedon, Urin 270°
- Smaragd/seladongrün 297,5°
- Smaragd/schöngrün 302–302,5°
- Menschliche Exkremente 315°
- Sauerstoff 360°

Kritiker haben eingewendet, daß Pendel und Rute keineswegs auf irgendwelche Substanzen bzw. Strahlungen reagieren, sondern allein auf seelische und körperliche Prozesse des Rutengängers, die sich in willkürlichen, vor allem jedoch unbewußt-unwillkürlichen Bewegungen äußern. Die schon öfter genannten Psi-Gegner Prokop und Wimmer verweisen in ihrem Buch »Wünschelrute, Erdstrahlen, Radiästhesie« auf physiologische Faktoren wie Zittern, Ermüdung von Muskeln, Mitbewegung anderer Muskelgruppen und sogenannte Symmetriebewegungen, die es gar nicht erlaubten, die Rute (dauerhaft) ruhig zu halten. Die Hauptrolle weisen sie aber psychischen Faktoren, insbesondere den *ideomotorischen Bewegungen* zu, auch als *Carpenter-Effekt* bezeichnet. Damit ist gemeint, daß die (unbewußte) Vorstellung einer Bewegung automatisch zu dieser Bewegung führt; erwartet also der Rutengänger (ohne sich dessen bewußt zu sein) einen Rutenausschlag bzw. eine entsprechende Bewegung seiner Arme, so vollzieht sich diese Bewegung sogleich – wie von selbst.

Zwar ist die »Strahlenfühligkeit« durch die eben aufgezählten Einwände sicherlich noch nicht gänzlich widerlegt, aber es bleibt festzuhalten: Bei etlichen wissenschaftlichen Untersuchungen der »Treffer« von Rutengängern bis in jüngste Zeit fanden sich zwar vereinzelt erstaunliche Erfolge, insgesamt überwogen aber die Mißerfolge bei weitem.

Präkognition - Heute wissen, was morgen geschieht

Die Schau in die Zukunft, das Vorhersehen des Morgen gilt als die anspruchsvollste und zugleich problematischste Form der außersinnlichen Wahrnehmung. Auch hier ist wieder darauf hinzuweisen, daß beim echten »Psiler« das Zukunftssehen oft spontan auftritt, etwa in»Wahrträumen«. Er ist nicht auf Hilfsmittel wie Karten angewiesen (wenn er sie auch zur Unterstützung seiner Fähigkeiten hinzuziehen kann).
Präkognition meint ein Vorauswissen, was nicht aus der Gegenwart oder Vergangenheit erschlossen ist (eine solche Vorausberechnung bezeichnet man meist als »Prognose«). Es verrät kaum Psi-Kraft, wenn jemand heute vorhersagt, daß San Francisco am nächsten Tag noch existiert; denn dafür besteht aufgrund bekannter Fakten und Gesetze eine an Sicherheit grenzende Wahrscheinlichkeit - wenn es auch nicht völlig ausgeschlossen ist, daß die Stadt, etwa durch ein Erdbeben, in einer Nacht zerstört wird. Präkognition steht dagegen für ein Vorhersehen von Ereignissen, die in bezug auf unsere Kenntnisse ungewiß oder sogar unwahrscheinlich sind. Als *Prophetie* bezeichnet man primär das Zukunftssehen von weltgeschichtlichen Ereignissen. Zuweilen werden auch die *Déjà-vu-Erlebnisse* dem präkognitiven Bereich zugeordnet. »Déjà vu« bedeutet: Man erlebt eine Situation und hat plötzlich den Eindruck, schon einmal genau in derselben Situation gewesen zu sein. Dies läßt sich so erklären, daß man diese Begebenheit, vielleicht in einem Traum, »vorauserlebt« hat; andere Esoteriker deuten das Déjà-vu-Phänomen allerdings als Beweis für Reinkarnation - wir erleben etwas, das uns in einem früheren Leben schon einmal passiert ist.
Ganz anders zu beurteilen als die Präkognition ist die *Retrokognition*, die Rückschau. Zwar beinhaltet auch sie ein Sehen durch die Zeit, aber einen Blick in die Vergangenheit. Und das mutet uns nicht ganz so rätselhaft an, weil das Vergangene eben sicher und abgeschlossen ist.
Die Zukunftsschau hat schon immer eine große Rolle in der Esoterik gespielt. In den alten Kulturen wurden die »Seher« verehrt, aber auch gefürchtet. Oft waren sie Priester wie die Apollo-Priesterin Pythia vom Orakel zu Delphi. Allerdings kann die präkognistische Gabe auch zur Last werden für ihre Besitzer und deren Mitmenschen - wie bei Kassandra, der Unheilsverkünderin, deren Kassandrarufe niemand glauben wollte.

Im folgenden wollen wir vier der wichtigsten Seher(innen) aus der Esoterikgeschichte kurz vorstellen:

○ *Nostradamus* (1503–1566): Er formulierte seine Weissagungen in Versform; diese Vierzeiler (Zenturien) sind zwar meist in sehr dunkler Sprache abgefaßt und somit außerordentlich vieldeutig, immerhin bieten sie bei entsprechender Interpretation viele richtige Voraussagen, z. B. der Französischen Revolution. Auch die Umstände seines eigenen Todes soll Nostradamus korrekt vorhergedichtet haben:

> »Zurück von der Gesandtschaft, Gabe des Königs, ans Zimmer gebunden,
> Wird sie ihm nichts mehr nützen, wird er zu Gott gegangen sein,
> Nächste Familie und Freunde, Verwandte
> Finden schon tot ihn, nahe bei Bett und Bank.«

○ *Emanuel Swedenborg* (1688–1772) - »der Wissenschaftler, der zum Seher wurde« und behauptete, mit himmlischen Wesen zu kommunizieren. An bekanntesten ist die Vision, die Swedenborg in Gothenburg von einem Großbrand in Stockholm hatte, den er in allen Einzelheiten beschrieb.

○ *Edgar Cayce* (1877–1945), genannt »der schlafende Prophet«, weil er seine Aussagen in tiefer Trance machte. Zunächst gab er vor allem medizinische Diagnosen und Therapieratschläge, später lieferte er aber auch geschichtliche Prophezeiungen, verkündete unter anderem den Tod von zwei amerikanischen Präsidenten.

○ *Jeane Dixon* (geb. 1918), eine der berühmtesten zeitgenössischen Zukunftsseherinnen. Sie soll die Ermordung John F. Kennedys und Martin Luther Kings prophezeit haben, allerdings wurden ihr auch viele Falschprognosen nachgewiesen.

Aber es sind nicht nur wenige Begnadete, die über das »zweite Gesicht« verfügen. Viele Menschen meinen - insbesondere in luziden (hellsichtigen) Träumen -, schon einmal Zukünftiges vorhergesehen oder wenigstens vorhergeahnt zu haben, gerade als Warnung vor bedrohlichen Ereignissen (*Prämonition*). Nur tendieren die Menschen dazu, die (zufälligen?) Ausnahmen, wo ein Traum eintraf, zu registrieren, während sie die unzähligen »Falschträume« vergessen.
Jedenfalls gibt es bis heute kein wissenschaftlich akzeptiertes Modell zur Erklärung von Präkognition. Die wichtigsten Erklärungsversuche seien stichpunkthaft zusammengefaßt:

- Alles in der Welt ist vorherbestimmt (determiniert).
  Dann wäre es zwar prinzipiell möglich, zukünftige Ereignisse genau vorherzusagen. Aber erstens widerspricht die These der vollständigen Determination heutigen wissenschaftlichen Erkenntnissen, vor allem der Teilchen- und der Chaos-Physik. Und zweitens müßte man dem Menschen jegliche Willensfreiheit absprechen, oder es ergäbe sich folgendes Dilemma: Angenommen, ein Psi-Mensch sieht einen eigenen Verkehrsunfall voraus. Dann wird er an dem gefährlichen Tag z. B. das Haus nicht verlassen und entgeht so dem Unfall. Dann war aber dieses Ereignis ja nicht vorherbestimmt, oder unser »Psiler« kann eben doch nicht richtig in die Zukunft blicken.

- Der Seher realisiert seine Vorhersage selbst.
  Er sagt z. B. voraus, ein Prominenter wird ermordet, und erschießt ihn dann eigenhändig. Das bedeutet natürlich kein echtes Vorauswissen.

- Sich selbst erfüllende Prophezeiung und Vollzugszwang.
  In diesen Fällen wird eine Voraussage erst dadurch wahr, daß man sie ausspricht. Wenn z. B. glaubhaft eine Benzinknappheit angekündigt wird (obwohl genug Benzin da ist), wird diese Knappheit tatsächlich eintreten, weil die Autofahrer die Tankstellen stürmen und in Hamsterkäufen alle Vorräte aufbrauchen. Vollzugszwang bedeutet, daß jemand so fest an eine Prophezeiung glaubt, daß er sie selbst unbewußt-zwanghaft erfüllt. Jemandem ist z. B. von einer Wahrsagerin ein Ehestreit vorhergesagt worden, und im Glauben an die Wahrheit dieser Vorhersage bricht er/sie den Streit - fast wie hypnotisiert - selbst vom Zaun. Auch hier liegt wiederum keine wirkliche Präkognition vor.

- Es gibt keine Zeit.
  »Zeit ist eine Illusion« heißt ein Buch der bekannten Esoterikerin Chris Griscom. Viele Esoteriker vertreten die Auffassung, daß die Unterscheidung von Vergangenheit, Gegenwart und Zukunft nur Schein ist, in einer höheren Ebene alle Ereignisse gleichzeitig ablaufen. Und wenn man Zugang zu dieser Ebene hat, kann man alle Ereignisse überblicken. Aber damit kommen wir wieder zu dem ungelösten Problem, daß dann alles determiniert sein müßte.

- Zeit ist relativ.
  Diese Position ist weniger radikal und kann sich außerdem auf die anerkannte Relativitätstheorie stützen. Danach gilt die Zeit nur relativ, nämlich relativ zu einem Bezugssystem. Ein Ereignis, was für das Bezugssystem A noch Zukunft ist, kann für das Bezugssystem B schon Vergangenheit sein. Hier ist theoretisch ein Ansatz zur Erklärung von

Präkognition gegeben (ähnlich wie bei der Hypothese überlichtschneller Teilchen); aber es bleibt völlig spekulativ, wie in der Praxis ein Zukunftsseher die Zeitrelativität für sein Voraussehen nutzen könnte.

Nun ist es nicht entscheidend, ob man eine erklärende Theorie zur Verfügung hat. Man könnte doch argumentieren: Wer richtig vorhersagt, hat recht - auch wenn es unerklärlich ist. Wie aber schon angesprochen, ist die Liste falscher Voraussagen, auch von berühmten Sehern, immens. Wie oft ist allein schon der *Weltuntergang* vorhergesagt worden - und die Erde dreht sich doch noch. Auch ist es desillusionierend, daß bei ganz konkreten, direkt überprüfbaren Vorhersagen so wenig Erfolge zu verzeichnen sind. Der bekannte Parapsychologe Milan Rýzl berichtet in seinem Buch »Hellsehen in Hypnose« von Versuchen, die Lottozahlen richtig vorauszusehen. Aber die Resultate sind absolut enttäuschend, nur einmal drei Richtige. Zwar ließe sich einwenden, Zufallsereignisse wie beim Lotto wären eben eine Ausnahme, aber für den Esoteriker gibt es doch gar keinen Zufall. Und auch Argumente wie: man dürfe eine Gabe wie die Präkognition nicht für ein niederes, materielles Interesse einsetzen, dann versage es, überzeugen wenig. Denn heute betonen viele Esoteriker, daß äußerer, finanzieller Reichtum sich sehr gut mit innerem, spirituellem Reichtum verträgt, womöglich sogar dazugehört.

Psychokinese - Hier spukt's

Psychokinese - PK abgekürzt - ist neben ASW der zweite große Bereich der Psi-Fähigkeiten. Unter PK versteht man, daß allein durch eine geistig-seelische Kraft materielle Gegenstände bewegt oder verändert werden. Dabei gilt es, zwei Formen zu unterscheiden:

① geplante, bewußte Psychokinese - z. B. wenn jemand absichtlich durch geistige Konzentration einen Löffel verbiegt;

② spontane, un(ter)bewußte Psychokinese - z. B. wenn jemand ungewollt psychokinetisch Teller durch die Luft wirbelt.
Das nennt man *Spuk*, bzw. man hat heute einen Fachbegriff dafür: *RSPK*-Phänomen - »*r*ecurrent *s*pontaneous *p*sycho*k*inesis«, das heißt sich wiederholende spontane Psychokinese.
Es gibt eine Vielfalt gezielter, bewußter PK-Aktivitäten (wobei sich nicht immer klar abgrenzen läßt, was dazu zu rechnen ist und was nicht):

- *Bewegung*
  Die Bewegung von Gegenständen durch psychische Kraft ist der Inbegriff der Psychokinese, denn genau das bedeutet die wörtliche Überset-

zung dieses Begriffs. Dabei werden etwa kleine Gegenstände in die Luft gehoben und schweben gelassen (das Versetzen ganzer Häuser kennt man nur aus Science-fiction). Am bekanntesten in diesem Bereich ist das sowjetische Medium Nina Kulagina geworden, das anscheinend Gegenstände wie Zigaretten und Streichhölzer psychokinetisch zu sich hinbewegte. Kritiker werfen ihm allerdings Trickbetrug mittels dünner Fäden oder Magneten vor.

- *Verbiegungen*
  Das Verbiegen von Löffeln, Gabeln und anderem Besteck mittels Gedankenkraft - der sogenannte Geller-Effekt - erreichte durch den Israeli Uri Geller (geb. 1946) internationale Berühmtheit. Bis heute gehen die Meinungen über ihn strikt auseinander: Die einen - einschließlich ausgewiesener Wissenschaftler - halten ihn für einen hochbegabten Sensitiven, für andere ist er nur ein mittelmäßiger Trickser.

- *Levitation*
  Levitation bedeutet, den eigenen Körper zum Schweben oder sogar zum Fliegen zu bringen. Diese Fähigkeit wird seit Urzeiten geistigen Meistern und Heiligen nachgesagt. Im letzten Jahrhundert beeindruckte vor allem der Schotte Daniel Douglas Home mit seinen Demonstrationen, nach freiem Willen zu levitieren. Vor mehreren Jahren erregte die Transzendentale Meditationsbewegung (TM) des Maharishi Yogi Aufmerksamkeit mit der Behauptung, jeder könne in ihren Kursen durch Siddhi-Kräfte fliegen lernen. Zaungäste berichteten aber, die Teilnehmer seien eher wie Ochsenfrösche gehüpft. Das war Wasser auf die Mühlen der Gegner, die trotz Foto- und sogar Filmdokumenten Levitation für Lug und Trug halten.

- *Physikalische Effekte*
  Manche Psychokineten scheinen in der Lage zu sein, physikalische Systeme zu beeinflussen, elektrische, magnetische oder mechanische Systeme. Beispielsweise können sie durch geistige Konzentration Uhren anhalten oder stehende Uhren wieder zum Laufen bringen.

- *Gedankenfotografie*
  Der Amerikaner Ted Serios wurde bekannt durch seine Fähigkeit, innere Vorstellungen als »Gedankenfotos« auf den Film einer automatisch entwickelnden Polaroidkamera zu bannen. Der Psychiatrieprofessor Jule Eisenbud untersuchte mehrere Jahre lang Serios' »Psychofotografie« und befand sie für echt. Dagegen behauptete der Bühnenmagier James Randi, daß Ted Serios ein Schwindler sei, und beschrieb in einem Buch, welche Tricks dieser anwenden würde.

○ *Materialisationen*
Hier werden geistige Bilder zu materiellen Dingen. Der vielfach verehrte Guru Sai Baba materialisiert am liebsten »heilige Asche«, scheinbar aus dem Nichts kommend, fällt sie von seinen Händen.

○ *Entmaterialisationen*
Dies ist der umgekehrte Prozeß - etwas Materielles verflüchtigt sich, verschwindet, wird feinstofflich bzw. geistig. Die Entmaterialisierung spielt eine Rolle bei besonders umstrittenen PK-Leistungen wie Unsichtbarmachen, »Durch-die-Wand-Gehen« und ähnlichem.

○ *Astralreisen*
Gemeint ist, daß man sich mit seinem Astralleib (und den höheren Körpern) vom physischen Leib vorübergehend löst und mit dem Astralleib ohne Raumbeschränkung andere Orte aufsucht. Robert A. Monroe (»Der Mann mit den zwei Leben«) machte diese außerkörperlichen Erfahrungen (Fachbegriff: *OBE* - Phänomene: »*O*ut-of-the-*B*ody-*E*xperiences) in unserer Zeit populär, allerdings berichten fast alle Religionen schon über ähnliches. Damit verwandt ist die *Bilokation*: Ein Mensch kann sich auch mit seinem physischen Leib gleichzeitig an zwei verschiedenen Orten aufhalten, wie es z. B. dem bekannten Heiler Pater Pio nachgesagt wurde. Bei der *Teleportation* versetzt man sich in Gedankenschnelle (physisch) an jeden beliebigen Ort.

○ *Temporale PK und Zeitreisen*
Einige Psychokineten geben vor, auch vergangene oder zukünftige Ereignisse durch Psi-Kraft verändern zu können bzw. (etwa durch Astralprojektion: Aussendung des Astralleibes) Zeitreisen unternehmen zu können. Solche Phänomene implizieren besondere Probleme wie Zeitparadoxien (man tötet z. B. in der Vergangenheit den eigenen Urgroßvater) und lassen sich auch nicht eindeutig dem PK-Bereich zurechnen.

○ *Vegetative Veränderungen*
Viele Yogis, Fakire und ähnliche vermögen Körperfunktionen zu steuern, die normalerweise nicht unserer Kontrolle unterliegen, z. B. Herzschlag und Blutdruck oder Schmerzwahrnehmung und Blutung. Diese geistige Körperkontrolle ist jedoch für die Wissenschaft heute nicht mehr rätselhaft. Im Zustand der Versenkung oder Hypnose kann nämlich das für solche Körperfunktionen zuständige vegetative Nervensystem beeinflußt werden, während es sich dem Einfluß des bewußten Willens entzieht. Durch Autosuggestion kann im Grunde jeder Mensch eine gewisse Steuerung solcher vegetativer Prozesse

erlernen, durch moderne Verfahren wie Biofeedback ist das sogar relativ schnell und mühelos möglich.

Bis auf den letzten Punkt werden alle genannten PK-Fähigkeiten von Kritikern angezweifelt oder bestritten. Zwar läßt sich Psychokinese partiell auch im wissenschaftlichen Experiment untersuchen, unter strengen Kontrollen, und dies ist bereits vielfach - mit positivem Resultat - geschehen. Doch Skeptiker wenden ein: Auch kompetente Fachleute aus anerkannten Wissenschaften, beispielsweise Physiker, seien häufig naiv gegenüber raffinierten Trickbetrügern, die ihnen etwas »vorzauberten«. Als Experten zur Überprüfung von Psychokineten brauche man vielmehr Trickkünstler, Bühnen-»Magier« oder Varieté-»Zauberer«, die alle Taschenspielerkniffe durchschauten.

Spuk - Geistige Kräfte oder Geister?

Ist schon die gezielt hervorgebrachte Psychokinese umstritten, so gilt das noch stärker für den Spuk. Wie Prof. Bender schreibt:[8]

> »›Spuk‹ ist sicher das umstrittenste Phänomen der okkulten Szene. Während viele noch hinnehmen, daß sich im Bereich des Seelischen Außergewöhnliches abspielt, sträuben sich die meisten, Berichte ernst zu nehmen, die ein unerklärliches Verhalten im Bereich der körperlichen Dinge, der materiellen Systeme behaupten. Der sogenannte ›gesunde Menschenverstand‹ fühlt sich beleidigt, wenn angebliche ›Spukbetroffene‹ versichern, daß Haushaltsgegenstände durch die Zimmer fliegen, Tassen und Teller von den Regalen springen, Möbelstücke verstellt werden, Bilder von den Wänden fallen, Schritte und Klopfzeichen vernehmbar werden, Türen sich von selber öffnen, Bettzeug und Kleider zerschnitten werden oder das elektrische Licht an- und ausgeht, ohne daß irgendeine Ursache erkennbar ist.«

Beim Spuk konkurrieren zwei esoterische Erklärungsmodelle:

① *Animismus* (von lateinisch animal: lebendes Wesen). Der Animismus besagt, daß Spuk von Lebewesen, normalerweise Menschen - weitgehend unbewußt -, ausgelöst wird; man spricht daher auch von *personengebundenem Spuk*. Dies ist die Position der Parapsychologie; und zwar tritt danach Spuk am häufigsten durch Jugendliche in der (Spät-)Pubertät auf, die unter emotional-sexuellen Spannungen stehen, welche sich »spukend« entladen. Als besonders förderlich nennt Bender: »aktuelle Konflikte, psychische Labilität, hohe kurzfristige Erregbarkeit und geringe Frustrationstoleranz«.[9]

② *Spiritismus* (von lateinisch spiritus: Geist). Er erklärt Spukphänomene durch Geister bzw. Gespenster; man spricht hier auch von *ortsgebundenem Spuk*, weil die einzelnen Geistwesen meist am selben Ort spuken, z. B. in einem alten Schloß oder auf dem Kirchhof. (Mit dem Spiritismus in seinen verschiedenen Formen beschäftigen wir uns im nächsten Kapitel.)
Die beiden bekanntesten Spukfälle im Deutschland der Gegenwart sind der »*Spuk von Rosenheim*« und der »*Fall Chopper*«. Beim Rosenheimer Spuk kam es in einer Rechtsanwaltskanzlei in der bayrischen Stadt Rosenheim 1967 zu seltsamen Erscheinungen wie dem Zerplatzen von Birnen, Telefonstörungen und Knallgeräuschen, und zwar nur in Anwesenheit der neunzehnjährigen Angestellten Annemarie S. - Parapsychologen (unter ihnen Professor Bender), Physiker, Telefontechniker und andere Experten untersuchten das Geschehen gründlich. Aber selbst heute, lange im nachhinein, ist man sich nicht einig. Hans Bender ist überzeugt davon, daß ein echter Spuk vorlag, die Psi-Kritiker Prokop und Wimmer sprechen vom Schwindel Annemaries und daß sie von einem Polizeibeamten auf frischer Tat, beim Umstoßen einer Lampe, erwischt worden sei.
Der »Fall Chopper« weist manche Parallelen zum Rosenheim-Spuk auf: In einer niederbayrischen Zahnarztpraxis geschah 1982 Unheimliches. Der Spuk äußerte sich hier in der »Geisterstimme« Chopper, die aus Waschbecken und ähnlichem ertönte und die Patienten mit Obszönitäten und Beleidigungen in bayrischem Dialekt erschreckte. Auch hier gab es einen Medienrummel, und wieder kamen Parapsychologen und andere Experten zur Untersuchung. Während Spiritisten Chopper als echten Spukgeist bezeichneten, kamen die Parapsychologen zu dem Ergebnis, daß die sechzehnjährige Sprechstundenhilfe Claudia die Stimme unbewußt-psychokinetisch erzeuge, also personengebundener Spuk. Doch in diesem Fall ist die Entlarvung kaum bestreitbar: Wie die Kriminalpolizei ermittelte, produzierte in der Tat Claudia das »Spuken«, aber keineswegs psychokinetisch, sondern indem sie mit verstellter Stimme die Beschimpfungen hervorbrachte. Später hatten sich sogar der Zahnarzt und seine Frau an diesem Gaukelspiel beteiligt, wofür ihnen allen vom Gericht empfindliche Geldstrafen auferlegt wurden.

Psi - eine Bilanz

Alle Psi-Phänomene sind bis heute umstritten. Auf der einen Seite hat die Parapsychologie - im Verbund mit *Paraphysik, Paramedizin* und anderen Disziplinen - große Anstrengungen unternommen, ein gesichertes wissenschaftliches Niveau zu erreichen; ich nenne nur als ein Beispiel die anspruchsvolle Arbeit von Walter v. Lucadou: »Experimentelle Untersuchungen zur Beeinflußbarkeit von stochastischen quantenphysikalischen Systemen durch den Beobachter«. Andererseits sprechen Kritiker weiterhin ungerührt von Pseudowissenschaft und Scheinbeweisen.

Hier zeigt sich ein Grundproblem: Psi-Erscheinungen lassen sich nur schwer exakt wissenschaftlich untersuchen. Wenn Bender sagt: »Spuk ist ›flüchtig‹, er hat einen ›evasiven‹ Charakter«, so gilt das weitgehend auch für Telepathie, Hellsehen und ähnliches. Zwar verfügen manche Menschen anscheinend über die Fähigkeit, solche primär spontan auftretenden Funktionen auch gezielt und konstant hervorzubringen, aber die wissenschaftliche Forderung, daß sich ein Geschehen unter den gleichen Bedingungen stets wiederholen lassen muß, ist hier nicht haltbar. ASW und PK lassen sich im wissenschaftlichen Labor nicht wie am Fließband produzieren, vor allem »versagen« die sensiblen Sensitiven auch leicht, wenn sie Skepsis oder gar aggressives Mißtrauen verspüren.
Hinzu kommt: »Kein Hellseher kann mit Sicherheit unterscheiden, ob seine Eindrücke reine Phantasieprodukte oder paranormalen Ursprungs sind« (Bender). An anderer Stelle verweist Bender entsprechend auf die »Erfahrung, daß eine hellseherische Vorschau immer nur hinterher, post hoc, also nach dem Eintreffen des Vorausgesagten, als solche erkannt werden kann. Es ist prinzipiell unmöglich, im voraus Merkmale für die Echtheit einer paranormalen Vorschau des Zukünftigen anzugeben.« Die Psiler sind sich also selbst ihres Erfolges nicht sicher.
Unter diesen Umständen überrascht es eigentlich nicht, daß auch Menschen, die womöglich über echte Psi-Fähigkeiten besitzen, unter Erfolgsdruck durch Tricks nachzuhelfen versuchen, wie es schon unzählige Male aufgedeckt wurde. Aber auch (okkultgläubige) Forscher können in Beweisnot - bewußt oder unbewußt - ihre Daten verfälschen, wie dies Samuel G. Soal, dem früheren Präsidenten der Britischen Gesellschaft für Parapsychologie, nachgewiesen wurde. Für die Kritiker ist ein »entlarvter« Psiler und erst recht Psi-Wissenschaftler total erledigt. Aber daß jemand einmal trickst, besagt ja noch nicht, daß er es immer tut. Wir gehen doch sonst auch nicht davon aus, daß wer einmal lügt, auch immer lügt.
Überhaupt fällt auf: Die Parapsychologie wird besonders kritisch unter die Lupe genommen. So greift man ihre statistische Beweisführung an, das heißt ihren Beweis etwa von Hellsehen durch Personen, die signifikant bessere Erfolge erzielen, als bei zufälligem Raten zu erwarten wäre. Nur andere Wissenschaften arbeiten mit vergleichbaren statistischen Methoden. Ein gewisser Zweifel an solchen Verfahren ist zwar berechtigt, aber man muß sehen, daß der auch andere Wissenschaften trifft, sogar die Naturwissenschaften, die häufig als Ausgangsbasis für eine Attacke gegen die Parapsychologie dienen.
Es gibt Feinde der Parapsychologie, die diese und ihre Vertreter in einer Weise diffamieren, daß die Bezeichnung (des persönlich angegriffenen) Benders als »anti-okkulte Animosität« noch sehr zurückhaltend ist. Eine solche starre Haltung, daß Psi absolut unmöglich sei, beruht ebenso auf Vorurteilen wie eine naive Okkultgläubigkeit. Natürlich besteht aber die

»Legitimität des Unglaubens«, wie es P. H. Hoebens in einem Aufsatz genannt hat, wo er eine gesunde Skepsis gegenüber dem Außer- und Übersinnlichen vertritt.[10] Und sicher ist es begrüßenswert, wenn die Verdummung und finanzielle Ausbeutung der Abergläubischen durch allzu clevere Okkultgeschäftler kritisiert wird. Da hieß es einmal so schön in einem Artikel des »Stern«:

»Wie wird man ein erfolgreicher Hellseher? Erstens: nur Binsenweisheiten verbreiten. Zweitens: Sowohl-als-auch-Prognosen sind immer richtig. Drittens: Das Gesetz der Wahrscheinlichkeit beachten. Bei hundert Erdbeben pro Jahr und über zehn Vulkanausbrüchen lassen sich Naturkatastrophen leicht prophezeien.«

8. Spiritismus – Geister, Götter und Gespenster

Wir haben bisher vier Hauptbereiche der Esoterik genauer kennengelernt: Mystik, Magie, Wahrsagen (Mantik) und Psi (Okkultismus oder »sechster Sinn«). In allen diesen Bereichen spielt auch der *Kontakt zu Geistern* eine mehr oder minder große Rolle. Ich habe diesen Geisterkontakt bisher weitgehend ausgeklammert, um seine verschiedenen - mystischen, magischen, mantischen und okkultistischen - Formen jetzt hier gesammelt zu beschreiben, denn man kann den Geisterglauben und -verkehr auch als eigenständiges esoterisches Gebiet ansehen. Dafür verwende ich den Oberbegriff *Spiritismus*, wenngleich dieser Begriff häufig mit eingeschränkterer Bedeutung gebraucht wird.
Was ist aber ein *Geist*? Auch hier wollen wir wieder einen sehr weiten Begriff verwenden, der nur zwei Bedingungen erfüllen muß: ① Es muß ein *persönliches Wesen* sein, also keine unpersönliche oder überpersönliche Intelligenz, Energie oder ähnliches.
Dabei ergibt sich das Problem, daß der Terminus »Geist« selbst auch für einen apersonalen Geist stehen kann, z. B. »der Geist des Universums«; um klar einen persönlichen Geist zu kennzeichnen, kann man von »Geistwesen« sprechen. ② Ein Geist ist *kein normales irdisches Wesen* mit einem normalen physischen Körper. - Auf dieser Basis können wir verschiedene Geister unterscheiden:

a) *Echte Geister*: Das sind Wesen, die in einer rein geistigen Welt leben. Sie haben keinen Körper bzw. nur einen Geistkörper, von unterschiedlich hoher Feinstofflichkeit. An sich sind sie unsichtbar, nur für hellsichtige Menschen zu schauen. Man kann diese Geister innerlich - mit der eigenen Geistseele - erfahren, sie können sich aber auch in sensitiven Personen (vorübergehend) verkörpern oder in anderer Weise materiell äußern. Zu diesen Geistern gehören die Seelen Verstorbener, andere gute und böse Geister bis hin zu Göttern und Teufeln.

b) *Gespenster*: Sie verfügen über einen eigenen irdischen Körper, über dessen genaue Beschaffenheit aber Unklarheit herrscht. Einerseits muß er physisch sein, denn er ist normalerweise sichtbar - als weiße Gestalt (z. B. »die weiße Frau«); andererseits ist dieser Körper durchscheinend und »unfaßbar«, so daß man ihn eher als Astralleib bestimmen muß. Typisch für Gespenster ist, daß sie - als unerlöste Seelen - spuken, als »Poltergeist« Schabernack und bösartigen Unsinn treiben.

c) »*Untote*«: Man nennt sie auch »lebende Tote« oder *Zombies*. Ihr physischer Körper ist einerseits tot, wurde andererseits wiederbelebt; in diesem Leben-Tod-Zwischenzustand bewegen sie sich - weitgehend seelenlos - wie Roboter. Verwandt mit ihnen ist der *Vampir*, der blutsaugende Dämon, der auch als »lebender Leichnam« gilt. Der Körper des Vampirs (mit seinen spitzen Ohren usw.) weicht vom menschlichen ab, überdies kann er sich in Tiere verwandeln, mit Vorliebe in eine Fledermaus. Weitere Verwandte sind *Werwölfe*, Menschen, die zu Wölfen werden können.

d) *Außerirdische*: Man kann auch sie insofern zu den Geistern rechnen, als sie keine irdischen Wesen sind und oft mit einem feinstofflichen »Strahlenkörper« beschrieben werden; außerdem verkehren sie angeblich mit menschlichen Kontaktpersonen überwiegend rein geistig - durch Telepathie.

Seit vielen Jahrhunderten setzen sich die Menschen mit solchen Geisterwesen auseinander, wie wir schon am Anfang - in der Geschichte der Esoterik - erfahren haben. Allerdings war das Interesse für Geister nicht immer gleich groß, und es gibt auch zeittypische Vorlieben für bestimmte Geistwesen sowie bestimmte Kontaktwege. Gerade heute verzeichnet die Esoterik wieder einen Geisterboom, und wir wollen uns hier in erster Linie mit aktuellen Formen beschäftigen.

Tischrücken und Channeling - Interview mit Geistern

In diesem Bereich steht im Vordergrund, von den Geistwesen Antworten, Rat oder auch Leitung zu erhalten; man wendet sich dabei ausschließlich an gute Geister, Engel, »Götter« und ähnliche - was allerdings nicht ausschließt, daß sich auch ungebeten böse Geister zu Wort melden. Dabei wird einerseits Allgemeines gefragt, etwa über das Leben nach dem Tod und den Aufbau der jenseitigen Welt. Mehr noch wünschen die Menschen aber Antworten auf individuelle Fragen: Sie wollen wissen, wie es ihren verstorbenen Angehörigen im Jenseits geht; oder sie brauchen Rat für eine Entscheidung in ihrem Leben.
Damit ist die Brücke zum *Wahrsagen* geschlagen. Und in der Tat spielt der Wunsch nach einem Blick in die Zukunft nebst einer Zukunftsberatung die größte Rolle bei dieser Geisterbefragung. Man spricht deshalb auch von *Nekromantie*, was soviel wie Weissagung mit Hilfe von Toten (Totenorakel) bedeutet. Der Ratfragende erwartet, daß die Geister einen viel größeren Überblick über das Weltgeschehen haben und daher die besten Propheten sind.
Manche Menschen suchen darüber hinaus Kontakt zu einem (ihrem) »Schutzengel«, der ihr Leben überwachen soll. Oder sie wünschen sich einen »Geistführer«, der sie auf dem spirituellen Weg leiten soll. Hier ist der Bereich der *Mystik* angesprochen; und sicherlich kann der Spiritismus auch mystisch motiviert sein, daß jemand - etwa auf Astralreisen - mit

höheren Wesen zusammentreffen will, um von ihnen zur Erleuchtung und damit zu Gott geführt zu werden. Die meisten Mystikschulen lehren aber nur einen unpersönlichen, höheren Geist, jedoch keine persönlichen Geistwesen. Vielfach wird sogar vor Geistererscheinungen bei der Meditation gewarnt, das seien Trugbilder, denen man keine Aufmerksamkeit schenken solle.
Grundsätzlich lassen sich zwei Formen der Geisterbefragung bzw. Geisterantwort unterscheiden:

a) über einen sensitiven Menschen, ein sogenanntes Medium: *Mediumismus* oder *Channeling*;
b) über ein materielles Objekt, z. B. einen Tisch oder ein Glas: *Tischrükken* oder *Glasrücken.*

Der Medium-Spiritismus ist der auffälligere und bekanntere. In erster Linie von England ausgehend, verbreitete er sich in der zweiten Hälfte des 19. Jahrhunderts rasant, wurde zu einer Modebewegung, die viele »Stars« hervorbrachte. In unzähligen spiritistischen Zirkeln, aber auch auf öffentlichen Séancen (Sitzungen) versetzten sich Medien in Trance und wurden von einem Geist »übernommen«, der - mit fremder Stimme - Fragen beantwortete.
Doch die Medien beschränkten sich nicht auf Antworten ihrer »Kontrollgeister«, sie produzierten Klopfgeräusche oder Geistererscheinungen (Apparitionen), zeigten Fähigkeiten wie *automatisches Malen* oder *automatisches Schreiben*, das heißt, daß Bilder oder Texte wie von selbst - in Trance und mit großer Schnelligkeit - gemalt bzw. geschrieben werden.
Ganze Bücher sollen so entstanden sein, z. B. die umfangreichen Werke der einflußreichen Esoterikerin Alice Bailey (1880-1949), die ihr von ihrem jenseitigen Meister Djwhal Khul diktiert worden wären. Geister können auch beim Komponieren hilfreich sein. Die Engländerin Rosemary Brown behauptete, daß verschiedene große Komponisten, vor allem Beethoven, durch sie weiterkomponierten - es wurden sogar Schallplattenaufnahmen solcher Geisterstücke gemacht.
Natürlich stellt sich bei den spiritistischen Medien ebenso wie bei den Psi-Sensitiven die Frage nach Betrug, sei es bewußter Betrug oder unbewußte Selbst- und Fremdtäuschung. Schon von Beginn des Spiritismusbooms an untersuchten Forscher diese Phänomene. Vor allem Psychologen und Physiker wie Oliver Lodge, Charles Richet, Richard Hodgson, William James und viele andere waren kritische Untersucher des Mediumismus und trugen damit zur Entstehung der Parapsychologie bei. Etliche der Geisterphänomene wurden dabei als Schwindeleien entlarvt. Prokop und Wimmer schreiben sogar: »Sämtliche klassischen Medien sind - viele

gleich mehrfach - betrügerischer Manipulationen überführt worden.« Das widerspricht aber anderen Berichten, wonach manchen Medien, wie etwa dem Levitationskünstler Daniel Douglas Home (1833–1886), nie ein Betrug nachgewiesen werden konnte.
Nachdem der Geisterrummel zeitweilig abgeebbt war, nahm er Mitte unseres Jahrhunderts einen neuen Anlauf. Die vielleicht größte Aufmerksamkeit erregte dabei der Geist »Seth«, der sich über das Schreibmedium Jane Roberts äußerte. Roberts arbeitete allerdings auch schon vorher als Schriftstellerin, unter anderem veröffentlichte sie Science-fiction-Romane. Im Vorspann zu dem Buch »Gespräche mit Seth« heißt es über sie:[1]

»1963 kam sie zum ersten Mal in Kontakt mit einer desinkarnierten Wesenheit, die sich selbst ›Seth‹ nannte und sich als Energiepersönlichkeit bezeichnete. Seth diktierte durch Jane Roberts als Medium zahlreiche Texte von hohem philosophischem Anspruch, die im weiteren in verschiedenen Büchern zusammengefaßt wurden, von denen zwei zu Bestsellern gerieten.«

Aber erst in den letzten Jahren hat sich ein neuer regelrechter Geisterboom in der Esoterik eingestellt. Man spricht - modisch - von *Channeling*, aber der Begriff besagt kaum anderes als der alte des Mediumismus. »Channeling« meint »Kanal sein« für einen Geist, so wie man früher sagte Medium, also (Über-)Mittler sein. Maßgeblich beteiligt an der Ausbreitung des Channeling war die Hollywoodschauspielerin Shirley MacLaine, die sich dem Esoterischen und insbesondere dem Geisterkontakt zuwandte und ihre Erfahrungen in mehreren Büchern (wie »Zwischenleben«) erfolgreich vermarktete.
Während beim alten Spiritismus der Kontaktwunsch zu verstorbenen Angehörigen im Vordergrund stand, geht es heute mehr um Kommunikation mit *höheren Geistern, Geistlehrern* und *geistigen Meistern*, die in den sogenannten »Durchsagen« Weisheiten verkünden, wie z. B. »Lye, der Alte aus Atlantis«.
Die »gechannelten« Lehren sind zwar überwiegend einleuchtend und sympathisch, sie fordern vom Menschen mehr Harmonie im Umgang mit seinesgleichen und der Natur; das ist nur weder neu noch originell, dafür brauchte man keine »körperlosen Meister« zu bemühen. Dennoch sind manche »Channels« (wie seinerzeit die Medien) zu bewunderten Stars geworden, etwa J. Z. Knight, eine junge, geschäftstüchtige Schönheit, die »Ramtha dem Erleuchteten« ihren Mund leiht; während im letzten Jahrhundert die weiblichen Medien klar dominierten, haben die Männer inzwischen aufgeholt, prominente »Kanäle« wie Kevin Reyerson oder Dr. Frank Alper demonstrieren das.

Vom Tischrücken über Tonbandstimmen zur Transkommunikation

Kommen wir jetzt zu dem anderen Spiritismus, bei dem sich die (vermuteten) Geister über *materielle Objekte* mitteilen. Das kann in chaotischer Weise geschehen wie beim Spuk (mit dem wir uns schon befaßt haben), aber auch geordnet nach dem Motto: Menschen fragen, Geister antworten. Und zwar antworten die Jenseitigen z. B. über *Tischrücken*, »wobei die Teilnehmer im Dunkel oder Halbdunkel um einen runden Tisch sitzen, die Hände zu einer ›Kette‹ geschlossen auf die Tischplatte pressen, der Tisch in Bewegung gerät, sich hebt und senkt oder Klopflaute (*raps*) hören läßt . . .«[2]

Das Entziffern dieser Geräusche mit einem »Klopfalphabet« als Aussagen von Verstorbenen ist aber kompliziert; heute werden deshalb modifizierte Methoden bevorzugt, besonders das *Oui-ja-Board*: »Es handelt sich meist um ein herzförmiges Brett aus Holz oder Kunststoff, das durch darunter montierte Laufrollen oder Räder frei beweglich ist. Darauf sind die Buchstaben des Alphabets, die Zahlen von 1 bis 10 und die Worte ›ja‹ und ›nein‹ kreisförmig angeordnet. Bei einer *Séance* legt jeder Teilnehmer einen Finger mit der Spitze auf den Zeiger in der Mitte des Oui-ja-Boards und bittet um eine Geisterbotschaft. Dann dreht sich der Zeiger und zeigt nacheinander auf Buchstaben, die zusammengesetzt schließlich die Antwort ergeben.«[3] Ähnlich funktioniert das *Gläserrücken*, bei dem der Geist durch ein Glas seine Antwort buchstabiert.

Als Geburtsstunde dieses Spiritismus wird häufig das Jahr 1847 angegeben, als der amerikanische Farmer John Fox meinte, Klopfgeräusche in seinem Haus als Botschaften aus dem Jenseits zu entziffern. Wie auch beim Mediumismus gibt es jedoch weit frühere Zeugnisse. Schon in der Antike war ein sich geisterhaft bewegender und dadurch Voraussagen machender Tisch (*mensa divinatoria*) bekannt.

Die Geisterbefragung - meist als Gläserrücken - hat sich in den letzten Jahren unter Jugendlichen stark ausgebreitet und damit in den Medien große Aufmerksamkeit gefunden sowie bei Eltern, Lehrern und Geistlichen Besorgnis ausgelöst. Wenn die teils sensationell aufgemachten Berichte über den »Jugend-Okkultismus« auch häufig übertrieben waren, der Begriff »Teddybär-Spiritismus« des Parapsychologen Dr. Mischo ist sicher verharmlosend. Denn die Jugendlichen laufen durchaus Gefahr, durch solche spiritistischen Techniken verstört zu werden oder sogar psychisch zu erkranken. Vor allem die immer wieder gestellte »Mutfrage«: Wann sterbe ich? bzw. die womöglich erschreckende Antwort kann sie aus dem Gleichgewicht werfen; manche fühlen sich ständig von den Geistern verfolgt, so daß sie in psychiatrische Behandlung müssen.

Während die Jungen sich weitgehend traditioneller Methoden der Geisteranrufung bedienen, verwenden erwachsene, professionelle Spiritisten schon seit längerem technische Hilfsmittel. Es begann mit den sogenannten *Ton-*

bandstimmen, die zuerst von den beiden Pionieren Friedrich Jürgenson (1903–1987) und Konstantin Raudive (1909–1974) erforscht wurden. Das von Jürgenson 1959 erstmals beobachtete Phänomen (»Jürgenson-Effekt«) zeigt sich darin, daß auf unbespielten Tonbändern Stimmen zu hören sind, die zwar meist nur Wortfetzen von sich geben, welche der Tonbandstimmen-Forscher aber meint, als Äußerungen von oft sogar persönlich zu identifizierenden Verstorbenen erkennen zu können.
Seitdem sind weitere Phänomene hinzugekommen: Die Geistwesen melden sich auf Kassettenrecorder, im Radio oder am Telefon. Sie gehen gewissermaßen mit der Technik, denn seit neuestem äußern sie sich auch im Fernsehen bzw. auf Video oder über den Drucker eines Computers. Da zeigt etwa ein angeblich defektes Fernsehgerät plötzlich Bilder, manche ganz normal aussehende Personen, andere wie aus einem Mumienfilm. Auch die verstorbenen Begründer dieses technischen Spiritismus, Jürgenson und Raudive, sollen sich schon mehrfach aus dem Jenseits gemeldet haben, Raudive unter anderem telefonisch mit folgender merkwürdigen Durchsage:[4]

»Nachdem die Menschheit jahrelang im Dunkeln gesessen hat, hat man plötzlich das Dach über den Kopf hinweggehoben, und das Licht ist eingefallen. Man kann kaum etwas erkennen, und es herrscht große Konfusion. Soll man wegfliegen oder sitzenbleiben? Die großen Vögel sind bereits weggeflogen - dabei stellt sich jedoch die Frage nach der Kreativität: Wie legt man beim Fliegen Eier, ohne daß die Schalen beim Fall zerbrechen? Dies kann Senkowski mitgeteilt werden . . .«

Professor Dr. Ernst Senkowski ist der derzeit wohl führende Experte auf diesem Gebiet. Er prägte den Begriff der *Instrumentellen Transkommunikation* (ITK), die unterteilt wird in *Transaudio* (Tonbandstimmen und ähnliches), *Transvideo* (sichtbare Geistmanifestationen wie Fernsehbilder) und *Transtext* (auf Computerdiskette aufgenommene Jenseitstexte). Alle diese Phänomene sind bis heute von der offiziellen Wissenschaft nicht anerkannt; ja die Transkommunikationsforscher sind selbst zerstritten über die Echtheit mancher Geisteraufnahmen und bezichtigen sich gegenseitig des Betrugs, was einer wissenschaftlichen Anerkennung oder auch nur sorgfältigen Untersuchung natürlich nicht förderlich ist.

Magier, Hexen und Schamanen - Macht über Geister und Monster

Der Spiritist vertraut im wesentlichen darauf, daß die Geister gutwillig sind. Jedenfalls wendet er sich nur an gute, weise Geister und bittet sie um

Rat, ordnet sich ihnen unter, läßt sich von ihnen führen oder - als Medium - sie sogar zeitweilig von sich Besitz ergreifen.
Anders der *Magier*: Erstens gibt es nach seiner Auffassung mindestens so viele böse wie gute Geister, und er sucht (wenigstens der Schwarzmagier) geradezu diesen Kontakt, weil er sie für mächtiger hält. Zweitens will der Magier sich nicht von den Geistwesen leiten lassen, sondern vielmehr über sie herrschen. Er befiehlt sie herbei, damit sie für ihn Dienste verrichten. Manche - allzu gefährlichen - Dämonen versucht er allerdings durch Abwehrzauber gerade abzuhalten, zu bannen.
Ein weiterer Unterschied ist: Während bei der spiritistischen Sitzung oft nur das Medium das Geistwesen innerlich wahrnehmen kann, wird bei der magischen Geisterbeschwörung meist die Wesenheit zu einer körperlichen, sichtbaren Manifestation, zur *Erscheinung* gezwungen; man spricht dabei auch von *Inkantation* oder *Evokation*.
Als weibliches Gegenstück zum Magier läßt sich die *Hexe* auffassen. Auch sie ruft die Geister an, um mit deren Hilfe ihre Zaubereien auszuüben. Allerdings ist wie beim Magier die Geisteranrufung nur *eine* Zaubermethode, mit den anderen haben wir uns ja im 5. Kapitel schon ausführlich befaßt. Der Begriff »Hexe« wird sehr vieldeutig verwandt, neben der Zauberin als »böser Hexe« - meist als häßliches altes Weib vorgestellt - gibt es durchaus andere Hexenbilder, wie wir noch sehen werden.
Auch den *Schamanen* möchte ich im Zusammenhang der Geisterbeschwörung nennen. Zwar ist der Schamane nicht ohne weiteres mit dem Magier gleichzusetzen, aber ihm eng verwandt. Allerdings herrscht über den Begriff des Schamanen keineswegs Einigkeit. Ursprünglich vor allem auf die Priester sibirischer Volksstämme angewandt, werden heute oft Medizinmänner und Heiler aller Naturvölker so bezeichnet. Der Schamanismusexperte Alfred Stolz schreibt zu diesem Thema:[5]

»Was ist Schamanentum? Wer eine einfache Antwort auf diese Frage erwartet, wird sich enttäuscht sehen. Die Zahl der religionswissenschaftlichen, ethnologischen, ethnomedizinischen, soziologischen und psychologischen Untersuchungen zum Schamanismus ist zwar kaum noch überschaubar, dennoch ist man bis heute nicht zu einer befriedigenden und allgemein anerkannten Charakterisierung des Phänomens gelangt.«

Der Schamane begibt sich bevorzugt in Trance auf eine sogenannte *Seelenreise*, in die Ober- oder Unterwelt, wobei er mit Göttern und Geistern verkehrt. Man mag hier einen Unterschied zum Magier sehen, der eher die Geistwesen zum »Besuch« auffordert, als daß er sie selbst »besucht«. Doch auch der Magier kann in Ekstase aus sich, aus seinem Körper »herausgehen« und so den Geistkontakt herstellen. Eine weitere Parallele besteht in folgendem: »Kennzeichnend ist, daß die Schamanen bei ihrer

Trance im Gegensatz zu *Medien*, von denen Götter oder Geister Besitz ergreifen und ›eigenmächtig‹ den Ablauf der Ereignisse bestimmen, die Kontrolle behalten.«[6] Genau das hatten wir auch für den Magier als typisch genannt. Während die abendländische Magie aber in der heutigen Esoterik keine besondere Rolle mehr spielt, findet der exotische Schamanismus dagegen größte Aufmerksamkeit, vor allem in der New-Age-Bewegung; vor einigen Jahren sprach man sogar von einem *Ethno-Boom.* Wesentlich dazu beigetragen hat der Anthropologe Carlos Castaneda mit seinen Büchern über den indianischen Schamanen Don Juan, dessen wirkliche Existenz aber bis heute umstritten blieb.

Satanismus - Teufelskult und schwarze Messen

Wer ist *Satan*, der Teufel? Die Vorstellungen über den Teufel sind sehr vielschichtig und haben sich im Laufe der Geschichte immer wieder verändert, wir können sie hier nicht im einzelnen verfolgen. Im Christentum war Satan ursprünglich ein gegen Gott rebellierender und deshalb aus dem Himmel verstoßener Engel. Später wurde er dann als Widersacher Gottes zum personifizierten Bösen, zum »Antichrist«, der die Menschen verführt, um sie von Gott abzubringen und ihre Seelen zu rauben. Ebenso wie das Christentum die vielen Götter älterer Religionen durch *einen* Gott ersetzte, wurden auch die Dämonen zu *einem* Wesen, dem Teufel, zusammengefaßt (wenn es auch Unterteufel entsprechend zu den Engeln gab). Durch den strengen *Dualismus* von »Gott = gut = Himmel und Teufel = böse = Hölle« der christlichen Lehre wurden frühere Vorstellungen aber noch stärker revidiert.

»In allen *vorchristlichen Mythologien* gab es hilfreich-gute und bedrohlich-böse Kräfte, aber dieses Hell-Dunkel wurde stets als Einheit empfunden. Die dunklen Mächte waren von der göttlich-dämonischen Weltordnung nicht abgespalten oder gar ausgeschlossen, sondern vielmehr unabtrennbarer Teil des Ganzen. Mit dem Einbruch des Christentums wurde diese polare Einheit endgültig zerstört, die in der antiken Vorstellung vom Apollinisch-Hellen und Dionysisch-Dunklen ihren reinsten Ausdruck gefunden hatte.«[7]

Von diesen Erklärungen aus lassen sich zwei Formen des *Satanismus* unterscheiden:

① Man sieht Satan als einen Rebellen an, der gegen einen Gott und eine Kirche ankämpft, die einseitig und damit verlogen nur das Edle und Helle vertreten, dabei aber die andere, sinnlich-animalische und aggressive, dunkle Seite verleugnen und im Menschen unterdrücken. Der Satanist will hier letztlich nur die verlorene Ganzheit wiederherstellen.

② Im echten Satanismus erfolgt dagegen eine radikale und ihrerseits einseitige Fixierung auf das Schwarze und Böse; das Helle und Gute werden völlig abgelehnt.
In jedem Fall unterscheidet sich der »Teufelsanbeter« vom Magier, auch vom Schwarzmagier. Denn dieser will selbst über alle Kräfte, gute und böse, Götter und Teufel, herrschen, während sich der Satanist dem Teufel unterwirft. Man kann den Satanismus als eine Art »schwarzer Mystik« ansehen; wie der Mystiker in Gott aufgehen will, so der Teufelsanbeter in Satan.
Schon früh kam es zu Auseinandersetzungen zwischen der christlichen Kirche und echten oder nur vermeintlichen satanischen Strömungen. Es begann bereits zu Zeiten der *Gnosis*, führte dann zum ersten Höhepunkt im Kampf gegen die *Katharer.* Diese argumentierten: Die Welt ist sündig und schlecht, also kann sie auch nur von einem schlechten Gott geschaffen worden sein, während der wahre, gute Gott völlig außerhalb dieser Welt zu suchen sei. Im einzelnen gibt es sehr unterschiedliche Glaubensinhalte verschiedener katharischer Richtungen. Aber viele sahen den christlichen Gott des Alten Testaments als den bösen Weltenschöpfer und bewerteten daher Satan, den Gottesrebell, als positiv. Auch wenn sie überwiegend keine echten Teufelsanbeter waren, wurden sie doch vernichtend bekämpft.
Die Hauptattacke der Kirche richtete sich aber später gegen die »*Hexen*«. Schätzungsweise eine Million Menschen (die Zahlenangaben reichen allerdings von 300 000 bis zu neun Millionen), in der Mehrzahl Frauen, aber auch viele Männer, wurden vor allem im 16. und 17. Jahrhundert getötet - und keineswegs nur von katholischer Macht, sondern auch von der protestantischen Kirche. Die Hexen wurden beschuldigt, einen Pakt mit dem Teufel einzugehen (»Teufelsbuhlschaft«) und durch so erlangte Zauberkräfte Mensch und Tier zu schädigen. - Das Hexenwesen ist schwer zu beurteilen. Im wesentlichen stehen sich zwei Auffassungen gegenüber. Die erste spiegelt sich in Zitaten des »Sektenpfarrers« Friedrich-Wilhelm Haack und des Esoterikautors Alfred Görgens wider:

> »Ursprünglich haben die Hexen gar nichts mit dem Teufel zu tun. Sie waren ›weise Frauen‹, Naturheilkundige, Nachfahren der heidnischen Priesterinnen.«[8]
> »Historiker glauben jedoch, daß viele mittelalterliche Hexen in Wirklichkeit weise Frauen waren, die über Kräuterheilkunde, Sexualität, Geburtenkontrolle und Abtreibung Bescheid wußten und nur wegen ihres Wissens verfolgt und grausam getötet wurden.«[9]

Andere bestreiten, daß Hexen - jedenfalls nur - wegen ihrer heidnischen Abstammung, ihrer unerwünschten Kenntnisse oder sogar aus Frauenfeindlichkeit ermordet wurden, wie Feministinnen heute behaupten, und betonen, daß Hexen wirklich Verbindung zum Teufel suchten und den *Hexensabbat* feierten. Dies war eine nächtliche Versammlung, wo der »Teufel« als Mann, Katze, Hund und vor allem als Ziegenbock auftrat. Die Hexen mußten den »obszönen Kuß« vollziehen (den Teufel auf sein Hinterteil küssen) und vom christlichen Glauben abschwören. Es kam zu Sexorgien und Eß- und Trinkgelagen, wobei angeblich manchmal auch Kinder getötet und verzehrt wurden.

Die Wahrheit dürfte sein, daß es alle möglichen »Hexen« (und »Hexer«) gab: völlig durchschnittliche Frauen, die einfach von böswilligen Nachbarn denunziert wurden; Frauen, die z. B. nur rote Haare hatten und deshalb den abergläubischen Menschen schon verdächtig schienen; kundige Frauen, z. B. Hebammen, die Kirchenmännern und Ärzten unliebsame Konkurrenz waren; aber eben auch Frauen, die sich wirklich am Hexensabbat beteiligten - womit natürlich in keinster Weise die kirchliche Verfolgung gerechtfertigt werden soll.

Auch in späteren Zeiten gab es immer wieder Formen von Satanismus, meist in der gemäßigten Form, daß Satan, der »Lichtbringer« Luzifer - wie er vor seiner Vertreibung aus dem Himmel hieß -, als Rebell verehrt oder wenigstens akzeptiert wurde, ein Rebell, der für die Menschheit den notwendigen Schritt der Abkehr von einem autoritären, eindimensionalen Gott vollzogen habe. Es finden sich aber auch echte Satanisten wie der englische Hexenmeister Gerald B. Gardner (1884-1964), der in unserem Jahrhundert das Hexenwesen neu belebte.

In den letzten Jahren hat der Satanismus von Jugendlichen Sensationsgier wie echte Besorgnis ausgelöst. In der Tat ist innerhalb der allgemeinen Okkultwelle ein kleiner Teil junger Leute von der spiritistischen Geisterbefragung als »Einstiegsdroge« aus zu satanischen Riten übergegangen. In solchen Sekten werden auch *Schwarze Messen* (oder Hexenmessen) gefeiert. Sie lassen sich als Verhöhnungen kirchlicher Messen ansehen; einerseits ahmt man priesterliches Tun nach, andererseits verdreht man alles Christliche ins Gegenteil. Christliche Symbole wie Kruzifix oder Hostie werden besudelt, es kommt zu sexuellen, auch homosexuellen und sadomasochistischen Handlungen; Blutopfer wie Tierschlachtungen können eine Rolle spielen.

Eine Basis hat dieser Jugendsatanismus in der *Hardrockmusik* (Black Metal) von Gruppen mit so bezeichnenden Namen wie »Black Sabbath«, »Judas Priest«, »Hellhammer«. Sie ergehen sich in Teufelstexten, und auf ihren Plattencovers sind greuliche Abbildungen von Totenköpfen, Monstern und ähnlichem. Kürzlich wurde die Gruppe Judas Priest angeklagt, sie habe subliminale Selbstmordaufforderungen auf einer Platte veröf-

fentlicht, die einen jungen Mann zum Suizid getrieben hätten - aber sie wurde freigesprochen.
Einerseits ist dieser Satanismus nicht wirklich ernst zu nehmen. Den Jungen geht es weniger um den Teufel - sie wollen nur auf diese Weise ihren Protest ausdrücken gegen eine Welt, die technisch-rationalisiert ist, und gegen eine vielfach erstarrte Kirche, die ihnen nicht die gewünschte Sinngebung bieten kann (für die »Satanrock«-Bands ist es wohl ohnehin nur eine Masche und ein Geschäft). Andererseits kann der Satanismus natürlich zu psychischen Entgleisungen führen. Die richtige Methode dagegen ist aber sicherlich nicht die »Teufelsaustreibung«, das Aufsuchen eines Exorzisten, wohin manche besorgten Eltern ihr »besessenes« Kind schleppen, sondern solide psychologische Hilfe.

Außerirdische und Ufos - Nur in unserem Kopf?

Im Jahre 1968 wurde eine neue esoterische Disziplin geboren, die sogenannte *Archäoastronautik*. Erich von Dänikens erstes Buch »Erinnerungen an die Zukunft« erschien. Und in ihm stellte er eine faszinierende Hypothese auf, die sich auf den Nenner bringen läßt: *»Die Götter waren Astronauten.«* Das soll heißen, daß die Glaubensvorstellungen letztlich aller Völker auf früheren Besuchen von Außerirdischen beruhen, Wesen, die dann später in Religionen und Mythologien zu Göttern verklärt wurden, weil sie über einen Geist und eine Technologie verfügten, welche die der alten Völker, aber auch unsrige heutige weit überstiegen.
Zwar stellte sich dann heraus, daß von Däniken seine Theorie teils von Vorgängern übernommen hatte, aber er baute sie in vielen weiteren Büchern am konsequentesten aus und wurde ihr prominentester Vertreter. Diese These von den »Astronautengöttern« fand einen enormen Anklang in der Esoterikszene, aber auch weit darüber hinaus. Die Bücher von Dänikens wurden internationale Bestseller; sogar Wissenschaftler setzten sich mit ihnen auseinander, die meisten - wenn auch keineswegs alle - kamen zu einem negativen Urteil. Inzwischen ist es um von Däniken sehr ruhig geworden, er läuft seinen früheren Erfolgen hinterher.
Während von Däniken Besuche von außerirdischen Astronauten der Vorzeit im Blick hatte und sie - archäoastronautisch - durch alte Kulturdenkmäler, alte Schriften und ähnliches nachzuweisen suchte, geht die *Ufologie* davon aus, daß die Erde auch heute fast ständig von Ufos umflogen wird, deren Insassen manchmal Kontakt zu Menschen, den »Kontaktlern«, aufnehmen. Sieht man von den symbolischen Berichten in alten Mythen ab, dann sollen die ersten »fliegenden Untertassen« 1947 gesichtet worden sein. Die Ufologie erlebte seitdem zwar kein solches Hoch wie die Archäoastronautik, aber sie ist ein Dauerbrenner. Immer wieder wurde und

wird in den Medien über Ufos berichtet - bis in diese Tage, wo z. B. rätselhafte Kreise auf Feldern in England durch außerirdische Raumschiffe verursacht worden sein sollen.
Die Presse berichtet allerdings häufig mit Skepsis und Spott über die Ufo-Sichtungen. Anders in esoterischen Kreisen: »Ufos - Es gibt sie«, so lautet lapidar der Titel eines einschlägigen neuen Buches.[10] Die Existenz der extraterrestischen »unidentifizierten fliegenden Objekte« gilt bei den ufologischen Esoterikern als bewiesen. Und anders als in Science-fiction-Romanen oder -Filmen, wo Außerirdische häufig als aggressiv und gefährlich dargestellt werden, schreibt die Esoterik ihnen fast durchgängig ein edles Wesen zu, etwa mit der Begründung, ein technologisch so hochstehendes, raumflugbefähigtes Volk müßte auch ethisch hochstehend sein. Oft werden die Extraterrestrier gar nicht als »grobstoffliche«, sondern als feinstoffliche oder rein geistige Wesen verstanden, die nach Art von anderen, jenseitigen Geistlehrern nur telepathisch Kontakt aufnehmen. Ihre Botschaft ist fast immer gleich. Sie warnen den Menschen vor Egoismus, Gottlosigkeit, Krieg und Naturzerstörung und fordern von ihm eine Umkehr, dann winke ihm eine goldene Zukunft. Der vielleicht bekannteste dieser edlen Außerirdischen ist Raumflottenkommandant *Ashtar Sheran* vom »Ashtar-Kommando«. Erstmals meldete er sich 1952 - per Channeling - bei dem Kontaktler George von Tassel. Seine Durchsage:

»Ich grüße Euch, Wesen von Shan (Erde). Ich grüße Euch in Liebe und Frieden. Ich bin Ashtar, Kommandant des Quadro Sektors, der Zwischenstation Share, alle Projektionen, alle Wellen. Durch das Konzil der Sieben Lichter wurdest Du zu mir geführt, inspiriert durch das innere Licht, bereit, Deinen Mitmenschen zu helfen . . .«[11]

Seitdem ist Ashtar zigmal von vielen Personen in vielen Ländern »gechannelt« worden. Nach diesen Mitteilungen besteht sein Kommando aus zwanzig Millionen außerirdischer Wesen, deren Heimatsterne die Plejaden, Orion, Sirius und Arcturus sind. Sie alle arbeiten an der Rettung der Erde, an ihrer Spitze aber 144 000 »Regenbogenkrieger« oder *Sternenmenschen*, außerhumane Seelen, die sich aber in Menschen inkarniert haben, um die menschliche Evolution voranzutreiben.
Hier zeigen sich Parallelen zu von Dänikens »Götterastronauten«, die ebenfalls die Entwicklung des (bzw. zum) Menschen beschleunigt haben sollen. Aber während von Däniken wie auch die Ufologen konkrete Hinweise - wenn auch nicht Beweise - für ihre Auffassungen anbieten können, bleibt diese Sternenmenschenstory eine reine Glaubenssache. Sie ist ein moderner Mythos, getragen von der »Star-People«-Bewegung, die durch Bücher des Amerikaners Brad Steiger inspiriert wurde.

Ein Skeptiker muß sich aber in jedem Falle fragen, warum nicht mal eins der angeblich unzähligen uns beobachtenden Ufos landet und Kontakt mit den Medien, den Politikern, ja der breiten Öffentlichkeit aufnimmt, wodurch ihre Existenz endlich bewiesen würde. Alle hierzu abgegebenen Erklärungen, etwa daß die fremden Besucher längst Verbindung zu Regierungen hätten und das nur verheimlicht werde, können nicht überzeugen.

Spiritismus - eine Bilanz

Wir haben hier unter dem Begriff »Spiritismus« Phänomene zusammengefaßt wie Channeling und Transkommunikation, magische Geisterbeschwörung und Schamanismus, Hexenwesen und Satanismus sowie Archäoastronautik und Ufologie. Sicherlich gibt es zwischen diesen Richtungen erhebliche Unterschiede, ja Gegensätze. Wer an Ufos glaubt, der glaubt deswegen noch nicht notwendig an Geister. Und wer im Channeling Kontakt zu weisen Geistlehrern sucht, will überhaupt nichts mit Satanismus zu tun haben. Dennoch ist allen diesen Strömungen gemeinsam, daß sie die Existenz von persönlichen Wesen annehmen, die nicht in unserer irdischen Welt und in einer anderen körperlichen Form leben als wir.

Den Glauben an solche Geistwesen hat es offenbar schon bei den frühesten Menschen gegeben. Er ist auch verbunden mit Vorstellungen von einem Leben nach dem Tod, z. B. der Reinkarnationslehre - danach waren wir alle schon einmal Geister, ehe wir uns inkarnierten (verkörperten), und werden es nach dem Tod wieder sein, bis wir uns reinkarnieren (wiederverkörpern). Schwierig ist, die heutige Einstellung zum Spiritismus in unserer modernen Gesellschaft einzuschätzen. Die vorliegenden Statistiken sind veraltet oder nicht genügend abgesichert; so findet man auch in neuer Literatur Angaben wie:

- Laut einer Umfrage von 1973 glauben 2 Prozent Männer wie Frauen in der BRD fest an Hexen, 6 Prozent der Männer und 11 Prozent der Frauen halten ihre Existenz für möglich.[12]
- Nach Schätzungen des Theologieprofessors Spar glauben 40 Prozent der Bundesbürger an den Teufel.
- 200 000 Schüler haben laut einer Umfrage bereits spiritistische Erfahrungen; und 40 Prozent der wegen »psychosozialer Auffälligkeiten« behandelten Jugendlichen gehören einem okkulten Zirkel an.[13]

Typisch für unsere Zeit ist eine Unsicherheit und Ambivalenz in diesen Fragen, gerade bei jüngeren Menschen. Manche betreiben Tischrücken, viele lesen Vampirstorys oder schauen sich Zombievideos an, und noch viel mehr gehen in Geisterfilme wie »Ghost Busters«. Aber deshalb glauben sie noch nicht gleich fest an die Existenz all solcher Wesenheiten. -

Auch die Wissenschaft hat ihre frühere Selbstsicherheit eingebüßt. Sicherlich finden wir noch viele Vertreter der herkömmlichen Auffassung wie par excellence Prokop und Wimmer, für die alles Spiritistische nur Betrug, Dummheit oder Geisteskrankheit ist. Aber es gibt exakte Untersuchungen, z. B. über Erinnerungen an frühere Leben, über Astralreisen oder Nah-Tod-Erfahrungen, die sich nicht einfach ignorieren lassen. Skeptisch muß allerdings stimmen, daß gerade die Parapsychologie, die am intensivsten okkulte Phänomene erforscht, diese überwiegend *animistisch* (durch psychische und andere Kräfte) und nicht *spiritistisch* (durch Geister) erklärt. - Nicht nur die Wissenschaft, auch die Kirche ist in Schwierigkeiten. Natürlich lehnt sie Spiritismus ab, erst recht in der Form von Satanismus. Aber andererseits gehört die Annahme von Geistwesen zu ihren eigenen Glaubensinhalten, den Geisterglauben an sich kann sie also nicht verurteilen. Die katholische Kirche, ihr voran der Papst, lehrt sogar bis heute die reale Existenz des Teufels. Damit schafft sie ungewollt erst die Basis für den Satanismus.

9. Bedeutung der Esoterik für Gesundheit und Krankheit

Die Esoterik besitzt prinzipiell einen direkten Bezug zu Gesundheit und Krankheit. Denn sie versteht sich als Weg zur besseren Lebensbewältigung, vielfach sogar als *Heilsweg* zur Befreiung und Erlösung. Und dabei spielt die Überwindung von seelischen und körperlichen Krankheiten natürlich eine wesentliche Rolle. Dies gilt für alle esoterischen Hauptgebiete - sei es in der Mystik, wo meist behauptet wird, mit der spirituellen Entwicklung ginge automatisch eine Genesung von Psyche und Körper einher, sei es beim Wahrsagen, wo die Frage nach der zukünftigen Gesundheit zu den häufigsten gehört, oder bei Magie, Psi und Spiritismus, wo es beispielsweise um die Aktivierung von übersinnlichen Heilkräften geht.
Auf der anderen Seite läßt sich kritisch fragen, ob die Esoterik bzw. die Beschäftigung mit ihr wirklich zur Gesundheit beiträgt. Während die Esoterik im Mittelalter als unchristlich angefeindet wurde, zur Zeit der Aufklärung als irrational in die Schußlinie geriet, wird sie heute gerne (zusätzlich) als *psychopathologisch* attackiert: Esoterisches Tun und Handeln gilt vielfach als Ausdruck einer neurotisch gestörten Seele oder sogar im medizinischen Sinn als »Geisteskrankheit«, als Psychose.

Esoterische Medizin - Von Bachblüten bis Reiki

Heute werden oft alle Heilmethoden, die nicht zur Schulmedizin gehören, als *esoterische (Para-)Medizin* bezeichnet, vor allem auch die Naturheilkunde. Es macht aber kaum Sinn, den Begriff der esoterischen Medizin auf die gesamte *Alternativmedizin* auszudehnen. Erinnern wir uns noch einmal an eine Grundposition der Esoterik, den *Idealismus*. Danach gilt:

Geist (unstofflich)
↓
Zwischenebenen (feinstofflich)
↓
Materie (grobstofflich)

Die höchste Stufe ist der göttliche, reine Geist; dieser wirkt auf die feinstofflichen Zwischenebenen (die mentale, astrale usw.), und jene wirken wiederum auf die materielle, körperliche Basis. Eine Erkrankung des Körpers entsteht demnach nie (primär) auf der körperlichen Ebene selbst und läßt sich auch nicht auf dieser Ebene heilen. Daher sind Methoden, die den Körper direkt behandeln - und sei es auch mit Naturheilmitteln wie Kräutern -, im eigentlichen Sinn nicht esoterisch.
»Zuerst heile den Geist« lautet der Titel eines Buches des bekannten Geistheilers Tom Johanson. Das ist das Motto. Allerdings geht es dabei

nicht um den obersten, göttlichen Geist - der kann gar nicht erkranken. Doch auf den Zwischenebenen können Störungen auftreten, die dann auch körperliche Krankheiten bewirken. Warum es überhaupt zu Störungen kommt, darüber herrschen in der Esoterik unterschiedliche Auffassungen. Sehr häufig wird hier die *Karmatheorie* bemüht; negative Taten in früheren Leben sollen sich in diesem Leben als Krankheiten ausdrücken. Jedenfalls hält der Esoteriker Leiden meist für selbstverantwortet, ja selbstverschuldet (Genaueres über Krankheitsursachen im Punkt »Esoterische Psychologie«).
Wie wir schon früher erfahren haben, lassen sich die feinstofflichen Zwischenstufen in zweierlei Weise beschreiben: als *feinstoffliche Körper* (z. B. Astralkörper) oder als *seelische Bereiche* (z. B. Astralseele: Gefühlsbereich). Insofern gibt es auch zwei therapeutische Ansätze, die sich in der Praxis allerdings überschneiden. Einmal therapiert man »feinkörperlich«, zum anderen psychotherapeutisch. Diesen zweiten, seelisch-geistigen Ansatz werden wir im nächsten Punkt behandeln.
Das feinkörperliche Modell orientiert sich vor allem an *Energie* und *Schwingungen.* Wir erinnern uns, aus esoterischer Sicht gilt:

- Geist: schnelle Schwingungen;
- feinstoffliche Zwischenebenen: mittlere Schwingungen;
- Materie/Körper: langsame Schwingungen.

Diese Schwingungen werden als Fluß oder Ausstrahlung von Energie verstanden. Und dabei gilt: Je schneller die Schwingung, desto feiner, desto spiritueller die Energie.
Krankheit entsteht immer dann, wenn die Energieschwingungen gestört sind. Die Schwingungen können zu langsam sein und damit zu wenig bzw. zu grobe Energie ausstrahlen. Sie können unregelmäßig, unharmonisch sein, oder sie können blockiert sein, womit auch die Energie blockiert ist. Dabei spielen ebenfalls die feinstofflichen Energiezentren, die *Chakren*, eine große Rolle sowie entsprechende *Energiekanäle*, die die Verteilung und den freien Fluß der Energie gewähren sollen.
Wie *diagnostiziert* man aber solche »Schwingungsstörungen« z. B. im Astralleib? Der wahre Heiler ist meist auch hellsichtig, er kann - z. B. durch *Aura-Lesen* - die feinstofflichen Körper direkt sehen und ihre Störung erkennen. Man kann sich aber auch Methoden wie der *Kirlian-Fotografie* bedienen, die feinkörperliche Zustände darstellen sollen. Verfahren wie die Irisdiagnostik (die Augendiagnose) gehorchen zwar dem esoterischen Analogiegesetz, wonach sich innere Zustände in entsprechenden äußeren Zeichen widerspiegeln, beziehen sich aber nicht unbedingt auf die feinstoffliche Ebene.
Zur *esoterischen Heilung* gehört folglich, den normalen und gesunden Ener-

giefluß wiederherzustellen. Das verlangt, zu langsame Schwingungen zu beschleunigen, unharmonische Wellen zu synchronisieren und blockierte Rhythmen zu lösen, wobei die Öffnung und Aktivierung der Chakren wesentlich ist. Häufig wird behauptet, die esoterische Medizin verfahre dabei nach dem *Entsprechungsprinzip* »Gleiches wird durch Gleiches geheilt«, wogegen die Schulmedizin nach dem *Gegensatzprinzip* vorgehe. Aber das stimmt so pauschal nicht, widerspricht ja auch der Bedeutung der Polarität in der Esoterik. Beispielsweise behandelt der esoterische Heiler einen Überschuß an Yang-Energie - polar! - mit Yin-Energie (und nicht mit noch mehr Yang-Energie); umgekehrt verwendet die Schulmedizin auch das Gleichheitsprinzip, wenn z. B. bei Impfungen abgetötete Erreger oder deren Toxine gespritzt werden.
Einige wichtige »feinstoffliche« Therapien sind:[1]

○ *Homöopathie*
Sie geht davon aus, daß ein Arzneimittel, das bei einem Gesunden bestimmte Krankheitssymptome hervorruft, bei einem Menschen, der genau unter dieser Krankheit leidet, heilend wirkt - wenn es in minimaler Dosis gegeben wird. Von daher stammt auch das oben besprochene Simileprinzip »Gleiches wird durch Gleiches geheilt«, das heißt: Der gleiche Stoff, der eine Erkrankung verursacht, kann sie auch heilen.
Man muß die Homöopathie nicht als esoterische Methode ansehen, kann es aber. Denn sie verwendet teilweise so hohe Verdünnungen, daß darin materiell keine wirksame Substanz mehr enthalten ist; gerade darum setzt der Esoteriker auf die feinstoffliche Wirkung des Medikaments, seine Heilstrahlung oder Heilinformation. - Mit der Homöopathie ist die *Spagyrik* verwandt, die sich von der Alchemie herleitet.

○ *Bachblüten*
Diese von dem englischen Arzt Dr. Edward Bach (1888-1936) entwikkelte Blütentherapie erfreut sich derzeit großer Beliebtheit. Sie verwendet die wäßrigen Auszüge von 38 wilden Pflanzen und Bäumen wie z. B. Heckenrose, Eiche und Buche. Die homöopathisch verdünnten Blütenessenzen werden zumeist eingenommen und sollen auf feinkörperliche Weise reinigen, klären, harmonisieren.

○ *Aromatherapie*
Der Bach-Blütentherapie benachbart ist die Aromatherapie, die Anwendung von ätherischen Blumen-, Kräuter- und Baumölen. Diese Öle werden zwar auch innerlich eingenommen, vor allem aber inhaliert und eingerieben. »Die ätherischen Öle sind das Feinstofflichste, was die Pflanzenwelt dem Menschen schenken kann«, so der Aromaexperte Michael Kraus.

○ *Edelsteine* und *Kristalle*
Auch ihnen werden Heilwirkungen im »ultrafeinen Bereich« zugesprochen. »Edelsteine stellen kleine, hochwirksame Energiegeneratoren mit definiertem Frequenzspektrum dar, bedingt durch die Kristallstruktur.« Sie »ergänzen im Schwingungssystem unseres Körpers, was ihm fehlt, um in Harmonie zu kommen« (laut Broschüre des Resonanz-Zentrums in Mannheim).

○ *Farbtherapie*
Farben besitzen unbestreitbar unterschiedliche Schwingungsfrequenzen. In der Farbtherapie bestrahlt man den Körper hauptsächlich mit den sieben Spektralfarben, die bekanntlich den sieben Chakren zugeordnet werden. Als besonders wirksam gilt heute in der Esoterik die *Farbpunktur* nach Peter Mandel, wobei die Akupunkturpunkte mit Farben bestrahlt werden.

○ *Musiktherapie*
»Die Welt ist Klang« - dieses Wort des »Musikmystikers« Joachim Ernst Berendt gibt das Motto der esoterischen Musik- oder Klangtherapie an. Klang ist hörbar gewordene Schwingung, die heilen soll: Melodien, vor allem entspannende Sphärenmusik, Naturgeräusche, z. B. Meeresrauschen, und Mantras wie das berühmte »Om«. Eine besondere Spezialität ist die *Farbklangtherapie.* Hier werden Farbfrequenzen in Tonfrequenzen umgerechnet, werden Farben in musikalische Schwingungen umgesetzt.

○ *Akupunktur, Akupressur, Shiatsu, Polarity, Rebalancing*
Bei diesen und ähnlichen Methoden wird der Körper nicht nur bestrahlt, sondern die Haut physisch tangiert, z. B. durch Nadeln bei der Akupunktur oder durch die Hände bei Massagetechniken. Es handelt sich also nicht zwangsläufig um esoterisch-feinstoffliche Verfahren, aber häufig wird - wie z. B. bei *Fußreflexzonentherapie* und Akupunktur - von Entsprechungsprinzipien ausgegangen: »Wie außen, so innen« oder »Wie grobstofflich, so feinstofflich«. Gerade bei der *Körper- oder Ohr-Akupunktur* geht es darum, von außen feinkörperliche Energieblokkaden aufzulösen und für den Ausgleich von Yin- und Yang-Energie zu sorgen. Anstatt Nadeln verwendet man dabei heute auch Stromimpulse - bei der *Elektro-Akupunktur.*

○ *Atmung*
Noch immer spielt aber auch die elementare Atemtherapie eine wesentliche Rolle. Hier kann man sich selbst - durch einen körpereigenen Prozeß - heilen, z. B. indem man durch Harmonisierung der Atmung

auch Körperfunktionen harmonisiert und mit dem tiefen, vollen Atem neue Lebensenergie aufnimmt.

○ *Reiki, Magnetotherapie und ähnliche Energietherapien*
Wem es nicht gelingt, in Eigenregie solche Kräfte zu aktivieren, der kann sie sich von einem Reiki-Meister zuführen lassen. Reiki ist derzeit die bekannteste derartiger Therapien, aber es gibt viele vergleichbare, z. B. die Magnetotherapie. Der Heiler überträgt, meist durch Handauflegen, Heilenergie oder Heilmagnetismus, wobei er den Kranken nicht unbedingt berühren muß. Bei Reiki heißt es, daß man sich auch selbst behandeln kann, sobald durch einen Meister der eigene Energiekanal geöffnet worden ist.

○ *Geistchirurgie* (Logurgie)
Etwas aus dem Rahmen fallen sogenannte Geist- oder Psychooperationen, wie sie vor allem durch philippinische Heiler wie Tony Agpaoa bekannt wurden. Der Geistoperateur behandelt direkt den physischen (keinen feinstofflichen) Körper, aber er »operiert« mit bloßen Händen, ohne Instrumente. - Es gibt daneben auch Ärzte, die ihre Patienten auf normale schulmedizinische Weise behandeln und operieren, ihre außerordentlichen Heilerfolge aber durch Mithilfe von Geistern verstorbener Ärzte erklären, sogenannte Geisterärzte (Spirit doctors) wie z. B. ein deutscher Arzt namens Dr. Fritz, der im Ersten Weltkrieg gestorben sein soll.

Astromedizin - Heilen mit den Sternen?

Einer besonderen Beliebtheit - entsprechend der generellen Bedeutung der Astrologie - erfreut sich die *Astromedizin* (Jatromathematik), obwohl hier kein spezieller Bezug zur esoterischen Lehre von der Feinstofflichkeit besteht. Die astrologische Medizin stellt zunächst Beziehungen auf zwischen *Tierkreiszeichen* und Körperteilen bzw. -organen, und zwar wie folgt: Dem ersten Tierkreiszeichen Widder entspricht die Körperspitze (Kopf), und von dort aus geht es - wenn auch nicht ganz systematisch - abwärts, bis zum letzten Tierkreiszeichen Fische, dem das Körperende (Füße) entspricht.

Widder	- Kopf, Gesicht
Stier	- Hals, Nacken, Kehle, Rachen
Zwillinge	- Schultern, Arme; Nerven; Lungen
Krebs	- Magen, Verdauungskanal; Brust, Brüste
Löwe	- Herz; Rücken, Wirbelsäule
Jungfrau	- Bauch, Eingeweide, Därme
Waage	- Nieren, Lenden

Skorpion	– Genitalien, Ausscheidungsorgane
Schütze	– Hüften, Schenkel, Gesäß; Leber
Steinbock	– Knochen, Knie, Schienenbeine; Zähne
Wassermann	– Gelenke, Fuß- und Handknöchel
Fische	– Füße, Zehen

Gemäß der medizinischen Astrologie erkrankt man bevorzugt in dem Körperbereich, der dem eigenen Tierkreiszeichen entspricht; der Widder-Mensch leidet z. B. häufig unter Kopfschmerzen, der Krebs-Mensch unter Magenbeschwerden usw. – In ähnlicher Weise werden auch die *Planeten* mit dem Körper in Beziehung gesetzt; hier ist man sich aber über die Zuordnungen (noch) weniger einig als bei den Sternzeichen.[2]

	Endokrine Drüsen: (moderne Astrologie)	Innere Organe: (Anthroposophie)	Körperteile: (altägyptische Lehre)
Sonne	Thymusdrüse	Herz	Herz, Lunge, Leber
Mond	Pankreas	Genitalien	Leib, After
Merkur	Schilddrüse	Lunge	Schenkel, Knie
Venus	Nebenschilddrüse	Nieren	Leber, Genitalien
Mars	Keimdrüsen	Galle	Zwerchfell, Sehnen
Jupiter	Hypophyse (hintere)	Leber	Schulter, Brust
Saturn	Hypophyse (vordere)	Milz	Kopf, Hals
Uranus	Keimdrüsen		
Neptun	Epiphyse (3. Auge)		
Pluto	Keimdrüsen (?)		

Wieder andere Planeten-Körper-Analogien findet man z. B. bei dem renommierten Astrologen Campion; bei ihm heißt es etwa über den Merkur: »Merkur regiert das Nervensystem. Ihm werden Nervenkrankheiten und alle Beschwerden infolge übergroßer geistiger Stimulierung wie Erschöpfung, Kopfschmerzen, Gedächtnisverlust zugeordnet.« – Naheliegenderweise verordnet der Astromediziner auch Heilmittel entsprechend zu den Tierkreiszeichen (oder Planeten). Die folgende Tabelle bringt Beispiele aus drei Bereichen:[3]

	Bachblüten	Homöopathie: Zellsalze	Ernährung: Gemüse/Obst
Widder	Impatiens (Springkraut)	Kaliumphosphat Natriumphosphat	Tomaten
Stier	Chicory (Wegwarte)	Natriumsulfat Kalziumsulfat	Sellerie
Zwillinge	Cerato (Bleiwurz)	Kaliumchlorid Kieselsäure	Spinat, Blumenkohl, Ananas
Krebs	Clematis (W. Waldrebe)	Kalziumfluorid Kalziumchlorid	Lauch, Petersilie, Feigen
Löwe	Vine (Weinrebe)	Magnesiumphosphat Natriumchlorid	Erbsen, Pflaumen, Orangen
Jungfrau	Crap Apple (Holzapfel)	Kaliumsulfat Eisenphosphat	Zitronen
Waage	Walnut (Walnuß)	Natriumphosphat Kaliumphosphat	Erdbeeren
Skorpion	Holly (Stechpalme)	Kalziumsulfat Natriumsulfat	gedörrte Pflaumen
Schütze	Agrimony (Odermennig)	Kieselsäure Kaliumchlorid	Spargel, Gurken
Steinbock	Oak (Eiche)	Kalziumphosphat Kalziumfluorid	Kohl
Wassermann	Scleranthus (Einj. Knäuel)	Natriumchlorid Magnesiumphosphat	Granatäpfel
Fische	Centaury (Tausend-güldenk.)	Eisenphosphat Kaliumsulfat	Getreide, Datteln, Trauben

»Magie und Wunder in der Heilkunde«[4] – dieses Thema beschäftigt auch die Schulmedizin schon seit längerem. Inzwischen gibt es manche Annäherung, manchen Arzt, der sowohl wissenschaftliche wie esoterische Medizin praktiziert. Aber die meisten Schulmediziner halten bis heute nichts von jeglicher Form esoterischer Medizin, wobei die Vorwürfe durchaus unterschiedlich sind.[5]

Einige Kritiker werfen ihr schlicht *Wirkungslosigkeit* vor. In der Tat gibt es kaum wissenschaftlich exakte Überprüfungen von Esoterikheilmethoden. Andererseits läßt sich nicht leugnen, daß es in der Praxis Erfolge gibt, wenn auch von sehr verschiedenem Ausmaß.

Andere kritisieren, der »medizinische Okkultismus« führe zu *Schädigungen*, was immerhin irgendeine Wirksamkeit voraussetzt. Sicher ist auch bei esoterischen Methoden die Gefahr von schädigenden Wirkungen bzw. Nebenwirkungen auf Körper oder Seele gegeben, anders als ihre Vertreter immer wieder behaupten. Und wenn die meisten okkulten Heilverfahren auch weniger körperliche Risiken beinhalten als die chemische und operative Medizin – ihre möglichen psychischen Beeinträchtigungen (z. B. Auslösung von abergläubischen Ängsten) sind eher größer.

Der Hauptvorwurf der Schulmedizin lautet jedoch, die Esoterikmedizin wie z. B. die Homöopathie wirke nur suggestiv: Der Glaube an das Mittel helfe (wenn überhaupt), nicht das Mittel selbst - also der bekannte *Plazebo-Effekt.* Auch dieser Vorwurf trifft aber nur partiell, denn man weiß heute erstens, daß besagter Effekt bei allen Heilmethoden mitwirkt, auch bei schulmedizinischen, und zweitens, daß er keineswegs nur eine Art psychischer Einbildung ist (»eingebildete Gesundheit«), sondern mit nachweisbaren körperlichen Veränderungen einhergeht, z. B. vermehrter Ausschüttung von *Endorphinen*, das sind körpereigene Schmerzmittel (allerdings ist der Dauererfolg von Plazebo-Therapien umstritten).[6]
Aus esoterischer Position würde man aber dem Plazebo-Vorwurf noch anders entgegentreten. Denn hier wird ja eine Verbindung, Parallele oder gar Identität von *psychischer und feinstofflicher Ebene* angenommen, und diese beiden Ebenen sollen eben den grobstofflichen Körper bestimmen. Wenn also ein Plazebo-Mittel zunächst einmal »nur« psychisch bzw. feinstofflich wirkt, so bedeutet dies esoterisch, daß es gerade kausal an der eigentlichen Ursache der Krankheit ansetzt und nicht rein symptomatisch den Körper therapiert.
Allerdings kann man doch fragen: Wenn es primär um eine Einwirkung auf die seelisch-geistigen Ebenen geht, wozu braucht man dann eigentlich aufwendige feinstoffliche Methoden wie z. B. die Bach-Blütentherapie? Ist es nicht sinnvoller, die Seele mit seelischen Methoden - mit *Psychotherapie* - zu behandeln? Dies führt uns genau zum zweiten Ansatz, der esoterischen Psychologie.

Esoterische Psychologie - Selbsterkenntnis oder Positiv-Denken?

Hier geht es also um einen psychischen anstatt feinstofflichen Ansatz, wenn diese sich natürlich auch überschneiden und nicht strikt abzugrenzen sind. Wie der Esoteriker Arthur Laubach es formuliert, geht man davon aus, »daß jede Krankheit eine seelisch-geistige Ursache hat und daß sich entweder sofort oder später die körperliche Krankheit auflöst, wenn diese seelisch-geistige Ursache beseitigt ist«.[7] Zwar ist auch in der Schulmedizin inzwischen die sogenannte *Psychosomatik*, die den Einfluß seelischer Faktoren auf die körperliche Gesundheit herausstellt, stärker vertreten, aber Dethlefsen und Dahlke stellen den Unterschied zur Esoterik heraus:[8]

»Unsere Betrachtungsweise entspricht in etwa dem psychosomatischen Modell, jedoch mit dem Unterschied, daß wir diese Sicht auf *alle* Symptome anwenden und keine Ausnahmen zulassen.«

Wir müssen hier genau unterscheiden zwischen *Ursachen* und *Symptomen*. Die Ursache einer Krankheit (bzw. die eigentliche Krankheit) liegt für die esoterische Psychologie immer im seelisch-geistigen Bereich. Die Symptome können sich aber in zweierlei Gestalt zeigen: nämlich einmal selbst als *psychische* wie Unzufriedenheit, Depression und Ärger (wobei sich manchmal schwer unterscheiden läßt, ob z. B. eine Angst selbst Ursache oder nur Symptom ist) - und zweitens in Form *körperlicher* Störungen, und zwar nicht nur in harmlosen wie Kopfschmerzen oder Magendruck, sondern auch in Krebs oder sogar Aids.
Was sind aber die eigentlichen geistig-seelischen Ursachen? Je nach esoterischer Richtung werden hier unterschiedliche Antworten gegeben. In der *Magie* wird man eine Verhexung, einen Bann und bösen Fluch oder aber ein negatives Denken als Ursache ausmachen. Der *Wahrsager* mag die Seelenkrankheit auf ein ungünstiges Geburtshoroskop bzw. negatives Karma zurückführen. Der *Psi-Therapeut* kann Erdstrahlen oder vielleicht sogenannte Psi-Angriffe als Störfaktor feststellen. Und im *Spiritismus* sieht man den Krankheitsgrund in bösen Geistern oder gar im Teufel, von dem der Kranke »besessen« ist.
Das typischste und wichtigste Erklärungsmodell ist aber sicher das spirituelle, das der *Mystik*. Nur hier wird die letzte Ursache eindeutig seelisch-geistig bestimmt (während bei den anderen Ansätzen nicht nur feinstoffliche, sondern sogar grobstofflich-materielle Gründe wie etwa »Erdstrahlen« genannt werden). Bei der Mystik sieht man die seelische Krankheitsursache darin, daß der Kranke vom spirituellen Weg, vom Weg zu seinem wahren Selbst bzw. vom Weg zu Gott abgekommen ist.
Wie wir aber bereits wissen, gibt es durchaus verschiedene mystische Richtungen, und wir wollen hier nur kurz zusammenfassen, wie sich die spirituelle Störung nach den verschiedenen Auffassungen zeigt:

- zuwenig Yin, mangelnde Verbindung mit dem tiefen (präpersonalen) Selbst, zuwenig Gefühl und Körperlichkeit;
- zuwenig Yang, mangelnde Verbindung mit dem (personalen) bewußten Selbst, zuwenig Erkenntnis und Willensstärke;
- mangelndes Gleichgewicht von Yin und Yang, keine Ganzheit von Gefühl und Verstand, Unterbewußtsein und Bewußtsein;
- zuwenig Kontakt mit dem höheren Selbst, welches transpolar und transpersonal ist, jenseits von Gefühl und Verstand.

Esoterische Seelenheilung

Entsprechend zu den unterschiedlichen Erklärungen von Krankheiten in der esoterischen Psychologie sind auch die Heilrezepte verschieden: Der *magische* Heiler versucht z. B. einen bösen Fluch durch Gegenzauber aufzuheben. Aber auch die Geistheilung kann man – als weiße Magie –

hier einordnen. Dabei nutzt der Magier kosmische oder eigene Heilkräfte bzw. aktiviert er solche Kräfte im Patienten; damit ist der Übergang zum positiven Denken geschlagen, wo der Kranke sich durch Vorstellungen, »Visualisierungen« von Gesundheit selbst zur Gesundung führen will. - Beim *Wahrsagen* geht es darum, durch Diagnostik der Seelenstörung etwa mittels Astrologie oder Tarot die »Lebensaufgabe« oder die karmische Belastung des Patienten aufzuspüren und ihm Ratschläge für den richtigen Lebensweg bzw. die Abarbeitung seines Karmas zu geben. - Bei der *»Psi-Heilung«* (so ein Buchtitel von Alfred Stelter) geht es z. B. um die Abschirmung gegen negative Gedanken und Strahlen, oder aber der Therapeut will den Kranken durch positive Mentalsuggestionen telepathisch beeinflussen; das kann auch aus der Ferne, als Fernheilung geschehen. - Die *spiritistische* Therapie, auch *Theurgie* genannt, ist bestrebt, die Erkrankung durch Anrufung von Engeln, Geistern und Göttern, durch deren Rat und Hilfe zu überwinden. Daneben versucht man die Dämonen- bzw. Teufelsaustreibung (*Exorzismus*).
Aber auch bei der Therapie ist der mystische Ansatz für uns wieder der wesentlichste.[9] Nun habe ich die verschiedenen Mystik-Wege bereits ausführlich beschrieben, so daß hier eine stichpunktartige Wiederholung ausreichen muß:

- Mehr Yin (»Weg zurück«)
  Sich seinen Gefühlen und seiner Körperlichkeit öffnen, die Verbindung zur Natur und zum Unbewußten (wieder)finden.
- Mehr Yang (»Weg geradeaus«)
  Der »Sieg des Geistes über die Materie«, des Willens über die Fleischlichkeit, vermehrte Erkenntnis und Selbstbeherrschung.
- Gleichgewicht von Yin und Yang (Kombination dieser beiden Wege)
  Zur Androgynie kommen, zum Ausgleich zwischen Yin und Yang, »Weiblichkeit« und »Männlichkeit«, Natur und Geist.
- Transpersonalität (»Weg nach oben«)
  Überschreitung der Polarität von Yin und Yang bzw. ihre Verschmelzung, Aufstieg in die über-bewußte göttliche Einheit.

Alle diese Wege können in der Praxis zu Erfolgen führen, besitzen aber auch Risiken (je nach Persönlichkeitstyp):

- Der emotionale Yin-Weg mag von Gefühlsverdrängungen befreien, aber auch Gefühlsüberschwemmungen auslösen.
- Der rationale Yang-Weg bietet die Chance zu tiefen Erkenntnissen, es droht aber Verkopfung und Schematisierung.
- Der androgyne Yin-Yang-Weg zielt zwar auf Harmonie, bewirkt je-

doch Verkrampfung, wenn man das Männlich-weiblich-Gleichgewicht zum Dogma macht und mit Zwang erreichen will.

- Der Trans-Weg zeigt gerade in der Meditation heilsame Wirkungen auf Seele und Körper, mit medizinisch nachweisbaren Veränderungen. (Übertriebene) Meditation kann aber auch zu Rückzug oder Realitätsverlust führen.

Entsprechend hatte ich angemerkt, daß die vier Wege alle eine gewisse Einseitigkeit sowie Unflexibilität aufweisen, und plädierte daher für einen *Meta-Weg*, der sie verbindet, integriert: generell jeden dieser Wege berücksichtigen, aber dynamisch und variabel mal den und mal den bevorzugen, so wie es den eigenen Wünschen, dem Entwicklungsstand, aber auch den äußeren (privaten wie gesellschaftlichen) Umständen angemessen ist – allerdings *ohne Anspruch auf absolute und dauerhafte Befreiung* von allen psychischen und (psycho)somatischen Störungen.
Auch insofern unterscheidet sich dieser integrative Weg von den anderen beschriebenen Pfaden. Fast alle mystischen, nein sogar fast alle esoterischen Lehren versprechen, daß völlige seelische und körperliche Gesundheit bzw. Heilung zu erreichen sei. Erstaunlich, daß dies auch Esoteriker behaupten, die sonst ständig das notwendige Gleichgewicht der Gegensätze betonen. Denn auch Gesundheit und Krankheit sind doch Gegensätze, die sich ergänzen. In einem Buch mit dem bezeichnenden Titel »Krank sein – lästig, aber doch gesund«[10] verdeutlicht Jaap Huibers, daß krank und gesund zusammengehören wie Yin und Yang, daß echte Gesundheit eben sogar partielles oder gelegentliches Kranksein einschließt. Dies heißt natürlich nicht, man müsse genau im gleichen Maß Krankheit wie Gesundheit durchleben, aber eine totale Gesundheit ist unrealistisch. Gerne wird in der Esoterik die seelisch-spirituelle Reife an der körperlichen Verfassung gemessen: Wer geistig weit entwickelt ist, der muß auch körperlich gesund sein – »wie Körper, so Seele«. Aber kann es nicht auch hier einen (teilweisen) Gegensatz zwischen Seele und Körper geben? Aus der Geschichte ist bekannt, daß viele große Mystiker häufig unter körperlichen Störungen litten, diese aber manchmal gerade als Unterstützung der spirituellen Reifung schätzten.[11] Von daher behauptet der selbst von Krankheit betroffene Esoteriker Bo Yin Ra:

> »Kein Sprichwort ist so irrtumsbeladen wie jenes grobmaterielle, allem Seelischen so fremde, das da in seiner Ahnungslosigkeit meint, nur im gesunden, tierhaft bedingten Körper wohne eine gesunde Seele. Fast könnte man sagen, das *Gegen*teil entspreche der Wahrheit, und sicher ist, daß es gesunde Körper mit *kranken* oder längst ›getöteten‹ Seelen zu *Millionen* gibt auf allenfalls *einen einzigen* kranken Körper, der Ausdrucksorganismus einer ebenfalls kranken Seele ist.«

Dieser Standpunkt bedeutet allerdings das umgekehrte (einseitige) Extrem. Vor allem jedoch wird hier ebensowenig in Frage gestellt, daß eine seelische Gesundheit, das Seelenheil, sicher erreichbar sei. Muß man aber die *Gesund-krank-Polarität* nicht auch auf Seele und Geist ausdehnen? Zwar mag eine seelisch-geistige Weiterentwicklung im Leben gelingen, aber sie schließt Rückfälle, Störungen und Krisen nicht aus, die sogar notwendig sein können für die Evolution zu einer höheren Stufe. Sogar »erleuchtete Meister« sind nicht völlig frei von seelischen Problemen und Symptomen. Wenn überhaupt eine vollkommene seelische Befreiung und Erlösung möglich sein sollte (zu Lebzeiten), dann wohl allenfalls für Ausnahmepersönlichkeiten wie z. B. Buddha.

Psychologisch-medizinische Hintergründe des Okkultismus

Ist die Esoterik wirklich ein Heilmittel? Oder ist sie vielleicht gar eine Krankheit, die sich nur als Heilmittel ausgibt? Ist sie eine Flucht vor der manchmal banalen, ernüchternden, sinnlosen oder grausamen Realität unseres Lebens? Diese Frage ist sicher nicht pauschal zu beantworten, die Antwort muß auch für verschiedene esoterische Richtungen unterschiedlich ausfallen und bleibt ohnehin relativ bzw. subjektiv. Allein schon deswegen, weil sich nicht eindeutig bestimmen läßt, was seelisch-geistige Gesundheit (oder Krankheit) ausmacht; das wurde zu verschiedenen Zeiten und wird in verschiedenen Kulturen unterschiedlich definiert.
Allgemein kann man aber festhalten: Die Esoterik geht von einem Kosmos aus, in dem alles sinnvoll und wohlgeordnet ist, in dem es keinen Zufall gibt.[12] Wie ich versucht habe zu zeigen, ist diese Auffassung wissenschaftlich nicht haltbar. Offensichtlich gibt es zufällige Ergebnisse, und selbst wenn jedes Ereignis eine (uns verborgene) Ursache besitzt, so hat es deswegen noch nicht notwendig eine besondere Bedeutung oder einen höheren Sinn. Vielmehr muß man hier ein Wunschdenken des Menschen ausmachen, der »sinnsüchtig« ist, wie der Psychologe Viktor Frankl es beschrieben hat. Man erträgt kein Sein, das auch von Chaos, Willkür und Ungerechtigkeit beherrscht wird, und projiziert daher seine Sinnwünsche auf die Wirklichkeit. Dabei besteht die Gefahr, daß der Esoteriker - gemäß der Entsprechungslehre - fast zwanghaft alles mit allem in Beziehung setzt. Dies kann den Grad einer Geisteskrankheit annehmen, die der Psychiater »Beziehungswahn« nennt. Umberto Eco hat in seinem Esoterikbestseller »Das Foucaultsche Pendel« einen solchen Wahn, die totale Fixierung auf einen (angeblichen) geheimen Weltplan der Templer, sehr detailliert beschrieben.
Besonders fällt in diesem Rahmen die esoterische *Selbst*bezogenheit auf. Es ist bestimmt kein Zufall, daß die Astrologie bis heute ein *geozentrisches*

Weltmodell verwendet, wonach unsere Erde im Mittelpunkt der Welt steht. Ebenso besteht ein *Anthropozentrismus*: Das ganze kosmische Geschehen wird auf den Menschen, als Gipfel der Schöpfung, bezogen. In ihm, seinem Ebenbild, soll Gott sich spiegeln und wiederfinden; diese (Wieder-)Vereinigung von Gott und Mensch gilt als das Endziel der gesamten kosmischen Evolution. Das bedeutet eine gewaltige Anmaßung; vielleicht muß der Mensch noch lernen, »daß er seinen Platz wie ein Zigeuner am Rande des Universums hat, das für seine Musik taub ist und gleichgültig gegen seine Hoffnungen, Leiden oder Verbrechen« (Jacques Monod). Noch krasser ist häufig die *Egozentrik* des einzelnen Esoterikers: Er meint, alles was passiert, dreht sich um ihn, das Universum habe nichts anderes vor, als ihm Lebenssituationen zu »schicken«, durch die er sich weiterentwickeln kann. Es ist naheliegend, hinter einer solchen Haltung starke Minderwertigkeits- und Ohnmächtigkeitsgefühle zu vermuten, die so kompensiert werden.

Für positive, konstruktive Kräfte spricht allerdings, daß sich der esoterische Mensch um eine Auseinandersetzung mit der Existenz und um eine Reifung bemüht. Er verfällt keinem resignativen Fatalismus und lebt auch nicht oberflächlich, etwa nur konsumorientiert, dahin. Sein Ziel ist aber oft zu hoch gesteckt, er will die vollständige Befreiung von allem Dunklen, Negativen, Leidvollen. Dabei muß er scheitern, bemüht sich jedoch um so verkrampfter. Und so bleibt häufig eine Leichtigkeit des Lebens, eine Lebensfreude auf der Strecke. Ihm fehlt die Lebenskunst, die einfach aus dem Hier und Jetzt das Beste macht, ohne nach den »Sternen«, nach unerreichbaren Zielen in der Zukunft zu greifen.[13]

Ich möchte im folgenden für die einzelnen Hauptgebiete der Esoterik gesondert psychologisch-medizinische Hintergründe aufzeigen, wenn natürlich manche Aussage sich auch auf andere oder alle Gebiete beziehen läßt.

① *Mystik*

Wie wir bereits wissen, gibt es verschiedene mystische Ansätze, die sich nicht einfach gleichsetzen lassen. Im Mittelpunkt der meisten mystischen Wege steht aber die *Aufgabe des Ich*, die völlige Hingabe an das Sein, das totale Annehmen aller Geschehnisse, um sich dem göttlichen Ganzen zu öffnen. Positiv daran ist, daß so zu starre Ich-Grenzen durchlässiger werden, eine Ego-Fixierung abgebaut wird. Andererseits birgt ein übertriebener Ich-Abbau Gefahren – bis hin zur Psychose. In meinem Buch »Wut tut gut«[14] habe ich aufgezeigt, wie wichtig es ist, sich auch aggressiv abgrenzen und durchsetzen zu können, daß ein permanentes Annehmen nicht funktioniert. Ähnlich warnt der Therapeut Lutz Müller in einer tiefenpsychologischen Analyse der Magie: »Wenn der Wind des Unbewußten aber auf ein schwaches, realitätsflüchtiges

und wunschträumendes Ich trifft, dann kann dieses Ich erbarmungslos mitgerissen werden und in fremden Welten landen, aus denen es nur noch sehr schwer zurückfindet. Gerade unter den Esoterikern scheint es viele zu geben, die dieser Gefahr erlegen sind.«[15]
Es droht eine *Regression.* Man will sich in das Universum einbetten wie einen kosmischen Mutterleib, erwartet vom Göttlichen eine optimale Versorgung, so wie das Baby von der Mutter. Ken Wilber hat betont, diese Gefahr bestände nur bei dem präpersonalen Weg (ins Unbewußte), nicht beim transpersonalen Weg (ins Überbewußte). Aber in der Praxis lassen sich diese beiden Wege eben doch nicht so sauber trennen wie in Wilbers theoretischen Gedankenmodellen.
Eine besondere Problematik besteht, wenn die völlige Hingabe nicht nur an das Göttliche, sondern an einen bestimmten Menschen, einen »Eingeweihten« oder Guru, gefordert wird. Sicher kann es wertvoll sein, sich eine Zeitlang mal ganz vertrauensvoll von einem seriösen Meister leiten zu lassen. Andererseits kann es hier schnell zu geistiger Abhängigkeit und wirtschaftlicher Ausbeutung des Schülers kommen. In einer der wenigen wirklich exakten Untersuchungen des Guru-Phänomens: »Warum Bhagwan?« kommt der Mediziner Gunther Klosinski allerdings zu folgendem Schluß über die Anhänger Bhagwans sowie des Maharishi Yogi: »Die Mitglieder beider neureligiöser Bewegungen sind als noch ›normalneurotische‹ Persönlichkeiten anzusehen.« Er stellt zwar bei den Guru-Anhängern keine besondere psychische Gestörtheit fest, aber auch keine besondere psychische Reife und Entfaltung.

② *Magie*
Konstruktiv ist beim Magier der Versuch zur *Selbstbestimmung*, der Befreiung von Fremdbestimmung sowie die Bereitschaft, das Abenteuer der Erforschung fremder, neuer Innenwelten zu wagen. Aber das Bedürfnis nach völliger Macht über sich selbst und auch über die Mitwelt führt leicht zur Verdrängung von realen Ohnmächtigkeitserfahrungen und Hilflosigkeitsgefühlen. Und indem er diese Kränkungen zu vermeiden sucht, drohen dem Magier zweierlei Gefahren: Einerseits muß er ständig auf der Hut sein, durch zwanghafte Rituale, Einhaltung von Tabus und ähnlichem fremde Mächte in Schach zu halten, die ihn unterjochen könnten. Das kann bis zur *Paranoia*, bis zum Verfolgungswahn des magisch denkenden Menschen führen.
Andererseits neigt er zur Überkompensation in der *Hybris*, im Größenwahn. Je weniger er real mit seiner »magischen Kraft« erreicht, desto mehr kann er sich in narzißtische Größenphantasien hineinsteigern, er könne, z. B. durch die Allmacht seiner Gedanken, alles um sich steuern und kontrollieren, er sei gottgleich.
Besondere Gefahr besteht selbstverständlich bei der schwarzen Magie,

vor der auch viele (weiße) Magier selbst warnen, so Herbert Fritsche: »Die schwarzmagischen Verlockungen sind mächtig und überall zugegen. Deshalb: Überwindet den romantischen Kitzel, der das Unheimliche begehrenswert macht.« Andererseits birgt auch die totale Fixierung auf eine weiße, gute »Lichtwelt« Risiken, nämlich daß so der »Schatten«, Aggressionen und Triebe verleugnet oder unterdrückt werden, die sich dann in vielerlei psychischen oder körperlichen Symptomen Ausdruck schaffen mögen. In diesem Zusammenhang ist auch ein übertriebenes »positives Denken« zu kritisieren, das meint, alles (vermeintlich) Negative einfach wegdenken zu können und zu müssen.

③ *Wahrsagen*
Das Wahrsagen kann, wenn es nicht als spekulative, vordergründige Zukunftsvorhersage, sondern als solide Lebensberatung betrieben wird, einem Menschen durchaus wertvolle Lebenshilfe geben. Und es ist auch gar nichts dagegen einzuwenden, daß ein Mensch, zumal in einer kritischen Lebenssituation, sich um Orientierung und Rat von einem anderen bemüht. Dabei mag ein Wahrsager mit ausgeprägter Intuition und Menschenkenntnis manchem Psychologen überlegen sein, der nach einem rein intellektuell ausgerichteten Studium und mit einer Schmalspur-Therapieausbildung seine Klienten zu therapieren sucht. Nur leider ist es viel häufiger, daß Menschen deswegen zum Astrologen oder zur Kartenlegerin gehen, um genaue Auskünfte über ihre Zukunft und verbindliche Ratschläge zu erhalten. Das kann eine *Selbstunsicherheit* noch verstärken und zu Abhängigkeit vom Wahrsager führen. Auch wer sich selbst etwa mittels Tarot Antworten sucht, ist vor Abhängigkeit nicht gefeit; vor allem Frauen entwickeln manchmal geradezu eine *Kartensucht* – sie tun fast nichts mehr, ohne vorher ihre Tarotkarten zu befragen, anstatt den eigenen, intuitiven wie rationalen Einsichten zu vertrauen.
Eine weitere Gefährdung besteht insbesondere für Menschen, die schon zum Aberglauben neigen. Sie lassen sich durch eine negative Voraussage oder ein ungünstiges Horoskop völlig einschüchtern, können schlimmstensfalls das befürchtete Ereignis in einer Art *Vollzugszwang* selbst herbeiführen. Außerdem sehen sie in allem und jedem entweder ein positives oder ein negatives Omen: Sie haben von Kuchen geträumt: ein gutes Zeichen; sie haben im Traum ein Krokodil gesehen: Gefahr im Vollzug; ein weißer Schmetterling fliegt vorbei: positiv; ein Käuzchen ruft dreimal: negativ – usw. Auch das kann sich bis zu einer Wahnkrankheit steigern. Der Psychiater Günter Niklewski spricht von der »Parapsychose«.[16] Diese Geistesstörung zeigt sich nun aber nicht (wie andere Psychosen) in einem chaotisch-zusammenhanglosen Denken und Empfinden, sondern gerade in einem völlig geschlossenen Denksystem, wo

der Kranke in jedem belanglosen Ereignis ein bedeutungsvolles Zeichen, einen Wink des Schicksals für sich sieht, alles auf sein Ich bezieht.

④ *Psi*

»Psi« ist weniger ein Weg, den man bewußt einschlägt, sondern meint bestimmte Kräfte, über die der Mensch ohne sein Zutun verfügt, wie eben z. B. Hellsehen. Wenn auch bis heute das Vorhandensein solcher Fähigkeiten nicht exakt bewiesen ist, so wäre es sicher vorschnell, jedem Menschen, der Psi-Kräfte zu besitzen behauptet, krankhafte Einbildung zu unterstellen. Es mögen Personen sein, die über eine besondere, *paranormale Sensibilität* verfügen und daher außersinnliche Wahrnehmungen machen können, die dem »Normalen« im allgemeinen verschlossen sind. Aber wie die Bezeichnung »Sensitive« schon ausdrückt, solche Menschen sind (über)empfindlich und von daher auch psychisch gefährdet, erst recht, wenn sie durch »Psi-Training« oder ähnliches ihre Hellsichtigkeit zu steigern suchen.

Andererseits gibt es unter professionellen »Psilern« offenbar viele Personen, die ihre (echte oder vorgetäuschte) ASW-Begabung »hysterisch« ausagieren, die geltungssüchtig und »exhibitionistisch« sind; aber auch Psychopathen, die gefühlskalt mit den Ängsten ihrer Mitmenschen spielen und diese finanziell ausbeuten.

⑤ *Spiritismus*

Wie schon bei anderen esoterischen Erfahrungen »übersinnlicher« Phänomene, so ist bei Geistererscheinungen für die meisten Psychologen klar: Das sind *Projektionen* eigener, unbewußter Gefühle, Wünsche usw. Anstatt z. B. eine tiefe Wut in sich wahrzunehmen, »sieht« man einen bösen Dämon, der einen bedroht. Das mag man einen primitiven Versuch einer Gefühls- und Konfliktverarbeitung nennen; aber es kann manchmal erfolgreicher sein, wie z. B. die »Psychotherapie« der Schamanen zeigt, sich mit Geistern, Monstern und ähnlichem – als veräußerlichten, symbolisierten Gefühlen – auseinanderzusetzen als mit den inneren Gefühlen selbst.

Allerdings weisen nun gerade Phänomene wie Geistersehen, Stimmenhören und ähnliche die größte Nähe zur *Schizophrenie* auf. Nach Behauptungen von Prokop und Wimmer waren auch viele bekannte »Geisterseher« schizophren, so Emanuel Swedenborg und Rudolf Steiner. Das Problem ist, daß psychotische Störungen und spirituelle Erfahrungen sich nur schwer genau voneinander abgrenzen lassen, wie Stanislav und Christina Grof in ihrem neuesten Buch »Spirituelle Krisen«[17] im einzelnen beschreiben. Bleibt natürlich auch die Möglichkeit, daß gerade der Schizophrene den Mut aufbringt, eine Wirklichkeit zu sehen, vor der die »Gesunden« angstvoll die Augen verschließen.

Fazit? Das Verhältnis von Esoterik und Psychologie, Psychopathologie (Krankheitslehre) und Psychotherapie ist äußerst kompliziert und befindet sich zudem im Umbruch. Ursprünglich teils aus der Esoterik erwachsen, hat sich die Psychologie vergeblich bemüht, diese völlig abzustreifen, und sucht heute (in manchen Strömungen) bewußt neue Verbindung. Das mag man grundsätzlich begrüßen, aber die Psychologie darf nicht mit offensichtlich antiquierten Okkult-Ideologien kontaminiert werden, und der Psychotherapiemarkt darf nicht durch - häufig völlig unzureichend ausgebildete - selbsternannte »Heiler« zum Seelen-Jahrmarkt werden.

10. Esoterik zwischen Gesellschaft, Religion und Wissenschaft

In diesem letzten Kapitel soll es darum gehen, die Esoterik in einem weiteren, möglichst umfassenden Rahmen zu analysieren und einzuordnen. Wir wollen sie aus Sicht der *Soziologie* betrachten und damit ihre Bedeutung in Gesellschaft und Politik untersuchen; es sollen *theologische* Aspekte besprochen werden, insbesondere das Verhältnis von Esoterik und Christentum; und schließlich möchte ich aus dem Blickwinkel der *Wissenschaftstheorie* fragen, inwieweit die esoterischen Lehren mit der Wissenschaft vereinbar sind.
Natürlich können wir diese schwierigen Themen hier nicht vollständig behandeln, sondern nur einige wesentliche Punkte ansprechen. Dies wird aber schon deutlich machen, daß sich die Esoterik einer eindeutigen Bestimmung entzieht. Sie ist ein vielschichtiges, schillerndes, ja widersprüchliches Phänomen und Faszinosum; so lassen sich auch ihre gesellschaftlichen, religiösen und wissenschaftlichen Plus- und Minusseiten nicht auf einen klaren, einfachen Nenner bringen.

Politik und Magie – Von Hexen-Feminismus bis Nazi-Okkultismus

Ohne Zweifel hat das Interesse für Esoterisches seit etwa zwanzig Jahren in unserer Gesellschaft beinahe kontinuierlich zugenommen. Das belegen auch verschiedene statistische Untersuchungen in der Bundesrepublik, obwohl diese überwiegend nicht streng repräsentativ sind.[1]
Bei solchen statistischen Erhebungen zeigte sich zwar, daß *Frauen* okkultgläubiger sind als *Männer.* Andere Faktoren wie *Alter* und *Bildung* ließen sich aber nicht eindeutig interpretieren. Beispielsweise gilt die Reinkarnation bei jüngeren und gebildeten Menschen als besonders wahrscheinlich, traditioneller Aberglauben kommt dagegen mehr bei Älteren vor, wobei es auch Unterschiede zwischen Stadt- und Landbewohnern gibt. Aus anderen, vergleichbaren Ländern liegen ähnliche oder noch »okkultfreundlichere« Daten vor, vor allem aus Amerika. In Westeuropa gilt Italien und speziell Turin als Hochburg aller Spielarten des Okkultismus, bis zum Satanismus.[2]
Was die Ursachen dieser »Esoterikschwemme« betrifft, so finden sich bei den Soziologen vor allem zwei gegensätzliche Theorien. Die *einen* meinen, salopp formuliert, es ginge uns – im Westen – zu gut: Wir haben unsere Grundbedürfnisse alle abgesättigt, wir haben viel Freizeit, und da brauchen wir etwas Neues, einen geistigen Kitzel – Konsum der Esoterik, bis sich etwas anderes findet. Die *anderen* meinen, es ginge uns zu schlecht: Der moderne Mensch hat sich und den Sinn seines Lebens verloren und sucht im Okkultismus nach neuer Orientierung.
Diese zweite Erklärung sagt der Esoterik natürlich mehr zu; denn wenn

bei dieser Zunahme des Interesses an Okkultem und Magischem auch vieles nach oben geschwemmt wird, was ernsthaften Esoterikern ein Greuel ist, so treten doch ebenfalls Methoden zur Selbstentfaltung und Selbstvervollkommnung wie Mystik und Meditation mehr und mehr ins Licht der Öffentlichkeit. Von daher wird - wie wir schon anfangs erfuhren - heute von einer *Neuen Zeit* gesprochen, in der die alten Geheimlehren der Öffentlichkeit zugänglich werden. Der Autor Jörg Wichmann hat diese Auffassung kritisiert, er meint, was heute veröffentlicht wird, sei schon lange zugänglich gewesen und zu früheren Zeiten sogar noch mehr beachtet worden, dagegen werde das echte Geheimwissen auch jetzt nicht offenbart.[3]

Diese Argumente haben eine gewisse Berechtigung, dennoch ist noch nie in einem solchen Ausmaß und für jeden leicht erreichbar esoterisches Wissen aus verschiedensten Zeiten und Kulturen publiziert worden; von daher geht es doch um mehr als eine »Wiederentdeckung«, doch schon um eine »Neuentdeckung« der Esoterik durch die Gesellschaft.

Wenn es also heute auch in der breiten Öffentlichkeit eine Beschäftigung mit okkulten Themen gibt, so ist davon doch die eigentliche *Esoterikszene* zu unterscheiden; sie umfaßt Menschen, die ihr Leben, ihre Kontakte, wenn möglich auch ihren Beruf fast vollständig auf Esoterisches zugeschnitten haben, deren Alltag durch Yoga, Kartenlegen, Chakra-Meditation, Reinkarnationstherapie, Horoskopberechnungen usw. ausgefüllt wird. Es gibt allerdings Übergänge zwischen Gesellschaft und Szene: Die bekannte Wahrsagerin Buchela (1901-1988), »Pythia von Bonn« genannt, soll auch viele Wirtschaftsgrößen und Politiker beraten haben. Der Hollywood-Astrologe Carrol Righter (1902-1988) erledigte Zukunftsdeutungen für allerlei Schauspieler und Prominente. Schon enger zur eigentlichen Szene gehören in Deutschland die beiden Münchner Stars Thorwald Dethlefsen und Erhard Freitag, beide Leiter großer und teurer Therapieinstitute, wobei der Reinkarnationsspezialist Dethlefsen das »Positiv-Denker-Programm« Freitags durchaus skeptisch beurteilt, da dieses eine Bewußtseinserweiterung eher verhindere.

Zur Szene rechnen außerdem esoterische Gruppierungen und Geheimgesellschaften: Am meisten etabliert sind bei uns wohl die *Anthroposophen.*[4] Ständig um neue Mitglieder werben verschiedene Rosenkreuzer-Gruppen. Auch eine Neugründung des Ordens der Tempelritter, der *Free Templer Orden,* ist zu nennen. Aber dies sind wirklich nur einige Beispiele. Es gibt eine Unzahl von Gruppen, Gesellschaften und Sekten, Instituten und Akademien wie das *Etora-Zentrum* auf Lanzarote, die *Esoterische Akademie* von H. W. Kritzinger, das *Institut für Holistische Medizin,* die *Gesellschaft für Bewußtseinsentfaltung,* das *Mind-Power-Studio* mit Gehirnmaschinen, die Kontaktbörse *TARA - Informationsstelle für das Neue Zeitalter* usw.

Damit ist die Esoterik auch ein gewichtiger Wirtschaftsfaktor geworden. Schon vor einigen Jahren wurde ein Gesamtumsatz von 600 Millionen DM in der BRD geschätzt. Manche Institute wie *Cosmotronics* verkaufen bewußt neben Lehrprogrammen auch die Geschäftsidee, man kann selbst ein Wiederverkäufer werden. Oft ist es schwer zu unterscheiden, welchen Anbietern von esoterischen Therapien oder Waren es (auch) um die Sache geht oder (nur) ums Geschäft - wobei nach neuesoterischer Auffassung »Geld machen« durchaus dem Seelenheil dienen soll.

Zum Geschäftssinn des Esoterikmarktes paßt auch seine Modeanfälligkeit. War gestern noch Channeling »Der letzte Schrei aus dem Jenseits«,[5] so muß es heute schon wieder etwas anderes, Neues sein. Das betrifft natürlich auch Esoterikbücher, die mittlerweile etwa 14 Prozent des gesamten Buchhandelsumsatzes ausmachen sollen.[6] Und es betrifft Zeitschriften - mit allerdings sehr unterschiedlichem Profil - wie *esotera, Connection, Atlantis/Lichtnetz, Die andere Welt, Grenzgebiete der Wissenschaft, ABRAHADABRA, Osho Times* und viele andere mehr. Eine Sonderrolle spielt *Share international,* deren Chefredakteur Benjamin Creme seit 1984 behauptet, Maitreya, der neue Christus, weile bereits auf der Erde und werde in Bälde die geistige Führung der Menschheit übernehmen.[7]

Obwohl Geheimbünde in der Geschichte fast immer *Männerbünde* waren, wurde andererseits den Frauen meist eine größere Nähe - jedenfalls zu bestimmten Bereichen des Okkulten - nachgesagt, wie sich auch bei den grausamen Hexenverfolgungen zeigte. Interessant ist nun, daß gerade feministische Frauen bewußt jene traditionelle Rolle übernommen haben, sich zu Okkultismus und Magie bekennen, sich sogar »neue Hexen« nennen. Allerdings hat diese esoterische Wende die Frauenbewegung gespalten. Die politisch engagierten Feministinnen werfen der »Magie-Frauen« einen Rückzug in eine unpolitische Innerlichkeit vor, die der emanzipatorischen Befreiung zuwiderlaufe. Für sie sind auch die Yin-Yang-Lehre vom weiblichen und männlichen Prinzip sowie die entsprechende *Anima-Animus-Theorie* des Psychologen C. G. Jung reaktionäre, sexistische Ideologien, die den Frauen Passivität, Gefügigkeit und ähnliches als Wesensmerkmal zuschreiben und damit ihren Kampf gegen männliche Vorherrschaft, für weibliche Gleichberechtigung unterminieren.[8]

Esoterik - unpolitisch oder hochpolitisch?

Die Ausführungen über den esoterischen Feminismus führen uns zu einer generellen Erkenntnis: Während sich die Gesellschaft (heute) sehr für die Esoterik interessiert, interessiert sich die Esoterik nur wenig für die Gesellschaft. Und wenn die Esoterik durch ihre große Verbreitung auch ein gewisser politischer Faktor geworden ist, so bleibt sie doch im Hinblick auf gesellschaftliches Engagement weitgehend als unpolitisch einzuschätzen. Aktuell spielt dabei eine Rolle, daß viele ehemalige Linke, von der Politik enttäuscht, nach dem Psychoboom jetzt zur Esoterikszene gestoßen sind. Doch generell gilt: Der Weg der Mystik, Magie usw. war und ist immer primär ein Weg für *Individualisten* oder gar *Einzelgänger,* die sich in erster Linie für ihr eigenes Seelenheil, ihre persönliche Erleuchtung einsetzen. Oder man engagiert sich zwar in einer Gruppe, für (s)eine Geheimgesellschaft, die aber wie eine Art erweitertes Ich erfahren wird. Das Verhältnis des eigenen Selbst zum Göttlichen, zum Kosmos, steht im Mittelpunkt, nicht die Beziehung zum Mitmenschen.

Damit hängt zusammen, daß man den Einfluß der Gesellschaft auf das Leben des einzelnen für gering hält. Es sei weder sinnvoll noch notwendig, die Gesellschaft zu verändern, z. B. demokratischer zu gestalten, damit es einem selbst (und anderen) bessergehe. Dethlefsen bringt es auf den Punkt: »So hart es für alle Weltverbesserer klingen mag: Es gibt in dieser Welt nichts zu verbessern oder zu ändern außer der eigenen Sicht. So reduzieren sich die kompliziertesten Probleme letztlich immer wieder auf die alte Formel: Erkenne dich selbst!«

Jeder gilt als alleinverantwortlich für sein Glück oder Unglück. Er hat es durch sein Verhalten, sein Bewußtsein oder seine Gedanken, in diesem oder früheren Leben, selbst geschaffen. Sicher ist es berechtigt aufzuzeigen, daß der einzelne Mensch – auch! – Anteil hat an seinem Lebens(miß)erfolg und nicht etwa nur »Opfer der Gesellschaft« ist; aber viele Esoteriker verabsolutieren diesen Eigenanteil. Und manche sprechen nicht nur von *Selbstverantwortung* für das eigene Leid, sondern auch von *Sünde* und *Schuld,* allen voran der Dethlefsen-Schüler Peter Orban.[9] Wenn diese Begriffe auch teilweise anders verstanden werden als in der traditionell-reaktionären Morallehre – es bleibt die Tatsache, daß hier wiederum eine Schuldideologie vom sündigen Menschen aufgestellt wird, wie wir sie aus einer altkonservativen Auslegung des Christentums kennen und sie mühsam allmählich überwunden schien.[10]

Indem man sich selbst als verantwortlich oder schuldig bezeichnet, gilt das natürlich entsprechend für den Mitmenschen. Das kann zu einer »asozialen« Haltung führen: niemanden in einer Notlage zu helfen, da diese selbstverschuldet sei und der Notleidende sein Karma abzutragen habe. Mit einer solchen Theorie können auch Verbrechen an einzelnen Menschen oder ganzen Völkern – bis zum Holocaust – gerechtfertigt oder wenigstens als Auswirkungen individuellen oder kollektiven Karmas erklärt werden. Rainer Holbe, prominenter Moderator der TV-Serie »Unglaubliche Geschichten«, mußte 1990 zurücktreten, weil er in einem (vom Markt zurückgezogenen) Buch zur Wiedergeburt Aussagen über das jüdische Volk und den verstorbenen jüdischen Showmaster Hans Rosenthal wiedergegeben hatte, die verdächtig nach so einer »karmischen Anklage« klangen.

Es gibt aber auch in der Esoterik Richtungen und Personen, die sich politisch engagieren und für die Gesellschaft einsetzen, vor allem im Rahmen der *New-Age-Bewegung.* Und dies ist im Grunde nur konsequent. Denn da ein zentraler esoterischer Glaubenssatz lautet »Wir sind alle eins«, muß das Unglück eines anderen auch mich selbst betreffen. Gerade der *»Karma-Weg«,* der dritte Weg neben dem *»Bhakti-Pfad«* der Liebe und dem *»Jnana-Pfad«* der Erkenntnis, kann uns zu einer sozialen Haltung führen. Denn er zeigt, daß neben der passiven Kontemplation auch das aktive Tun - gute Taten gegenüber unseren Mitmenschen - zur Selbstvervollkommnung und Selbstbefreiung dazugehört.[11]
Diese politische Esoterik hat verschiedene Zieldimensionen: Sie will den Geschlechterfrieden zwischen Mann und Frau, was auch eine »Emanzipation des Mannes«, die Überwindung seiner patriarchalen Einstellung bedingt. Sie will den weltpolitischen Ausgleich zwischen reichen und armen Staaten. Und sie will ökologisch eine Partnerschaft mit der Natur, eine umweltfreundliche Technologie und Wirtschaft. Insgesamt soll »sich ein friedliches, harmonisches Miteinanderleben ergeben; die Menschen werden feststellen, daß ein Leben in Harmonie viel ersprießlicher ist als ein Leben in Ehrgeiz, Haß, Eile, Neid, Habsucht, Eifersucht . . .«.[12]
Leider fragt sich nur, ob hier nicht auch Illusionen und Zweckoptimismus mitspielen, ob die Esoterik wirklich zu einer besseren Welt mithelfen kann.

○ Schon in der *Esoterikszene* selbst klappt es kaum mit dem Frieden. So wird einerseits unbedingte Liebe zu allen Wesen gefordert, aber man führt Kleinkriege und grenzt sich gegenseitig aus, z. B. in der Transkommunikationsbewegung. Da will man mit höheren Welten kommunizieren, aber der Kontakt untereinander klappt nicht - ein »Verein für Tonbandstimmen-Forschung« und eine »Forschungsgemeinschaft für Tonbandstimmen« bekämpfen sich. Ähnliche Spaltungen und Eifersüchteleien gibt es z. B. in der Reiki-Bewegung. Sogar die »friedensbewegte« grüne Partei, die (zeitweilig) auch spirituelle Ziele verfolgte, präsentiert sich in permanenten Auseinandersetzungen.

○ Trotz der Esoterikwelle - in der *öffentlichen Politik* hat das esoterische Denken bisher kaum Einfluß. Das zeigt sich etwa an den krassen Mißerfolgen der Partei »Neues Bewußtsein«. Zwar gab es immer Einfluß von esoterischen Gruppen wie etwa den Freimaurern auf die Politik und gibt es teilweise auch heute noch - man denke an die mysteriöse Loge P 2 in Italien -, aber den Geheimgesellschaften geht es im allgemeinen nicht um mehr Demokratie, sondern sie verstehen sich als Eliten, sie wollen keine Verbreitung esoterischen Wissens, sondern wollen ihr geheimes Wissen für sich bewahren und damit ihre Privilegien und Macht (wobei die Macht innerhalb der Gruppe streng hierarchisch vom Großmeister bis zu den unteren Rängen verteilt ist).

○ Wirkliche politische Macht hatte eine pervertierte Esoterik im *Nazi-Deutschland* (wie schon beschrieben). Mehrere NS-Führer, einschließlich Hitler, waren okkultgläubig. Aber auch dem Volk wurden okkulte Irrlehren wie der Rassenwahn einsuggeriert, auf Mammutveranstaltungen wurden die Menschen durch quasi magische, massenpsychologische Techniken »hypnotisiert«, durch epidemische »Ansteckung« okkultistisch infiziert, was in einer Katastrophe endete. Sicher kann man nicht der Esoterik die Hauptverantwortung für diesen Terror anlasten, aber manche esoterische Lehren wie die vom Übermenschen oder wie die scharfe Aufspaltung in Licht und Dunkel, Gut und Böse machen anfällig für eine Ausgrenzung von anderen, fremden Völkern und Staaten als »minderwertig«. Es gibt Warner, die meinen, die New-Age-Bewegung steuere auf einen dem Nazi-System vergleichbaren Okkult-Faschismus zu, was aber kaum ernst genommen werden kann.[13]

Kirche und Esoterik - Gegeneinander, nebeneinander, miteinander

Das Verhältnis der Esoterik zu verschiedenen Religionen ist ausgesprochen eng, vor allem zu den östlichen wie *Hinduismus, Buddhismus* und *Taoismus.* Das kann nicht verwundern, denn sie speist sich größtenteils aus diesen Quellen, vereinigt sich sogar mit ihnen. Bei einem weiten Religionsbegriff läßt sich auch die Esoterik selbst (oder zumindest ein Teil von ihr) als eine Religion verstehen, und manche ihrer Vertreter fassen sie auch so auf: als eine *universale Religion* oder *Einheitsreligion,* die das Wesentlichste und Beste aus allen anderen Religionen umfasse bzw. synthetisiere.
Wie ich aber in der Darstellung der Geschichte der Esoterik vielfach aufgezeigt habe, war das Verhältnis zwischen ihr und dem Christentum stets ein spannungsreiches. Das kann man zunächst als Abgrenzungs- und Konkurrenzproblem sehen. Vor Ausbreitung des Christentums hatten Magier und Zauberer großen Einfluß. Sie sagten die Zukunft vorher, deuteten Träume, heilten Kranke und vollbrachten noch viele andere »Wunder«. Nun trat die christliche Kirche auf den Plan.

> »Der Kirche waren alle Wunder verdächtig, die sich nicht auf Gott, sondern auf magisches Geheimwissen und die Natur beriefen und daher nicht als göttliche Offenbarung gedeutet werden konnten. Das Wandeln Jesu auf dem See Genezareth, die Visionen, Stigmatisationen

> und Prophezeiungen der Heiligen, die Kraft des Glaubens und des Gebets, der Reliquien und geweihten Kultgegenstände . . ., das waren echte Wunder. Dämonenbeschwörung und magischer Spuk waren Zauberei.
> Sie (die christlichen Priester) betrachteten daher die magischen Kulte als Konkurrenz, die möglichst schnell und weitgehend integriert werden mußte. Was nicht integriert werden konnte, wurde als heidnischer Zauber bekämpft. Außerhalb der Kirche wirkende Zauberkundige und deren Anhänger wurden verfolgt.«[14]

Obwohl oder gerade weil es in der Praxis Überschneidungen zwischen christlichem und heidnischem Zauber gab, bekräftigten die Kirchenoberen ihren Abgrenzungskampf, indem sie in ihrer Lehre eine saubere begriffliche Trennung vornahmen:

»Wie schon Platon unterscheidet nun auch die christliche Kirche zwischen zweierlei Magie, zwischen der natürlichen Magie (Magia naturalis) und der über- bzw. unnatürlichen Magie (Magia innaturalis). Die eine komme von Gott (Magia divina), die andere sei des Teufels (Magia diabolica).«[15]

Trotz solcher Unterscheidungsversuche gab es von Beginn an enge Verwandtschaften und Übereinstimmungen zwischen Christentum und Esoterik. Und diese wurden noch offensichtlicher, als in der Neuzeit ein neuer, gemeinsamer Gegner in der Geschichte auftrat: die materialistisch-mechanistische *Wissenschaft* und mit ihr der *Atheismus,* die Leugnung einer göttlichen Existenz. Dieser »ungläubigen« Weltanschauung gegenüber lassen sich (vereinfachend) folgende *übereinstimmende esoterisch-kirchliche Glaubensinhalte* nennen. Der Glaube an:

- ○ etwas Göttliches, Heiliges, Transzendentes;
- ○ eine andere, höhere, geistige Welt;
- ○ Geistwesen wie Engel;
- ○ überirdische Kräfte und Wunder;
- ○ ein Leben nach dem Tod;
- ○ die göttliche Herkunft des Menschen;
- ○ eine zentrale Bedeutung der Menschheit im Kosmos;
- ○ ein feststehendes Endziel der Evolution bzw. der Geschichte.

Bei solchen Gemeinsamkeiten erstaunt es nicht, daß es zu allen Zeiten Strömungen und Einzelpersonen gegeben hat, die sich um eine Versöhnung oder sogar Verbindung von Christlichem und Esoterischem einsetzten. Um nur einige herausragende Persönlichkeiten zu nennen: *Teilhard de Chardin, Rudolf Steiner* und in jüngster Zeit der Jesuitenpater *Enomiya-*

Lassalle (1898-1990), der die buddhistische Zen-Meditation in das Christentum einbrachte. Aber diese drei wie viele andere zogen sich mit ihrem Engagement kirchliche Kritik zu. Ebenso wurden Richtungen wie die *christliche Mystik* - als ein Schmelzpunkt christlichen und esoterischen Strebens - von der Kirche nie vollends akzeptiert.
Nun sind allerdings neben Verwandtschaften auch die grundsätzlichen *Unterschiede zwischen christlicher und esoterischer Lehre* nicht zu übersehen. Fassen wir diese ebenfalls stark vereinfachend zusammen (ohne näher auf unterschiedliche Konfessionen in Kirche und Esoterik einzugehen):

① *Gott*
Der Esoteriker glaubt überwiegend an etwas Göttliches, das *unpersönlich* (apersonal) bzw. *überpersönlich* (transpersonal), ist, wie an einen universalen Geist oder eine kosmische Energie. Dagegen glaubt der Christ an einen *persönlichen* Gottvater.

② *Christus*
Im Christentum steht Jesus Christus im *Mittelpunkt* der Heilsgeschichte; in der Esoterik wird seine Bedeutung meist *relativiert* (z. B. als ein Geist-Lehrer unter anderen), oder er wird sogar ignoriert.

③ *Mensch*
Der Mensch besitzt nach christlicher Auffassung zwar eine göttliche Abstammung, aber er ist Gott nicht gleichgestellt. Viele esoterische Denker behaupten dagegen: Der Mensch ist in seinem innersten Wesen selbst göttlich. Von daher betont man die *Immanenz* (Gott in mir), während im Christlichen die *Transzendenz* (Gott außerhalb mir) im Vordergrund steht.

④ *Erlösung*
Nach esoterischem Denken kann der Mensch sich selbst erlösen, letztlich indem er sein göttliches Wesen erfährt und erkennt, in der *Erleuchtung.* Gemäß der christlichen Lehre ist die Erlösung des Menschen erst durch den Opfertod Christi möglich geworden; er bleibt aber dennoch auf die Sündenvergebung durch die *Gnade Gottes* angewiesen.

⑤ *Tod*
Für den Christen folgt auf den Tod - am »Jüngsten Tag« - die (leibliche) *Auferstehung.* In der Esoterik überwiegt der Glaube an die *Reinkarnation:* an eine vielfache Wiederholung von Leben und Tod, bis die (körperlose) Seele - erleuchtet - aus dem Kreislauf der Wiedergeburten ausscheren kann.

New Age, Christentum und Reinkarnation

Die Auseinandersetzungen zwischen Kirche und Esoterik haben sich in den letzten Jahren im Zusammenhang mit der *New-Age-Bewegung* noch einmal zugespitzt. Zwar gibt es Persönlichkeiten, die für ein Aufeinanderzugehen plädieren wie der Publizist Günther Schiwy:[16]

»So steht nichts im Wege, daß es zu einer von Sympathie getragenen Zusammenarbeit zwischen Christen und New-Age-Anhängern kommt, ja daß Christen New-Age-Anhänger und New-Age-Anhänger Christen werden, was Kritik aneinander und Selbstkritik nicht ausschließt, sondern erst eigentlich ermöglicht.«

Aber faktisch überwiegt das Gegeneinander. Die Kirche spricht zwar heute nicht mehr so offen von Ketzerei, aber sie wirft den New Agern eine Hybris vor, eine Selbst-Vergottung. Außerdem beklagt sie deren *Synkretismus,* das heißt die Vermischung von (religiösen) Lehren, welche sich nicht zu einer Einheit verbinden lassen. Sehr viel krasser attackieren fundamentalistische Christen das »Neue Zeitalter«; sie sehen darin ein Werk des Antichristen oder Satans.[17]

Aber auch von seiten der New-Age-Anhänger gibt es umgekehrt starke Vorbehalte gegen das Christentum. Bei einer Umfrage an zweitausend New Agern ergab sich folgendes Resultat:[18]

»Nicht weniger als 92 Prozent lehnen die Kirchen ab, und 78 Prozent lehnen sowohl Kirchen als auch die christliche Gotteslehre ab. Lediglich die verschwindend geringe Zahl von 2 Prozent der Umfrageteilnehmer identifziert sich eindeutig mit den Kirchen und dem christlichen Glauben. Trotzdem bezeichnen sich 95 Prozent derselben Personengruppe als ›religiöse Menschen‹.«

Die Hauptvorwürfe der New-Age-Bewegung gegen die Kirche sind: daß sie einen Absolutheits- und Alleinvertretungsanspruch erhebe, daß sie in autoritären, patriarchalischen Strukturen erstarrt sei und daß sie zuwenig Raum biete für die unmittelbare, innere spirituelle Erfahrung. Aber nur durch diese *Erfahrung* könne man auch zum echten *Wissen* über das Göttliche kommen, während die Kirchenchristen sich mit dem *Glauben* begnügen müßten - ein Vorwurf, wie ihn ähnlich schon die Gnostiker erhoben haben.

Nun trennen allerdings die meisten Esoteriker und mit ihnen die New Ager klar zwischen Christentum und Kirche. Die Kirche mit ihrer Lehre, ihren Institutionen und Repräsentanten lehnen sie ab, aber das Christentum bejahen sie, wenigstens partiell. Manche esoterischen Gruppen verstehen sich bewußt als Christen und vertreten eine *christliche Esoterik* bzw.

ein *esoterisches Christentum.* Dabei bezieht man sich bevorzugt auf die *Frühchristen,* die seien - vor der Institutionalisierung der Kirche - noch für esoterisch-spirituelle Dimensionen offen gewesen.
Ein hierfür exemplarischer, aber auch zentraler Punkt ist die *Reinkarnations- und Karmalehre.* Diese spielt, wie wir bereits wissen, eine bedeutende Rolle für die Esoterik - in der Theorie wie in der Praxis -, wo inzwischen (nach Schätzungen) allein in Westdeutschland über achthundert hauptberufliche Reinkarnationstherapeuten ihre Patienten unter Trance in frühere Leben »zurückführen«. Aber auch über die Esoterikszene hinaus hat sich der Seelenwanderungsglaube bei uns verbreitet. Schon 1985 glaubten nach einer Umfrage 23 Prozent der Katholiken und 21 Prozent der Protestanten daran - Tendenz steigend. Esoteriker wie das Ehepaar Dahlke behaupten nun, die Wiedergeburts-Karma-Lehre sei im frühen Christentum akzeptiert gewesen und besitze auch eine Basis im Neuen Testament:[19]

»Bei Matthäus 16,13-14 fragt Jesus seine Jünger: ›Wer sagen die Leute, daß ich, der Menschensohn sei?‹ Und sie sagten: ›Einige meinen, daß du Johannes der Täufer seist, einige, Elias, und andere, Jeremias oder einer der Propheten.‹«

Diese und andere Bibelstellen werden so gedeutet, daß Jesus als Wiedergeburt eines Propheten angesehen wurde und sich auch selbst so verstand. Weiter wird argumentiert, daß die meisten frühen *Kirchenväter* ebenfalls der Reinkarnation anhingen, und es wird als ein wichtiger Vertreter *Origines* (etwa 185-245) mit folgender Aussage zitiert:[20]

»Die Seele, welche von Natur aus immateriell und unsichtbar ist, kann in der materiellen Welt nicht existieren, ohne einen Körper zu haben, welcher der Natur der Umgebung angepaßt ist; dementsprechend legt sie zu gegebener Zeit den Körper ab, den sie bis dahin brauchte, der aber dem veränderten Zustand nicht mehr entspricht, und tauscht ihn gegen einen anderen ein.«

Und die Dahlkes kommen wie viele andere esoterische Autoren zu dem Fazit:[21]
»Erst das Konzil von Konstantinopel im Jahre 553 beendete die christliche Tradition der Reinkarnationslehre. Damals setzte sich Kaiser Justinian gegen den Willen des Papstes und die Autoritäten der katholischen Kirche durch. Die bis dahin verbreitete Lehre von der Vorexistenz der Seele wurde verbannt und die Bibel entsprechend revidiert, jedenfalls bis auf wenige Andeutungen wie die bei Matthäus zitierten.«

Reinhart Hummel, Theologe und *Leiter der Evangelischen Zentralstelle für Weltanschauungsfragen,* hat eine Argumentation wie die obige und insbesondere den Bezug auf Origines kritisiert.[22] »Es gibt zu denken, daß in der Literatur des Reinkarnationsglaubens eigentlich nur eine einzige kirchliche Lehrentscheidung zur Kenntnis genommen und mit Verbitterung bekämpft wird, nämlich die Verwerfung einiger Sätze des griechischen Kirchenvaters Origines auf dem 5. ökumenischen Konzil von Konstantinopel von 553.«

Nach Hummel wird diese Verwerfung von den Esoterikern als eine Entscheidung gegen die Wiedergeburt *miß*deutet. Denn Origines habe sich nur zur *Präexistenz* (Existenz *vor* dem Leben) bekannt, es gäbe bei ihm »aber keine Belegstelle für die Ansicht, daß es innerhalb einer Weltepoche zu wiederholten Inkarnierungen, also zur Reinkarnation kommt« (S. 105). Und nur diese Äußerungen zur Präexistenz seien auf dem Konzil auch verworfen worden, die Reinkarnation habe dort gar keine Rolle gespielt. Wir können diesen Disput über einen Wiedergeburtsglauben im Christentum hier nicht entscheiden, der Leser möge sich seine eigene Meinung bilden oder weiter nachforschen.

Wissenschaftler und Mystiker – Freund oder Feind?

Wie das Verhältnis zur Kirche, so ist auch das Verhältnis der Esoterik zur Wissenschaft spannungsvoll und mehrschichtig, das hat sich ja in den vorausgegangenen Kapiteln schon vielfach gezeigt. Am reizvollsten ist das Verhältnis von Mystik und Wissenschaft, aber auch alle anderen esoterischen Bereiche sind betroffen. Wenn wir ausgehen von den drei uns schon bekannten esoterischen Hauptpositionen (präpersonal, personal und transpersonal), so können wir analog unterscheiden:

① Die *Prärationalisten* oder *Irrationalisten:* Es ist dies die Gruppe der (Neo-)Romantiker, der gefühlvollen Emotionalisten und naturliebenden Naturalisten. Sie sehen die Wissenschaft als einen Irrweg an, der die Welt entschleiert und entzaubert, wogegen sie sich strikt abgrenzen. Sie wollen nicht wie die Wissenschaft die Geheimnisse lüften, sondern vielmehr bewahren. Das Wort »geheim« ist von »Heim« abgeleitet und bedeutete ursprünglich »zum Heim gehörig«, »vertraut«; und diese Menschen möchten ihre »geheimnisvolle«, vertraute Welt bewahren, sie möchten ihre Existenz als ein Mysterium erleben und leben, archaisch-mythisch, »yin«-haft-sinnhaft. Von daher wehren sie sich gegen die analysierende, entmythologisierende Wissenschaft, sie kämpfen vielmehr um eine »Wiederverzauberung der Welt« (M. Berman). Umgekehrt kann auch die

Wissenschaft mit dieser Gruppe wenig anfangen: Für sie sind das »Ewiggestrige«, die »zurück zur Natur« wollen, auf der Suche nach einer verlorenen heilen Welt. Es sind »Neoprimitive«, deren »Erkenntnisse« bestenfalls vorwissenschaftliches Niveau besitzen.[23]

② Die *(esoterischen) Rationalisten:* Diese Gruppe fühlt sich der heutigen Wissenschaft durchaus verwandt. Entweder sie bezeichnen ihre Denksysteme als normale Wissenschaft, etwa ein Teil der Astrologen, die Yanggemäß nach strengen Regeln arbeiten (ganz anders als der intuitiv-spontane Okkultismus der Irrationalisten) - oder sie sehen ihre Theorien als Fortentwicklungen, aber noch im Rahmen des wissenschaftlichen Rationalismus. Nur zwei Beispiele hierfür: die *Komplexe Relativitätstheorie* des französischen Physikers Jean A. Charon oder die *Biophotonen-Theorie* des deutschen Biophysikers Fritz-Albert Popp.[24] Diese Verstandesesoteriker begnügen sich nicht mit einem (vorwissenschaftlichen) Staunen über das Wunderbare, sondern ihr Motto ist: »Es gibt keine Wunder, nichts, was auf Dauer unerklärlich bleiben muß, auch wenn es heute noch unerklärt ist.«[25]
Obwohl sie damit praktisch den Treueeid auf die Schulwissenschaft abgelegt haben, begegnet diese solchen neuen Ansätzen noch überwiegend mit Skepsis, spricht schnell von Para- oder gar Pseudowissenschaft.

③ Die *Transrationalisten:* Sie wollen die bestehende Wissenschaft nicht wieder zurückentwickeln, aber sie übersteigen - einmal im Sinne einer qualitativ anderen, höheren Erkenntnisdimension wie z. B. der mystischen Schau und Erleuchtung. Am interessantesten für unser Thema ist aber eine ebenfalls aus dieser Richtung kommende Forderung nach einer *neuen Wissenschaft,* die sich nicht einseitig auf rationale Analyse der Welt beschränke. Man kritisiert die alte, herkömmliche Wissenschaft als materialistisch-rationalistisch, basierend auf einem überholten, vorrangig von Descartes und Newton im 17. Jahrhundert begründeten *mechanistischen* Weltbild, das die Welt insgesamt wie ein riesiges Uhrwerk ansehe und auch Lebewesen gleichsam wie Maschinen, wie mechanische Apparate auffasse.
So fordert man eine neue Leitidee für die Wissenschaft, ein neues *Paradigma,* und zwar den *Holismus,* die *Ganzheitssicht,* und damit eine erneuerte, ganzheitliche Wissenschaft, die - als *Systemtheorie* - die Zusammengehörigkeit und Vernetzung aller Lebewesen und Dinge berücksichtigt, dabei rationale wie außerrationale Erkenntniswege umfaßt. Oft ist diese Forderung verbunden mit der Vorstellung von einem *New Age,* einem neuen Zeitalter, das nicht nur in der Wissenschaft, sondern generell eine neue *ganzheitliche Weltanschauung* bringen soll.
Aber es ist keineswegs so - wie in New-Age-Büchern gerne dargestellt -,

als glaube die Mehrzahl der Universitätslehrer und -forscher bereits an eine solche »neue Wissenschaft«. Manche sympathisieren zwar in der Tat mit dem Holismus, andere ignorieren ihn aber auch oder halten ihn für einen pseudowissenschaftlichen Ansatz.

Wissenschaften und Geheimwissenschaften

Wir können das Für und Wider der ganzheitlichen Wissenschaft hier nicht im einzelnen diskutieren, sondern wollen noch auf einige besondere wissenschaftliche Streitpunkte in den esoterischen Hauptdisziplinen eingehen.

① *Mystik*

Vor allem Fritjof Capra erzielte in seinem Buch »Das Tao der Physik« große Aufmerksamkeit mit der These, die uralte Mystik besäße bereits ein gleichartiges Weltbild wie die moderne Physik (insbesondere Relativitätstheorie, Quantenphysik und Bootstrap-Theorie), nämlich von einem *einheitlichen, dynamischen Feld,* in dem keine isolierten Teilchen auftreten, sondern sich gegenseitig durchdringende Energieströme.

Sicher lassen sich wirklich manche Parallelen zwischen mystischem und neuem physikalischem Denken aufweisen, aber Capra pauschalisiert viel zu sehr.

○ Er bezieht sich vorrangig und ohne näher zu differenzieren auf die östliche Mystik von Hinduismus und Buddhismus. Im *Hinduismus* wird die letzte Wirklichkeit zwar als *einheitlich* aufgefaßt, aber gerade nicht als dynamisch, sondern als *statisches,* unbewegtes Sein. Umgekehrt im *Buddhismus:* Hier dominiert zwar die Vorstellung von permanentem *Wandel,* aber die Wirklichkeit wird *zersplittert,* es existiert kein einheitliches Feld.[26]

○ Es stimmt auch nicht, daß die moderne Physik den »Atomismus«, die Suche nach kleinsten Elementarteilchen aufgegeben habe, sondern man betreibt weiter großen Aufwand, um Fundamentalteilchen – *Quarks* – herauszufinden.

○ Schließlich haben auch Esoteriker wie Ken Wilber dem Ansatz Capras vorgeworfen, die Erkenntnisse der Physiker und die Erfahrungen der Mystiker spielten sich auf ganz verschiedenen Realitätsstufen ab, sie dürften nicht gleichgesetzt werden.

Ähnlich wird oft argumentiert, die Mystiker hätten bereits unser heutiges psychologisches Wissen über Psychotherapie und Selbstwerdung vorweggenommen. Doch auch das gilt nur in Grenzen. Es fällt der *Biologismus* in vielen mystischen Ideen auf: Die Vereinigung der verschiedenen Selbst des Menschen bzw. der Seele mit Gott wird meistens in Analogie zur *sexuellen Vereinigung* von Mann und Frau gesehen (wie man sich ja auch die Entstehung des Universums als kosmischen Sexualakt vorstellt). Das bedeutet aber, Denkmodelle aus einer tieferen (biologisch-sexuellen) Ebene einfach auf eine höhere Ebene zu übertragen, ein spekulativer *Analogieschluß,* wie er überhaupt für die Esoterik typisch ist.

② *Magie*

Der Magier ist unter den Esoterikern dem (herkömmlichen) Wissenschaftler wohl am nächsten verwandt. Er versucht, die Gesetze des Lebens herauszufinden, um sie gezielt anwenden zu können. Nur, wenn dieses Verfahren auch dem wissenschaftlichen ähnelt - der Magier bezieht sich noch immer auf ein »Wissen«, das die Wissenschaft schon längst als veraltet hinter sich gelassen hat. Es entspricht durchaus wissenschaftlichem Geist, z. B. zu testen, ob man mit Gedanken andere Menschen steuern kann. Aber man muß das sauber untersuchen, und wenn sich diese Hypothese nicht bestätigen läßt, muß man sie eben aufgeben, anstatt weiter die Allmacht der Gedanken zu verkünden.
Doch viele Magier betrachten sich auch heute noch als Wissenschaftler. Buchtitel, die in Anlehnung an das wissenschaftliche *Experiment* »Experimental-Magie« (Klingsor) oder »Experimentelle Magie« (J. Brennan) heißen und erst recht »Die Magie als experimentelle Naturwissenschaft« von Ludwig Staudenmaier beweisen das. Aber selbst wenn man der Magie zugesteht, eine Art Wissenschaft für den Bereich magischer Kräfte zu sein - als (exakte, mathematische) *Natur*wissenschaft kann sie sicher nicht gelten.
Von besonderem Interesse ist hier die *Alchemie,* die Metallbearbeitung zur Goldgewinnung. Sie war die Vorläuferin der modernen, wissenschaftlichen *Chemie,* ist aber selbst heute nicht mehr wissenschaftlich zu nennen. Kein Ingenieur oder Chemiker unserer Zeit käme auf die Idee, Metalle noch in einer Weise zu bearbeiten, wie es die Alchemisten früher (vielleicht schon zu Zeiten der alten Ägypter) taten, sondern seit dem Barock hat endgültig die neue Chemie die Herrschaft übernommen.[27]
Und dennoch gibt es bis heute alchemistische Magier. Während des Zweiten Weltkriegs soll man in Deutschland sogar versucht haben, alchemistisch Gold für die Kriegskasse herzustellen. Aber es funktionierte nicht, wie es überhaupt in der gesamten Geschichte der Alchemie zwar unzählige Geschichten *über,* aber keine überzeugende Bestätigung *für* eine gelungene Transformation in Gold gibt. Zwar müßte es aus heutiger Sicht von Atomphysik und Atomchemie prinzipiell möglich sein, Gold aus anderen Elementen herzustellen, aber dafür brauchte man einen gewaltigen technischen Aufwand, wie ihn die Alchemisten unmöglich realisieren konnten.[28]
Das magische Denken und Praktizieren hat sicherlich zur Entwicklung

von Wissenschaft und Technik beigetragen. Aber die »Magier« von heute murmeln keine Zauberformeln und beschwören keine Geister, sie sitzen an Computern oder Schaltkonsolen und steuern High-Tech-Maschinen, sie »zaubern« mit der Macht moderner Technologie.

③ *Wahrsagen*

Wie groß die Möglichkeiten der (Selbst-)Täuschung beim Wahrsagen sind - bei Astrologie, Kartenlegen oder Zahlendeutung -, das wurde bereits beschrieben. Zur Erinnerung ein einfaches Beispiel: Ich lese in meinem Horoskop, daß Ärger im Büro bevorsteht - und glaube daran! Daher rede ich mir schon beim Begrüßen des Chefs (unbewußt) ein, der gucke heute aber unfreundlich. Ich reagiere gereizt auf diese vermeintliche Unfreundlichkeit und provoziere damit einen Streit. Danach fühle ich mich dann bestätigt, daß die Vorhersage im Horoskop richtig war. Dieses Beispiel zeigt schon, wie schwierig es ist, hier mit wissenschaftlicher Forschung anzusetzen. Und dennoch haben Wissenschaftler Wahrsagemethoden untersucht, in erster Linie die *Astrologie,* die mit ihren vielen und komplizierten Gesetzen der Wissenschaft am ehesten verwandt zu sein scheint. Zwar halten die meisten Wissenschaftler die Astrologie für völlig antiquiert, sie sei als »schwarzes Schaf« zurückgeblieben, als die *Astronomie* ihren wissenschaftlichen Siegeszug begann. Und auch mancher Astrologe ist umgekehrt überhaupt nicht an der »oberflächlichen« Wissenschaft interessiert. Dennoch gibt es ernsthafte Untersuchungen, wobei wir hier nur auf den »tragischen« Fall von Peter Niehenke eingehen können. Niehenke, Vorsitzender des *Deutschen Astrologenverbandes* (DAV), schrieb in Psychologie eine Doktorarbeit über Astrologie (was die Universität Bielefeld erst nach großen Querelen akzeptierte).[29]

Als Astrologe hegte Peter Niehenke bestimmt die Erwartung, die Stichhaltigkeit astrologischer Voraussagen nachweisen zu können; aber er fand keinerlei signifikante Übereinstimmungen zwischen astrologischen Berechnungen und tatsächlichen Eigenschaften oder Erlebnissen der betroffenen Personen (obwohl andere Forscher, insbesondere die Gauquelins, angeblich solche Korrelationen aufgefunden hatten). Für Niehenke blieb nur das Desaster, daß ihm zwar nach wie vor seine Intuition sagt, daß die astrologischen Voraussagen in der Praxis stimmen, er andererseits aber selbst wissenschaftlich das Gegenteil nachgewiesen hat. Für den Wissenschaftsgeist Niehenkes spricht, daß er sich diesem Dilemma stellt. Gerade die Astrologie mit ihren vielfältigen Regeln und Faktoren macht es nämlich leicht, falsche Vorhersagen (nachträglich) mit irgendwelchen Zusatzgesetzen zu erklären und sich so prinzipiell gegen jede Widerlegung zu immunisieren. Es gehört aber zum Wesen des wissenschaftlichen Denkens, daß man auch bereit ist, bestimmte, offensichtlich falsche Theorien aufzugeben und neue Hypothesen zu prüfen.[30]

④ *Psi*

Aus dem esoterischen Bereich sind die Psi-Phänomene - im Rahmen der *Parapsychologie* - am besten wissenschaftlich untersucht und bestätigt. Doch wenn sich die Parapsychologie auch am weitesten ins akademische Lager vorgekämpft hat - wirklich wissenschaftlich akzeptiert ist sie bis heute nicht, und die Existenz von Hellsehen, Gedankenlesen, Präkognition und ähnlichem wird noch immer vielfach bestritten. Auf der anderen Seite müssen sich die Parapsychologen gegen die Spiritisten verteidigen, die deren *Animismus*-Erklärung attackieren.
Wenn bei einer Séance ein »Geist« durch ein Medium z. B. die Aussage macht, es werde noch ein zweites Testament gefunden (und das bestätigt sich), so geht der Parapsychologe folgendermaßen vor: Wenn er nicht Betrug vermutet (das Medium hat das Testament selbst versteckt), denkt er zunächst an *Telepathie* (einer der Sitzungsanwesenden wußte von dem Testament, und das Medium hat seine Gedanken gelesen), oder er nimmt an, daß das Medium durch *Hellsehen* das Manuskript entdeckt hat; notfalls wird er auch eine *Voraussicht* des Mediums akzeptieren, aber die Existenz und Botschaft eines Geistes negiert er fast prinzipiell. Aber sind alle die genannten - animistischen - Erklärungen für unser normales Denken wirklich so viel plausibler als die spiritistische Geist-Erklärung?

⑤ *Spiritismus*

Damit ist der Übergang zum Spiritismus schon vollzogen. Hier wird die Geisterwelt völlig unbefangen und detailliert beschrieben: Es werden Bücher wie »Reiseführer ins Jenseits« angeboten und von dem Spiritisten Arthur Findlay »Beweise für ein Leben nach dem Tod«. Natürlich sind das keine wissenschaftlichen Beweise, sondern nur subjektive, vielleicht halluzinative Erfahrungen. Ähnlich sieht es mit der These von der Reinkarnation aus, die teilweise mit dem Spiritismus übereinstimmt, ihm teils aber auch widerspricht. »Ist die Wiederverkörperung wissenschaftlich beweisbar?« fragt Professor Bender.[31] Und er kommt zu einer negativen Antwort, weil auch hier Täuschungsmöglichkeiten, Irrtümer, Fehler, Betrug und ähnliches einen strengen Beweis ausschließen. Dem steht gegenüber, daß Menschen, die in einer *Reinkarnationstherapie* in frühere Leben »zurückgeführt« wurden, manchmal in diesem Zustand ein Wissen und Fähigkeiten besitzen, die schwer anders zu erklären sind - obwohl auch hier eine animistische Deutung möglich bleibt.[32] Leider herrscht ziemlicher Wildwuchs in diesem Bereich. Es gibt seriöse Forscher wie insbesondere Professor Ian Stevenson, aber es gibt auch einen *Reinkarnationskult.* Alfred Görgens merkt ironisch an: »Alleine die Aussagen von Personen, die sich in einem früheren Leben als ägyptische Priester(innen) . . . ›sehen‹, sind zahlreicher als die Priester(innen), die je in Ägypten gelebt haben.«

Esoterik versus Wissenschaft: Es fällt schwer, ein Fazit zu ziehen. Sicherlich gibt es Verbindungen und Überschneidungen zwischen ihnen, aber auch klare Grenzen. Und von daher meine ich: Der Esoteriker und der Wissenschaftler sollten weiter aufeinander zugehen, doch sich nicht gleich umarmen, ihre Lehren nicht unkritisch miteinander vermischen. Beide Bereiche haben ihren Eigenwert und sollten ihre Selbständigkeit bewahren. Ein besseres Kennenlernen, verbunden mit der Bereitschaft zur Selbstkritik, könnte aber zum Abbau der zwei (gegenseitigen) Hauptvorurteile führen, die im Grunde gleichermaßen irrational sind:

1. dem Vorurteil, *daß alles Esoterische höhere Weisheit ist;*
2. dem Vorurteil, *daß alles Esoterische blühender Unsinn ist.*

Das 1. Vorurteil sollten die *Okkultgläubigen* überwinden, die kritiklos wirklich jede Absonderlichkeit, jede Abstrusität und Absurdität für wahr und wichtig halten, wenn sie nur als »geheimnisvoll« oder »uralt«, »feinstofflich« oder »übersinnlich«, »ägyptisch« oder »atlantisch« dargeboten wird. Und sie sollten den beliebten Fehlschluß vermeiden, daß, wenn nicht wissenschaftlich eindeutig bewiesen ist, daß ein okkultes Phänomen (z. B. Ufos) nicht bzw. nur in der Einbildung existiert, man dann bereits die Existenz dieses Phänomens behaupten könnte (denn wenn etwas auch nicht streng widerlegt ist, kann doch seine *Unwahrscheinlichkeit* nachgewiesen sein).

Das 2. Vorurteil sollten die Wissenschaftler überwinden, die selbst oft – ohne es zu wissen – »gläubig« sind, nämlich *wissenschaftsgläubig.* Sie übersehen, daß in der Wissenschaft keineswegs alles bewiesen oder auch nur beweisbar ist, sondern daß hier ebenfalls versteckte Annahmen, Spekulationen, ja sogar alte magisch-okkulte Ideen eingegangen sind, und daß bei der wissenschaftlichen Wahrheitsfindung nicht nur die »reine Vernunft«, die Ratio, sondern auch Emotionen, Machtkämpfe, wirtschaftliche Interessen und anderes eine Rolle spielen.

Viele Rationalisten vergessen aber auch (immer wieder), daß das, »was gestern noch als Wunder galt« – und in ihren Augen daher als irreal –, morgen schon wissenschaftlich erklärbar sein kann. Warum soll es z. B. eigentlich kein Hellsehen geben? Vielleicht findet man schon bald heraus, daß dies sich doch mit bereits bekannten Naturgesetzen erklären läßt. Und wenn nicht, warum soll es denn nicht noch unbekannte, aber durchaus wissenschaftlich faßbare Gesetze geben, die das Hellsehen in Zukunft doch rational verstehbar machen? Jedoch – die Wissenschaftler sind meist konservativ. Sie wehren sich gegen größere Neuerungen in ihren Grundüberzeugungen, gegen einen »Paradigmenwechsel«, obwohl es eigentlich gerade ihrem Selbstverständnis entspricht, für neue Erkenntnisse offen zu sein.

Die größte aktuelle Herausforderung ist hier die *Chaos-Theorie,* die eine *wissenschaftliche Revolution* erzwingen dürfte.[33] Sie zeigt, daß nicht, wie bisher angenommen, die regelmäßigen, geordneten und damit klar berechenbaren Formen und Prozesse in der Welt überwiegen, sondern die schwer oder gar nicht zu berechnenden chaotischen Phänomene, die man bisher für Ausnahmen hielt.

Die Chaos-Theorie rüttelt aber auch an den Grundfesten der Esoterik, denn diese geht ja - ähnlich, aber noch stärker als die Wissenschaften - von einem vollständig geordneten, zufallsfreien Universum aus. Vor allem postuliert sie einen *feststehenden Endpunkt der Evolution,* nämlich die Wiedervereinigung und Wiedervergeistigung alles Seins in Gott. Die Forschungen über das Chaos zeigen jedoch, daß ein solches festes Endziel der Evolution kaum denkbar ist. Dazu scheint die Welt - als *selbstorganisierendes System* - viel zu dynamisch und flexibel zu sein. Der Biologe Rupert Sheldrake vertritt die Auffassung, daß selbst die Naturgesetze nicht für ewig gelten, sondern eher »Gewohnheiten« sind. Sollten dann nicht auch die viel fragwürdigeren esoterischen Gesetze dem Wandel unterworfen sein? Vielleicht ist sogar Gott keine »Konstante«, sondern ein sich ständig verändernder, frei evolutionierender Geist.

Ausblick

11. Die Zukunft der Esoterik – Lichtzeitalter oder finsteres Mittelalter?

Die Esoterik, die alte Geheimlehre, öffnet sich der Welt. In noch nie dagewesenem Ausmaß werden ihre »streng geheimen« Schriften veröffentlicht, dringen ihre bislang sorgsam gehüteten Geheimnisse ans Licht der Öffentlichkeit. Das bedeutet einen Umbruch, vielleicht eine Revolution für die Esoterik. Und die Frage zwingt sich auf, welche Folgen diese Öffnung für die Esoterik selbst, aber auch für unsere gesamte Gesellschaft haben kann.
Drei Auffassungen werden hierzu hauptsächlich vertreten:

① *Schönes, neues Lichtzeitalter*
Viele Esoteriker glauben, daß mit dem esoterischen Wendepunkt ein *Neues Zeitalter – New Age** – beginnt, das *Lichtzeitalter* (Light Age) oder gar die Wiederentstehung des *Goldenen Zeitalters.* Wo schließlich alle Menschen friedlich zusammenleben, Kriege und Verbrechen überwunden sind, Krankheiten oder Sorgen der Vergangenheit angehören und die Umweltverschmutzung in einer erneuten Harmonie mit der Natur besiegt ist.
Dabei vertraut man darauf, daß das höhere Wissen und die geistigen Methoden der Esoterik nun sehr vielen Menschen zugute kommen werden und ihnen zur beschleunigten Selbstentfaltung und spirituellen Reifung verhelfen. Andererseits sieht man die Offenbarung der esoterischen Weisheit auch als ein Zeichen dafür, daß ein neuer kosmisch-astrologischer Äon begonnen hat, das *Zeitalter des Wassermanns,* wodurch die Menschheit insgesamt – wie von selbst – eine höhere geistige Stufe bzw. Schwingungsfrequenz erreichen wird.

② *Rückfall ins »finstere Mittelalter«*
Esoterikkritiker befürchten, daß die unkontrollierte Öffnung der okkulten Schleusen zu einer Überschwemmung mit Aberglauben und Unglauben führen wird, daß der verunsicherte moderne Mensch, der sich nach Sinn und neuer Orientierung sehnt, von solcher *Gegenaufklärung* mit esoterischem Pseudowissen erneut in den Irrationalismus getrieben wird. Man warnt, Menschen würden mit obskuren Heilsangeboten und Psychotechniken von Profitlern, Gurus und Sekten wirtschaftlich ausgebeutet und abhängig oder gar süchtig gemacht.
Einige besonders vehemente Gegner vermuten sogar eine gezielte okkulte Unterwanderung von staatlichen Organisationen und Kirchen: Machtbesessene »Magier« wollten einen totalitären Staat errichten, einen *Okkult-Faschismus* ähnlich wie in der Nazi-Diktatur – wogegen fundamentalisti-

* Das New Age ist Thema meines Buches »Die schöne Illusion der Wassermänner. New Age, die Zukunft der sanften Verschwörung«. Es bietet in vielem eine Ergänzung zum »Schlüssel zur Esoterik«.

sche Esoterikgegner hier den Menschenverführer Satan, den *Antichrist,* am Werk sehen.

③ *Der Untergang der Esoterik*
Während die beiden eben beschriebenen Auffassungen von dem »Ausbruch« der Esoterik eine enorme Zunahme ihres Einflusses erwarten – nur eben einmal im Positiven und einmal im Negativen –, geht die dritte Position davon aus, daß die Öffnung über kurz oder lang den Untergang für die Esoterik bedeuten wird. Denn die sogenannten Weisheitslehren würden völlig ihren Reiz verlieren, wenn sie jetzt in die breite Öffentlichkeit geraten. Ihre Attraktivität habe nämlich nur in dem Geheimnisvoll-Unheimlichen, dem Tabuisierten und Verbotenen, dem Elitären »nur für Eingeweihte« bestanden. Bei Licht betrachtet, werde sich zeigen, daß außer Geheimnistuerei gar nichts an der »alten Weisheit« dran sei. Es seien einfach *antiquierte, irrationale, lächerliche Irrlehren,* für die *in unserer heutigen Zeit kein Platz mehr* wäre.
Dies ist der Standpunkt der Rationalisten, die erwarten, daß sich unsere Welt immer mehr zu einer durchrationalisierten, computergesteuerten High-Tech-Kultur entwickeln wird, wo nur zählt, was beweisbar ist oder »sich rechnet«, und wo Natur- wie Ingenieurwissenschaften, Informatik und Elektronik das Leben und Denken bestimmen.

Welche dieser drei Meinungen hat recht? Niemand kann dies mit Sicherheit voraussagen – ich jedenfalls beanspruche keine prophetischen Kräfte für mich; aber man kann aufgrund der heutigen Fakten und Tendenzen abschätzen, welche Entwicklung am wahrscheinlichsten ist. Danach wird keine der drei (zugegebenermaßen pointierten) Zukunftsmöglichkeiten so eintreffen.

○ Daß sich der Mensch innerhalb absehbarer Zeit zu einem allzeit friedlichen, reinen Lichtwesen wandeln sollte, dagegen sprechen alle bisherigen geschichtlichen Erfahrungen – und es wäre wohl auch nicht einmal wünschenswert. Ein solcher Geistmensch wäre vielleicht langweilig und fad, so ermüdend edel, wie der berühmte »Münchner« die Engel im Himmel erlebt, die immer nur Hosianna singen.
Dennoch gibt es bereits heute durch die Öffnung im Osten und die Annäherung von Ost und West eine Friedensentwicklung, die zwar kaum einem esoterischen »New Age« genügt, aber doch eine weltpolitische Wende signalisiert.

○ Ebensowenig wie ein Licht- und Liebeszeitalter, so ist umgekehrt ein Weltalter der Dunkelheit und des Bösen realistisch, wo »Schlammfluten des Okkultismus« alle Bollwerke der Vernunft und Kultur wegschwemmen und unsere Welt ins düstere Mittelalter zurückstoßen, in ein Leben voll Aberglauben und »Hexenverfolgungen« der Okkult-Verweigerer.

Dennoch müssen die Gefahren von Magie und Okkultismus gesehen werden. Noch 1990 wurde in Spanien eine Frau und »Heilerin« verhaftet, die ihre eigene elfjährige Tochter bei einer »Teufelsaustreibung« grausam tötete. Weniger kraß, aber ernst genug sind psychische, geistige und körperliche Störungen, von denen Walter von Lucadou, Leiter der ersten deutschen »Parapsychologischen Beratungsstelle«, berichtet; immer mehr Menschen suchen ihn auf, die nach esoterisch-okkultistischen Praktiken einen Realitätsverlust erleiden und erkranken.

○ Aber auch das dritte Zukunftsmodell, daß die Esoterik im Rationalismus untergehen wird, wirkt wenig überzeugend. Denn es ist nicht wahrscheinlich (und schon gar nicht wünschenswert), daß sich der Mensch auf dem Weg zum totalen Ratio-Wesen befindet, einem gefühlsarmen, »coolen« Techno-Mensch, der rein logisch argumentiert und sein Verhalten streng nach Optimierungsplanungen ausrichtet. Ein solcher »Robotismus« widerspricht offensichtlich der Natur des Menschen und würde gerade irrationalistisch-okkultistische Gegenreaktionen hervorrufen.

Die neue Esoterik

Meine Vorstellung über die Zukunft von Esoterik und Gesellschaft ist anders. Ich glaube weder an die »Lichtzeit« noch an die »Dunkelzeit«, noch an die »Ratiozeit«. Denn wir leben in der *Postmoderne,* die primär durch einen *Pluralismus,* eine Vielzahl konkurrierender Geistesströmungen und den ständigen Wechsel von Modetrends bestimmt ist. Solche Strömungen sind Konservativismus, Sozialismus und Liberalismus, Wissenschafts- und Technologieorientierung, andererseits Ökologie sowie Feminismus, aber auch Leben für Konsum oder Karriere. In dieser Vielfalt erreichen keine Geistesrichtung und kein Zeitgeist (dauerhaft) eine beherrschende Stellung, und schon gar nicht die Esoterik, die außerdem unmittelbar mit den Kirchen konkurriert.

Ob sie dennoch eine größere und wichtigere Rolle für eine Weiterentwicklung der Menschheit spielen kann, wird entscheidend davon abhängen, inwieweit sie selbst einen Reinigungs- und Klärungsprozeß durchläuft. Sie wird nur dann überzeugend zur geistigen Reifung des Menschen beitragen können, wenn sie selbst geistig gereift ist. Das erfordert, sich klar abzugrenzen von Hokuspokus, Scharlatanerie und Geschäftemacherei, was gerade für sie – mit ihren schillernden okkulten, magischen, mystischen und spiritistischen Grenzen – sehr schwierig ist.

Indem die Esoterik durch ihre Außenöffnung aufhört, eine Geheimlehre zu sein, und sich dieser *Identitätsverlust* durch eine Selbstreinigung noch verstärkt, benötigt sie aber eine *neue Identität.* Manche Esoteriker sehen die in einer Verbindung mit Technik und Elektronik. »Meditationsmaschinen« oder »Geisterkontakt« über Computer und Video sind Zeichen in eine solche Richtung. Wahrscheinlich würde die Esoterik aber so zur Pseudowissenschaft abgleiten oder sich in echter Wissenschaft selbst auflösen.

Ich denke, die neue Identität der Esoterik sollte - wie auch die alte - das Reich des Geheimen sein, sie sollte eine *Geheimlehre* bleiben. Aber mit einer entscheidenden Wende: War sie früher vor allem eine Geheim*halte*lehre, die echte geheime Weisheiten oder eben nur wertlose geheimniskrämerische Scheinwahrheiten für sich hütete und der Öffentlichkeit vorenthielt (wenn auch oft gezwungen), so könnte sie jetzt eine Geheim*erhaltungs*lehre werden, welche die vielfach verschüttete und bedrohte Geheimniswelt betreut, den weitgehend überwucherten Zugang zu ihr freilegt, offenhält und kultiviert und vielen - nicht nur ausgewählten - Menschen den Weg in diese andere Welt weist.

Vielleicht ist es eines fernen Tages einmal möglich (obwohl kaum wünschenswert), alle Rätsel unseres Lebens rationalwissenschaftlich aufzuklären. Viel mehr spricht aber dafür, daß es hier Grenzen gibt, daß Schichten des Seins und unserer Erfahrung existieren, die sich dauerhaft einer Verstandesanalyse verschließen. Und hier kann die Esoterik die notwendige *Ergänzung* zu anderen Geistesströmungen und insbesondere zur Wissenschaft bieten. Die Wissenschaften lehren uns, auf dem Weg der Aufklärung weiterzuschreiten, mit geschultem Intellekt die Welt zu erforschen, ihre Gesetze zu enthüllen und technisch anzuwenden - außerdem nur vorgetäuschte »Wunder«, »faulen Zauber« zu entlarven.

Die Esoterik kann uns dagegen lehren, bereit zu sein, über die Wunder unseres Seins zu staunen, ohne zwanghaft alles gleich verstehen, erklären und beherrschen zu wollen, ohne jedem Geheimnis den Schleier herunterzureißen und es damit seines Zaubers zu berauben. Wir lernen wieder, uns *bezaubern,* »verzaubern« zu lassen, anstatt alles Unbegreifliche sofort zu *entzaubern.*

Über die wissenschaftliche Welt, z. B. über Chemie und Astronomie, wissen wir heute viel besser Bescheid, darüber gibt es in den alten esoterischen Lehren wie Alchemie oder Astrologie kaum Richtiges oder Neues zu erfahren; und es bedeutet einen Irrweg, dort danach auf die Suche zu gehen. Aber die alten Weisen wußten viel über die Geheimniswelt, über die Welt der Märchen und Mythen, der Archetypen und Traumbilder, der Phantasie und Poesie. Sie verstanden es, das Leben einfach als Mysterium zu leben und zu erleben - ohne falsche Verklärung und falschen Pathos, wie man sie heute so oft im verkitschten Okkultismus antrifft.

Die neue Esoterik mag uns helfen, diese vergangene Dimension *unbewußter Tiefe* wiederzufinden, zugleich aber auch weiterzustreben zu einer zukünftigen Dimension *überbewußter Höhe.* Dabei gilt es, bereit zu sein, sowohl das lichte »Zauberhaft-Märchenhafte« wie das dunkle Geheimnisvoll-Unheimliche zu be-wundern und sich von dem Größeren, Erhabenen ergreifen zu lassen.

Das Ziel ist aber nicht die Aufgabe des rationalen Denkens und statt dessen eine Einengung auf eine esoterische Weltsicht, sondern die Esoterik miteinzubeziehen in die vielfältigen Seiten unseres Lebens, so daß sie sich zu einem Ganzen verbinden können.

Anmerkungen

Bei der ersten Nennung eines Buches oder Artikels wird sein vollständiger (Ober-)Titel angegeben. Bei späteren Nennungen wird nur noch ein Kurztitel in Klammern verwendet, z. B.: (Esoterik) anstatt: Das ist Esoterik.

1. Eintritt in das esoterische Universum

1 Daher werde ich die Begriffe »Mystik«, »Magie« u. ä. auch nicht streng nur im oben genannten Sinn verwenden. Vor allem der Begriff »Okkultismus« kann auch für das Gesamtgebiet der Esoterik stehen.

2 H.-D. Leuenberger: Das ist Esoterik, 3. Aufl., Freiburg i. Br. 1987, S. 7.

3 Nur als ein Beispiel: Als Lebensdaten des Philosophen und Esoterikers Pythagoras werden unter anderen angegeben: 570–496/497, 572–479, 580–500.

4 Überwiegenderweise wird als Lebenszeit des Patanjali und damit als Entstehungszeit der Yoga-Sutras das 2. Jh. v. Chr. angegeben. Nevill Drury nennt aber die Zeit etwa 400 n. Chr. und schreibt, der Verfasser der Sutras dürfe nicht mit einem anderen Patanjali verwechselt werden, einem Sanskrit-Gelehrten, der etwa 200 v. Chr. lebte. Vgl. N. Drury: Lexikon esoterischen Wissens, München 1988, S. 473.

5 Große Beachtung fand auch der sogenannte »Fluch der Pharaonen«: Da erstaunlich viele Pyramidenforscher an einer zunächst rätselhaften Krankheit frühzeitig verstarben, entstand der Glaube an einen magischen Bann, mit dem Eindringlinge - Grabräuber wie Wissenschaftler - bestraft würden. Aber heute weiß man, daß es in den alten Gemäuern gefährliche Schimmelpilze u. ä. gab, die eine tödliche Infektion auslösen konnten. Ein Buchhinweis: P. Vandenberg: Der Fluch der Pharaonen, Bern–München–Wien 1973.

6 K. Seligmann: Das Weltreich der Magie, Eltville am Rhein 1988.

7 Oft wird das Judentum als erste monotheistische Religion bezeichnet. Es gab aber jedenfalls schon vorher in Ägypten den Versuch eines Monotheismus. Der Pharao Amenophis IV. (etwa 1364–1347), Gemahl der Nofretete, der sich später Echnaton nannte, ersetzte die Vielgötterei durch die Religion des einen Gottes Aton, des Sonnengottes - aber er scheiterte. Sigmund Freud stellt in seinem Buch »Der Mann Moses und die monotheistische Religion« die Hypothese auf, Moses sei Priester unter Echnaton gewesen und habe den Ein-Gott-Glauben, um ihn zu retten, an die Juden weitergegeben.

8 Seligmann (Weltreich), S. 39.

9 Nach H. E. Miers: Lexikon des Geheimwissens, München 1987, S. 443, soll Zarathustra bereits etwa 6000 v. Chr. gelebt haben. Bruno Martin mutmaßt, es habe zwei Zarathustras gegeben, den Religionsstifter, der zwischen 1700 und 1500 v. Chr. gelebt habe, und den »historischen« Zarathustra, der um 570 v. Chr. mit Pythagoras und anderen Weisen zusammengekommen sein soll. Vgl. Handbuch der spirituellen Wege, Reinbek bei Hamburg 1985, S. 56–57.

10 Der kleine Ploetz, 34. Aufl., Freiburg-Würzburg 1985, S. 33, S. 39. Ähnlich liest es sich in vielen Geschichtsbüchern.

11 Die einflußreiche Esoterikerin Annie Besant behauptete, Jesus sei von den Essenern erzogen worden. Die Essener waren eine späthellenistische jüdische Sekte, wohl im 2. Jh. v. Chr. entstanden. Sie werden mit den berühmten »Schriftrollen vom Toten Meer« in Verbindung gebracht; in diesen Schriften ist auch von einem »Lehrer der Rechtschaffenheit« die Rede, der bereits hundert Jahre vor Christus Liebe und Mildtätigkeit gepredigt haben und ebenfalls hingerichtet worden sein soll. Überhaupt ist das Phänomen des Wanderpredigers zu den damaligen Zeiten nichts Ungewöhnliches. In der Esoterik genießt unter ihnen Apollonius von Tyana (aus dem 1. Jh. n. Chr.) besondere Hochschätzung, er wird auch »esoterischer Jesus« genannt.

12 G. Gummerer: Weltbild ohne Dogma, 4. Aufl., Fulda 1986, S. 73.

13 Die christliche Einheit wurde allerdings immer wieder erschüttert, vor allem durch den erbitterten Streit zwischen Arius und Athanasius (bzw. den Anhängern ihrer Positionen), ob Christus Gott nur wesensähnlich oder aber wesensgleich sei.

14 In der Fachliteratur werden Katharer und Albigenser entweder als unterschiedliche Gruppierungen genannt, oder man verwendet als Oberbegriff »Katharer« und faßt darunter Albigenser, Bogomilen, Paulikianer und ähnliche Sekten zusammen.

15 Leuenberger (Esoterik), S. 99.

16 Heutige Rosenkreuzer-Vereinigungen machen allerdings eine viel ältere Geschichte geltend. So heißt es in der Informationsbroschüre »Das Leben meistern« des Alten Mystischen Ordens vom Rosenkreuz (A.M.O.R.C.): »*Nicht immer waren* wir unter dem Namen A.M.O.R.C. bekannt, aber unsere Ursprünge reichen bis weit in die vorchristliche Ära zurück. Aus überlieferten Traditionen wissen wir, daß unser Orden aus einer Mysterienschule des alten Ägypten hervorgegangen ist, die etwa um das Jahr 1350 vor unserer Zeitrechnung einem größeren Kreis zugänglich gemacht wurde« (S. 21).

17 Drury (Lexikon), S. 121.

18 Vgl. dazu: Leuenberger (Esoterik), S. 120. – »Madame Blavatsky« soll selbst verschiedene übersinnliche Fähigkeiten besessen haben, andererseits ist weitgehend gesichert, daß sie auch mit Tricks und Täuschungsmanövern arbeitete.

19 Miers (Lexikon), S. 169.

2. Mensch, Gott und die Welt in der Esoterik

1 Modifiziert übernommen aus: B. Bohnke: Die schöne Illusion der Wassermänner, Düsseldorf-Wien-New York 1989, S. 116. Hier werden auch die verschiedenen Formen von Materialismus und Idealismus viel ausführlicher erläutert.

2 Angaben aus: S. Sabetti: Lebensenergie, Reinbek bei Hamburg 1987; M. Hoffmann: Die Physik und ihre Auswirkung in der heutigen Welt, in: Esoterik Jahrbuch 1988, München 1988, S. 247-251.

3 Eine gute Übersicht über die unterschiedlichen Siebenermodelle bietet H. E. Miers (Lexikon), S. 325-331. – Ich schreibe hier wie im folgenden bei allen Schemata von Stufenmodellen die höchste Stufe an oberster Stelle (mit Ziffer 1) und die niedrigste Stufe an unterster Stelle (z. B. mit Ziffer 7); in der Fachliteratur wird dies zuweilen auch gerade umgekehrt gehandhabt.

4 Sieht man Gott als nur einen Pol, führt das häufig zu einem *Dualismus* von Gott und Welt: Gott steht z. B. als positiver Geist (Yang) außerhalb der negativen

Welt der Materie (Yin), er ist *transzendent.* Wird Gott dagegen als Ganzheit begriffen, so ist er in der Welt, *immanent,* oder bildet sogar eine vollständige Einheit mit ihr, welche Auffassung man *Monismus* nennt.

5 Man muß die göttliche Einheit allerdings nicht *trans*-polar bestimmen, sondern kann sie auch *ein*-polar fassen - etwa als Urlicht, Urkraft oder Urgeist, aus dem alles andere hervorgegangen ist. Gott ist dann das Gute, aus dem auch das Böse entstanden ist, ohne daß Gott selbst böse Eigenschaften besitzt; hier entstand also aus dem einen Pol sein Gegenpol und damit die Welt. In diesem Modell sieht es auch mit der Leere anders aus. Entweder die göttliche Einheit (z. B. der Urgeist) bestand und besteht immer - es gibt also gar keine Leere -, oder die Leere gilt als allererstes Prinzip, das dann aus sich die Einheit gebar.

6 Übersetzung nach T. Schäufele: Tao. Umschreibung des Wegs nach Laotse, Reutlingen o. J.

7 I. Bentov: Cosmic Book, Reinbek bei Hamburg 1987, S. 32.

8 Übernommen aus: R. Cavendish: Die schwarze Magie, Frankfurt/M. 1969, S. 110.

9 Das ist übersichtlich dargestellt in K. Spiesberger: Magische Praxis, Berlin 1976.

10 Es wird auch als Reihenfolge angegeben: Feuer an 1. Stelle und Luft an 2. Stelle; dabei wird dann die Luft mit dem Verstand assoziiert und Feuer mit dem Spirit oder mit dem Willen (den andere wiederum mit dem Element Äther in Verbindung bringen). Vgl. hierzu z. B.: N. Klein/R. Dahlke: Das senkrechte Weltbild, München 1986, S. 38-43.

11 Nur einige ausgewählte Literaturhinweise hierzu: L. Malin: Die schönen Kräfte, Frankfurt/M. 1986, S. 39-56; Bhagwan S. Rajneesh: Meditation, München 1980, S. 188-200; K. Spiesberger: Hermetisches ABC, Bd. I, Freiburg o. J., S. 117-140. Ein interessanter Vergleich der Prinzipien der Welt und des Menschen findet sich bei: H. P. Blavatsky: Die sieben Prinzipien (erläutert von G. A. Barborka), *Theosophie heute,* 3/1988, S. 135-142.

12 Mit dieser mißverständlichen Redeweise ist häufig ein Denkfehler in der Esoterik verbunden. Man beschreibt z. B. die Astral-Ebene einerseits (physisch) als Astral-Körper und andererseits (geistig) als Astral-Bewußtsein, etwa Gefühlsbewußtsein, so als ob es hier um zwei unterschiedene Phänomene gehe. Das Energie-Modell bestimmt aber doch die Astral-Ebene gerade - einheitlich - als eine Zwischenstufe, eine Energie-Stufe zwischen Körper und Geist. Hier zeigt sich eine generelle Schwierigkeit des esoterischen Weltbildes: Entweder man muß den *Monismus* aufgeben, daß letztlich alles eins ist, nämlich (Geist-)Energie, und sich zu einem Materie-Geist, Leib-Seele-*Dualismus* bekennen - oder man muß sich konsequent an die Einheit halten, darf dann aber nicht die Seinsstufen zweifach, doppelt bestimmen, zugleich stofflich und seelisch. Dieses Problem taucht eigentlich in allen Bereichen der Esoterik auf, ohne daß ich immer wieder darauf hinweisen werde.

13 Mit Veränderungen übernommen aus: G. W. Meek: Heiler und der Heil-Prozeß, München 1980, S. 241.

14 E. Gruber/S. Fassberg: New-Age-Wörterbuch, Freiburg i. Br. 1986, S. 70.

15 Übernommen aus: M. Uhl: Chakra Orgel, Windpferd Verlag, Durach 1989, Titelblatt.

16 Mit Veränderungen übernommen aus: L. Malin (Kräfte), S. 59. Quelle: Unterlagen des Kursus »Awareness and Consciousness Expansion« von Prof. Acierto.

17 Den 7 Chakren werden wie gezeigt die 7 *Spektralfarben* (Regenbogenfarben) zugeordnet. Zwar hat jedes Chakra eine Grundfarbe, aber es kann in verschiedenen (bunten) Farben aufleuchten, allerdings - wie bei der Aura - nur für Hellseher sichtbar. Die Zuordnung der Grundfarben entspricht dem Energie-

Modell der Esoterik. So besitzt das oberste Chakra die Farbe Violett, der physikalisch die höchste Frequenz (bzw. kleinste Wellenlänge) zukommt, aus Sicht der Esoterik also die »feinste« Energie. Und von da geht es abwärts bis zum niedrigsten, 7. Chakra, das die Farbe Rot, die mit der niedrigsten Frequenz, besitzt, also die »gröbste« Energie. Zu den Farben und zur Bedeutung der Chakras vgl.: H. Endres: Das spirituelle Menschenbild; München 1988, S. 129–157.

18 Die esoterische Begriffswahl ist etwas mißverständlich; denn andere Denker verstehen die Weltentstehung gerade als *Ent*-faltung Gottes – er offenbart sich in der Schöpfung –, nicht als *Ein*-faltung. Jedenfalls werde ich all diese Begriffe freier verwenden, z. B. Ent-wicklung/Evolution nicht nur im speziellen Sinn der Aus-wicklung, sondern auch für den gesamten Prozeß der (kosmischen) Geschichte.

19 Es ist allerdings auch noch ein drittes Modell plausibel. Danach erreicht der heutige Mensch nicht schon in der Mitte, sondern erst am Ende und damit auf dem Höhepunkt der personal-rationalen Phase, mit der High-Tech-Kultur, die maximale Gottesferne.

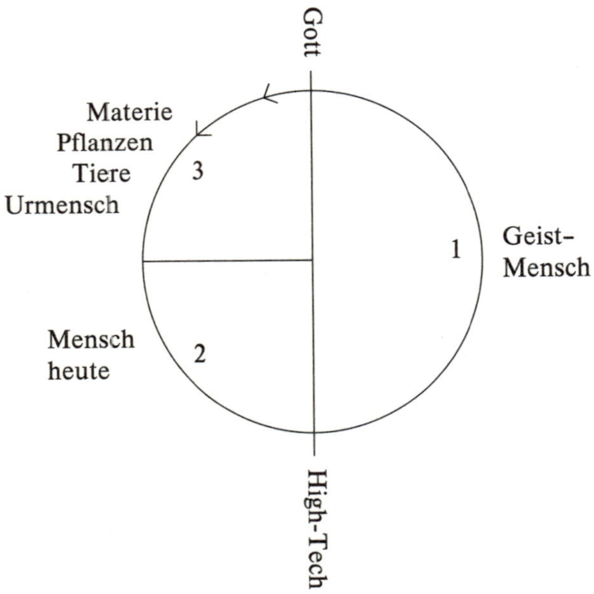

20 Ein ähnliches Modell der Bewußtseinsentwicklung des ganzen Kosmos, aber auf christlicher Basis, hat Teilhard de Chardin entworfen. Einflußreich in der christlichen Esoterik war außerdem die Theorie des mittelalterlichen Theologen Joachim von Floris, der zwischen Schöpfung und Weltende 3 Reiche unterscheidet: das 1. Reich des Vaters, das 2. Reich des Sohnes und das 3. Reich des Heiligen Geistes.

21 Vgl. z. B. Leuenberger (Esoterik), S. 21–23; Miers (Lexikon), S. 445–446, S. 322.

22 Modifiziert nach J. Schultz: Rhythmen der Sterne, Dornach 1977.

23 W. Dahlberg, zitiert nach H.-J. Ruppert: New Age, Wiesbaden 1985, S. 152.

3. Gegensatz und Ähnlichkeit – Die Smaragdtafel des Hermes

1 Der Forscher Josef Kroll bestreitet sogar, daß die »hermetischen Schriften« überhaupt primär auf ägyptische Quellen zurückgehen: »Die Meinung, welche die Einkleidung der Schriften und gelegentliche ausdrückliche Hinweise aufkommen lassen möchten, daß es sich um ägyptische Weisheit handle, hat uns schnell verlassen ...« Er kommt zu dem Schluß, »daß wir uns im allgemeinen nicht in einer ägyptischen oder auch nur außergewöhnlich stark ägyptisch beeinflußten Gedankenwelt, sondern in dem großen Ideenkreis des Hellenismus, in der allgemeinen Philosophie der Kulturwelt jener Zeit bewegen«. J. Kroll: Die Lehren des Hermes Trismegistos, Münster i. W. 1914, S. 386. – Vgl. im Gegensatz dazu das Buch: Kybalion, München 1981.

2 Zitiert nach G. Wehr: Wörterbuch der Esoterik, Freiburg i. Br. 1989, S. 130–131.

3 Gruber/Fassberg (Wörterbuch), S. 129.

4 Eine umfangreiche Analyse der Bedeutung von Yin und Yang findet sich in meinem Buch: Die schöne Illusion der Wassermänner, Düsseldorf–Wien–New York 1989.

5 T. Dethlefsen/R. Dahlke: Krankheit als Weg, München 1983, S. 29.

6 Eine gute Übersicht über die spirituelle Bedeutung des Lichts gibt: T. Landscheidt: Wir sind Kinder des Lichts, Freiburg i. Br. 1987.

7 Der Yin-Yang-Kreis wird auch mit »Taigitu«, »Kyma«, »T'ai-chi T'u« u. a. bezeichnet. Der Physiker F. Capra spricht von seiner »Rotationssymmetrie«; der Biochemiker H. Linser sieht ihn als Symbol für das »recyclische Prinzip«, nach ihm »das grundlegend lebenerhaltende Prinzip überhaupt«. H. Linser: Dynamismus des Lebens, Berlin, Hamburg 1988, S. 171.

8 Das »Wie oben, so unten« wurde in der alten Esoterik durchaus auch *räumlich* verstanden: der Himmel oben, die Erde unten; Gott im Himmel oben, der Mensch auf der Erde unten. Heute versteht man »oben« und »unten« fast ausschließlich als Bewußtheitsstufen, als Grade von Feinheit und Entwicklung. Der Geist steht oben wegen seiner Bewußtheit, die Materie unten wegen ihrer Unbewußtheit. Allerdings vollzog der reine Geist durch seinen »Fall« in die grobstoffliche Materie einen Bewußtseinsabstieg, durch seine Entfaltung (aus der Materie) gelangt er aber wieder nach oben. Dabei ist der Geist an sich *unräumlich,* weil unstofflich, er existiert somit überall, durchdringt die ganze Welt, jedoch auf einer anderen Dimension.

9 Klein und Dahlke betonen (in ihrem Buch »Das senkrechte Weltbild«, S. 23), daß der Satz »*Wie* oben, so unten« keinesfalls – kausal – zu verstehen ist als »*Weil* oben, deshalb auch unten«; sondern solche Ähnlichkeitsbeziehungen sind »Immer-wenn-dann«-Beziehungen, wie Dethlefsen im Vorwort zu diesem Buch (S. 11) erläutert. Also »Wie oben, so unten« ist zu interpretieren als »*Immer wenn* oben, dann auch unten«. Aber die »Immer-wenn-dann«-Interpretation ist gerade typisch für die von den Autoren kritisierte Wissenschaft, die zunächst nur solche Beziehungen (sogenannte funktionale Abhängigkeiten) beschreibt und sie nur unter bestimmten Bedingungen als kausal auffaßt.

10 Genaugenommen müßte man eine Skala aufstellen, etwa mit den Stufen: Gleichheit – Ähnlichkeit – Verschiedenheit – Gegensatz – Widerspruch; aber in der Esoterik wird i. allg. nicht weiter zwischen diesen Abstufungen unterschieden, und um es nicht zu kompliziert zu machen, möchte ich das hier ebenso halten.

11 Manche Esoteriker behaupten auch, die Welt sei nur ein Spiegel für unser Inneres. Das heißt, ich erlebe z. B. einen Mitmenschen dann als freundlich, wenn ich selbst freundlich gestimmt bin, egal wie unfreundlich der andere vielleicht real sein mag. Aber auch diese Aussage hat natürlich nur eine begrenzte Gültigkeit. In gewissem Ausmaß projizieren wir zwar unsere eigenen Gefühle usw. nach außen, auf andere, aber normalerweise sind wir auch fähig, die wirklichen Eigenschaften des Mitmenschen einigermaßen objektiv wahrzunehmen. Es stimmt nicht, wenn Richard Wagner pauschal schreibt: »Was mich an meinem Nächsten stört oder erregt, das liegt auch in mir. Wenn mich eine bestimmte Eigenheit eines Mitmenschen aufregt, so heißt dies, daß die gleiche oder ähnliche in mir selbst liegt« (Vgl. R. Wagner: Du warst schon öfter auf Erden, in: [Esoterik Jahrbuch], S. 136.).

4. Mystik - Die Vereinigung mit dem Göttlichen

1 Es wäre reizvoll, das Dreiermodell *präpersonal, personal* und *transpersonal* mit den traditionellen philosophischen bzw. esoterischen Dreierunterteilungen *Körper, Seele, Geist* sowie *grobstofflich, feinstofflich, unstofflich* gleichzusetzen. Diese Begriffssysteme decken sich aber nicht ganz.

2 D. P. Brown: Die Stadien der Meditation in kulturübergreifender Perspektive, in: K. Wilber, J. Engler, D. P. Brown: Psychologie der Befreiung, Bern-München-Wien 1988, S. 230. - Eine diffizile Analyse des Verhältnisses von Mystik und Sprache findet sich auch in: J. Sudbrack: Mystik, Mainz-Stuttgart 1988.

3 Wird eine Rückbewegung bis zum Tao angestrebt, so impliziert dies die Überschreitung oder besser Unterschreitung des polaren Yin, hin zu einer vorpolaren Einheit.

4 Vgl. hierzu: Die Entwicklung der Menschheit, S. 79 ff.

5 In: (Wassermänner), insbesondere S. 141-151, 267-274.

6 Die Forderung nach Gleichgewicht bzw. Ausgleich darf nicht schematisch verstanden werden als genau ⅓ Gefühl, ⅓ Verstand und ⅓ Spiritualität. Individuell mag für den einen Menschen hier eine andere Proportion richtig sein als für den anderen. Auch geschlechtsspezifische Unterschiede sind anzunehmen, trotz der vielfach erhobenen Behauptung, Mann und Frau seien ihrem innersten Wesen nach völlig gleich. Außerdem kann sich im Laufe der Entwicklung schon eine partielle Dominanz des spirituellen Selbst im dreidimensionalen Selbstsystem ergeben.

7 Andere Unterschiede in esoterischen Evolutionstheorien sind: *kontinuierliche,* allmähliche Entwicklung/*diskontinuierliche* Entwicklung in (Evolutions-)Sprüngen - oder *quantitativer* Prozeß: eine immer höhere Energiefrequenz erreichen/*qualitativer* Prozeß: Umschlag von einem Pol in den entgegengesetzten und schließlich Übersteigen der Polarität.

8 Es gibt auch ein Siebenermodell der Transmutationsprozesse in der Alchemie: 1) Mortifikation, 2) Sublimierung, 3) Solution, 4) Animation, 5) Purifikation, 6) Fixation, 7) Transmutation. Dieses Modell läßt sich aber nicht reibungslos dem Modell der 7 Metalle oder gar der 7 Körper zuordnen. Noch problematischer wäre die Gleichsetzung mit einem Siebenerschema aus einem ganz anderen Kulturkreis, dem der Sufis, die ebenfalls 7 Entwicklungsphasen unterscheiden: 1) Bekehrung, 2) Abstinenz, 3) Entsagung, 4) Armut, 5) Geduld, 6) Gottvertrauen, 7) Einwilligung. Vgl. hierzu: A. Kielce: Sufismus, München 1985, S. 74.

9 Das zeigt: Brown (Stadien), S. 229-294.

10 1) Sensoriphyisch, 2) Phantasmisch-emotional, 3) Repräsentierender Geist, 4) Regel/Rollen-Geist, 5) Formal-reflexiver Geist, 6) Visionäre Logik, 7) Psychisch, 8) Subtil, 9) Kausal, 10) Absolut. Vgl. K. Wilber: Das Spektrum der Entwicklung, in: Wilber et al. (Psychologie), S. 77–116.
11 Zur Primärtherapie vgl.: B.-A. Bohnke/W. Gross: Der heilende Schmerz. Vom Urschrei zur Primärtherapie, Freiburg i. Br. 1988. - Speziell auf das Verhältnis von Primärtherapie zur Spiritualität bin ich in folgendem Aufsatz eingegangen: Urschrei oder Erleuchtung?, *Connection,* Nr. 11, 1989, S. 36–41.
12 J. Houston: Der mögliche Mensch, Reinbek bei Hamburg 1987, S. 172–173.
13 Bd. 3, München 1976, S. 261 ff.
14 Malin (Kräfte), S. 43.
15 Vgl. z. B. S. Grov: Topographie des Unbewußten, Stuttgart 1978.
16 C. Humphreys: Karma und Wiedergeburt, 3. Aufl., Bern-München-Wien 1981, S. 15. - Auf die Problematik: Reinkarnation im Christentum gehen wir später noch genauer ein.
17 Nach: Nyanatiloka: Buddhistisches Wörterbuch, 2. Aufl., Konstanz 1976, S. 117–118.

5. Magie - Der Wille zur Macht

1 Frater V.·. D.·.: Magie - weiß oder schwarz?, in: J. Dittmar (Hg.): Esoterik-Almanach 88/89, München 1988, S. 54. Frater V.·. D.·. ist einer der prominentesten zeitgenössischen Magier. »VD entspricht UD (das röm. U wird wie V geschrieben), und das ist die Abkürzung des magischen Mottos dieses Magiers: ›ubique daemon, ubique deus‹ oder kurz gesagt: der Teufel sitzt in allem, Gott sitzt in allem.« Vgl. hierzu das Interview von K. Vollmar mit dem Frater in: *Connection,* Nr. 7–8, 1990, S. 14–17.
2 J. G. Frazer: Der goldene Zweig, Köln-Berlin 1968, S. 15.
3 Cavendish (Magie), S. 315.
4 Spiesberger (ABC), S. 82, S. 84.
5 Frater V.·. D.·. (Magie), S. 55.
6 Ein engagierter Befürworter der Subliminals ist etwa E. Taylor: Die Subliminal-Methode, München 1990. Dagegen wurde in dem folgenden Artikel die Wirksamkeit dieser Methode stark angezweifelt: C. G. Goldner: Subliminal-Kassetten: Unterschwelliger Betrug? *Psychologie heute,* Nr. 8, 1989, S. 40–45.
7 Nach Miers (Lexikon), S. 118.
8 Zur Pyramidenenergie vgl. z. B.: R. P. Weilmünster: Praxis der Pyramidenenergie, Neinburg 1986.
9 Moderne Universalgeschichte der Geheimwissenschaften, Bd. 1: Das Reich der Magie, Düsseldorf-Wien 1979, S. 19.
10 J. Wichmann: Die Renaissance der Esoterik, Stuttgart 1990, S. 199. - Eine sehr übersichtliche Darstellung der esoterischen Symbolik findet sich bei: Spiesberger (Praxis), S. 79–107.
11 Aus dem Zauberbuch: »Grimorium Verum«, zitiert nach Cavendish (Magie), S. 271.
12 A. Bertholet: Wörterbuch der Religionen, 4. Ausg., Stuttgart 1985, S. 595.
13 H. Fritsche: Kleines Lehrbuch der weißen Magie, Freiburg i. Br. 1962, S. 19.

6. Wahrsagen - Der Blick in die Zukunft

1 Teilweise entnommen aus: S. Bosanko: Das große Buch der Magie, München-Zürich 1985, S. 210-214.
2 Cavendish (Magie), S. 24.
3 Vgl.: N. Campion: Der praktische Astrologe, Hamburg 1988, S. 8-9.
4 Modifiziert nach Cavendish (Magie), S. 225. - Die genauen Daten werden in der Astrologieliteratur unterschiedlich angegeben, z. B. für Fische: 20. 2.-21. 3., 19. 2.-20. 3., 20. 2.-20. 3. oder 21. 2.-20. 3.
5 Nach Klein/Dahlke (Weltbild), S. 326.
6 H. Kluge: Astrologie, Rastatt 1987, S. 13.
7 Vgl.: Erkenne Dich selbst: Deine Sterne und Dein Schicksal, München 1987, S. 17.
8 (Erkenne), S. 17.
9 Die Angaben in der Tabelle stammen vor allem aus: Universum der Astrologie, Herrsching 1986; U. Becker: Lexikon der Astrologie, Herrsching 1988; (Universalgeschichte); Klein/Dahlke (Weltbild); Miers (Lexikon).
10 Aus: Campion (Astrologe), S. 10.
11 (Universalgeschichte), Bd. 4: Zukunft und Himmelszeichen, S. 140.
12 Die 7 Planeten als Regenten der 7 Wochentage. Aus dem »Calendar of Shepards«, 1503. - Entnommen aus: Bosanko (Magie), S. 271.
13 Die 7 Planeten werden auch mit den 7 (Ganz-)Tönen C, D, E, F, G, A, H in Beziehung gesetzt. Ähnlich werden die 12 Tierkreiszeichen mit den 12 (Ganz- und Halb-)Tönen in Verbindung gebracht: C, cis, D, dis, E, F, fis, G, gis, A, ais, H.
14 Vgl. auch: Campion (Astrologe), S. 12.
15 In der Kabbala selbst wird allerdings die Erde zu den 10 Sphären hinzugerechnet, so daß es über der obersten Planetensphäre, der Saturnsphäre, nur noch 2 weitere Sphären gibt, die Tierkreissphäre (Fixsternhimmel) und Primum mobile (»die erste Bewegung«).
16 Vgl. auch: Campion (Astrologe), S. 128.
17 Kluge (Astrologie), S. 142.
18 (Erkenne), S. 74.
19 Nach: Seligmann (Weltreich), S. 335. - Interessant ist, inwieweit sich die 22 germanischen Runen den 22 Tarotkarten zuordnen lassen. Das können wir hier aber nicht weiter verfolgen; überdies wird als Anzahl der Runen nicht nur 22, sondern auch 24 u. a. angegeben.
20 Aus: Bosanko (Magie), S. 114-115. Es handelt sich hierbei allerdings nicht um das bekannteste Kartenset »Rider Tarot«, auf das sich Cavendish' Erklärungen, zu denen wir gleich kommen, beziehen.
21 Nach: Cavendish (Magie), S. 125, modifiziert und korrigiert.
22 Cavendish (Magie), S. 128.
23 Cavendish (Magie), S. 139-140.
24 Aus: A. Görgens: Dimensionen der Esoterik, Düsseldorf 1988, S. 56.
25 Aus: Bosanko (Magie), S. 197.
26 A. Kielce: I Ging, München 1985, S. 148.
27 Kielce (I Ging), S. 148.
28 Kielce (I Ging), S. 135.
29 Kielce (I Ging), S. 135.
30 Aus: A. Ebert: Die Zahl des Lebens, *Esotera,* Nr. 5, 1990, S. 20.
31 Cavendish (Magie), S. 70-71.
32 Eine gute Zusammenfassung wissenschaftlicher Einwände gegen die Astrologie

findet sich bei: O. Prokop/W. Wimmer: Der moderne Okkultismus, 2. Aufl., Stuttgart-New York 1987, S. 7-14.

33 Die Angaben in der Tabelle sind zusammengestellt aus: Klein/Dahlke (Weltbild); Cavendish (Magie); (Universum); Becker (Astrologie) u. a. - Die Inkongruenz der Systeme zeigt sich insbesondere, wenn man sie vertikal, als *Entwicklungsstufen* auffaßt. So repräsentiert bei den Zahlen die 1 (1. Stelle) die oberste Ebene. Bei der Alchemie/Metalle ist Gold (5. Stelle) die höchste Stufe, bei Alchemie/Umwandlungen aber Projectio (12. Stelle). In der Kabbala wiederum steht Bina (10. und 11. Stelle) ganz oben (da die noch höheren Chochma und Kether hier nicht vorkommen) usw. Letztlich ist zweifelhaft, ob überhaupt nur zwei Systeme in der obersten Position übereinstimmen.

7. Psi-Okkultismus und »sechster Sinn«

1 T. Dethlefsen: Schicksal als Chance, München 1979, S. 24.
2 O. Prokop/W. Wimmer: Der moderne Okkultismus, 2. Aufl., Stuttgart-New York 1987, S. VII.
3 K. Spiesberger: Praktische Telepathie, Freiburg i. Br. 1966.
4 Bosanko (Magie), S. 97.
5 Bosanko (Magie), S. 97.
6 J. H. Pollack: Croiset der Hellseher, Freiburg i. Br. 1965, Klappentext.
7 Nach: G. Kirchner: Pendel und Wünschelrute, Genf 1977.
8 H. Bender: Umgang mit dem Okkulten, Freiburg i. Br. 1984, S. 57.
9 H. Bender: Unser sechster Sinn, Stuttgart 1971, S. 115.
10 P. H. Hoebens: Die Legitimität des Unglaubens, in: E. Bauer/W. v. Lucadou (Hg.): Spektrum der Parapsychologie, Freiburg i. Br. 1983, S. 118-130.

8. Spiritismus - Geister, Götter und Gespenster

1 J. Roberts: Gespräche mit Seth, 6. Aufl., München 1987.
2 Drury (Lexikon), S. 594.
3 Drury (Lexikon), S. 466.
4 G. Geisler: Tote rufen uns an, *Esotera,* Nr. 11, 1989, S. 24.
5 A. Stolz: Schamanen, Köln 1988, S. 10.
6 Drury (Lexikon), S. 530.
7 G. Pössiger: PSI, München 1974, S. 24.
8 F.-W. Haack: Satan - Teufel - Luzifer, 6. Aufl., München 1987, S. 33.
9 Görgens (Dimensionen), S. 27.
10 Vgl.: E. und F. Walters: Ufos. Es gibt sie, München 1990.
11 Ashtar - Ein Geistlehrer des Wassermannzeitalters, *Magazin 2000,* Nr. 80, 1989, S. 66.
12 Vgl.: Prokop/Wimmer (Okkultismus), S. 5.
13 Vgl.: M. und R. Dahlke: Okkultismus, München 1990, S. 9.

9. Bedeutung der Esoterik für Gesundheit und Krankheit

1 Eine sehr gute Information über esoterische Therapien bieten zwei Sonderbände der Zeitschrift *Connection,* Verlag W. Schneider, München: Connection special, Nr. 1: Therapie & Heilkunst, 1987/88; Connection special, Nr. 3: Heilung, 1990.

2 Angaben aus: Becker (Lexikon), S. 141–146. Dort werden auch noch weitere unterschiedliche Zuordnungen genannt.
3 Angaben vorwiegend aus: Klein/Dahlke (Weltbild), S. 310; (Universum), S. 28, 31.
4 W. Bitter (Hg.): Magie und Wunder in der Heilkunde, München o. J. – ein wichtiger Vorläufer der heutigen Diskussion.
5 Einen Überblick über die schulmedizinische Kritik bietet: O. Prokop (Hg.): Medizinischer Okkultismus, 4. Aufl., Stuttgart–New York 1977.
6 Vgl. zur neuen Einschätzung des Plazebo-Effekts z. B.: H. Grünn: Die innere Heilkraft, Düsseldorf–Wien–New York 1990.
7 A. Laubach: Der Weg des Geistes, München 1987, S. 211.
8 Dethlefsen/Dahlke (Krankheit), S. 19.
9 Im Grunde gibt es auch nur im Bereich der Mystik eine ernsthafte Zusammenarbeit mit der (tiefen)psychologischen Psychotherapie. Über diese Verbindung erschienen schon vor über 20 Jahren Bücher, die heute bereits als »Klassiker« gelten, wie: H. Jacobs: Indische Weisheit und westliche Psychotherapie, München 1965; W. Bitter (Hg.): Abendländische Therapie und östliche Weisheit, Stuttgart 1968.
10 Erschienen: Freiburg i. Br. 1980.
11 Auch aus jüngster Zeit gibt es genügend Beispiele für körperliche Krankheit bei spirituellen Persönlichkeiten. So starb 1990 Bhagwan (Osho), noch keine 60 Jahre alt, schon seit langem unter vielen Krankheiten leidend. Ebenfalls 1990 verstarb, mit 65 Jahren, die bekannte Heilerin Dina Rees an Krebs – sie konnte sich selbst nicht heilen. Aber das sagt kaum etwas über deren geistige Reife aus. Es bedeutet eben eine Einseitigkeit, körperliche Krankheit *nur* auf seelische Störung zurückzuführen, in Wirklichkeit spielen viele Faktoren wie angeborene Widerstandskraft, Infektionen, Umweltschäden, Überlastungen u. a. eine Rolle.
12 So sieht es auch Seligmann (Weltreich), S. 18: »Für den Magier gibt es keinen Zufall; alles gehorcht dem *einen* geheimen Gesetz, das nicht als Zwang empfunden, sondern vielmehr als Befreiung von der Tyrannei des Zufalls begrüßt wird.«
13 Wie armselig es in der Psycho- bzw. Esoterikszene zugehen kann, schildert anschaulich das Buch »Im Sog der Psychoszene« von G. Boysen, H. Hemminger und G. Küenzlen, Stuttgart 1988. Menschen, die enttäuscht sind von vielen vergeblichen Bemühungen, ihre Probleme mit psychoesoterischen Methoden zu lösen, und die dennoch jedem neuen »spirituellen« Modetrend hinterherlaufen in der illusionären Hoffnung, endlich die totale Befreiung zu erhaschen.
14 Ben-Alexander Bohnke: Wut tut gut. Über den richtigen Umgang mit Ärger, Herder-TB Nr. 1681, Freiburg i. Br. 1990.
15 L. Müller: Magie, Stuttgart 1989, S. 203.
16 G. Niklewski: Parapsychose, in: Kursbuch 86: Esoterik oder Die Macht des Schicksals, Berlin 1986, S. 121–131.
17 Erschienen: München 1990.

10. Esoterik zwischen Gesellschaft, Religion und Wissenschaft

1 Nach einer Umfrage von 1987 ergeben sich folgende Daten:
- Gedankenübertragung halten 44 % für »eher wahrscheinlich«
- An Geistheilung glauben 16 %;
- Mit Spuk rechnen 12 % (für 71 % ist er »eher unwahrscheinlich«);

- Übernatürliche Kräfte (wie bei Uri Gellers »Gabelverbiegen«) nehmen 17 % an.

Schon 1982 gaben 24 % an, sie glaubten an einen Einfluß der Sterne auf den menschlichen Charakter; aber mehr als doppelt so viel (54 %) lasen regelmäßig ihr Horoskop.

Es gibt aber auch noch sehr viel höhere Zahlen: 93 % sind überzeugt, »daß es Dinge zwischen Himmel und Erde gibt, denen die herkömmlichen Wissenschaften nicht beikommen«. 80 % halten es für »möglich«, früher schon einmal gelebt zu haben.

2 Zum Okkultismus in Italien vgl.: R. Holbe/E. Gruber: Magie, Madonnen und Mirakel, München 1987. - Auf die große Verbreitung von Magie, Spiritismus usw. besonders in Südamerika kann ich hier nicht eingehen. Im Osten war die Esoterik teils unterdrückt, teils lebte sie im Volksglauben; Psi-Phänomene wurden aber auch auf ihre militärische Verwertbarkeit untersucht. Es bleibt abzuwarten, ob nach der Öffnung der kommunistischen Staaten die Esoterikwelle zu ihnen hinüberschwappen wird.

3 Wichmann (Renaissance), S. 14-15. - In einem Prospekt des Ullrich-Verlags, Calw, wird zwar einerseits kritisiert, daß das Esoterische heute, ohne Rücksicht auf Tabus, ins Licht der Öffentlichkeit gezogen wird, andererseits dann aber die Position von Wichmann gestützt: »Was bloß durch Verbote und Heimlichtuerei geheim, ›esoterisch‹, gehalten wurde, war nie echte Esoterik. Wirklich ›Geheimes‹ kann auch der, der es kennt, nicht verraten, denn ›es wohnt in einem Licht, zu dem die Bahn gebricht‹ . . .«

4 Einen informativen Überblick über diese Bewegung gibt: P. Brügge: Die Anthroposophen, Reinbek bei Hamburg 1984.

5 Vgl. das gleichnamige Buch von K. Vollmar/M. Haeusler, München 1988; eine geistreiche Analyse des Channeling-Phänomens.

6 Der größte Esoterikbestseller der letzten Zeit war »Das Foucaultsche Pendel« von Umberto Eco. Der Riesenerfolg dieses Buches zeigt die Irrationalität des esoterischen Buchmarktes (oder jenes Marktes generell). Tausende kauften dieses Buch »blind«, weil nach Ecos vorausgegangenem Bestseller »Der Name der Rose« ein ähnlicher Reißer erwartet wurde. Bekanntlich lasen aber die wenigsten Käufer das »Pendel« auch nur zur Hälfte, und noch weniger verstanden es, da es äußerst kompliziert ist und spezielles esoterisches Wissen voraussetzt.

7 Während viele Esoteriker ganz auf die Selbsterlösung setzen, repräsentieren die Herausgeber von »Share« die esoterische Richtung, die auf einen religiösen Führer wartet: »*Alle großen Religionen* postulieren den Gedanken einer späteren Offenbarung, die ein künftiger Lehrer bringen wird. Die Christen hoffen auf die Wiederkehr des Christus, die Buddhisten erwarten einen neuen Buddha (den Maitreya-Buddha), die Moslems den Imam Madhi, die Hindus die Reinkarnation Krishnas und die Juden den Messias. Wer sich mit der esoterischen Tradition beschäftigt, der weiß, daß alle diese verschiedenen Namen ein und dieselbe Persönlichkeit meinen - Maitreya, den Weltlehrer, das Haupt der Geistigen Hierarchie der Meister, mit dessen Kommen jetzt gerechnet wird« (aus einer Informationsbroschüre von *Share international*).

8 Nur ein interessanter Literaturhinweis hierzu: U. Baumgardt: Zwischen Idealisierung und Entwertung: C. G. Jungs Frauenbild, in: E. Camenzind/U. von den Steinen (Hg.): Frauen verlassen die Couch, Zürich 1989, S. 41-54.

9 Vgl. vor allem sein Buch: Astrologie als Therapie, München 1986. - Ich habe selbst in einem früheren Buch versucht, das Thema Selbstverantwortung differenziert darzustellen. Ben-Alexander Bohnke: Machen wir uns selbst unglücklich?, Eschborn bei Frankfurt 1985.

10 Zwar wird versprochen, daß durch diese karmische Mea-culpa-Haltung, durch diese Selbstbeschuldigung gerade eine Befreiung zu erreichen sei. Aber die besteht oft wohl eher in einer narzißtischen Abwehr von ungerecht und hilflos erlittenem Leid, welches man nun als selbstverschuldet, ja selbstgewollt darstellt und damit die quälende Ohnmachtserfahrung verleugnet. Außerdem, wie Prof. Bender schreibt, »sind auch Fälle bekanntgeworden, wo sich aus der Überzeugung, ein Karma abtragen zu müssen, neue Zwänge entwickelten« (Bender [Umgang], S. 77).

11 Dies könnte man pointieren, so daß es auch einen christlichen Klang gewinnt: Man kann Gott nur im Kontakt mit den Mitmenschen finden, im Ich-du-Dialog; und zwar erkennen wir ihn zunächst im anderen, dann erst in uns. Wer Gott in der »Nabelschau« nur in sich selbst sucht, muß scheitern. Trotz Meditation, trotz positiven Denkens, trotz theoretischer Bekenntnisse über die unbedingte Liebe zu allem Seienden wird er scheitern, wenn er das Göttliche in seinem Nächsten übersieht, wenn er die einfache Wahrheit der Mitmenschlichkeit nicht erlebt und lebt. – Auch in der Psychotherapie wird die Bedeutung von Kontakt bzw. Gemeinschaft für die seelische Gesundheit und Gesundung heute sehr hoch eingeschätzt. Man verwendet Gruppentherapie, Familientherapie, generell »systemische Therapien«, die eine menschliche Gemeinschaft als System behandeln. Diese sozialkommunikative Dimension wird in den esoterischen Therapien häufig vernachlässigt.

12 Laubach (Weg), S. 280.

13 Für besonders interessierte Leser einige Literaturtitel, in denen das Thema *Nazismus und Okkultismus* (u. a.) behandelt wird: P. Orzechowski: Schwarze Magie – Braune Macht, Ravensburg o. J.; J. Kirchhoff: Nietzsche, Hitler und die Deutschen, Berlin 1990; L. Pauwels/J. Bergier: Aufbruch ins dritte Jahrtausend, Bern–München 1962; Prokop/Wimmer (Okkultismus), S. 243–262; P. Brookesmith (Hg.): Von Hexen, Wahrsagern und Alchimisten, Luzern 1987, S. 112–123, 138–141.

14 Pössiger (Psi), S. 41, S. 23.

15 H. Meiser: Schlüssel zur Geschichte, Düsseldorf–Wien–New York 1989, S. 91. – »Platon lehnt Beschwörungen, Binde- und Sympathiezauber (Goeteia) schärfstens ab und spricht von Betrug. Die Mageia dagegen bezeichnet er als Gottesdienst.«

16 G. Schiwy: Der Geist des Neuen Zeitalters, München 1987, S. 108.

17 Vgl. vor allem C. Cumbey: Die sanfte Verführung, Asslar 1986.

18 Eine Umfrage von H. Mynark. Zitiert nach: K. Ledergerber/P. Bieri: Was geht New Age die Christen an?, Freiburg i. Br. 1988, S. 21.

19 Dahlke (Okkultismus), S. 128.

20 Zitiert nach: Dahlke (Okkultismus), S. 129.

21 Dahlke (Okkultismus), S. 129.

22 R. Hummel: Reinkarnation, Mainz–Stuttgart 1988, S. 104.

23 Schon früher hatte die Wissenschaft ihre liebe Not, eine sinnvolle Haltung gegenüber den *echten* »Primitiven«, den »wilden« Naturvölkern zu finden. Vgl. zu dieser Thematik das umfangreiche Werk: H. P. Duerr (Hg.): Der Wissenschaftler und das Irrationale, 2 Bd., Frankfurt/M. 1981.

24 Diese Theorien werden z. B. beschrieben in M. Strzempa-Depré: Die Physik der Erleuchtung, München 1988.

25 A. Höhne: Die neuen Magier der Gesundheit, Bergisch Gladbach 1987, S. 15.

26 Vgl.: Brown (Stadien), S. 229–294.

27 Man mag hier noch mal darauf hinweisen, daß es den wahren Alchemisten nicht – »materialistisch« – um Goldherstellung ging, sondern um das seelische Gold.

Und dennoch besaßen sie ein gewissermaßen materielles Denken. - Wir haben erfahren, daß manche Esoteriker das Prinzip »Wie oben, so unten« ganz akausal interpretieren, daß damit also keinerlei Kausalitätsverbindung zwischen oben und unten ausgesagt ist. Andere interpretieren jedoch: »Weil oben, so auch unten«, d. h., daß die obere (geistige) Ebene die untere (stoffliche) Ebene kausal bestimmt, auch ihre Entsprechung zum Oben bedingt. In der Alchemie gibt es nun aber sogar die Behauptung: »Jedes Unten bewirkt sein entsprechendes Oben« (H. Fritsche), also daß materiell-chemische Umwandlungen (unten) kausal geistige Umwandlungen (oben) verursachen. Denn nur bei Annahme einer solchen Kausalwirkung von unten nach oben - wie immer man sie genau beschreiben mag -, kann das alchemistische Werk der »chemischen Geistesentwicklung« ja gelingen.

28 Vgl. Brookesmith (Von Hexen), S. 124–148.

29 Niehenkes Dissertation: Kritische Astrologie. Zur erkenntnistheoretischen und empirisch-psychologischen Prüfung ihres Anspruchs, ist im Aurum Verlag veröffentlicht worden, Freiburg i. Br. 1987.

30 Für einen interessanten Test von deutschen Wahrsagern vgl.: U. Schiemann: Das darf doch nicht »Wahrsagen« sein, München 1988.

31 In: Bender (Umgang), S. 76–85.

32 So nennt Bender die Möglichkeit: »Die Informationen über ein angebliches früheres Leben sind auf paranormalem Weg (Telepathie, Hellsehen oder rückblickendes Hellsehen oder alles zugleich erworben worden . . .« (S. 80). Außerdem verweist er auf Kryptomnesie, »das Auftauchen normal erworbener Gedächtnisinhalte, die als solche nicht erkannt werden« (S. 80).

33 Zur Chaos-Theorie verweise ich z. B. auf meinen Aufsatz: Tohuwabohu - Erlösung im Chaos? *Connection,* Nr. 9, 1990, S. 10–15.

Literaturverzeichnis

Die Gesamtliteratur zur Esoterik ist heute unübersehbar. Eine sehr ausführliche Bibliographie enthält der »Esoterik-Almanach«; herausgegeben von J. Dittmar im Rossipaul Verlag, München. Letzte Ausgabe: 88/89.
Ich beschränke mich in der folgenden Liste vorwiegend auf neuere und gut zugängliche Bücher, gemischt von umfangreicheren Werken bis zu Taschenbüchern. Sie sind geordnet nach den Kapiteln dieses Buches, wobei jedes Buch nur einmal genannt wird, auch wenn es für den Inhalt mehrerer Kapitel von Bedeutung ist. Weitere, spezielle Literaturhinweise finden sich in den Anmerkungen.

Wörterbücher, Lexika

Drury, N.: Lexikon esoterischen Wissens, München 1988.

Gruber, E./Fassberg, S.: New-Age-Wörterbuch, Freiburg i. Br. 1986.

Harvey, D. (Hg.): Handbuch Esoterik, München 1987.

Miers, H. E.: Lexikon des Geheimwissens, 7. Aufl., München 1987 (z. Z. vergriffen).

Wehr, G.: Wörterbuch der Esoterik, Freiburg i. Br. 1989.

Einstieg in die esoterische Welt

Brookesmith, P. (Hg.): Von Hexen, Wahrsagern und Alchemisten, Luzern 1987.

Dahlke, M. u. R.: Okkultismus, München 1990.

Kirchgraber, T./Fischbach, U. (Hg.): Esoterik Jahrbuch 1988, München 1988.

Leuenberger, H.-D.: Sieben Säulen der Esoterik, Freiburg i. Br. 1989.

Wichmann, J.: Die Renaissance der Esoterik, Stuttgart 1990.

Mensch, Gott und die Welt in der Esoterik

Benedikt, H. E.: Die Kabbala als jüdisch-christlicher Einweihungsweg, 2 Bd., Freiburg i. Br. 1986, 1988.

Dethlefsen, T.: Schicksal als Chance, München 1979.

Gregory, L./Treissman, G.: Aura-Handbuch, München 1990.

Sharamon, S./Baginski, B. J.: Das Chakra-Handbuch, 3. Aufl., Durach 1989.

Spiesberger, K.: Magische Einweihung, Berlin 1978 (Neuauflage von: Hermetisches ABC, Bd. I).

Gegensatz und Ähnlichkeit/Hermes Trismegistos

Colegrave, S.: Yin und Yang, Frankfurt/M. 1984.

Die XVII Bücher des Hermes Trismegistos (Neuausgabe nach der deutschen Fassung von 1786), München 1982.

Klein, N./Dahlke, R.: Das senkrechte Weltbild, München 1986.

Peat, F. D.: Synchronizität, München–Bern 1989.

Wendt, V. K.: Polarität, Basel 1986.

Mystik
Grof, S.: Geburt, Tod und Transzendenz, München 1985.
Jung, C. G.: Psychologie und Alchemie, Olten 1979 (1944).
Martin, B.: Handbuch der spirituellen Wege, Reinbek bei Hamburg 1985.
Sudbrack, J.: Mystik, Mainz 1988.
Wilber, K./Engler, J./Brown, D. P. (Hg.): Psychologie der Befreiung, Bern-München-Wien 1988.

Magie
Bardon, F.: Der Weg zum wahren Adepten, Freiburg i. Br. 1986 (1957).
Butler, W.: Die hohe Schule der Magie, 3. Aufl., Freiburg i. Br. 1987.
Cavendish, R.: Die schwarze Magie, Frankfurt/M. 1969 (Neuauflage: Berlin 1980).
Lévi, E.: Transzendentale Magie, 2 Bd., Basel 1987 (1855–56).
Spiesberger, K.: Magische Praxis, Berlin 1976 (Neuauflage von: Hermetisches ABC, Bd. II).

Wahrsagen
Bosanko, S. (Hg.): Das große Buch der Magie, München-Zürich 1985.
Campion, N.: Der praktische Astrologe, Hamburg 1988.
Pollack, R.: Tarot, München 1985.
Riseman, T.: Einführung in das I Ging, Basel 1988.
Silver, J.: Numerologie, 5. Aufl., Genf 1989.

Psi
Bender, H.: Umgang mit dem Okkulten, Freiburg i. Br. 1984.
Berendt, H. C.: Sprung über die Zeit, Freiburg i. Br. 1985.
Driesch, H.: Parapsychologie, München 1967 (1952).
Prokop, O./Wimmer, W.: Der moderne Okkultismus, 2. Aufl., Stuttgart-New York 1987.
Wiesendanger, H.: Die Jagd nach Psi, Freiburg i. Br. 1989.

Spiritismus
Buttlar, J. v.: Sie kommen von fremden Sternen, München 1986.
Horkel, W.: Spiritismus, Stuttgart 1987.
Kardec, A.: Das Buch der Geister, 3. Aufl., Freiburg i. Br. 1989 (1868).
Klimo, J.: Channeling, Freiburg i. Br. 1988.
Wenisch, B.: Satanismus, Mainz-Stuttgart 1989.

Esoterik im Verhältnis zu Medizin und Psychologie
Dethlefsen, T./Dahlke, R.: Krankheit als Weg, München 1983.
Dossey, L.: Wahre Gesundheit finden, Bern-München-Wien 1986.
Müller, L.: Magie. Tiefenpsychologischer Zugang zu den Geheimwissenschaften, Stuttgart 1989.
Tart, C. T.: Transpersonale Psychologie, Olten-Freiburg i. Br. 1978.
Walsh, R. N./Vaughn, F. (Hg.): Psychologie in der Wende, Bern-München-Wien 1985.

Esoterik zwischen Wissenschaft, Religion und Gesellschaft
Capra, F.: Wendezeit, erweiterte Neuausgabe, München 1988.
Kehl, M.: New Age oder Neuer Bund? Christen im Gespräch mit Wendezeit, Esoterik und Okkultismus, Mainz 1988.
Kursbuch 82: Die Therapie-Gesellschaft, Berlin 1985.

Lutz, R. (Hg.): Pläne für eine menschliche Zukunft, Weinheim-Basel 1988.
Starhawk (Simos, M.): Wilde Kräfte, Freiburg i. Br. 1987.

Ausblick: Esoterik, New Age und Light Age

Bohnke, B.: Die schöne Illusion der Wassermänner. New Age, Die Zukunft der sanften Verschwörung, Düsseldorf-Wien-New York 1989.
Gerken, G.: Die Geburt der neuen Kultur. Vom Industrialismus zum Light Age, Düsseldorf-Wien-New York 1988.
Gruber, E. R.: Sanfte Verschwörung oder sanfte Verblödung? Kontroversen um New Age, Freiburg i. Br. 1989.
Powers, R.: Aufruf an die Lichtarbeiter, Planegg 1987.
Schorsch, C.: Die New-Age-Bewegung. Utopie und Mythos der Neuen Zeit, Gütersloh 1988.

Personen- und Sachregister